小学语文

课程标准解读与教材分析

主　编　胡冰茹　赵芝华　陈珊丹
副主编　郭丽梅　董丽冰

苏州大学出版社
Soochow University Press

图书在版编目(CIP)数据

小学语文课程标准解读与教材分析 / 胡冰茹，赵芝华，陈珊丹主编. — 苏州：苏州大学出版社，2024.1(2025.7 重印)
ISBN 978-7-5672-4717-8

Ⅰ.①小… Ⅱ.①胡…②赵…③陈… Ⅲ.①小学语文课—课程标准②小学语文课—教学设计 Ⅳ.①G623.202

中国国家版本馆 CIP 数据核字(2024)第 018066 号

书　　名：小学语文课程标准解读与教材分析

主　　编：胡冰茹　赵芝华　陈珊丹
责任编辑：史创新

出版发行：苏州大学出版社(Soochow University Press)
社　　址：苏州市十梓街 1 号　**邮编**：215006
印　　装：广东虎彩云印刷有限公司
网　　址：www.sudapress.com
邮　　箱：sdcbs@suda.edu.cn
邮购热线：0512-67480030
销售热线：0512-67481020

开　　本：787 mm×1 092 mm　1/16　**印张**：21.5　**字数**：470 千
版　　次：2024 年 1 月第 1 版
印　　次：2025 年 7 月第 4 次印刷
书　　号：ISBN 978-7-5672-4717-8
定　　价：59.00 元

文本的力量：从研读到熟知

（代序）

“沉舟侧畔千帆过，病树前头万木春。”当今，义务教育课程改革正如火如荼地进行着。2023 年 12 月，教育部办公厅下发通知，决定在全国设立 64 个义务教育教学改革实验区、192 所实验校，充分发挥其在义务教育教学改革中的带动和引领作用，深入落实课程方案和课程标准，全面推进教学方式变革。本次义务教育改革的主要内容是核心素养导向的教学设计、学科实践（实验教学）、跨学科主题学习、大单元教学、作业设计、考试命题等教学改革中的重点难点问题。而教学改革中的这些重点难点，最终聚焦在对部编教材和义务教育课程标准的研读及实施上面，显示了文本所具备的独特力量。

文本解读是语文教师的基本功，决定着课堂教学的走向和质量。现代汉语中的“文本”是指书面语言的表现形式，从文学角度说，通常是具有完整、系统含义（Message）的一个句子或多个句子的组合。一个文本可以是一个句子（Sentence）、一个段落（Paragraph）或者一个篇章（Discourse）。广义的“文本”是指任何由书写所固定下来的任何话语。狭义的“文本”指由语言文字组成的文学实体，代指“作品”。

在现代教材观下，教材是一种特殊的文本，具有系统性、开放性、科学性、实用性、指导性和创造性等特征，是师生互动、平等对话的媒介和平台。对于小学语文教师来说，这里的“文本”指的是全套 12 册教材的整体编排框架、每一册内容的组合与分布、每一个单元的构成等，落实到具体则指每一篇课文的内容及形式特点。2017 年秋季学期开始，全国义务教育阶段的教材统一使用部编教材，结束以往“一纲多本”局面，这对缩小城乡教育差距，逐步实现教育资源均衡来说是一个重要举措。2022 年春季，义务教育课程标准的颁布与实施，则为部编教材的教学指明了方向。语文核心素养的提出，既具体地解读了语文学科工具性与人文性结合的性质，又符合新时代国民素养培养的方向，彰显出在为素养而教的时代提升小学语文教师文本解读能力的重要性。

一个教师的自信，来自他对教材的熟悉程度以及备课的充分程度。在新教材与新课程标准这一“双新”背景下，教师们要及时参加有关新教材和新课程标准的培训，掌握文本解读的方法，开展自我研读教材的活动。

首先，从客观上把握部编教材的编排特点。部编教材坚持“立德树人”，立足学生核心素养发展，突出目标意识，体现“工具性与人文性的统一”，围绕核心素养目标，以单元为基本单位，按双线结构组织单元，训练目标呈序列、梯度与螺旋上升。教材内容突出中华优秀传统文化、革命文化、社会主义先进文化，以学习任务群的形式组织与呈现，并通过细化的学业质量标准来衡量教学所得。教师们只有从整体上把握教材编排特点及意图，备课与授课才有方向。

其次，善于把课程标准的相关要求与教材对应起来。课程标准将小学阶段划分为三个学段，每个学段都有相对应的详细目标，分别是学段目标、学习任务群目标和学业质量目标。只有详细研读课程标准，明白每个学段的教学任务，才能精准地把握每一册、每个单元、每篇课文的具体要求。教师们研读文本，开展教学设计时要沿着核心素养在识字与写字、阅读与鉴赏、表达与交流、梳理与探究等方面的具体要求，跟教材一一对照，再结合每个单元的语文要素，准确把握课文内容和教学目标，做到心中有数。

最后，多层面阅读和研读文本。文本阅读与深度研读是开展小学语文课堂教学的基础。小学语文教材的大部分篇目都是文学作品，涉及诸多名家名篇，有童话、寓言、散文、故事、古诗、小说等各种文体，每一种文体都有自己的特征，在行文结构、语言运用方面都有自身的规律，把握这些规律，梳理出作品的脉络，才能在课堂上引导学生理清思路。部编教材很重视文体的渗透，从三年级开始，单元的建构有的以主题为主线，有的以文体为主线，很好地兼顾了文学作品内容与形式的统一。文本本身带有时代印记，与作者的生平、阅历、事迹及感情生活相关，教师要理解每一篇作品的内容与形式，如作品的主题与题材，作品的结构、语言及表现手法。把这些知识与单元的主题和语文要素相对应，教学就有了方向。

我们要知人论世，沉浸式感悟作品，走进作者的情感世界，体会作者的思想感情。美学大师朱光潜对青年说：“慢慢走，欣赏啊！”作家叶兆言说，对作家来说，作品就是他的“孩子”，这个“孩子”生出来以后是有生命的。文学作品中寄托着作者自己的精神诉求，这种诉求是多元的、生动的，有时甚至是矛盾的，而这些使得作品更具阐释性，内涵更丰富。

“一千个读者眼中有一千个哈姆雷特。”教师在阅读作品时应结合时代特征，赋予其新的意义。特别是古代经典作品和革命年代的故事，孩子们阅读时会有陌生感，教师要善于结合社会主义核心价值观，运用多媒体创设丰富的情境，帮助小学生更好地理解这些作品。

本书与2023年出版的《小学语文课程教学设计与技能提升》是小学教育专业的师范生学习教学设计、提升基本技能的进阶图书。以前，语文专业的师范生只开设“语文课程与教学论”一门课程，课程内容理论性过强，实践偏少，忽视专业学习的阶梯性，没有构成一个系统。2012年，教师资格证考试开始改革，内容增加，难度增大，重视师范生教学综合能力的考核，拥有教师资格证成为报考教师岗位的首要条件。自此，各地市的教师招聘实行统一招入考试，从笔试到面试都直接与考生的教学设计及教学实施有关。面对这样的形势，开办有中小学教育专业的学校及时调整人才培养方案，连续增设实用性较强的课程，如教材分析、教学设计、教学技能提升等，注重让学生了解和熟悉教材，走实用型培养的道路。综合多年的教师资格证考试与招聘考试的指导经验，不难发现，熟悉教材的考生往往能在笔试和面试环节脱颖而出。依据课程标准把准方向，把教学设计和教材真正融合在一起，教学设计的质量就能达到要求，参加各种考试时也就胜券在握了。

整合小学语文全套教材并以一本图书的形式呈现，以供给大中专小学教育专业的学生学习，有一定的难度。主要问题是内容多，涉及三个学段，既要符合教材的特点，又要符合课程标准的要求，并体现部编教材的特色。在苏州大学出版社老师的支持下，我们几位老师历经两年时间，终于编写出了这本《小学语文课程标准解读与教材分析》。这本图书的成功编写，还要感谢崇左幼儿师范专科学校的领导班子对专任老师编写教材工作的支持。

本书编写工作分工如下：胡冰茹负责全书的架构与内容的调整，主编第二、第三、第六、第七、第八章，赵芝华和董丽冰负责第一章、第五章和第十章的编写工作，陈珊丹和郭丽梅负责第四章和第九章的编写工作。图书内容较庞杂，涉及知识点又多，难免存在不足之处，敬请各位专家与读者多提宝贵意见和建议。

胡冰茹

2024 年元月于南宁

目录

第一章

新时期小学语文教材的统版

语言是民族文化的重要组成部分，也是民族文化的表现形式，传承民族文化必然要以母语学习为主要途径。小学语文教材不仅是传承文化的主要载体，也体现着国家意志，承载着中国特色社会主义的价值观，同时也体现着新形势下最科学合理的教育观念。

第一节　语文课程的发展历程

一、古代的语文课程与教学

在原始社会，教育包含在社会生产劳动过程当中，具体表现为宗教祭祀、原始艺术和原始记事，有教育内容，但是没有独立的教育形式，因此没有严格意义上的课程。到了奴隶社会，教育逐步从社会生产劳动中分离出来，成为相对独立的社会活动。教育内容以“六艺”为主，即礼、乐、射、御、书、数，初见课程的雏形。封建社会的教育对后世语文课程与教学的影响最大，且历时最长，流传最广，也最具特色。

1. 以蒙学读物为主要内容的识字教学

在我国古代，流传最广、影响最大的蒙学读物是《三字经》《百家姓》《千字文》《千家诗》，合称“三百千千”。

《三字经》相传为宋代王应麟所编。纵观全书内容，从封建礼教的基本纲领到学习的重要性，从生活常识的介绍到历史发展的梳理，内容极其丰富，无所不包，既是学生识字的范例，也是指导学生生活的教科书。在语言上，《三字经》用字精练，言简意赅。在编制上也很有特色，三字一句，押韵成文，读起来朗朗上口，便于朗读和记诵，非常符合儿童的年龄特征。

《百家姓》虽然号称百家，但是收录的姓氏多达500余个。虽然姓氏与姓氏之间并没有意义上的联系，但是编者将每四个字组为四言韵语，隔句押韵，读起来使人感觉和谐流畅，易于记诵，这是《百家姓》的一大特色。《百家姓》具体的成书年代已经无从考证，后人从百家姓的第一句“赵钱孙李”推测其作者为北宋人。

如果说《百家姓》将没有意义联系的姓氏编排得合辙押韵、朗朗上口是一大特色，那么更加难得的就是《千字文》了。《千字文》相传为南朝周兴嗣用一千个不同的字编写的文章，不仅内容丰富，包含天文、博物、历史、人伦、教育、生活等各个方面，而且在编制上四字一句，对偶押韵，便于儿童记诵。

现在通行的《千家诗》是后人将宋代谢枋得选、明末清初王相注的《重订千家诗》和王相选注的《新镌五言千家诗》合刊后的版本。虽然号称千家，实际上只收录了122位诗人的作品。它是带有启蒙性质的格律诗选本。因为它所选的诗歌大多是唐宋时期的名家名篇，易学好懂，题材多样，非常适合儿童学习，所以在民间流传广泛，影响深远。我们非常熟悉的孟浩然的《春晓》、王之涣的《登鹳雀楼》、李白的《静夜思》、杜甫的《绝句》等都收录在《千家诗》中。

2. 以“四书”“五经”为主体的阅读教学

“四书”指的是《大学》《中庸》《论语》《孟子》。“五经”指的是《诗经》《尚书》《礼记》《周易》《春秋》。生活中人们经常将“四书”和“五经”相提并论，但其实它们各有自己通行的年代。自从汉武帝“罢黜百家，独尊儒术”之后，儒家思想成为当时社会的正统思想，孔子和“五经”就成了神圣不可侵犯的圣人和经典。“五经”的内容十分丰富，包含了政治、教育、文化、哲学、伦理等各个方面，对封建社会产生了巨大影响。宋代以后以“四书”为主要课程，一直沿用到清末，长期作为封建社会科举取士的考试用书。

3. 以文选为写作范本的写作教学

文选读本是中国古代用来进行写作训练的主要教材。中国现存最早的诗文总集是南朝梁太子萧统编选的《文选》，又称《昭明文选》。影响最大、流传最广的是清代吴楚材、吴调侯编选的《古文观止》，选文200余篇，时间跨度长达2000余年，可以说篇篇都是经典。

二、近现代的语文课程与教学

近代指的是从1840年鸦片战争到1919年五四运动这一历史阶段。现代指的是从1919年五四运动到1949年中华人民共和国成立这一历史阶段。近现代中国历史的变革引起了语文课程与教学的重大变革。

1. 语文单独设科

经考证，语文单独设科的时间为1904年。语文单独设科标志着传统语文教育开始向现代语文教育过渡。然而单独设科之后，语文教育在目的、内容和方法上并没有大的变化。目的仍然以传递封建伦理道德观念为主，内容还是识字加读古文、写古文，方法仍以记诵和模仿为主。这一时期的语文教育本质上仍是传统语文教育的延续，还不具备现代语文课程与教学的特征。课程的名称也没有统一，各个地区和学校分别使用过“中国文学”“中国文字”“读经讲经”“词章”“作文”等名称。

2.“国文”名称的出现

辛亥革命后，临时政府于1912年颁布了《中学校令施行规则》，规定中小学一律开设“国文”课，这是中国教育史上语文学科从古代传统教育的综合性社会学科中独立出来后的第一个正式名称。

与语文单独设科的时期相比，这个时期在教育目的、内容和方法上都有了较大变化。在教育目的上，否定了中国传统的“三纲五常”的封建伦理道德教育，开始关注学生的全面发展，教育目的和内容涵盖了读写训练、智力开发、品德培养、心理发展等多个方面。同时，人们也掀起了教学方法研究的热潮。一方面，大批的学者开始引进和介绍国外的教育思想和方法，如对赫尔巴特四段教学法的介绍；另一方面，一些学者和教师开始积极开展教法实验，如自学辅导法、分周教学法等。

3. 现代文进入语文教学

纵观语文课程与教学在近现代的发展历程，文言文教学向白话文教学的转变是其中的重要内容。在清末民初的白话文运动和五四时期的国语运动的推动下，北洋军阀政府于1920年通令全国，小学开设“国语”，主要教白话文；中学开设“国文”，仍然教文言文。现代文第一次进入语文教材，在语文教学中取得了合法地位。现代文正式进入语文教学并逐渐占据主导地位，是克服传统语文教育脱离语言应用实际的弊端的客观要求，也是区别现代语文教育与古代语文教育的根本标志。

三、当代的语文课程与教学

1949年中华人民共和国成立之后，语文课程与教学进入了崭新的发展阶段。

1. 语文学科的定名

1949年，中央人民政府教育部接受语文教育家叶圣陶等人的建议，决定取消“国语”和“国文”这两个名称，统称“语文”。

2.“红领巾”教学法的推广

新中国成立后，“学苏联”的热潮在各条战线掀起。在教育战线，凯洛夫的《教育学》成为广大教育工作者的必读书。凯洛夫师承赫尔巴特学派，强调“三中心”（以教师为中心，以课堂为中心，以知识为中心）和“五环节”（组织教学、复习旧课、讲授新课、巩固新课、布置作业）。当时中国的各科教学正是在凯洛夫“三中心”“五环节”的指导下开展的。

1953年5月，北京师范大学教育系学生在教育实习中进行了一次语文教学观摩课，当时在该校指导工作的苏联教育家普希金教授也应邀参加。教学内容是当时初中语文课本中的一篇小说《红领巾》，教师采用了凯洛夫“五环节”的教学结构和当时盛行的讲述法。小说的内容是：天已经渐渐地黑了，突如其来的风浪仍不见平息，而担任引航员工作的爸爸迟迟未归。少先队员艾戈尔卡挺身而出，用红领巾蒙上了破碎的航标灯罩，为即将通过的轮船指明了方向……不满七页的内容，教师用了四个小时还没有讲完，预计还需要两个小时。而当时每节课45分钟，教师的讲述都在40分钟以上，学生的活动不足五分钟。

普希金听完课后，针对这堂课的教学提出了意见：首先，使用时间不合理。他认为，这样分段讲解，把课文逐字逐句地咀嚼得像粥一样烂，然后喂入学生嘴里，不可能让学生对整篇作品获得完整的印象。其次，组成语文课的因素是朗读、复述、分析课文。分析课文也应该让学生做，让学生形象地描述人物的性格，教师予以启发、引导、补充和提高。教师过高的积极性会使学生的思维处在睡眠状态中。最后，思想政治教育的问题。把语文课变成政治课，妨碍了语文的发展，而且开展思想政治教育不应当要求每堂课都一样。必须记住，在某些课里思想教育开展得多，在某些课里开展得少，有的课甚至没有，都是正常现象。

中文系的学生依据普希金的意见对《红领巾》重新进行了教学设计，5月27日在北师大女附中再次试教。试教共用了四节课：第一节介绍课文来源，学生讲述故事，教师补充；第二节范读全文，分析课文，学生画出表现人物性格、品质的句子，教师在课堂上列出人物性格表；第三节划分段落，写段落大意；第四节讲写作技巧、文体特点，学生朗读。每节课都是学生先讲，再由教师引导、启发，最后概括、总结。这样的课堂教学方法获得了专家们的高度评价。

7月份《人民教育》先后发表文章详细介绍普希金的意见和试教的经过，迅速在全国掀起了一股学习热潮，称为“红领巾”教学法。

由《红领巾》观摩教学而引发的这场语文教学改革，是新中国成立后第一次以教学方法为主要内容的改革。所形成的“红领巾”教学法对中国语文教学的发展有一定的推动作用：

一是推动了教学方法的改革。“红领巾”教学法的核心是启发式与谈话法。这种方法合理地安排教学时间，改革了不问学生实际一律逐句讲解的“串讲法”，注意调动学生学习的主动性和积极性，注意从课文本身的分析去进行思想政治教育，比较彻底地改变了由文言文教学法沿袭而来的教师讲、学生听的僵化局面。

二是建立了现代文教学的基本模式。在“五环节”教学模式的基础上，逐步建立了语文教学特别是现代文教学的基本模式：① 题解，介绍作者、时代背景等；② 范读，讲解生字生词、学生质疑问难等；③ 分析课文，结构分析、人物形象分析、重点难点分析等；④ 总结主题思想；⑤ 研究写作特点。这种方法不仅使语文教学回到了语文本身，而且对普通教师特别是经验较少的教师掌握教学常规、提高教学质量有非常重要的意义。

但是，苏联中小学语文是分俄语和文学两科的，普希金的“红领巾”教学法实质上是苏联文学课通行的教学法。各地在学习过程中没有考虑到中国的具体情况，机械照搬，对任何年级、任何文章都采用谈话法，一时间语文课堂教学中的“满堂讲”变成了“满堂问”“满堂谈”，出现了机械模仿、公式化、形式主义倾向，也出现了对作者时代背景、段落大意、中心思想、写作特点等烦琐讲解分析的套路。

3.“工具说”的提出

学科性质是学科教学实践的基本依据，是学科教学研究的根本问题，是建立学科教育理论的逻辑起点。自语文单独设科以来，人们对学科性质的探讨从来没有停止过。1963 年，张志公发表《说工具》一文，深刻地阐述了语文学科的工具性质。同年，教育部制定了新的中小学语文教学大纲，明确了语文是基础工具的学科性质。

虽然说“工具说”有一定的历史局限性，但是作为第一次关于语文学科的定性，在语文教育史上的功绩是不可磨灭的。

4. 改革开放以来的语文教育

1979 年改革开放之后，语文课程与教学也进入了持续发展的繁荣时期。从 1986 年到 2000 年，国家教委先后颁发了以下文件：

《全日制中学语文教学大纲》，首次把“双基”的顺序变为语文基本能力和语文基础知识，把提升语文能力上升为语文教育的主要目的。

《九年义务教育全日制初级中学语文教学大纲》，将小学和初中语文教育正式纳入义务教育轨道。

《全日制普通中学语文教学大纲》，提出了学科性质的新概念，即语文是最重要的交际工具，也是重要的文化载体。而后在 2000 年的《全日制普通高级中学语文教学大纲》修订稿中又改为：语文是最重要的交际工具，是人类文化的重要组成部分。

四、课程与教学改革

1997 年下半年，《北京文学》于第 11 期的“世纪观察”栏目以“忧思中国语文教育”为题发表了邹静之的《女儿的作业》、中学教师王丽的《中学语文教学手记》和大学教师薛毅的《文学教育的悲哀》三篇文章，对中国的语文教育现状提出了批评，认为当时的中小学语文教育是“学生的桎梏、语文的扭曲、文学的悲哀”，“不止害一个人，而是害了一代人”。至此，一潭“死水”终于被搅动了。《北京文学》杂志社召开了“忧思中国语文教学”的研讨会，20 多位与会者中有中小学语文教师、区语文调研员、师范大学教授、教材审查委员等。这次研讨会引发了一场全国大讨论，涉及的问题几乎涵盖了语文教育的各个方面，包括教材、教法、考试制度和教师等问题。大讨论有广泛、全面和深刻的特点，促进了语文教育改革，是中国语文教育界迎接 21 世纪人类最伟大变革的前奏。

2001 年，教育部颁发了《全日制义务教育语文课程标准》（实验稿），2003 年颁发了《普通高级中学语文课程标准》（实验稿），21 世纪的课程与教学改革正式启动。2001 年颁布的《义务教育课程设置实验方案》和 2011 年颁布的义务教育各课程标准，坚持了正确的改革方向，体现了先进的教育理念，为基础教育质量的提高作出了积极贡献。随着义务教育的全面普及，教育需求从“有学上”转向“上好学”，必须进一步明确“培养什么人”“怎样培养人”“为谁培养人”的问题，优化学校育人蓝图。当今世界科技发展日新月异，网络新媒体普及迅速，人们生活、学习、工作方式不断改变，儿童、青少年的成长环境也发生了重大变化，人才培养面临新挑战，为此，2022 年教育部颁发了新的义务教育课程标准。

第二节 语文教材的性质和特点

教材是教学过程中教师用来协助学生学习达到教学目标的各种知识信息材料，它以具体的内容和直观的形式体现了课程标准的指导思想，是教师教学、学生学习的主要凭借。

一、教材的特征

教材的基本要素是信息（用以表达规范化和符号化的语言及思想）及信息赖以存在和显现的物质载体（如语言、甲骨、木竹、石、皮、帛、纸、胶片、磁带、录像带、软盘等），必要条件是教材能够开展实现其社会价值、发挥其功能的活动——教育教学活动。教材具有以下特征：

工具性。教材是一种知识载体，帮助教师施教，学生学习，最终促进学生个体发展的有效工具。

系统性。教材在整体上形成知识网络或知识链，一方面要保持自身的系统性，另一方面要与直接关联的其他教材在内容上相衔接。

科学性。教材需要传递人类文化知识和经验的精华，反映现代科技发展的成就。

二、语文教材的功能

语文教材是依据语文课程标准编写的，以具体的内容和直观的形式体现语文课程标准的指导思想，是语文课程标准的物质体现形式。语文教材包括三个层次：

泛指的语文教材包括对人的语言文字修养产生影响的一切书面的、非书面的语言材料。例如书籍、电视剧、广告等，只要能对人的语言文字修养产生影响，都可以称之为语文教材。

特指的语文教材是指在语文教学的范围内，根据语文课程标准编写的，供语文教学中师生使用的材料，包括教科书、习题集、练习册、教学挂图、音像教材、教学软件、选修教材、教学指导书、教学参考书等。

专指的语文教材就是很多人在提到教材这一概念时想到的，教材即课本，教材即教科书。本章以下内容中提到的语文教材，指的即是教科书。

语文教材（语文教科书）不仅是教师进行教育教学工作的最重要的凭借，也是学生学习、发展的最主要的凭借。

1. 语言积累与运用

语文教材就是学生学习语言、运用语言的最直接和最有效的凭借。语文教材充分体现义务教育语文学习的基础性、阶段性特征，致力于学生核心素养的整体提升。学生通过阅读、品味文质兼美的课文，通过参与教师精心设计和组织的教学活动，不仅可以积累词汇、句式、结构技巧，掌握基本的语文学习方法，还可以养成良好的学习习惯。

2. 知识传播的重要工具

通过语文教材，每个人都可以在短短几年的时间内掌握生活所必需的语言能力。语文教材中包含的知识既有与学习祖国语言文字运用有关的学科知识，又有与学生发展密切相关的自然、人生、社会等领域的百科知识，可以扩展学生的知识面，增加知识储备，发展语言交流和表达的能力。

3. 启迪智慧，提高审美

学生思想道德素养的提高和审美能力的发展与语文学习有着密切的关系。好的语文教材包括知识、思想、情感、审美等方面的丰富内容，学生学好语文教材，自然可以获得语文素养的提升。于漪老师说，语文教材应是培养学生语文素质的沃土，形容得非常准确。语文教材涵盖面很宽，古今中外、天文地理、人文民俗、政治经济、文化艺术等无所不包。这些为学生的学习和探索提供了有力的知识保证和良好的个性品质保证。

4. 继承和弘扬优秀传统文化的载体

语文教材的选文体现着正确的政治导向和价值取向，文质兼美，具有典范性，富有文化内涵和时代气息，特别注重继承和弘扬中华优秀传统文化、革命文化、社会主义先进文化，有助于学生铸牢中华民族共同体意识，增强民族自豪感、爱国情感、集体意识和文化自信，形成正确的世界观、人生观、价值观。

三、语文教材的内容要素

现代语文教材的内容由四种基本要素构成：范文系统、知识系统、实践活动系统和助读系统。

1. 范文系统

范文即课文，是语文教材的主体，是编者精心选择的文质兼美的典范文章。把范文作为教材的主体内容，并使之形成一个独立的系统，是语文教材区别于其他学科教材的一个鲜明特点。其他学科的教材，如数学教材，大都以知识系统为主体，并辅之以作业系统。只有语文学科以范文系统为教材的主体，作为理解知识、训练能力、扩展视野、陶冶情感的凭借。知识系统、作业系统等，都是辅助系统。因此，选编优秀的语言作品为范文是语文教科书编写者最重要的工作。

2. 知识系统

语文是学习语言文字运用的综合性、实践性课程。语言文字运用能力的提高必然要以知识的丰富为前提，因此，知识系统也是语文教材的重要组成部分。在教学方法上强调精要、好懂、有用。

3. 实践活动系统

《义务教育语文课程标准》（2011 年版）在“课程基本理念”部分提出：“语文课程是学生学习运用祖国语言文字的课程，学习资源和实践机会无处不在，无时不有。因而，应该让学生多读多写，日积月累，在大量的语文实践中体会、把握运用语文的规律。”语文实践活动是指与范文系统、知识系统相配合的动口、动手、动脑的实践活动。

实践活动系统在语文教材中的表现形式是练习题，或者是与教材配套的练习册。实践活动系统有助于教师检测教学效果或者学生自测学习效果。

4. 助读系统

助读系统是为帮助学生阅读和理解范文、培养和提高学生自读能力而设计的，一般包括对课文的学习目的、学习要求、学习重点难点、学习方式方法等做出的说明、提示或注释。助读系统可分为注释类、提示类、图像类、附录类、练习类等。

助读系统的作用主要有三个方面：一是有利于培养学生的自学能力，养成自学习惯；二是使教科书的使用者明白教学的统一要求，作为教学参考；三是助读材料中的某些重要提示往往体现着科研、教研新成果或先进的教育思想，可以促进语文教学改革。

第三节　当代小学语文教材的建设

中国有文字记载的历史长达五千多年，语文教材编写的历史也是源远流长。了解中国语文教材的发展轨迹，可以加深教师对现代语文教材特征、结构的认识，从而更好地发挥教材的作用。

新中国成立后，中央人民政府出版总署设编审局负责修订老解放区的课本，供各地使用，并把“国语”改称“语文”。这个名称始用于 1949 年华北人民政府教科书编审委员会选用中小学课本之时。接着，又成立了专业出版社——人民教育出版社，为教材的建设做了大量的工作，编写、出版了多套教材。

一、1963 年全日制十二年制学校小学语文教材

这套教材是人民教育出版社根据 1963 年的《全日制小学语文教学大纲》编写的。教材重视语文的“双基”（基础知识和基本技能）训练和思想教育，按照循序渐进的原则设计编排了汉语拼音、识字、写字、阅读和作文五个方面的内容。每册课本分为若干单

元，每个单元后面安排一次综合练习。教学内容注意了阶段性和连续性。第一册课本编入了汉语拼音知识。识字方面，一、二年级学写铅笔字，三年级起学写钢笔字和毛笔字；毛笔字先学写中楷，后学写大楷和小楷。阅读方面，每册有朗读、默读、背诵的内容。作文方面，从一年级起安排看图说话，从三年级起安排作文练习，以写记叙文为主，高年级学写简单的议论文。这套教材有以下主要特点。

1. 把识字作为主要任务

小学阶段识3500个字。生字的出现和编排注意字的常用频率，从独体字到合体字，从简单到复杂。

2. 重视多读多背

入选的课文有一定数量和质量，符合学生的接受能力和教学时间的安排。这套教材共有460课，其中要求背诵的一年级占90%，二年级占80%，三、四年级各占60%，五、六年级各占50%。一至六年级要求背诵的课文占课文总数的64%。课文的质量有三个要求，即文章好、范围广、篇幅短。

3. 加强练习

这一套教材对练习是这样安排的：每篇课文有课后练习，几篇课文之后有单元练习。练习的形式有朗读、默读、背诵、抄写、听写、默写、作文等。对于字的练习（同音、近音、多音）、词的练习（同音、同义、反义）、句的练习、标点符号的练习、文章结构的练习等，要求逐步提高。每一种练习都按课文的特点和各年级学生的不同学习程度，分别安排。

4. 增加了应用文练习的比重

教材中的应用文练习约有30种，从请假条开始，有书信、日记、对联、记录、计划、合同等，除选入范例外，还编入有关的练习题。

总之，这套教材很重视“双基”训练，体现了语文教学的个性。

二、1978年全日制十年制学校小学语文教材

1978年，人民教育出版社依据教育部颁发的《全日制十年制学校小学语文教学大纲》编写小学语文课本，作为通用教材在全国使用。同时还编写了一套教学参考书。这套通用的小学语文教材有以下四个特点。

1. 低年级以识字为重点

这套教材安排低年级以识字为重点，在两年内要求识字1700个左右。生字分为两类：第一类要求掌握；第二类要求能够认识，联系上下文懂得大概的意思。

识字内容的编写，取各家所长，采用多种形式识字：既有集中识字，也有分散识字；既有看图识字，也有利用汉字的特点进行识字。

教材在识字内容的安排上，依据了大纲的规定：“根据学生认识事物的规律、学习语文的规律和汉字本身的规律，教给学生识字方法，培养识字能力。”

在识字的同时，教材还注意把识字和听说读写结合起来，着力培养学生的听说读写能力，发展学生的智力，为有效提高小学语文教学质量提供有利条件。

2. 注意培养学生的自学能力

教材安排了讲读课文、阅读课文和独立阅读课文三种类型，以便教师在教学过程中从扶到放地培养学生的自学能力。

3. 加强学生的读写训练，培养学生的读写能力

这套通用教材在读写训练方面创造了两种形式，一是“习作例文”，二是“读写例话”。

“习作例文”以少年儿童的生活为题材，写得文字浅显，中心明确，段落分明，在教学中把它们作为阅读课文来处理，既要求学生理解例文内容，又要求学生学习表达方法，将理解语言和运用语言结合起来。

“读写例话”从第七册开始，每册八篇，其中四篇着重指导怎样阅读，其余四篇着重指导怎样写作。“读写例话”在读与写的要求上各有侧重，读中有写、写中有读。它属于独立的阅读课文，让学生自学，并联系实际去应用，是培养学生自学能力的较好办法。

为了培养学生的语文综合能力，教材还设计了基础训练。它既与课文有一定的联系，又有相对的独立性，让学生在语言实践中逐步掌握语言的规律。

4. 注意智力发展

为了培养学生的观察能力、思维能力和理解能力，教材安排了看图学词学句、看图学文、看图说话、看图作文等形式的内容，通过形象化的手段，逐步培养学生的读写能力，同时培养学生的观察、思维和想象能力。

总之，这套教材编得相当完备。它既注意了语言的规范、文章的风格，又注意到形式的完美，而且有较大的革新，标志着我国小学语文教材建设向科学化迈进了一大步。

三、1988 年九年制义务教育全日制小学语文教材

1986 年，《中华人民共和国义务教育法》颁布，同年成立了全国中小学教材审定委员会。在审定委员会的指导下，依据“一纲多本”“编审分开”的精神，一些地方和单位依据 1988 年颁布的《九年制义务教育全日制小学语文教学大纲（初审稿）》编写了九年制义务教育全日制小学语文教材，共有近二十套教材，对小学语文教材建设事业的发展和教学质量的提高起到了推动作用。

四、21 世纪小学语文教材

进入新世纪，语文教材改革的步伐明显加快。2001 年《全日制义务教育语文课程标准》和 2003 年《普通高中语文课程标准》的颁发，掀开了语文教材建设的新篇章。国家在教材编写上采用“一纲多本”的开发策略，鼓励各省市和地方单位编写教材，语文

教材呈现出百花齐放的局面。2001 年，教育部教材审查小组向全国推荐了人民教育出版社、江苏教育出版社、北京师范大学出版社出版的三套教材。

1. 人民教育出版社出版的小学语文教材

人民教育出版社出版的小学语文教材简称人教版小学语文教材，有以下特点。

（1）致力于全面提高学生的语文素养，达成三个维度的整合。

一方面，体现教学目标的整体性。课程标准提出了“全面提高学生的语文素养”的基本理念，这是对以往目标的发展，它的内涵非常丰富，又具体化为三个维度：知识和能力，过程和方法，情感、态度和价值观，把它们综合起来，就是对目标的总体认识。这三个维度体现了国家在学语文、学做人上对学生的要求。情感、态度和价值观维度侧重于学习做人，其他两个维度侧重于学习语文。学习做人，关系到接班人的“德”；学习语文，关系到接班人的“才”和“能”。三个维度不是割裂的，而是相互联系、融合的，特别是情感、态度和价值观就应该在知识和能力、过程和方法中贯穿，而不是另外再生一个。

例如拼音的学习，渗透学词、学句训练与朗读训练，渗透情感、态度和价值观的陶冶，使学生受到美的教育；又如识字的教学，不在于认几个字，而是贯穿情感、态度（热爱祖国的语言文字），培养良好的识字习惯。语文学习的几个环节，都有助于全面提高学生的语文素养。

另一方面，体现教学目标的阶段性和连续性，强调教学目标相互之间的联系和衔接。例如，一年级上册比较多地注意与幼儿园的衔接，了解学生的学习生活，尽量使他们学得活泼、有兴趣。一年级是起步，要开好头，起好步，养成好的习惯。如写字的安排，字写得少，重在养成好的写字习惯，特别注意培养学生的兴趣和好的习惯。编中年级教材的时候，注意低、中年级的衔接，使它们成为有机的整体，自然过渡。编六年级下册教材时，考虑如何与中学衔接的问题。

（2）突出工具性与人文性的统一。

语文单独设科六十年后，工具性和人文性统一的语文性质正式写进语文教学大纲。以前比较忽视语文课的人文性。语文本身就是文化，课程内容充满了人文色彩，以提升学生的人文素养，弘扬人文精神。语文教材与其他各门课程的教材不同，它呈现在学生面前的是一幕幕引人入胜的生活场景，一个个栩栩如生的人物形象，一幅幅情景交融的审美画面，一段段跌宕起伏的故事情节……通过教师的引导，学生经历形象的再现、意境的体验、韵味的品评、情绪的感染等过程，体察、玩味和领悟描绘场景、塑造形象、述说故事的语言形式，积累语文经验，学习表达技巧，掌握语文规律。

（3）遵循语文学习的规律。

语文学习不以掌握知识系统为价值取向，而以培养学生运用母语进行交际的能力为己任。学习语文，需要掌握、积淀知识。在很多情况下，学习语文有自己特殊的规律。比如在一定的语境里，通过倾听、模仿、实践，学生学会了正确、明白地说话；通过对文本的学习、感受、模仿、迁移，学生学习如何写作；通过接触大量感性的语文材料，加强语文实践活动，学生掌握了语文规律，形成语文能力。

（4）呈现方式有助于教与学方式的转变。

教材的呈现方式根据学段特点而不同，在内容安排、练习编制、版式设计、叙述方式等方面，为更好地发挥师生双方在教学中的主动性和创造性提供条件，以利于学生自主、合作、探究地学习，在学习语文的过程中逐渐学会学习。

教材以学习伙伴的口吻提出学习内容，交流学习感受，代替过去布置任务的练习方式，增强教材的亲和力，也便于学生自学。

教材栏目的安排有利于学生的自主探究。低年级和中年级安排了这样一些栏目——“我的发现”“展示台”“宽带网”。例如，“我的发现”重在引导学生自己发现语文学习的规律、方法：一年级主要是了解汉字的构字规律和识字方法；到了二年级，发现词和句的一些特点，掌握学词学句的方法；到了中年级，发现更丰富的语言现象，掌握读和写的方法。

（5）构建开放的、富有活力的教材体系。

第一，低年级引导学生在生活中识字，引导学生时时处处学语文。

第二，注重课外阅读。结合课文学习，课后安排“阅读链接”，有计划地推荐一些好书，如四年级上册的“中外童话”单元给学生安排了《格林童话》，介绍《爱的教育》，落实课程标准“多读书，读整本书”的理念。

第三，口语交际、习作也尽量选择联系生活实际的话题，使学生有话可说，使学生感觉到语文是生活的需要，特别是综合性学习，特别注意将学习内容引向生活。例如，五年级上册的“遨游汉字王国”，让学生调查生活用字情况，五年级下册的“媒体世界”，把语文学习和应用引向深入。

（6）努力体现新的课程理念，依据课程总目标和阶段目标，编写低、中、高年级教材，体现阶段性和连续性，在整体推进中促进学生语文素养的形成与发展。

低年级教材在编排结构上，以识字、写字为重点，兼顾阅读、口语交际等。根据课程标准提出的“认写分开、多认少写”的构想，解决多认字、写好字的主要问题。

中年级，继续以专题组织教材，加强阅读，开始习作，重视综合性学习，根据学段目标加强课文的导学功能。

高年级，尽管仍然按专题组织教材，但在编排上又有一些新的变化。每册八个专题，六个专题由导语、课文、口语交际、习作、回顾拓展五部分组成。有一个专题穿插安排了综合性学习（小综合，如五年级上册的“我爱读书”），有一个专题改变了编排方法，采取任务驱动式，用一项项语文实践活动推动体验、探究的学习，使学生在语文综合运用能力上得到提高。

2. 江苏教育出版社出版的小学语文教材

江苏教育出版社出版的小学语文教材简称苏教版小学语文教材，其低年级各册大致由四个部分组成：培养良好的学习习惯、识字、课文学习和单元练习。整套教材在结构上力求脉络分明、便教利学，有以下特点。

（1）以国家教育方针为指导，以《全日制义务教育语文课程标准》为依据，着眼于全面提高学生的语文素养，尊重儿童身心发展的特点，遵循母语教育的规律，努力建设开放而有活力的精品教材。

（2）准确把握语文课程的目标定位，着力培养学生热爱祖国语言文字的思想感情，指导学生正确地理解和运用祖国的语言文字，丰富语言积累，培养语感，发展思维，使他们具有适应实际需要的识字写字能力、阅读能力、写作能力和口语交际能力。提高学生的文化品位和审美情趣，培养良好的个性和健全的人格，促进其德、智、体、美、劳的和谐发展。

（3）坚持民族化、现代化、简约化的教材建设方向。

民族化——教材要传承中华优秀文化，弘扬民族精神，讴歌民族英雄和仁人志士，培养学生的民族意识和爱国主义情感。

现代化——教材要体现时代特点，宣传现代文明和现代科技成果，渗透现代意识，培养学生关注自然、关注环境、关注人类，理解和尊重多样文化的思想品质。要根据未来社会的需要，培养学生作为现代人应具备的各种语文能力和素养。

简约化——教材内容的安排要避免烦琐，简化头绪，突出重点，加强整合，使教学目标集中明确，具有较强的可操作性。要给教师留有余地，给学生留有空间，要有助于减轻学生过重的课业负担。

（4）注意从我国丰富的传统语文教学经验中汲取精华，从长期以来我国小学语文教学的成功经验中吸取营养，并且注意研究、学习国内外其他版本的母语教材，博采众长，兼收并蓄。

（5）坚持选文的高品位、典范性。其标准是：选文富有文化内涵和时代气息，富有童心童趣；题材、体裁、风格丰富多样，为儿童喜闻乐见；广开“材”路，多编少搬；选文力求文质兼美。

（6）坚持“集思广益，开门编书”。精心组建一支结构合理、精诚合作、乐于奉献的编写队伍。在此基础上，发动广大语文教育工作者和有志于语文教材建设的各界人士参与编写工作，争取知名专家的指导，走编写人员、专家、第一线教师“三结合”的教材编写路子，真正使教材能够凝聚起集体的智慧。

3. 北京师范大学出版社出版的小学语文教材

北京师范大学出版社出版的小学语文教材具有以下特点。

（1）力图解决三个问题。一是学习语文的兴趣问题，让学生喜欢语文：二是学习语文的方法问题，让学生会学语文；三是人文性和工具性的统一，让语文学习的过程既是学习语言文字的过程，又是学习现代文化知识的过程，还是启迪心灵、陶冶情操的过程。

教材以“兴趣先导、学会学习、整体推进、文化积累”作为总的编写指导思想。

“兴趣先导”指的是改变教材内容繁、难、多、旧和偏重书本知识的现状，加强教材内容与学生生活以及现代社会发展的联系，关注学生的学习兴趣。例如，为拉近教材和学生的距离，提高儿童学习兴趣，教材设计了丁丁和冬冬两个儿童形象，这两个儿童形象贯穿全书，和学生一起学习，一起成长。

“学会学习”指的是改变过于强调接受性学习、死记硬背、机械训练的现象，倡导在教师指导下自主、合作、探究的语文学习方式，让学生掌握语文学习的各种恰当的态度、习惯、策略和方法，逐步学会独立学习。教师要鼓励学生提出独立见解，突出培养学生的创新精神和能力，培养学生终身学习的愿望和能力，培养学生对社会和自然的责任感。

“整体推进”指的是全面提高学生的语文素养，综合培养学生的识字写字能力、阅读能力、写作能力和口语交际能力。

“文化积累”指的是让学生在掌握语言文字这个工具，获得语文能力的同时，继承发展中华优秀文化，吸纳人类先进文化的营养。

（2）选编课文考虑三个方面的需要。一是符合学生的身心发展和认识规律发展的需要。在提出符合学生年龄和心理特点和认、读、写要求的同时，加强课文与学生的经验世界和想象世界的联系，潜移默化地培养学生的创新能力和创新精神。二是符合现代社会发展的需要。课文要符合时代精神，要体现现代社会的思想、观念，特别是对人类、自然环境的关注和全球意识，以及对多元价值观的理解和尊重。三是对民族优秀文化的继承与发展的需要。重视课文的文化“含金量”，注重唤起学生的民族意识，加强学生人文精神的培养。

（3）采用“主题单元”的编排方式。首先确定贯彻六个年级的主题领域，然后确定每个年级、每册的主题单元，每个主题单元一般有2—3篇主体课文（选择与主题相关的各种类型、各种体裁的作品）和一个“语文天地”。“语文天地”包括巩固及扩展的练习、课堂与课外的活动、“金钥匙”（学习习惯、方法、策略等）、“自检”（自我检查的意识、习惯和方法）等几部分内容。一个主题单元构成一个相对完整的学习单位。这种编排方式突破了文选式体例对语文教学的束缚，使语文教学能够向课外延伸，向学生的生活、学校的活动、其他课程和社会延伸，突破了按表达组合教学单元的模式，有利于学生持续保持学习的兴趣，同时使生字新词复现率更高，有利于及时巩固所学生字新词。“主题单元”的编排方式在首批课程改革实验中受到广泛好评。

本套语文教材包括学生课本、教师教学用书、学生同步阅读文库、写字本、教学挂图、学生识字卡片、教学识字卡片、录音磁带、学生成长手册等材料。各种教学材料共同构成有机联系的、开放性的教材体系。教学辅助材料努力体现新教辅概念，以学生自主阅读材料为主体，改变应试题海的现状，把机械训练的内容减少到最低限度。教师教学用书把学生课本的内容缩小，放在版面中心，四周提示各种教学要点、教学难点、教学建议、活动组织建议，为教师提供尽可能详细的教学指导、教学选择，尽量不干涉教师的教学环节设计，为教师创造性地使用教材留下了空间。

五、部编小学语文教材

从 2017 年秋季学期起，全国数百万就读于起始年级的小学生和初中生，语文、历史、道德与法治三个科目统一使用教育部所编的义务教育教科书，现行的人教版、粤教版、苏教版、北京版等版本教材逐步被取代，结束了语文、历史、政治学科教材三十年来的“一纲多本”时代。2019 年，小学、初中所有年级统一使用部编教材。

小学语文部编教材坚持以党的十八大、十九大精神为指导，全面贯彻党的教育方针，以义务教育课程方案和课程标准为依据，遵循语文教育规律，继承我国语文教育优良传统，借鉴国外母语教育改革的经验，以崭新面貌体现语文教材的价值追求。坚持立德树人，体现社会主义核心价值观；突出中国特色，反映新时代语文教育内容；坚持守正创新，提高学生语文核心素养；选文兼顾经典性和时代性，回归汉字教学传统，引导学生由浅入深、循序渐进地多读书，读好书。

第二章 部编小学语文教材的编写理念与编排特色

第一节 部编小学语文教材的编写理念

习近平总书记多次强调，课程教材要发挥培根铸魂、启智增慧的作用，必须坚持马克思主义的指导地位，体现马克思主义中国化的最新成果，体现中华民族的风格，体现党和国家对教育的基本要求，体现国家和民族的基本价值观，体现人类文化知识积累和创新成果。部编义务教育小学语文教材在 2016 年秋季开始正式使用，2019 年秋季全部替换原有教材。2022 年 4 月新课程标准正式颁布，标志着义务教育进入一个全新的阶段。广大教师们要尊重新教材，理解新教材，用好新教材。

一、坚持立德树人，立足学生核心素养发展

教材编写以马克思主义为指导，坚持立德树人，体现社会主义核心价值观；坚持面向现代化、面向世界、面向未来；贯彻国家课程改革的精神，全面落实义务教育语文课程标准要求。教育部评审时用了“润物无声”四个字来评价。教师们使用这套教材，也应当注意把核心价值观既“有机渗透”又“润物无声”。

1. 突出革命传统教育内容

围绕核心素养，教材选编了不少教读课文和自读课文，讴歌革命领袖的丰功伟绩，赞颂革命英雄人物，激发学生热爱中国共产党、热爱祖国的情感。如选编了《吃水不忘挖井人》《王二小》《朱德的扁担》《狼牙山五壮士》《开国大典》《为人民服务》等课文，发挥语文教材在育人方面的独特价值。

2. 传承中华优秀传统文化，开展民族团结教育

部编教材扩大选文的覆盖面，提高题材的多样性，注重浸润渗透，增强学生的文化认同感和民族自豪感。除了古诗词、古代寓言、神话传说、历史故事外，还从《三字经》《百家姓》《千字文》《弟子规》等传统蒙学读物中，选取符合当今时代特点、有积

极意义的内容。

教材还重视体现民族平等、民族大团结的教育。例如，一年级上册入学教育安排了一幅五十六个民族团结画，选编了《大青树下的小学》等课文；选编了描写我国边疆风情、海峡风貌的课文，如《日月潭》《葡萄沟》《富饶的西沙群岛》《小岛》等，对学生进行海洋与国家主权意识教育。

3. 以主题为基础，落实核心价值观

例如，四年级上册第七单元以“天下兴亡，匹夫有责”为主题，安排了三首爱国主义古诗、周恩来小时候的励志故事，以及梅兰芳拒绝为日本人演戏的故事和长诗《延安，我把你追寻》，弘扬社会主义革命文化，培养学生的爱国主义和集体主义精神，有助于学生逐步形成正确的世界观、人生观和价值观。

4. 通过语文学习活动的设计，引导学生感受、理解和践行核心价值观

例如，五年级下册第三单元的综合性学习，通过各种活动激发学生对汉字的欣赏和热爱：

五年级下册第三单元——“综合性学习：遨游汉字王国”

主题：

1. 汉字真有趣

2. 我爱你，汉字

语文要素：

感受汉字的趣味，了解汉字文化。

学习搜集资料的基本方法。

学写简单的研究报告。

活动建议：

1－1 搜集字谜，开展猜字谜活动。

1－2 搜集体现汉字特点的古诗、歇后语、对联、故事等资料，和同学交流，办一次趣味汉字交流会。

2－1 搜集更多的资料，围绕汉字历史、汉字书法或其他感兴趣的与汉字有关的内容，开展简单的研究。

2－2 调查同学的作业本、街头招牌、书籍报刊等，围绕生活中用字不规范的情况，开展简单的研究。

二、突出目标意识，体现“工具性与人文性的统一”

1. 采用双线结构组织单元内容，教学目标明确

部编教材为凸显语文素养，明晰教学目标，采用双线结构组织单元内容，以宽泛的人文主题将单元课文组织在一起，同时将语文训练的基本要素，包括必需的语文知识、基本的语文能力、适当的学习策略和学习习惯等，分成若干个知识或能力训练的“点”，由浅入深，分布并体现在各个单元，形成一条贯穿全套教材的显性线索。

以语文训练要素作为主线、明线，每个单元的教学目标直接体现在单元导语中，课后思考练习题围绕着单元的训练要素设计，教学目标明确，增强了可操作性。

2. 训练目标的序列、梯度呈螺旋式上升

明晰训练目标，体现训练的序列与梯度，也是部编教材的一大特点。全套教材统筹规划语文要素，从三年级开始，每个单元一般从阅读与习作的方法、能力或习惯方面各安排一个训练要素，每册有两个重点训练要素。

从第二学段开始，每个单元编排了导读页，图文结合，在精美的画面下，用一两句话点明单元主题，引出本单元的语文学习要求和方法，使学习目标更加清晰。阅读和表达训练要素交叉安排，由易到难，由简到繁。比如，口语交际按照功能与话题两条主线，从倾听、表达和应对三个维度组织内容，每一个维度在不同年级都有所侧重。同时，单元编排体现螺旋上升的训练过程，如学了前面的语文要素，就在以后的语文实践中反复运用，不断提升。教材将单元导语、课后思考练习题、交流平台、词句段运用等作为一个训练的整体。整体性是这套教材的又一大特点，体现为单元之间的整体性、学段的整体性和全套教材的整体性。

3. 注重学生知识和经验的积累与整合

积累和整合是培养学生语文素养的基本途径和基本方式。“积累”是个体主动获得语言材料、形成其语言经验的过程。“整合”是在获得语言材料的过程中，建立语言材料、语言经验之间有机联系的过程。积累和整合有助于学生形成语感，帮助学生理解并掌握语言运用的规律、发展思维、传承和理解文化。

例如，三年级上册第六单元围绕主题“祖国，我爱你”安排了三首古诗和两篇小品文、一篇散文，语文要素是“借助关键语句理解一段话的意思”。学生通过本单元这几篇课文的学习，能理解关键词和关键句在整篇课文和一个段落里的作用，强化了学生的概括能力，并帮助学生梳理所学知识，提高阅读能力和语言表达能力。

三、突出课程内容的时代性，学与用相结合

部编语文教材在封面的设计、课文的选取、习题的设计、教学活动的安排等方面，贴近当代小学生的日常生活，适应社会转型和时代需求，体现了时代性。

教材适应学生的认知特点和身心发展水平，密切联系学生的经验世界和想象世界。全套教材强化生活意识、活动意识，学语文与用语文贯穿于全套教材之中。教材根据不同学段的特点，对课后思考练习题进行活动化设计。“我的发现”“展示台”“交流平台”等栏目，都是学生联系自身的积累与生活经验开展语文活动、展示学习过程的平台。

口语交际、习作板块也尽量选取与学生生活实际、生活经验相关的话题，使他们敢说话、想说话，有话可说、有内容可写，学与用相结合，在语文实践活动中体会到语文也是生活的需要，不断提升语文能力。比如，看火车票识字、看公园导游图识字；元旦

节快到了，为“元旦联欢会”设计一张海报，除了配上好看的图画，还要有打动人的宣传语，吸引更多的同学参加元旦联欢会。

教材还格外注重让语文课往课外阅读延伸，往学生的生活延伸。小学一年级安排了“和大人一起读”栏目，意在和学前教育衔接，一开始就引导学生的读书兴趣。到了高年级，几乎每一课都有往课外阅读延伸的设计，还安排了“名著导读”“古典诗文诵读”等内容。教材力图让语文教学从课堂延伸到课外，构成“教读—自读—课外阅读”三位一体的阅读教学体系。

四、加强阅读板块的教读与自读，从小培养学生的读书意识

跟先前的人教版实验教材相比，部编教材的课文总篇数减少了，如三至六年级的课文由原来每册三十几篇减少到二十几篇，但是阅读量增加了。部编教材通过设置专栏“和大人一起读”“我爱阅读”，体现了亲子阅读、全民阅读、自主阅读的编排理念；通过设置快乐读书吧板块，促进学生阅读进教材、进课程，使课外阅读课程化，给学生如何读课外书以全方位的指导。

在课外阅读内容的安排上，第一学段主要推荐童谣、儿歌及情节简单、内容有趣的儿童故事等。第二学段每册推荐不同文体、不同种类的图书给学生，开阔学生的阅读视野，使其学会关注和阅读不同文体、不同种类的作品。

一年级上册至五年级上册，主要推荐单篇的文章，或者是由短篇文章连缀而成的作品集。从五年级下册安排的《西游记》开始，让学生初步接触长篇小说，读整本的书。

部编教材在小学阶段安排读整本书，学习整本书的阅读方法，与中学阶段的“课外阅读导航”栏目紧密衔接，分段提高学生的阅读能力。除了通过快乐读书吧板块对课外阅读进行系统的指导外，在课文学习中，也加强了课外阅读的引导。例如，在课后设置的“资料袋”栏目中，注意介绍一些经典作品。多种形式的课外阅读活动设计，能够让学生爱读书、读好书，增强读书意识。

五、重视语文核心素养，重建语文知识体系

1. 构建知识体系和能力点提升的渠道

教材将学科“要点”（知识点和训练点）分布到各个单元，具体到每一课。教材阅读、单元导语、思考题和拓展题、综合性学习、写作等构成学习和提升渠道，以促进学生核心素养发展为目的，以语言建构和运用作为核心素养培养的基础，发展学生的阅读能力、思维能力和表达能力。

教材各个部分、各个环节的安排，都注意遵循学生学习语文的规律，重视培养学生的语文实践能力。教材很注意体现课程标准的原则——认写分流，多认少写，从最常用的、出现频率最高的字及笔画最简单的、最常用的字开始，为尽快过渡到独立阅读阶段创设条件。教材强调训练意识，通过反复训练和梳理提升学生的语言文字综合运用能力。

阅读教学重视学生阅读技能的习得。比如精读、快读、浏览、朗读、默读，都有技巧提示和例文示范，教师设计教学方案时就要想办法去细化、落实这些阅读技能的学习。

2. 充分体现义务教育语文学习的基础性、阶段性特点

义务教育阶段的小学教育是学生打下基础的关键时期，而语文在一定程度上又是学习其他知识的一种手段，因此学生在小学期间学好语文对于未来的学习和发展具有重要意义。部编教材充分关注到这点，每个学段的安排尽量兼顾学生的年龄和学习特点。例如拼音教学部分，改变汉语拼音的呈现方式，通过整合、重组及增强趣味性等方式以减轻负担，提高效率。在编排上，简化头绪，将单、复韵母按发音口型的大小排列；对音同形异的字母和音节进行了整合。声母教学，针对方言地区平翘舌音、边鼻音、前后鼻音不分的情况，以对比的方式呈现，有利于普通话的学习。为了落实课程标准的要求，创设了相应的情境图和语境歌，为学生在活动和游戏中学习拼音提供了方便。

3. 强调学生的主体意识

部编教材牢固树立学生是语文学习活动主体的意识。部编教材着眼于学生的发展，通过多种方式体现了自主学习、在游戏中学习的意图，注重自得、自悟，引导学生主动参与、探究、发现，由浅入深、循序渐进地设计了若干操作性极强的栏目和练习题。

第一学段有“自主识字园地”“把你想写的字写一写”“把你想写的词语或句子写一写”“自己测一测”“自学生字读小诗（短文）”等，重在培养学生自主学习的意识和习惯。

第二学段有“自主积累”“自主阅读”等，在学生有自主学习意识的基础上适当提高自学要求，逐步形成能力。

第三学段有“自主批读”“互动平台”等，让学生自主学习各种体裁的课文。

六、守正创新，特色鲜明

部编教材吸纳语文课程改革的最新成果，沉淀课程改革的先进理念和成功经验，注重培养学生的创新精神和实践能力，积极倡导自主、合作、探究的学习方式，加强语言文字运用，加强语文与生活的联系，致力于构建开放的、富有活力的教材体系，全面提高学生的语文素养。

第一，从选篇来看，部编教材课文的选篇依据四个标准：一是经典性，二是文质兼美，三是适宜教学，四是兼顾时代性。翻阅教材，会发现中华传统经典的内容回来了，时文减少了。

小学一年级就有古诗文，整个小学6个年级12册教材共选优秀古诗文129篇，占所有选篇的30%，比原有人教版增加55篇，增幅达80%。体裁更加多样，从《诗经》到清代的诗文，从古风、民歌、律诗、绝句到词曲，从诸子散文到历史散文，从两汉论文到唐宋古文、明清小品，均有收录。革命传统教育的篇目也占有较大的比重，小学选了40篇。

第二，从学习识字和拼音的顺序来看，由原来的先学拼音改为现在的先学汉字。这个改变体现了一种更切实的教学理念。这不是一个变化，而是一种教学理念的更新。传统的语文教学都是在没有注音帮助的情况下进行的，以前的蒙学教材，如《三字经》《百家姓》《千字文》都是如此。这是对传统的回归。

部编教材的第一课不是拼音 abc，而是汉字“天地人”，这是给孩子的人生第一印象，这个印象就是一辈子。还有“金木水火土”“云对雨，雪对风”，部编教材要的是孩子对传统汉字的特别的感觉。这个改变有意把汉语、汉字摆在第一位，拼音只是辅助汉字的工具。

第三，部编教材有意安排了多元识字的内容，拼音认字只是其中的一种，还可以通过字形、结构、偏旁去认字。把识字放到各种情境中，借助丰富的插图，循序渐进地帮助学生完成识字步骤。

部编语文教材还特别重视学界有关语文认知规律的研究成果，并加以选择、吸收和转化，用来指导编写。比如，为了让孩子“多认少写”，尽快学会读书写字，一年级的识字课文就采纳了北京师范大学关于“儿童字频”研究的成果，把儿童读书最需要先认识的 300 个字安排在一年级教材中，努力体现教材编写的科学性。

第四，部编教材设计了许多有创意的栏目。教材中的栏目有简明生动、有亲和力、有感染力的“卷首语”；有帮助学生防止生字回生的“你还认识我吗”；有让学生寓学于乐，感受幽默的“读读玩玩”“开心一刻”；有引导学生巩固旧知，拓展新知的“温故知新”；有为学生积累提供有价值语言材料的“语海拾贝”“点击成语”；有激发学生参与，提高学生语文综合素养的“互动平台”；等等。

第二节　部编小学语文教材的编排特色

一、识字板块

第一，单元构成。低年级教材将识字内容编排分为集中识字（整个单元都是识字课）、课文识字（随着课文阅读识字）以及语文园地识字三大板块。三个不同的板块，编排的意图不同，学生的任务也不尽相同。

第二，把识字放到不同背景中。有以大自然为背景的，如《场景歌》《树之歌》《动物儿歌》《小青蛙》等；有以文化为背景的，如《画》《传统节日》《“贝”的故事》《中国美食》；有以日常生活学习为背景的，如《小书包》《升国旗》《田家四季歌》等。

第三，教材在编写时有意渗透多种识字方法，培养学生自主识字的能力。字理识字的有象形识字课《日月水火》，会意识字课《日月明》，形声识字课《小青蛙》，偏旁来历课《“贝”的故事》等课文。同时，教材还安排了多种识字方法：《口耳目》以儿童最常用的看图识字的方法，引导学生学习口、耳、目、手、足等人体器官名称，通过图文对照识记字形，在联系生活经验中理解字义；《对韵歌》将中国传统蒙学蕴含在韵语歌中，赋予识字吟诵的意境；《大小多少》利用反义词识字，《小书包》按照事物归类识字……10 篇集中识字课，精心编排，有机穿插多种识字方法。此外语文园地中的“识字加油站”和“展示台”栏目，鼓励学生从生活中的不同渠道识字，提供机会让学生交流课外识字的途径与成果，努力提高识字效率。

第四，课文内容以儿歌为主，如二年级上册中的识字课都是儿歌，包括《场景歌》《树之歌》《拍手歌》《田家四季歌》。

第五，生字书写练习配有笔顺笔画和偏旁部首提示。一年级上册教材要求写的字，大多是字形简单、构字能力或构词能力强的独体字，也适当选择特别常用的合体字，大体按照由易到难、由简到繁、由独体到合体的顺序编排。笔画笔顺教学一直是一年级识字写字教学的重点，但近年来这方面常被忽视。教材编写者在编写时注意到了这个问题，在每课要写的生字旁都明确标注了新出现的笔画，在每个要写的生字上方标注了跟随式笔顺，使笔画笔顺教学有了明确、科学的依据，使学生自学与复习有了凭借，非常方便。语文园地还安排了新栏目“书写提示”，也循序渐进地渗透了汉字书写的笔顺规则。

二、拼音板块

一年级上册第二、第三单元为汉语拼音部分，安排了 13 课拼音和 2 个语文园地，涵盖了 6 个单韵母、23 个声母、9 个复韵母、5 个前鼻韵母、4 个后鼻韵母以及 yi、wu 等 16 个整体认读音节，在拼音学习中穿插安排儿歌、词语与生字。

1. 识字先于拼音，拼音教学时间后置

部编教材的编排打破了几十年来小学语文教材编写的固有模式，降低了开学即学拼音给孩子学习带来的困难。学生有了汉字口语发音作基础，再学拼音，就有了可借鉴、可参照的抓手，枯燥的字母符号以及拼读规则也就有了“着陆”的可能。教材这一创新编排，降低了拼音教学的难度，是拼音教学实实在在的减负举措，突出了拼音是识字的载体与工具的特点，为学生学好普通话奠定了基础。

2. 字母以情境图出现，突出故事性、趣味性

字母的呈现方式以情境图为主，情境图呈现的亮点主要有以下几个方面：

一是画面精美。教材中的 13 课拼音教学改变了以往单幅图呈现字母的方式，而是全部采用情境图，画面内容选择的都是孩子生活中熟悉的场景，画面柔美，内容直观。教材改变了以前插图基本以儿童画为主的形式，而是以水墨画为主，色彩柔和，非常漂亮。

二是故事完整。每幅图都是一个完整的故事，加上想象，就可以生出很多的情境。细细推敲，不仅每一幅图一个故事，图与图之间还有一定的联系性。如课文《z c s》和《zh ch sh r》存在着一定的联系，而其中的两幅插图也有一定的联系。

三是示音示形。声母部分以示音示形为主，音形高度融合，而在复韵母和鼻韵母中基本以读音带出韵母。在音节呈现上面，都是带调音节。每个音节都能对应一个汉字，做到音、形、义一体。教材中除了《b p m f》刚开始学拼读和《j q x》要揭示与 ü 相拼的规律，其他的都不以射线的方式呈现。以 an、en、in、un、ün 为例，教材中呈现的拼读音节比较多，让学生在已有的基础上拼读，将教材变成读本。

3. 拼音板块内容丰富、书写规范

拼音板块由字母、情境图、音节、词语、儿歌、生字、拼音书写等内容组成。具体特点如下：

（1）字母的内容以整合的情境图呈现，教材通过有趣的故事，将拼音学习融入学生熟悉的、喜爱的看图讲故事活动，以相应的事物示音或示形，与学生的生活实际建立联系，激发学生学习拼音的兴趣，培养学生的观察能力，利用学生的口语基础发展学生的语言能力。

例如，学习 j、q、x 三个声母时，教材中配有一个小院子的情境图。院子里，一只母鸡正在追赶着空中的蝴蝶，地上还有几只小鸡。“鸡”提示 j 的音，鸡和蝴蝶组合的形状提示 j 的形。一棵枝繁叶茂的大树下有一张小方桌，桌上和桌边的西瓜提示 x 的音，桌上西瓜的刀切印提示 x 的形。一个小姑娘手里拽着气球的线，仰头数着拴在线上的 7 只彩色气球，“气”“7”提示 q 的音，气球的形状提示 q 的形。

（2）音节的内容以声母、韵母拼读为主。音节的学习强调带调拼读，紧密联系学生的口语交际，既要精选高频常用音节，提高学习效率，又要优选呈现方式，注重拼读结果。例如，教学 d、t、n、l 与带调单韵母 a、e、i、u、ü 相拼时，需要引导学生运用学过的单韵母及其四声知识为顺利拼读做好准备，调动学生已有的生活经验进行拼读。如 d、t、n、l 与 a 相拼的音节：dǎ，“打水”的“打”；tā，“他们”的“他”；ná，“拿苹果”的“拿”；lā，“拉手”的“拉”。然后，引导学生自己熟练拼读，并把自己会拼读的音节读给同学听一听，另外还要注意分辨 n 和 l 与同一韵母组成的音节等内容。

（3）课文中的词语和儿歌内容，突出拼音服务于汉字的要求。教材注重让学生在词语中学习个别汉字，进一步体现拼音学习的价值，几个词语之间也一般存在内在的逻辑联系。儿歌将音节复现，巩固所学拼音。此环节能够增强学生学习拼音的趣味性，同时让学生在朗读中积累语言，培养语感。

（4）拼音书写强调规范。教材注重书写规范。课程标准要求学生正确书写声母、韵母和音节，教材也在文中的四线格里增加了字母书写的笔顺。这样的编排体现了对书写的重视，包括对汉语拼音正确书写指导的重视。同时，正确的书写还有利于更好地识记这些拼音字母。每篇拼音课文后面都有每个字母的书写笔顺，教师应该严格按照课文中的书写笔顺来指导学生，引导学生观察字母的位置、书写的顺序，让他们自己去描一次红，去仿一次影，再到黑板上展示。

（5）拼音板块设计巧妙，突出语文要素。拼音板块的内容集中呈现在 13 课拼音及两个语文园地中。每一课都选择了少而精当的音节供学生练习拼读，精心选择使用频率高、与儿童口语联系最为密切的生活常用音节作为学习内容。这些带调音节都是有效音节，都有实际意义，可以与学生的口语建立起直接联系，使学生体会到拼音学习的价值。每一课安排的词语，部分课中的儿歌，以及结合词语和儿歌要学习的几个汉字，都是由学生学过的音节组成的常用词语，每课的几个词语之间都存在内在的逻辑关系，可以使学生初步感知语言特点。这些词语和儿歌，为学生巩固拼音、复习本课和前面学过的字母及音节提供了语境，体现了拼音学习的工具价值，同时引导学生积累语言，形成初步的语感。

语文园地的活动设计，也非常重视对难点进行强化练习，集中解决读音易错、字形易混的字母和音节，特别强调在语境中复习拼音。在内容的具体安排上，突出重点，突破难点，保证学生有效、高效地学习拼音。语文园地中复习、巩固拼音的活动形式丰富多样，意在引导学生在各种有趣的游戏活动中复习音节，将复习拼音与认识事物相结合，同时关注学生的思维发展，关注学生的成长，将拼音的学习植根于提高语文素养的大背景，综合考虑育人的因素，而不仅仅着眼于拼音知识的学习。

三、阅读板块

部编小学语文教材阅读课安排的文体包括文学类和非文学类，文学类主要有诗歌、散文、小说、童话、寓言、故事等，非文学类主要是说明文和应用文。

1. 按学段有层次地安排各类文体的文章，循序渐进地推进文体认知

依据小学三个学段不同的学情，教材在各类文体上由浅入深、循序渐进地推进。第一学段主要是儿歌和民谣等韵文类文章，这类作品内容浅显有趣，篇幅短小，节奏明朗，易于教与学，在拼音课、识字课和课文中成为孩子们学习字词、掌握拼读的载体和平台。同时还安排大量童话故事类文章，既有趣又有情节，符合儿童的认知特点。

第二学段以后开始加强文体意识的培养，不少单元提示直接说明单元的文体，课文和习作都围绕某种文体进行。比如三年级上册第三单元的单元提示是“乘着想象的翅膀，游历奇妙的童话王国，看花儿跳舞，听星星唱歌”，语文要素是“感受童话丰富的想象。试着自己编童话，写童话”。逐渐增加寓言以及写景、写人和拟物散文，同时在小练习和语文园地中练习应用文，创设多元的儿童阅读环境，增加不同文体的阅读体验。值得关注的是，这个阶段出现了以普及科学常识为目标的科学小品文，运用散文的笔法来介绍科学知识和美景美地，如《美丽的小兴安岭》《日月潭》等篇目。

第三学段以叙事性、说明性的文章为主，穿插文学名著单元，引导学生积累文学知识，了解名家名篇，学习优秀文章的表达方式。

2. 在以双线结构安排阅读课文的框架下，独立设置文体单元

这是部编教材对提高教师和学生文体意识最好的体现。这种突出文体的单元，可以让学生在不同课文的学习中掌握一种文体。学习时，如果能展开对比，再运用到习作中，则能产生比较好的效果。具体内容见表2-1。

表2-1 教材中的部分文体单元设置

文体类别	出处（册、单元）	课文
故事	三上（四）	《总也倒不了的小屋》《胡萝卜先生的长胡子》《小狗学叫》
童话	三上（三）	《卖火柴的小女孩》《那一定会很好》《在牛肚子里旅行》《一块奶酪》
民间文学	五上（三）	《猎人海力布》《牛郎织女》
说明文	五上（五）	《太阳》《松鼠》
小说	五下（二）	《草船借箭》《景阳冈》《猴王出世》《红楼春趣》
散文（游记）	四下（五）	《海上日出》《记金华的双龙洞》
神话	四上（四）	《盘古开天地》《精卫填海》《普罗米修斯》《女娲补天》
小品文	三上（六）	《富饶的西沙群岛》《海滨小城》《美丽的小兴安岭》
寓言	三下（二）	《守株待兔》《陶罐和铁罐》《鹿角和鹿腿》

3. 叙事类作品依然是教读课和自读课的重心

小学语文阅读课的重头戏还是叙事类作品，包括叙事散文、抒情散文、小说和故事等。主要以叙事散文（记叙文）为主，题材包括记人、记事和写景拟物，重点培养学生的观察能力，掌握记叙六要素，并运用到习作之中。

4. 增加一定数量的古诗文篇目

部编教材从小学一年级开始就有古诗，其中，古体诗有汉乐府诗，近体诗有唐绝句和律诗、宋诗和宋词，以唐绝句为主。从三年级开始，每册中的古诗文安排在两个阅读单元及语文园地的“日积月累”栏目中。

小学语文教材所选用的古诗文，大多是意境深远、内容丰富、文字凝练、诵读起来朗朗上口的典范之作，能够丰富儿童的文化底蕴，积淀学生的传统文化素养，提高学生的语言文字运用水平。古诗词用词精准凝练，具有语言之美，能对学生的审美观念产生潜移默化的影响。例如，在《望庐山瀑布》这首诗里，诗人用“生”字把香炉峰上烟云冉冉上升的景象写活了，用“挂”字把瀑布描写得既传神又壮观，用银河比喻瀑布又让人产生无限遐想。学习这首诗，既能培养学生的审美能力，又能丰富学生的想象力。

5. 重视学习生活中常见常用的应用文

应用文是解决日常生活、学习、工作中实际问题的常用文体，如书信、通知、请假条、留言条等，这些与学生的日常生活和学习也有很大关系。

教材中的应用文涉及书信、通知、留言、请假条、日记、启事、感谢信、表扬信、决心书、申请书、倡议书、观后感、读后感等，大多放在语文园地和习作板块中。比如，三年级下册第二单元的语文园地要求学写通知，第七单元的语文园地要求学写寻物启事。全套教材对常见的应用文进行了统筹安排，体量较大的“日记”“书信”等安排在单元习作中，而“通知”这类体量较小的应用文以小练笔的形式呈现，有的还会出现在口语交际板块中。

6. 说明类的文章贯穿各个年级

说明文是一种以说明为主要表达方式的文章体裁。小学六年每一册教材中都会有一个由一组知识性比较强的科普类说明文组成的单元。科普类说明文就数量而言几乎占了小学语文阅读教材的八分之一，是小学语文教学内容的重要组成部分。低学段以科普类小品文为主，如《植物妈妈有办法》《我是什么》《大自然的声音》。到五年级出现比较典型的说明文，如《鲸》，学习说明方法和说明顺序以及说明文严谨准确的语言。

7. 注重名家名著的文学阅读

小学阶段的中外文学著作多以节选为主，对于名家名篇，主要从人物形象、情节、环境三要素来理解和把握。

五年级下册第二单元是中国四大名著阅读策略单元，要求学生初步学习阅读古典名著的方法。由教读课《草船借箭》(《三国演义》片段改编)、《景阳冈》(《水浒传》片段改编)、《猴王出世》(《西游记》节选）和自读课《红楼春趣》(《红楼梦》节选）构成，配合习作“写读后感”。

六年级上册第八单元“走进鲁迅”以名家鲁迅的作品来组织单元，包括两篇教读课文《少年闰土》和《好的故事》，自读课文《我的伯父鲁迅先生》和《有的人——纪念鲁迅有感》，本单元以人物为中心组织学习内容，旨在引导学生透过鲁迅的笔触和别人眼中的鲁迅，初步认识和了解鲁迅，感受鲁迅高尚的品格和伟大的成就，并从中受到感染、熏陶和教育。

六年级下册第二单元为世界名著阅读单元，让学生了解故事梗概，把握名著的主要内容和人物。由教读课文《鲁滨逊漂流记（节选)》(小说）故事梗概加片段节选、自读课文《骑鹅旅行记（节选)》(童话）和《汤姆·索亚历险记（节选)》(小说）及习作“写作品梗概”构成一个单元。

8. 教读课文与自读课文相结合

快乐读书吧板块，每册教材中出现一两次，每次安排某一种阅读类型，如儿童故事、童话、寓言、民间传说、科普文章等，让学生接触各种文体类型，具有基本的文体知识，激发阅读各种类型读物的兴趣，并有意识地让学生去掌握一些读书方法。这个板块不要像一般的课文那样教学，教师可以举一反三，讲一点相关的读书常识，包括书的类型和阅读方法，但主要是激发兴趣，让孩子自己找书来读。

四、作文板块

部编小学语文教材在“阅读与表达均衡推进”的理念引领下，强调“读写分编，兼顾读写结合”的原则和理念，打破了原有教材的编排框架，加大了习作内容的比重，按照“随文学习中的小练笔”“阅读单元中的大作文”“习作单元专项作文训练”三条路径编排习作内容，加强习作指导，提高习作教学的操作性、针对性和系统性。教师要准确把握这一编排特点，从这三条路径出发，加强书面表达的训练力度，使习作训练由量的增加达到质的提升。

小学各个阶段的习作也有明确的指向性：二年级写话训练，重点在于结合课文的小训练；三年级属于起步阶段，侧重于指导观察，激发想象，为习作奠定基础；四、五年级着力于指导不同类型的习作；六年级总结梳理小学阶段的习作要点，为初中的作文打下坚实基础。

五、口语交际板块

教材在口语交际的编排上有着非常鲜明的特点和优势，即将口语交际作为一个单独板块进行编排，1—6 年级建构了清晰的目标体系，更加突出了“交际”的功能，更重视学生交际能力与交际习惯的养成。

1. 口语交际的内容编排

在话题设置上，基本上是每册安排四个话题（六年级下册为三个），小学阶段共有 47 个交际话题。与旧版教材把口语交际作为语文园地的一部分不同，部编教材把它明确地列入教材目录，成为一个单独板块。具体见表 2－2。

表 2－2　部编小学语文教材口语交际分布情况统计

年级	一单元	二单元	三单元	四单元	五单元	六单元	七单元	八单元
一上	我说你做			我们做朋友		用多大的声音		小兔运南瓜
一下	听故事，讲故事		请你帮个忙		打电话		一起做游戏	
二上	有趣的动物		做手工		商量	看图讲故事		
二下	注意说话的语气		长大以后做什么		图书借阅公约			推荐一部动画片
三上	我的暑假生活			名字里的故事			身边的“小事”	请教
三下	春游去哪儿玩	该不该实行班干部轮流制					劝告	趣味故事会
四上	我们与环境		爱护眼睛，保护视力			安慰		讲历史人物故事
四下	转述	说新闻				朋友相处的秘诀	自我介绍	

续表

年级	一单元	二单元	三单元	四单元	五单元	六单元	七单元	八单元
五上	制定班级公约		讲民间故事			父母之爱		我最喜欢的人物形象
五下	走进他们的童年岁月	怎么表演课本剧					我是小小讲解员	我们都来讲笑话
六上		演讲		请你支持我		意见不同怎么办	聊聊书法	
六下	即兴发言	同读一本书			辩论			

教材中，口语交际一般由情境图、对话框和小贴士三部分组成，小贴士对训练的要点进行了明确提示。以前教材中的口语交际只用几行字描述话题，部编教材则每个话题都给了一个页面，体现了教材编写者对口语交际的重视。

2. 口语交际的编排特点

（1）话题选择更加贴近学生生活，突出育人的功能。话题的类型大体分为介绍类、对话类、独白类、交往类等。不同类型训练的侧重点会有所不同。如三年级上册“我的暑假生活”属于独白类话题，侧重培养学生当众表达、条理表达的能力；而“身边的‘小事’”作为讨论交流的话题，侧重培养学生的应对能力。下面以三年级口语交际内容为例。如表2-3所示，这些话题大多来自孩子们的生活，也用以指导孩子们的生活。因此，在小学的口语交际教学中，“我说”与“说我”是主要的材料来源，就是在这样的听说、交流之中，语文学习积极地影响着孩子们的生活，这既体现了一种“大语文观”，又体现了教材对将学生培养成一个全面发展的人的重视。

表2-3　三年级上册口语交际话题类型统计表

类型	独白类	对话类（交流讨论）	对话类（功能性话题）
话题	我的暑假生活（三上）	身边的“小事”（三上）	请教（三上）
	名字里的故事（三上）	春游去哪儿玩（三下）	劝说（三下）
	趣味故事会（三下）	该不该实行班干部轮流制（三下）	
作用	当众表达，条理表达	应对能力	生活交往能力

（2）呈现方式多样。情境图，用来创设课堂交际情境，激发学生说的欲望；对话框，为学生的口语交际提供直观生动的范例；小贴士，清晰呈现教学目标和训练要点，使学生明确口语交际的方法和策略。每册的口语交际均链接了一个小贴士，既阐明了本次口语交际的要求，也明确了训练的目标取向。如一年级下册中，“听故事，讲故事”的训练要求有两个，“听”的同时看图记内容，“讲”的时候要大声清楚。这样清楚明白的要求不仅让教师明了训练应达到的程度，同时告诉了学生交际过程中的做法。在“请你帮

个忙”的小贴士中列出了礼貌用语，提示学生请人帮忙要有礼文明，尊重对方。“打电话”的关键要求是“没听清时可以请对方重复”，这是新出现的训练要求，要作为练习重点。“一起做游戏”则提醒学生，一边说一边做动作更容易让人明白。这是动作第一次作为口语交际的训练目标列入教材，教师应予以重视。多种多样的呈现方式避免了口语交际教学的模糊，给教师的教与学生的学提供了实实在在的指导。

（3）注重交际实质，梯度递进，关注言语表达的内容。部编教材突出“交际”，并按照不同阶段的交际特点设计不同的要求。一年级，着重解决孩子不会听、听不清、不敢说、说不响、不知道跟谁说、不懂得区别场合、不容易说清楚的问题。二年级，着重解决学生不会问、说话无序、听人讲话抓不住要点、不会应对等问题。三年级，着重培养孩子的对象意识，引导学生成段表达，避免对生活场景的简单重复。四年级，着重培养学生听要有筛选，判断出哪些是重要的，并做出应对，说要有主题，说完整，有情感，通过语调、手势等增强表达力和感染力的能力。五年级，话题选择上更关注口语交际对现实生活的指导意义，方法策略上强调有依据、有条理地表达。六年级，由感性的动情表述向理解深刻的表述过渡，强调有要点、有条理地表达，以理服人。

例如，一年级上册安排了四次口语交际，训练的目标要求分别为：大声说，让别人听得见，注意听别人说话——“我说你做”；有时候要大声说话，有时候要小声说话——“我们做朋友”；说话的时候看着对方的眼睛——“用多大的声音”；大胆说出自己的想法——“小兔运南瓜”。

对刚进入小学阶段的学生进行口语交际训练时，教师应主要从交际的态度、习惯、礼仪等方面加以指导，尤其要鼓励学生有表达的自信心。在教学中，特别要重视交际方法与策略的指导。

由于部编教材有明晰的目标体系，有具体的方法策略，如四年级上下册教材特别凸显口语交际的方法与策略问题（表 2－4、表 2－5），因此在教学过程中，教师首先要循纲扣本，一课一得，把每一个话题的训练都落在实处。

表 2－4　四年级上册口语交际的方法与策略

话题	方法与策略
我们与环境	围绕话题发表看法，不跑题 判断别人发言是否与话题有关
爱护眼睛，保护视力	小组讨论时，注意说话的音量，避免干扰其他小组 不重复别人说过的话，如果想法接近，可以先表示认同，再继续补充
安慰	选择合适的方式进行安慰 借助语调、手势等恰当地表达自己的情感
讲历史人物故事	用卡片提示讲述内容 使用恰当的语气和肢体语言，可以让讲述更生动

表 2-5　四年级下册口语交际的方法与策略

话题	方法与策略
转述	弄清要点，转述时不遗漏主要信息，注意人称的转换
说新闻	准确传达信息，清楚、连贯地讲述
朋友相处的秘诀	根据讨论目的，记录重要信息 分类整理小组意见，有条理地汇报
自我介绍	对象和目的不同，介绍的内容也要有所不同

（4）口语交际的话题与本单元的主题大多有一定的关联。体会教材的编排意图，不仅要看一册教材中的目标要求，更要把不同年级的教材放在一起，梳理出口语交际循序渐进的梯度要求，这样教师在教学的时候才能做到心中有数。

通过对各年级口语交际内容的分析和研究，发现在话题的设计上，虽有独立于单元内容之外的内容，但更多的是跟单元内容紧密联系，共同构成一个整体。部编教材巧妙地从单元课文的主题、题材或者体裁中选择口语交际的话题，组织教学活动，既联系生活，又联系学生实际，兼具跨学科的设计。

表 2-6 列出了五年级上册四次口语交际的话题设计，除了一次话题与课文内容无关外，其他话题都与单元阅读课文的内容直接关联，课文的阅读是口语交际训练的基础。

表 2-6　五年级上册口语交际的话题设计和要求

单元	话题	与单元内容联系	拓展及跨学科训练
一	制定班级公约	无	能力拓展：学习通过班级、分组等讨论形式最终形成班级公约
三	讲民间故事	相关民间文学的课文是开好民间故事会的基础	知识应用：学习讲好民间故事的方法及故事会的开展形式
六	父母之爱	相关父母之爱的课文为分享会打下基础	生活拓展：理解父母表达爱的方式不尽相同
八	我最喜欢的人物形象	关于读书的课文为交流会打好基础	分类整理：学会整理自己读过的文学作品，突出人物特点，并用语言表现出来

六、综合性实践活动

1. 呈现方式

语文的综合性实践活动指向学生语文综合能力及核心素养的养成，贯穿在语文教学中，而不只存在于某一次的集中实践训练。在实践活动中，应该抓住实践活动的有利因素进行设计。在部编教材中，综合性实践活动以单元专题的综合性学习、每个单元后的语文园地和口语交际为呈现方式。

（1）专题综合性学习板块

部编 12 册教材共设置了四次综合性学习，分别安排在三、四、五、六年级下册教材中，主题分别为“中华传统节日”“轻叩诗歌大门”“遨游汉字王国”“难忘小学生活”。其中，三年级和四年级的两个综合性学习板块穿插安排在普通单元中，而五年级和六年级的两个综合性实践活动则以独立单元的形式出现。

（2）语文园地板块

语文园地这一板块一般由“交流平台”“识字加油站”“字词句运用”“日积月累”等基本栏目组成。不同的年级和单元内容，在栏目设计上会有适当的增加、删减或者调整，如有些单元有“书写提示”，有些单元有“词句段运用”等。部编教材各年级语文园地的编写依据学段特征和语文素养的要求，呼应每个单元的语文要素。教材鲜明地彰显出语文要素和人文主题双线并进的姿态，特别是从三年级起，每个单元都有导读，包括诗意的人文主题和简洁清晰的语文要素两个部分。以单元为单位，将语文的工具性和人文性和谐统一，协同推进。语文园地内容与栏目设计往往与单元课文、课后练习题等形成一个有机的整体，在教学中应结合单元目标任务及语文要素展开教学。

（3）口语交际板块

口语交际训练的是学生表达、倾听和应对的能力。能力的养成需要实践活动作载体，因此口语交际也是综合性实践活动的重要组成部分，一至六年级教材中专门有独立的口语交际板块。

2. 综合性学习板块的编排特点

综合性学习板块自成体系，以活动贯穿始终，以任务驱动的方式带动整个单元的学习。部编教材在综合性学习板块的编排和设计方面具有以下几个特点。

（1）围绕单元主题编排学习活动

部编教材共设置四个专题的综合性学习板块。综合性学习主题紧紧围绕单元内容和主题进行设计，活动目标、活动任务明确。这些主题大都跟中华优秀传统文化内容相关，学生通过实践活动，在获得综合性技能的同时提高语文素养。

以四年级下册的“轻叩诗歌大门”为例。单元导语中有这样的语文要素：合作编小诗集，举办诗歌朗诵会。本单元从单元导语到课文内容、课后练习再到综合性学习，都与诗歌有关。教师将诗歌进行精讲与略讲后，在学生对诗歌有了一定的知识积累的基础上，给学生安排活动任务。课文第一篇诗歌《短诗三首》的课后练习设计有“活动提示”，紧紧扣住课文的知识内容以任务驱动的形式让学生去收集、摘抄相关诗歌，为下一步的综合性实践活动做准备。而综合性学习就是围绕诗歌学习和创作来开展的。如在主题活动中，出示“活动提示”：

诗歌的海洋里有无数珍宝。让我们开展综合性学习，感受诗歌的魅力。可以通过阅读报纸、杂志、书籍等方式，收集喜欢的现代诗。准备一个摘抄本，把它们工整地抄写下来，注意写清楚作者和出处。

这段时间，我们阅读、收集了许多诗歌，还做了自己的诗歌摘抄本，大家可以交流一下。还可以试着当个“小诗人”写写诗，把自己的感受表达出来。写的时候要注意分行。写完后，和同学交流。

让学生通过阅读报纸、杂志、书籍等方式，收集自己喜欢的现代诗，在此基础上，提出“小诗人”“写写诗”的任务。在收集、摘抄、写诗、交流等活动过程中学生对诗歌有了更深的认识，同时也提高了诗歌创作的技能和语言表达能力，综合能力也在这一过程中得到锤炼和提升。

（2）目标明确

综合性学习板块编排的每一次实践活动，目标都十分清晰，不仅在单元导语中出现，课文的课后活动提示及活动过程也都有明确的任务要求，方便学生根据目标有针对性地开展活动，并获得技能的提升。同时，根据不同的年级特点，四次综合性学习专题的目标和任务都各有侧重，如表2－7所示。

表2－7　综合性学习专题活动目标和任务概况

年级	主题	语文要素	活动目标和任务
三下	中华传统节日	收集传统节日的资料，交流节日的风俗习惯。 写一写过节的过程。	1. 能小组分工合作，用不同方式收集、介绍我国传统节日的资料，并记录这些节日的相关风俗。 2. 能就自己感兴趣的一个传统节日写一篇习作。写清楚过节的过程。 3. 以适当的方式展示综合性学习的成果。 4. 能对其他小组的展示活动作出评价，提出改进建议。
四下	轻叩诗歌大门	初步了解现代诗的一些特点，体会诗歌表达的情感。 根据需要收集资料，初步学习整理资料的方法。 合作编小诗集，举办诗歌朗诵会。	1. 能对自己收集的诗歌进行整理。 2. 能与同学交流自己收集或创作的小诗，合作编成小诗集。 3. 能和同学分工合作，举办班级诗歌朗诵会，用合适的语气朗读，表情、体态自然大方。
五下	遨游汉字王国	感受汉字的趣味，了解汉字文化。 学习收集资料的基本方法。 学写简单的研究报告。	1. 学会制订活动计划。 2. 能够认真阅读教材提供的材料，从中受到启发，收集到更多体现汉字有趣的资料。 3. 感受汉字的有趣，了解汉字文化，并为汉字的规范使用做一些力所能及的事。 4. 通过活动，能够很好地与他人进行合作学习，提高自主学习的能力。
六下	难忘小学生活	运用学过的方法整理资料。 策划简单的校园活动，学写策划书。	1. 通过读“阅读材料”中的文章，感受作者对小学生活的怀念，对母校、对老师、对同学的感情。 2. 回顾个人和集体的成长经历，懂得成长需要自己的努力，也离不开学校的关怀、老师的教导和同学的帮助。 3. 用多种方式表达对老师和同学、对母校依依不舍的感情，并立下美好的志向。 4. 会写临别赠言、简单的倡议书、建议书和演讲稿。 5. 能在老师的帮助下，与同学一起组织策划联欢活动。

由上表可以看出，每一次实践活动都有侧重点，例如，三年级的“中华传统节日”要求学生写一写过节的过程，并通过恰当的形式展示成果；而四年级的“轻叩诗歌大门”要求学生在收集诗歌的基础上进行现代诗歌创作，抒发自己的感受。从这两个要求可以看出，四年级的要求更高，难度更大，写一写过节的过程，学生只需要把过节的前后程序表述清楚就好了，而诗歌创作是一种从输入到输出的转变，需要学生找到诗歌主题，把握诗歌的结构形式、语言等，对学生的综合性能力要求更高。

综合性学习贯穿整个单元教学，目标任务十分明确，以四年级下册为例。《短诗三首》课后的“活动提示”，布置学生收集并摘抄自己喜欢的现代诗，旨在激发学生阅读和收集现代诗歌的兴趣，了解摘抄的一些基本要求。《白桦》课后的“活动提示”布置了两个任务：一是组织学生对目前收集的现代诗进行阶段性交流，这是对前一阶段活动的承接与提升，旨在通过交流打开视界，进一步丰富收集现代诗的途径和摘抄的类型；二是让学生尝试写现代诗，一方面为后续活动做了铺垫，丰富“小诗集”的素材，另一方面，这个单元没有安排习作，学生试着写写诗歌，就是完成了一次习作，所以应要求每个学生都写一写。在这两个阶段活动的基础上，进入综合性学习的第三个阶段，即展示交流学习成果。因此，学生在综合性学习中有不同的任务，完成所有任务，才算最终完成活动的整个过程。

同时，四年级下册第三单元的单元导语页提出了这一单元的语文要素：根据需要收集资料，初步学习整理资料的方法。要求学生根据活动提示和要求，收集整理资料，掌握整理资料的方法。因此，教师在综合性学习的教学设计中，要紧密结合教材提供的线索资源，充分运用课文给出的活动提示，设置好活动任务和目标，有的放矢地设计好实践活动。

（3）把习作和口语交际训练融入综合性学习活动

综合性学习主题活动不是孤立的，它往往跟课文内容、习作和口语交际等板块存在着紧密的联系。把习作和口语交际融入综合性学习活动，更有利于提高学生的语文综合能力与素养，提高他们的听说读写能力。教材很好地将这些板块的内容有机融合。例如，四年级下册教材中，让学生试着当个“小诗人”写写诗，把自己的感受表达出来，就是一种习作能力的训练，而让学生举办诗歌朗诵会，就是培养学生的口语交际能力。又如，三年级下册教材在综合性学习中就要求学生写“过节的过程”，这本身就是对学生写作能力的训练，由于此部分承担了“写作”的任务，本单元就不再设置写作环节。因此，教师在教学过程中，要特别注意写作主题的引导，实现学生写作能力的训练与提升。

可见，综合性学习训练的是学生的语文综合能力，在实践活动设计中，要将学生的口语表达与书面表达有机结合起来，做到两者兼顾。

第三章 《义务教育语文课程标准》（2022 年版）解读

第一节 新课程标准的颁布

《义务教育语文课程标准》（2022 年版）是为贯彻落实党的十八大、十九大精神，落实全国教育大会部署，全面落实立德树人根本任务，进一步深化课程改革，由教育部修订的文件，于 2022 年 3 月 25 日正式印发。

2022 年 4 月 21 日，教育部召开了《义务教育课程方案和课程标准》（2022 年版）颁布新闻发布会，教育部教材局局长就课程标准的修订作了重要讲话。

以下从五个方面简要介绍教育部修订义务教育课程标准的有关情况。

一、修订的主要背景

一是中央作出新部署。党的十九大和全国教育大会要求，全面贯彻党的教育方针，落实立德树人根本任务，发展素质教育，推进教育公平，培养德智体美劳全面发展的社会主义建设者和接班人。习近平总书记强调教育改革发展要做到“九个坚持”“六个下功夫”，培养担当民族复兴大任的时代新人。中央作出关于义务教育深化教育教学改革和“双减”工作决策部署，要求强化课堂及学校教育主阵地作用，必须对教与学的内容、方式进行改革。

二是教育发展提出新要求。当今世界正经历百年未有之大变局，网络新媒体迅速普及，人工智能方兴未艾，人们生活、学习、工作方式不断改变，不同价值观念相互碰撞，儿童和青少年的成长环境发生深刻变化，这对人才培养提出了新挑战。2011 年我国实现了义务教育全面普及，教育需求从“有学上”转向“上好学”，教育需要进一步明确“培养什么人”“怎样培养人”“为谁培养人”等问题，优化学校育人蓝图。这些都要求必须深化课程改革，加强义务教育课程建设。

三是课程实施中发现新问题。先前的《义务教育课程设置实验方案》和各课程标准，在引导和推动教育教学改革方面发挥了重要作用，但也存在一些与新形势新要求不相适应的地方。例如，学段纵向有机衔接不够，课程标准缺乏对“学到什么程度”的具体规定，教师把握教学的深度与广度缺少科学依据，课程实施要求不够明确等，必须有针对性地解决这些问题。同时，先前的课程方案和课程标准已分别实施了 20 年和 10 年以上，根据课程改革的自身规律性要求，有必要作进一步的修订完善。

二、修订的主要思路

一是坚持目标导向。认真学习领会习近平总书记关于教育的重要论述，准确理解把握中央关于教育改革的各项要求，确立课程修订的根本遵循。对重大主题教育进行整体规划、系统安排，充分反映习近平新时代中国特色社会主义思想，有机融入社会主义先进文化、革命文化和中华优秀传统文化，全面落实有理想、有本领、有担当时代新人的培养要求，增强课程思想性。

二是坚持问题导向。全面梳理分析课程改革的困难和问题，明确修订重点和任务，注重对实际问题的有效回应。遵循学生身心发展规律，强化一体化设置，促进学段间的衔接，提升课程科学性、系统性；优化课程设置，细化学科育人目标，明确实施要求，增强课程指导性、可操作性。

三是坚持创新导向。进一步深化改革，既注重继承我国课程建设的成功经验，也充分借鉴国际课程改革新成果，更新教育理念，体现中国特色，增强课程综合性、实践性，引导育人方式变革，着力发展学生核心素养。坚持与时俱进，反映经济社会发展新变化、科学技术进步新成果，更新课程内容，体现课程时代性。

三、修订的主要过程

新课程标准主要经历了组建队伍、总体设计、调研论证、组织修订、开展测试、征求意见等一系列的环节。

一是组建队伍。成立由两院院士、学科专家、学科教育专家、骨干教师、教育管理者等近 300 人组成的修订组，承担修订任务。

二是总体设计。对习近平新时代中国特色社会主义思想以及中华优秀传统文化、革命传统、法治、国家安全、生命安全与健康等重大主题教育进课程教材进行整体规划，并指导落实。

三是调研论证。开展义务教育课程实施现状调查、课程内容结构化等相关基础研究和国际比较研究，深入研究把握国内国外课程改革新趋势。

四是组织修订。采取集中和分散相结合的工作方式，按照先修订课程方案再修订课程标准的顺序进行，分项、分段推进修订工作。

五是开展测试。组织浙江、河南和甘肃等 15 个省近 6 万名学生进行课程标准测试，根据结果再作修改。

六是征求意见。分别征求了省级教育行政部门、专家学者和一线校长、教师、教研员等各方意见建议，进行修改、完善。2021 年 4 月至 12 月，国家教材委及其专家委员会审议审核通过了义务教育课程方案和语文课程标准等 16 个课程标准。

四、修订的主要变化

课程方案的修订主要体现在以下几个方面：

一是完善了培养目标。全面落实习近平总书记关于培养担当民族复兴大任时代新人的要求，结合义务教育性质及课程定位，从有理想、有本领、有担当三个方面，明确义务教育阶段时代新人培养的具体要求。

二是优化了课程设置。整合小学原品德与生活、品德与社会和初中原思想品德为“道德与法治”，进行九年一体化设计；改革艺术课程设置，一至七年级以音乐、美术为主线，融入舞蹈、戏剧、影视等内容，八至九年级分项选择开设；科学、综合实践活动开设起始年级提前至一年级；落实中央要求，将劳动、信息科技及其所占课时从综合实践活动课程中独立出来。

三是细化了实施要求。增加课程标准编制与教材编写基本要求；明确省级教育行政部门和学校课程实施职责、制度规范，以及教学改革方向和评价改革重点，对培训、教科研提出了具体要求；健全实施机制，强化监测与督导要求。

课程标准修订的主要变化概括起来有以下几个方面：

一是各课程标准基于义务教育培养目标，将党的教育方针具体细化为本课程应着力培养的学生核心素养，体现正确价值观、必备品格和关键能力的培养要求。例如，道德与法治课程明确了政治认同、道德修养、法治观念、健全人格、责任意识等培养要求。

二是优化了课程内容结构。基于核心素养要求，遴选重要观念、主题内容和基础知识技能，精选、设计课程内容，优化组织形式。涉及同一内容主题的不同学科间，根据各自的性质和育人价值，做好整体规划与分工协调。设立跨学科主题学习活动，加强学科间相互关联，带动课程综合化实施，强化实践要求。

三是研制了学业质量标准。依据核心素养发展水平，结合课程内容，整体刻画不同学段学生学业成就的具体表现，形成学业质量标准，引导和帮助教师把握教学深度与广度，为教材编写、教学实施、考试评价等提供依据。

四是增强了指导性。各课程标准针对“内容要求”提出“学业要求”“教学提示”，细化了评价与考试命题建议，注重实现教、学、考的一致性，增加了教学、评价案例，不仅明确了“为什么教”“教什么”“教到什么程度”，而且强化了“怎么教”的具体指导，做到好用、管用。

五是加强了学段衔接。注重“幼小衔接”，基于对学生在健康、语言、社会、科学、艺术领域发展水平的评估，合理设计小学一至二年级课程，注重活动化、游戏化、生活化的学习设计。依据学生从小学到初中在认知、情感、社会性等方面的发展变化，把握课程深度、广度的变化，体现学习目标的连续性和进阶性。了解高中阶段学生特点和学科特点，为学生进一步学习做好准备。

五、颁布后的主要工作安排

一是组织开展国家级示范培训，提供培训资源，帮助广大教师准确理解、把握新修订的义务教育课程方案和课程标准的新理念、新要求。

二是强化课程落地实施制度建设。指导省级教育行政部门制定课程实施办法。各省要对学校规划课程实施提出工作要求。

三是全面启动相关教材修订工作，为学校教学提供有效支持。

四是围绕课程实施重点难点问题，设立一批课程改革项目，推动创新实践。

第二节 小学语文课程标准的新理念和新内容

准确把握新课程标准的理念和内容，将其转化为具体可行的课堂操作策略，优化语文教学生态，丰富学生课程体验，是语文教育人必须承担的任务和共同面对的挑战。

一、新旧课程标准框架对比

2022 年版义务教育语文课程标准和 2011 年版义务教育语文课程标准的框架对比见表 3－1。

表 3－1 新旧课程标准框架对比

2022 年版课程标准目录	2011 年版课程标准目录
一、课程性质 二、课程理念 三、课程目标 (一) 核心素养内涵 (新增) (二) 总目标 (三) 学段要求 四、课程内容 (一) 主题与载体形式 (新增) (二) 内容组织与呈现方法 (新增) 五、学业质量 (新增) (一) 学业质量内涵 (二) 学业质量描述 六、课程实施 (一) 教学建议 (二) 评价建议 (三) 教材编写建议 (四) 课程资源开发与利用 (五) 教学研究与教师培训 (新增)	第一部分 前言 一、课程性质 二、课程基本理念 三、课程设计思路 第二部分 课程目标与内容 一、总体目标与内容 二、学段目标与内容 第三部分 实施建议 一、教学建议 二、评价建议 三、教材编写建议 四、课程资源开发与利用建议

（1）新增“核心素养内涵”这一部分内容，分为四个方面：文化自信；语言运用；思维能力；审美创造。

（2）课程内容全部更新，新增“主题与载体形式”，这一部分内容将中华优秀传统文化、革命文化、社会主义先进文化融入课程，增强课程思想性。新增六个语文学习任务群：基础型学习任务群，指语言文字积累与梳理；发展型学习任务群，包括实用性阅读与交流、文学阅读与创意表达、思辨性阅读与表达；拓展型学习任务群，包括整本书阅读、跨学科学习。每个任务群都贯穿义务教育四个学段。

（3）“评价建议”中新增学业水平考试相关要求。

（4）学段要求中，将每学段的“阅读”改为“阅读与鉴赏”，将“写作”“口语交际”合并为“表达与交流”，将“综合性学习”改为“梳理与探究”，具体内容有整合、增加。

（5）附录3“关于语法修辞知识的说明”中所附语法修辞知识增加了“常用标点符号：句号、问号、感叹号、逗号、顿号、分号、冒号、引号、括号、破折号、省略号、书名号”。

二、新理念

1. 以文化人、培根铸魂

新课程标准继承语文课程“文以载道”“以文化人”的传统，为了传达党中央、国务院有关文件精神，特别是严格落实《中华优秀传统文化进中小学课程教材指南》《革命传统进中小学课程教材指南》等重要文件内容，在课程目标、课程内容、课程实施部分提出明确要求，促进学生继承和弘扬中华优秀传统文化、革命文化、社会主义先进文化，提升其对中华文化的认同感和自豪感，建立文化自信。

2. 以核心素养作为统领

《普通高中语文课程标准》（2017年版）颁布后，广大师生对核心素养的理解和认识不断深化。义务教育语文课程既要与普通高中语文课程相衔接，又要突出自身的基础价值、阶段特征，这些要求应该充分体现在义务教育语文核心素养的内涵阐释中。同时，新课程标准要以核心素养为统领，构建素养型课程目标，研制体现核心素养特征的学业质量标准。为此，需要整体设计、重点突破，构建结构化的课程内容。

（1）对语文核心素养，课程标准表述为文化自信、语言运用、思维能力和审美创造。

（2）明确了语文学习的四个板块。四个板块分别为识字与写字、阅读与鉴赏、表达与交流、梳理与探究。

（3）明确了课程内容的学习主题和主要载体。明确了三个方面的学习主题（中华优秀传统文化、革命文化、社会主义先进文化）以及各自对应的载体。根据不同学段特点，统筹安排各类主题的相关学习内容，体现中华优秀传统文化、革命文化、社会主义先进文化的作品，应占60%—70%，反映科技、自然、生活等方面的应用、说明、记叙类作品以及外国优秀文化作品，占 30%—40%。

3. 以学习任务群为载体

新课程标准构建义务教育阶段语文学习任务群，注重课程的阶段性与发展性。

根据义务教育语文课程四个学段内容整合程度不断提升的特点，新课程标准分三个层面设置了六个学习任务群，每个任务群都贯穿四个学段，螺旋发展，体现各学段特征的同时，突出了义务教育阶段的基础性，融合了学习主题、学习活动、学习情境和学习资源等关键要素，由相互关联的系列学习任务组成，共同指向学生的核心素养发展，具有情境性、实践性、综合性。实现了语文课程内容的结构化，引导学生通过学习掌握方法和策略，获得情感体验，培养学生未来学习、生活和发展所需的核心素养。

学习任务群的建立，提醒我们靠刷题学语文的时代彻底结束了，要引进更多的学习方法、学习策略。

三、新目标

新课程标准立足学生“核心素养”的发展，构建素养型语文课程目标。

新课程标准确定核心素养并阐释其内涵，明确核心素养的关键表现特征、指向及其价值，强调核心素养的阶段特征和育人价值，强化学生对中华文化生命力的坚定信心，培养学生热爱国家通用语言文字的深厚感情和崇尚求真创新的品质，涵养高雅的情趣及健康的审美意识和观念。义务教育语文课程要培养的学生核心素养，是语文课程育人价值的集中体现，是学生在积极的语文实践活动中积累、建构并在真实的语言运用情境中表现出来的文化自信、语言运用、思维能力和审美创造的综合体现。

1. 文化自信

文化自信是指学生认同中华文化，对中华文化的生命力有坚定信心。学生通过语文学习，热爱国家通用语言文字，热爱中华文化，继承和弘扬中华优秀传统文化、革命文化、社会主义先进文化，关注和参与当代文化生活，初步了解和借鉴人类文明优秀成果，具有比较开阔的文化视野和一定的文化底蕴。

2. 语言运用

语言运用是指学生在丰富的语言实践中，通过主动的积累、梳理和整合，初步具有良好语感；了解国家通用语言文字的特点和运用规律，形成个体语言经验；具有正确、规范运用语言文字的意识和能力，能在具体的语言情境中有效交流沟通；感受语言文字的丰富内涵，对国家通用语言文字具有深厚感情。

3. 思维能力

思维能力是指学生在语文学习过程中的联想想象、分析比较、归纳判断等认知表现，主要包括直觉思维、形象思维、逻辑思维、辩证思维和创造思维；思维具有一定的敏捷性、灵活性、深刻性、独创性、批判性；有好奇心、求知欲，崇尚真知，勇于探索创新，养成积极思考的习惯。

4. **审美创造**

审美创造是指学生通过感受、理解、欣赏、评价语言文字及作品，获得较为丰富的审美经验，具有初步的感受美、发现美和运用语言文字表现美、创造美的能力；涵养高雅情趣，具备健康的审美意识和正确的审美观念。

不同于2001年版和2011年版课程标准中“三维目标”的思路与表述，本次修订基于文化自信、语言运用、思维能力和审美创造四个方面提炼关键要素，统领义务教育语文课程总目标。总目标共九条，第一条为总体概括，第二条，第三、四条，第五、六条，第七、八、九条，则分别从文化自信、语言运用、思维能力和审美创造四个方面进行表述。另外，对学段目标进行调整、整合，以“识字与写字”“阅读与鉴赏”“表达与交流”“梳理与探究”四类语文实践活动呈现学段目标。在每个学段目标的最后，增加了该学段在落实目标的过程中对中华优秀传统文化、革命文化、社会主义先进文化方面的具体学习要求。

四、新课程内容

新课程标准坚持“以文化人”，突出中华优秀传统文化、革命文化、社会主义先进文化方面的主题和载体，同时选择反映世界文明优秀成果、科技进步、日常生活特别是儿童生活等方面的主题和载体。根据不同学段特点，统筹安排各类主题的相关学习内容。

1. **中华优秀传统文化**

文化是民族的血脉，是人民的精神家园。在五千多年文明发展中孕育的中华优秀传统文化，积淀着中华民族最深沉的精神追求，代表着中华民族独特的精神标识，是中华民族生生不息、发展壮大的丰厚滋养，是中国特色社会主义植根的文化沃土，是当代中国发展的突出优势，对延续和发展中华文明、促进人类文明进步，发挥着重要作用。

这部分的内容不仅安排在教读系统中，还贯穿在辅教系统中，如表3-2所示。

表3-2 教材中对中华优秀传统文化的体现

板块	内容	数目
识字	《天地人》《金木水火土》《对韵歌》《姓氏歌》《古对今》《人之初》等韵文识字课	8篇
课文	《静夜思》等70首古诗词、《北京的春节》等5篇散文、《赵州桥》等6篇说明性文章、《曹冲称象》等6篇人物故事、《揠苗助长》等4篇寓言故事、《牛郎织女》等5篇民间故事、《盘古开天地》等3篇古代神话、《景阳冈》等4篇古典小说、《杨氏之子》等15篇文言文	118篇
口语交际	“讲历史人物故事”（四上）、“讲民间故事”（五上）、“聊聊书法”（六上）	3次
习作	“中国的世界文化遗产”（五下）、“家乡的风俗”（六下）	2次

续表

板块	内容	数目
语文园地	《悯农》等 41 首古诗词、"一年之计在于春，一日之计在于晨"等 50 句俗语、"春回大地"等 84 个成语、"敏而好学，不耻下问"等 50 句经典名句、"十二生肖"等 10 条古代常识	235 首（条）
快乐读书吧	"小故事大道理——读读中国古代寓言"（三下）、"很久很久以前——读读中国古代神话"（四上）、"从前有座山——读读中国民间故事"（五上）、"读古典名著，品百味人生"（五下）	4 次
综合性学习	"中华传统节日"（三下）、"遨游汉字王国"（五下）	2 个

2. 革命文化

革命文化，是中国领导人领导中国人民在伟大斗争中构建的文化，它以马克思主义为指导，以"革命"为精神内核和价值取向，继承中华优秀传统文化，借鉴世界优秀文明成果，是具有鲜明中国特色的先进文化。

革命文化起源于五四新文化运动，形成于新民主主义革命时期，丰富发展于社会主义革命与建设以及改革开放时期。革命文化是中国共产党和中国人民在长期的革命实践中所形成的，它既传承于传统文化，又是社会主义先进文化的直接来源，起着承上启下的作用。革命文化作为诞生于革命岁月却能流传至今的文化精华，凝聚着革命先烈们的精神品格、理想信念和道德情操。因而，革命文化与立德树人教育宗旨相契合。

革命文化包括革命人物（领袖、英雄、模范）、革命事迹、革命文艺、革命精神以及革命遗址和遗物等内容。

小学阶段的革命文化教育内容如表 3 – 3 所示，全部教材根据学生的学段特点合理穿插中国共产党革命的历史，内容丰富，体裁多样，既有教读课，也有自读课。

表 3 – 3　教材中的革命传统教育内容

内容	代表作品	体裁	课型
革命领袖、革命英雄、英雄模范等的代表性作品及反映他们生平事迹的作品	《邓小平爷爷植树》（二下） 《青山处处埋忠骨》（五下） 《狼牙山五壮士》（六上）	故事	教读课
反映党领导人民进行新民主主义革命、社会主义革命和建设、改革开放和社会主义现代化建设伟大历程和重要事件的作品	《十六年前的回忆》（六下） 《延安，我把你追寻》（四上） 《七律·长征》（六上） 《黄继光》（四下） 《小英雄雨来》（四下） 《董存瑞舍身炸暗堡》（六下）	故事 诗歌	教读课 自读课
有关革命活动、纪念日活动等方面的作品	《开国大典》（六上）	通讯	教读课
阐发革命精神的优秀作品	《为人民服务》（六下）	政论文	教读课

3. 社会主义先进文化

部编教材围绕社会主义核心价值观，确定社会主义先进文化内容主题，突出爱党、爱国、爱社会主义相统一的内容。主要载体为反映社会主义建设事业中取得的重大成就、涌现出来的模范人物与先进事迹的作品，反映当代中国从站起来、富起来到强起来的奋斗历程和重大事件，以及体现中国式现代化新道路和人类文明新形态的相关作品，反映和谐互助、共同富裕、改革创新、劳动创造美好生活等方面的作品。

在突出上述主题的同时，教材还选择了反映世界文明优秀成果、科技进步、日常生活特别是儿童生活等方面的主题。主要载体为外国文学名著、科普科幻作品、实用性文章、中外优秀儿童文学作品等。各类主题的主要载体还包括口头和书面交流与沟通、跨媒介阅读与表达等语文实践活动。具体内容见表 3－4。

表 3－4　教材中对社会主义先进文化的体现

内容	代表作品	体裁	课型
社会主义核心价值观	《升国旗》（一上） 《妈妈睡了》（二上） 《大青树下的小学》（三上） 《三黑和土地》（六上） 《月是故乡明》（五下） 《我不能失信》（三下）	散文 诗歌 故事	教读课 自读课
社会主义建设事业中取得的重大成就	《太空生活趣事多》（二下） 《纳米技术就在我们身边》（四下） 《千年梦圆在今朝》（四下）	说明文	教读课
模范人物与先进事迹	《雷锋叔叔，你在哪里》 《桥》（六上） 《青山不老》（六上）	诗歌 小说 散文	教读课
共同富裕、改革创新、劳动创造美好生活	《千人糕》（二下） 《刷子李》（五下）	故事	教读课 自读课

五、新的学业质量标准

义务教育语文课程学业质量标准以核心素养及其表现水平为主要维度，结合四个学段的课程内容，按照日常生活、文学体验、跨学科学习三类语言运用情境，对每个学段的学生语文学业成就表现进行整体描述。

学业质量标准整合“识字与写字”“阅读与鉴赏”“表达与交流”“梳理与探究”等语文实践活动，分别描述四个学段学生语文学业成就的关键表现，体现学生在该学段结束时语文核心素养应达到的水平。四个学段的语文学业质量标准之间相互衔接，体现了层次性、整体性，为评价学生核心素养发展水平提供了基本依据。

以前对于“语文主要考什么”这一问题的描述比较模糊，以后会从学业质量内涵和学业质量描述两个方面，明确学生每个年段应该学到什么程度。过程评价中给出明确的作业评价、阶段性评价的标准和要求；学业水平考试命题要求中对“阅读与积累”有了明确的能力要求，尤其是对文本的理解、分析能力。这意味着以后的语文课后作业、阶段测试、试卷会越来越科学、量化，需要学生掌握新的出题规律。

六、新的过程性评价

新课程标准从学生核心素养出发，针对语文课程实施中的过程性评价与学业水平考试命题两方面提出明确要求。

评价要有助于教与学的及时改进，统筹安排评价内容，立足重点，关注各个学段的水平进阶；要发挥多元评价主体的积极作用，综合运用多种评价方法，增强评价的科学性、整体性；要拓宽评价视野，倡导学科融合等。针对课堂评价效率至上、作业评价数量为先、阶段性评价干扰日常教学等突出问题，分别提出针对性强、可操作的具体建议。

同时，新课程标准从命题原则、命题规划、命题要求等方面，对学业水平考试命题工作提出了具体的实施建议，引领考试评价改革方向。如提出结合各学习任务群的具体内容，强调义务教育阶段学生的学习态度、意志品质、沟通合作等共通素养的培育，力求简明、实用，充分发挥考试的导向作用等。

第四章 教材分析——第一学段（上）

部编教材依据“六三”学制设定学段要求。《义务教育语文课程标准》（2022 年版）将义务阶段划分为四个学段。小学阶段分为三个学段，一、二年级为第一学段，属于低学段；三、四年级为第二学段，属于中学段；五、六年级为第三学段，属于高学段。每个学段有不同的教学目标。第一学段共四册教材，主要安排识字板块、拼音板块和课文板块。

第一节 识字板块的编排特点

一、集中识字与随文识字相结合

识字、写字是阅读和写作的基础，是第一学段的教学重点，也是贯穿整个义务教育阶段的主要教学内容。部编教材的集中识字任务安排在第一学段，分为集中识字（整个单元都是识字课）、课文识字（随着课文阅读识字）以及语文园地识字三大板块。三个不同的板块，编排的意图不同，学生的任务也都不同。具体内容见表 4－1。

表 4－1 第一学段识字板块的安排

年级	单元	课文	综合板块
一上	一	《天地人》《金木水火土》《口耳目》《日月水火》《对韵歌》	语文园地一
一上	五	《画》《大小多少》《小书包》《日月明》《升国旗》	语文园地五
一下	一	《春夏秋冬》《姓氏歌》《小青蛙》《猜字谜》	口语交际：听故事，讲故事 语文园地一 快乐读书吧：读读童谣和儿歌

续表

年级	单元	课文	综合板块
一下	五	《动物儿歌》《古对今》《操场上》《人之初》	口语交际：打电话 语文园地五
二上	二	《场景歌》《树之歌》《拍手歌》《田家四季歌》	语文园地二
二下	三	《神州谣》《传统节日》《“贝”的故事》《中国美食》	口语交际：长大以后做什么 语文园地三

二、先识字后学拼音，坚持“多认少写”“认写分流”

1. 先识字后学拼音

在我国传统的小学语文教材中，都是先学拼音，后学汉字，学生往往会因为枯燥的拼音学习而对语文产生惧怕和厌倦的情绪，不利于后续的学习。而部编教材则是先认汉字，再学拼音，学生在学习汉字的同时学会拼音认读。教材更注重汉字的地位，而拼音则是学生学习汉字的辅助工具。

2.“多认少写”

关于识字、写字教学，课程标准提出在教学过程中要“多认少写”，识字教学要注意儿童特点，将学生熟识的语言因素作为主要材料，结合学生的生活经验，引导他们利用各种机会主动识字，力求识用结合。

12 册教材要求认识生字共 3050 个，会写生字共 2550 个。整个小学阶段六年，语文课程标准要求学生识记的生字有 1600 个左右，是要在一、二年级完成的，其中，一年级上册要求会认生字 300 个，会写生字 100 个，而到了一年级下册及二年级上、下册，要求会认生字 450 个，会写生字 250 个。也就是说，小学六年一半多的识字量都要在低年级完成。

3.“认写分流”

教材中的生字被归纳在两类表中：一类是要求会认的识字表；一类是不但要求会认，还要会写的写字表。

识字表中的汉字：要求认识一个汉字，字音和字形能对上（对于字的理解和应用未作要求）。不主张一个个去分析字形，增加学生的记忆负担。

写字表中的字：要求明确字音、字形，会组词，对于字义有基本的理解，并要求教师对汉字的书写指导到位，力求让每个学生不仅把字写对，而且书写规范、端正，进而达到整洁、美观。

“认写分流”是符合汉语言文字自身规律的。不追求汉字“认、讲、写、用”的一步到位，而是四者各走各的路，到了一定程度才合而为一。

三、设置各种背景，在多种识字情境下学习

“注重在真实的生活情境中学习汉字、运用语文”是部编教材的又一个鲜明特点。教材中的识字课，有以大自然为背景的，如《场景歌》《树之歌》《动物儿歌》《小青蛙》等，有以文化为背景的，如《画》《传统节日》《“贝”的故事》《中国美食》等，有以日常生活、学习为背景的，如《小书包》《升国旗》《田家四季歌》等。教材在编写时有意渗透多种识字方法，培养学生自主识字的能力。教材共有10篇集中识字课，都作了精心编排，有机穿插多种识字方法。此外，语文园地中的“识字加油站”和“展示台”栏目，鼓励学生通过生活中的不同渠道识字，提供机会让学生交流课外识字的途径与成果，努力提高识字效率。

四、遵循循序渐进的识字过程

部编语文教材大体按照由易到难、由简到繁、由独体到合体的顺序编排识字课内容，汉字的教学符合学生的认字规律，即从笔画到偏旁，从独体字到合体字，从简单到复杂的学习过程。让学生从简单的汉字笔画开始，循序渐进，既能保证学习汉字基础的扎实，又能促使学生对基础笔画、偏旁的灵活运用。相对于以前的语文教材，部编教材的识字教学更加符合学生的认知，适应学生的学习需求。

一年级进行以独体字为主的书写，二至六年级进行以合体字为主的书写，也体现了“由易到难”认识汉字、写好汉字的规律。

（1）第一学段的一年级，是写字的起步阶段。从笔画的认识到笔顺规则、汉字间架结构的掌握，教师均要详细指导，最好逐个汉字地指导。

（2）第一学段的二年级，学生已经有了一定的“书写”经验，教学中可选择“难写”的汉字重点指导。

（3）第二学段的三、四年级，重点应向写好“词语”、写好“一句话”转移，指导学生写字时词语、句子中的汉字要大小一致、高低均等，字与字之间的距离要相差不大等。

（4）第三学段的五、六年级，重点引导写好“一段话”“多段话”，从“整体”的角度学会把握书写的美观度。

识字课文内容浅显易懂，以儿歌为主，如《场景歌》《树之歌》《拍手歌》《田家四季歌》等，方便诵读和记忆。

五、人性化的辅教提示

教材新增笔画笔顺教学，生字书写练习配有笔顺笔画和偏旁部首提示，不仅清楚地标明了汉字的部首偏旁，而且每个汉字都有相应的笔顺步骤。一方面向学生展示了我国汉字结构的美感，让学生感受到方块字的美；另一方面可以让学生按照正确的笔画和笔

顺进行汉字的学习及书写，让学生从小养成正确的书写习惯。另外，一年级上册的第一、第五、第八单元的语文园地中分三次出现了汉字书写起始阶段非常重要的六条笔顺规则，具体见表4-2。

表4-2 第一学段教材中的笔顺规则教学安排

编排位置	笔顺规则	例字
语文园地一	从上到下 先横后竖	二 三 十 禾
语文园地五	从左到右 先撇后捺	儿 林 本 天
语文园地八	先中间后两边 先外后内	小 水 月 问

“书写提示”栏目的安排，也循序渐进地渗透了汉字书写的笔顺规则。

第二节 识字单元的教学目标和语文要素训练

小学低学段的识字是义务教育阶段学生学习的主要内容之一。

识字，即认识文字。教育家张田若指出，识字就是识字者对字的形、音、义全面把握，并在学习者的头脑中将三者建立牢固的联系，达到：看到字形便能读出字音，想到其义；想到字义或听到字音，即可写出字形。“识字”就是以汉字的音、形、义三要素为纽带，将识字者和汉语建立紧密的联系，把抽象的语言文字符号与人们口语中表达的语音、语义建立紧密关系的过程。

第一学段共安排了六个集中识字单元（一年级上下册各安排两个单元，二年级上下册各安排一个单元）。教材中的识字课包括以情境为载体的课文、课文后在双横线中展示的“会认”字、在田字格中展示的“会写”字以及语文园地中的“识字加油站”和“查字典”等内容。

一、语言文字积累与梳理

新课程标准按教材内容整合程度及学生的学段学情，分层面设置学习任务群，其中第一层设置了“语言文字积累与梳理”基础型学习任务群。

本学习任务群旨在引导学生在语文实践活动中，积累语言材料和语言经验，形成良好语感；通过观察、分析、整理，发现汉字的构字组词特点，掌握语言文字运用规范，感受汉字的文化内涵，奠定语文基础。主要学习内容如下：

（1）认识有关人的身体与行为、天地四方、自然万物等方面的常用字；认识家庭生活、学校生活、社会生活中的常用字；学习书写笔画简单的字，初步体会汉字结构的主要特点。

（2）先认先写基本字，学习部首检字法，尝试发现汉字的一些规律，初步学习分类整理课内外认识的字；在生活中主动识字，发展独立识字能力。

（3）认读拼音字母，拼读音节，认识声调，借助汉语拼音认读汉字，学习音序检字法；在日常交际情境中学习汉语拼音和普通话。

（4）诵读、记录课内外学到的成语、谚语、格言警句、儿歌、短小的古诗等，感受中华优秀传统文化，养成自主积累的习惯。

二、识字单元一（一年级上册）

1. 单元构成

这一单元是本册教材第一次集中识字的内容，也是小学生人生第一次正规化的识字学习。教材由两大部分组成：一是五篇识字课文《天地人》《金木水火土》《口耳目》《日月水火》《对韵歌》；二是由口语交际、语文园地和快乐读书吧组成的综合性练习材料。

五篇识字课文虽然内容简单，但特色鲜明，在识字过程中渗透形声字识字、韵语识字等方法，并在以识字为重点的层面上关注了中华传统文化，如《天地人》中初步的宇宙观，《金木水火土》中传统的物质观，《口耳目》中的自我认识思想，《日月水火》中的形声字特点，《对韵歌》中对韵律的初步认识。所以，它们是培育学生识字习惯、识字能力和了解中华传统文化的好材料。

2. 教学目标

本单元识字课文的具体教学目标见表4-3。

表4-3 识字单元一中课文的教学目标

篇目	课文	课文类型	课时/个	课文形式	认读生字/个	书写汉字/个	笔画笔顺
1	《天地人》	教读课	2	文图式			
2	《金木水火土》	教读课	2	儿歌	7	4	横、竖
3	《口耳目》	教读课	2	文图式	7	4	横、折、撇、竖、钩
4	《日月水火》	教读课	2	文图式	8	8	点、捺
5	《对韵歌》	教读课	2	对韵歌	7	3	提、竖、折、撇、折
核心素养	语言运用	认读生字；书写生字；掌握基本的笔画和笔顺；朗读、背诵课文					
	思维能力	知道汉字是形、音、义的结合体，是用来记录事物的符号；了解象形文字的来历；了解汉字的一些组词规律					
	审美创造	感受汉字的形体美；感受儿歌的韵律美；热爱祖国的语言文字					
	文化自信	初步了解汉字文化					

3. 综合训练

（1）口语交际。本单元口语交际的具体内容见表4－4。

表4－4　识字单元一中口语交际的内容

训练项目	我说你做
内容	一个人发指令，其他人做动作
方式	游戏
语言运用	学习运用“请……”的基本句式。认真倾听，说话清楚自信
思维能力	确认口语交际的双方关系
审美创造	营造交流的氛围
文化内涵	树立交际意识，礼貌用语和待人

（2）语文园地。本单元语文园地的具体内容见表4－5。

表4－5　识字单元一中语文园地的内容

项目	任务	训练方式
识字加油站	1. 读谜语诗 2. 认读5个生字 3. 书写2个生字	结合图片情境 读写结合
字词句运用	辨识外形比较相近的字	认读
书写提示	坐姿端正；握笔正确；掌握好笔顺	教师指导和学生练写相结合
日积月累	读唐诗《咏鹅》	结合情境理解、朗读和背诵
和大人一起读	阅读童话故事《小白兔和小灰兔》	亲子阅读

（3）快乐读书吧。本单元快乐读书吧的具体内容见表4－6。

表4－6　识字单元一中快乐读书吧的内容

画面	阅读方式	阅读场地	阅读目标	阅读期待
1	亲子阅读	家	了解有趣的故事	学了拼音，就可以认更多的字，读更多的书
2	同伴阅读	教室	会讲很多故事给同学听	
3	自读	书店	看了很多好看的图画书	
4	自读	阅览室	会自己读书	

三、识字单元二（一年级上册）

1. 单元构成

这一单元是一年级上册第二次集中识字的内容，要求学生在前面学习生字的基础上，进一步了解汉字的构字特点，掌握汉字笔画笔顺和偏旁部首。本单元由两大部分组成：一是五篇识字教读课文《画》《大小多少》《小书包》《日月明》《升国旗》；二是语文园地。

每篇课文都安排了具体的情境，在情境中渗透会意识字、对比式识字、韵语识字等识字方法，体现浓厚的生活氛围和中华传统文化气息。

2. **教学目标**

本单元五篇课文的教学目标见表4－7。

表4－7 识字单元二中课文的教学目标

篇目	课文	课文类型	课时	体裁	认读生字/个	书写汉字/个	笔画笔顺	偏旁部首
6	《画》	教读课	2	绝句	10	4	竖钩、撇折	走之旁
7	《大小多少》	教读课	2	儿歌	12	5	竖折、折钩	反犬旁
8	《小书包》	教读课	2	儿歌	11	5	横折钩	包子头、单人旁、竹字头
9	《日月明》	教读课	2	儿歌	11	5	卧钩	日字旁
10	《升国旗》	教读课	2	儿歌	11	4		国字框、绞丝旁
核心素养	语言运用	认读生字和背诵课文；书写生字；掌握基本的笔画笔顺；学习常用的偏旁部首						
	思维能力	知道汉字是形、音、义的结合体，是用来记录事物的符号；了解汉字的来历；了解汉字的一些组词规律						
	审美创造	感受汉字的形体美；感受儿歌的韵律美；热爱祖国语言文字						
	文化自信	初步了解汉字文化						

3. **综合训练**

这一单元的综合训练主要体现在语文园地中，具体见表4－8。

表4－8 识字单元二中语文园地的内容

项目	任务	训练方式
识字加油站	1. 拼读四组词组 2. 书写5个生字	读写结合
我的发现	1. 掌握偏旁草字头和木字旁 2. 了解汉字偏旁表意的构字特点	认读和思考
字词句运用	1. 读准字音 2. 辨识 n、l，s、sh，z、zhi 三组发音的区别	教师指导和学生练写相结合
书写提示	巩固笔顺知识“从左到右，先撇后捺”	教师指导和学生练写相结合
日积月累	读唐诗《悯农（其二）》	结合情境理解、朗读和背诵
和大人一起读	阅读外国故事《拔萝卜》	亲子阅读

四、识字单元三（一年级下册）

1. **单元构成**

这一单元是安排在一年级下册教材中的第三次集中识字的内容，要求学生在前面学习生字的基础上，进一步了解汉字的构字特点，掌握汉字笔画笔顺和偏旁部首。教材由两大部分组成：一是四篇识字教读课文《春夏秋冬》《姓氏歌》《小青蛙》《猜字谜》；二是综合训练，由口语交际、语文园地和快乐读书吧构成。

2. 教学目标

这一单元四篇识字课文的教学目标见表4－9。

表4－9　识字单元三中课文的教学目标

篇目	课文	课文类型	课时	课文形式	认读生字/个	书写汉字/个	词组/个	笔画笔顺	偏旁部首
1	《春夏秋冬》	教读课	2	文图式	8	7	8	横折弯钩	雨字头、双耳旁
2	《姓氏歌》	教读课	2	儿歌	12	7			弓字旁、走之旁、金字旁
3	《小青蛙》	教读课	2	儿歌	12	7		横折提	病字旁
4	《猜字谜》	教读课	2	儿歌	12	7			又字旁
核心素养	语言运用	认读生字和背诵课文；书写生字；掌握基本的笔画和笔顺；学习偏旁部首；逐渐了解字的组合和字的运用特点，帮助自己掌握更多生字；学习组词，开始积累一些词和词组							
	思维能力	知道汉字是形、音、义的结合体，是用来记录事物的符号；发现汉字组合的一些规律，如形声字、独体字相加变成合体字等							
	审美创造	感受汉字的形体美；感受儿歌的韵律美；热爱祖国语言文字							
	文化自信	初步了解汉字文化，如姓氏文化							

3. 综合训练

（1）口语交际。本单元口语交际的具体内容见表4－10。

表4－10　识字单元三中口语交际的内容

训练项目	听讲故事《老鼠嫁女》
内容	一边看图一边听老师讲，然后自己讲讲这个故事
方式	看图听讲
语言运用	认真倾听，说话清楚、大声、自信
思维能力	学会借助图画记住故事内容；确认口语交际的双方关系
审美创造	营造交流的氛围
文化自信	树立交际意识，学习礼貌用语和礼貌待人

（2）语文园地。本单元语文园地的具体内容见表4－11。

表 4－11　识字单元三中语文园地的内容

项目	任务	训练方式
识字加油站	1. 认读、拼读 7 个生字 2. 认识与天气有关的词语	结合图片情境 读写结合
字词句运用	1. 读记汉语拼音字母表 2. 读读写写带 an、ang 韵母的 8 个字 3. 根据拼音读诗歌《祖国多么广大》	读写结合 复习巩固
书写提示	1. 学会写 3 个全包围的字 2. 发现全包围字的书写规律是“先外后内再封口”	教师指导和学生练写相结合
日积月累	学习积累与春天相关的 8 个四字词语	结合情境看图、说一说 背一背
和大人一起读	阅读儿歌《谁和谁好》	亲子阅读，体会友好相处的意义

（3）快乐读书吧。本单元快乐读书吧的具体内容见表 4－12。

表 4－12　识字单元三中快乐读书吧的内容

体裁	阅读方式	阅读场地	阅读目标	阅读期待
童谣	同伴阅读	家或教室	1. 根据拼音朗读和背诵 2. 分享图书	1. 通过分享，认更多的字 2. 读更多的书
儿歌				

五、识字单元四（一年级下册）

1. 单元构成

这一单元是本册教材的第二次集中识字，由《动物儿歌》《古对今》《操场上》《人之初》四篇识字课文以及口语交际“打电话”和语文园地组成。从人文角度看，《动物儿歌》《古对今》可以激发学生对大自然的热爱；《操场上》可以激发学生积极参加体育锻炼的热情；《人之初》取材于《三字经》，其中蕴含了极为丰富的道理；“打电话”则是引导学生如何进行文明有礼的人际交往。从语文要素看，本单元囊括了儿歌、对韵歌、三字经等独具中国文化特色的文体，除了让学生在独具特色的文本中学习生字之外，更是让学生体验优秀传统文化的独特魅力。

2. 教学目标

本单元四篇识字教读课文的教学目标见表 4－13。

表 4－13　识字单元四中课文的教学目标

篇目	课文	课文类型	课时/个	体裁	认读生字/个	书写生字/个	词组/个	笔画笔顺	偏旁部首
5	《动物儿歌》	教读课	2	儿歌	12	7	6		
6	《古对今》	教读课	2	儿歌	12	7	7		

续表

篇目	课文	课文类型	课时/个	体裁	认读生字/个	书写生字/个	词组/个	笔画笔顺	偏旁部首
7	《操场上》	教读课	2	儿歌	12	7	6		火字旁
8	《人之初》	教读课	2	儿歌	13	7	8		
核心素养	语言运用	认读生字和背诵课文；书写生字；掌握基本的笔画和笔顺；学习偏旁部首；逐渐了解字的组合和字的运用特点，帮助自己掌握更多的生字；学习组词，开始积累一些词和词组							
	思维能力	知道汉字是形、音、义的结合体，是用来记录事物的符号；发现汉字组合和词语的一些规律，如形声字、独体字相加变成合体字等							
	审美创造	感受汉字的形体美；感受儿歌的韵律美；热爱祖国语言文字							
	文化自信	体验传统语文教材如《三字经》的独特魅力							

3. 综合训练

（1）口语交际。本单元口语交际的具体内容见表 4－14。

表 4－14　识字单元四中口语交际的内容

训练项目	怎样打电话
内容	1. 打电话约同学踢球 2. 打电话向老师请假 3. 有一个叔叔打电话找爸爸，但是爸爸不在家
方式	尝试按任务打这三个电话
语言运用	1. 学习运用“您好”“我是……”“请问”“谢谢”等打电话时所用的敬语 2. 倾听对方的回话
思维能力	明确打电话的目的，确认口语交际的双方关系
审美创造	营造电话交流的氛围
文化自信	树立交际意识，学会礼貌用语和礼貌待人

（2）语文园地。本单元语文园地的具体内容见表 4－15。

表 4－15　识字单元四中语文园地的内容

项目	任务	训练方式
识字加油站	1. 根据汉语拼音朗读儿歌 2. 认读 8 个生字	结合图片情境 读写结合
我的发现	辨识三组词语： 第一组，口字旁的字大多跟嘴有关 第二组，提手旁的字大多跟手有关 第三组，足字旁的字大多跟足有关	观察 思考 梳理
字词句运用	1. 两组字词填空：相同偏旁的“青和清”，相同读音的“在”和“再” 2. 比赛查字典：5 个字	认读与辨识 梳理和巩固偏旁部首的知识

续表

项目	任务	训练方式
日积月累	1. 学习和积累4组歇后语 2. 了解歇后语的组成	朗读和背诵
和大人一起读	阅读寓言故事《狐狸和乌鸦》	亲子阅读，知道面对诱惑要保持冷静，不爱慕虚荣

六、识字单元五（二年级上册）

1. 单元构成

这一单元是二年级上册教材中唯一一次集中识字的内容，由《场景歌》《树之歌》《拍手歌》《田家四季歌》四篇识字课文和语文园地组成。从语文要素看，这些课文既有量词积累，又有对动物、树木和农事的名称、特点的了解。同时，四篇课文都以韵文的方式出现，在以识字为主要目标的基础上，渗透中华优秀传统文化教育。从文化角度看，四篇课文的主题都与本册教材的第一单元有联系，都跟大自然有关。《场景歌》描绘的是海边、山村、公园和少先队员活动的场景，《树之歌》介绍的是不同的树种以及它们各自的特点，《拍手歌》介绍的是动物的特点，《田家四季歌》写的则是不同季节的农事。

2. 教学目标

本单元四篇课文的教学目标见表4-16。

表4-16　识字单元五中课文的教学目标

篇目	课文	课文类型	课时/个	体裁	认读生字/个	书写生字/个	词和词组	句子
1	《场景歌》	教读课	2	儿歌	10	10	量词 偏正词组	
2	《树之歌》	教读课	2	儿歌	15	10	名词	对偶句
3	《拍手歌》	教读课	2	儿歌	14	10	名词 （相同偏旁）	
4	《田家四季歌》	教读课	2	散文诗	17（2个同音字）	7	主谓词组 动宾词组	
核心素养	语言运用	认读生字和背诵课文；书写生字；掌握基本的笔画和笔顺；逐渐了解字的组合和字的运用特点；学习查字典，熟练掌握偏旁部首的检字法，帮助自己掌握更多生字；学习组词，开始积累一些词和词组						
	思维能力	知道汉字是形、音、义的结合体，是用来记录事物的符号；发现汉字组合和词语的一些规律						
	审美创造	感受汉字的形体美；感受儿歌的韵律美；热爱祖国语言文字						
	文化自信	初步了解汉字文化						

3. **语文园地**

本单元语文园地的具体内容见表 4－17。

表 4－17　识字单元五中语文园地的内容

项目	任务	训练方式
查字典	学习部首查字典的方法，认识更多字： 1. 以“狐”为例按步骤分解部首查字典的方法 2. 运用所学的方法查 5 个部首在“检字表的哪一页” 3. 数 5 个字除去部首后剩下的笔画数 4. 查儿歌中的 5 个生字：确定部首、除去部首的笔画数、字的页码和读音	1. 教师指导和示范 2. 学生合作，自主查找 3. 学生分享，教师点评
日积月累	学习三句古代名言，分别出自《论语》和《孟子》，并理解内容，了解儒家文化精华	诵读、理解
我爱阅读	1. 诵读花名歌谣《十二月花名歌》 2. 通过诗句了解不同月份花卉的特点 3. 感受诗歌语言精练、节奏鲜明的特点	通过诵读、感悟，体会民间文学的魅力

七、识字单元六（二年级下册）

1. **单元构成**

这一单元是二年级下册教材中唯一的集中识字内容，教学部分由《神州谣》《传统节日》《“贝”的故事》《中国美食》四篇课文组成。四篇课文主题相同，特点鲜明，渗透韵语识字、同偏旁归类识字、生活识字等方法，并在识字的同时注重融入中华优秀传统文化，是培养学生识字习惯和积累中华优秀传统文化的好材料。

教辅部分由口语交际、语文园地构成。口语交际结合学生的成长特点来设置，让学生结合自己的成长经历清楚地表达自己的愿望。语文园地包括字、词和词组的训练，以及查字典的练习，重在巩固和强化前面所学内容。“我爱阅读”栏目中的童话故事《小柳树和小枣树》篇幅稍长，借助小柳树和小枣树生长的不同情况，赋予它们不同的性格特点，并通过它们之间生动形象的对话，使学生懂得“要善于发现别人的长处，正视自己不足”这一道理。

2. **教学目标**

本单元四篇教读课文的教学目标具体见表 4－18。

表 4－18　识字单元六中课文的教学目标

篇目	课文	课文类型	课时/个	体裁	认读生字/个	书写生字/个	词和词组	句子
1	《神州谣》	教读课	2	歌谣	15	9	主谓词组 偏正词组	对偶句
2	《传统节日》	教读课	2	儿歌	15	9	名词	

续表

篇目	课文	课文类型	课时/个	体裁	认读生字/个	书写生字/个	词和词组	句子
3	《“贝”的故事》	教读课	2	儿歌	16（1个多音字）	10	名词（组词）	
4	《中国美食》	教读课	2	散文诗	16（1个多音）	7	动词 偏正词组	
核心素养	语言运用	认读生字和背诵课文；书写生字，掌握基本笔画和笔顺；逐渐了解字的组合和字的运用特点；学习查字典，熟练掌握偏旁部首的检字法，掌握更多生字；学习组词，开始积累一些词和词组						
	思维能力	知道汉字是形、音、义的结合体，是用来记录事物的符号，字和字组合可以变成词或者词组；发现汉字组合和词语的一些规律						
	审美创造	感受汉字的形体美；感受儿歌的韵律美；热爱祖国语言文字						
	文化自信	感受字词和课文所体现的汉字文化内涵，丰富自己的情感						

3. 综合训练

（1）口语交际。本单元口语交际的具体内容见表4-19。

表4-19　识字单元六中口语交际的内容

训练项目	长大以后做什么
内容	跟小组同学说一说你的愿望，然后问一问他们的愿望是什么
方式	小组活动
语言运用	认真倾听，清楚表达，简单说明理由
思维能力	确认口语交际的双方关系
审美创造	营造交流的氛围
文化自信	树立交际意识，学会礼貌用语和以礼待人

（2）语文园地。本单元语文园地的具体内容见表4-20。

表4-20　识字单元六中语文园地的内容

项目	任务	训练方式
识字加油站	1. 认读9个生字 2. 识记8个ABB式词语 3. 联系生活积累更多同类词语	认读 组词
字词句运用	1. 两组选词填空：遇到不认识的字，可以先根据偏旁猜猜意思，再查字典验证 2. 复习查字典法：安排8组同偏旁的字，让学生熟悉偏旁部首，自主查一查，并辨识独体字做了合体字偏旁后字形有什么变化	认读 查字典 辨识

续表

项目	任务	训练方式
我的发现	1. 观察和对比三组字后的发现：带“火”“灬”的字大多与“火”有关，带“心”“忄”的字大多和“心”有关；带“刂”和“刀”的字大多与“刀”有关 2. 通过归类和梳理理解汉字偏旁的作用，懂得汉字构造的特点	观察 辨识 查字典 归类 梳理
日积月累	1. 了解十二地支：子、丑、寅、卯、辰、巳、午、未、申、酉、戌、亥 2. 了解十二生肖：十二生肖由十一种源于自然界的动物即鼠、牛、虎、兔、蛇、马、羊、猴、鸡、狗、猪以及传说中的龙所组成 3. 地支与生肖的对应关系：子鼠、丑牛、寅虎、卯兔、辰龙、巳蛇、午马、未羊、申猴、酉鸡、戌狗、亥猪	认读 背诵 查资料
我爱阅读	1. 阅读童话故事《小柳树和小枣树》 2. 分析两种树的性格特点 3. 了解童话的内容	亲子阅读 同伴阅读 自主阅读

第三节　拼音板块的编排特点

部编教材一年级上册第二、第三单元为汉语拼音部分，安排了13课拼音和2个语文园地，涵盖了6个单韵母，23个声母，9个复韵母，5个前鼻韵母，4个后鼻韵母，yi、wu等16个整体认读音节，在拼音学习中穿插安排儿歌、词语与认读字。部编教材的拼音板块在内容编排上凸显了语文要素及文化蕴涵。

一、识字先于拼音，拼音教学安排后置

部编教材的编排打破了几十年来小学语文教材编写的固有模式，降低了开学即学拼音给孩子带来的学习困难。学生有了汉字口语发音作基础，再学拼音，就有了可借鉴、可参照的抓手，枯燥的字母符号以及拼读规则也就有了“着陆”。教材这一创新编排，降低了拼音教学的难度，是拼音教学实实在在的减负举措，突出了拼音是识字的载体与工具，为学生学好普通话奠定了基础。

二、字母以情境图出现，突出故事性、趣味性

字母的呈现方式以情境图为主，情境图呈现的亮点主要有以下几个方面：

一是画面精美。13课拼音教学改变了以往单幅图呈现字母为主的方式，而是全部采用情境图，画面内容选择的都是孩子生活中熟悉的场景，画面柔美，内容直观。改变以

前插图基本以儿童画为主的形式，而是以水墨画为主，色彩柔和，非常美观。

二是故事完整。每幅图都是一个完整的故事，加上想象，就可以有很多的情景。细细推敲，不仅每幅图讲一个故事，图与图之间还有一定的联系。如课文《z c s》和《zh ch sh r》存在着一定的联系，而课文中的两幅插图也有一定的联系。

三是示音示形。声母部分基本是以示音示形为主，音形高度融合，而在复韵母和鼻韵母中基本是以读音带出韵母。在音节呈现上面，都是带调音节。每个音节都能对应一个汉字，做到音、形、义一体。

第四节 拼音单元的教学目标和语文要素训练

部编教材一年级上册第二、第三单元为汉语拼音教学单元，共有 13 课和 2 个语文园地。

一、拼音单元一

1. 教学任务

（1）能读准 6 个单韵母 a、o、e、i、u、ü，23 个声母 b、p、m、f、d、t、n、l、g、k、h、j、q、x、z、c、s、zh、ch、sh、r、y、w。

（2）能读准 10 个整体认读音节 yi、wu、yu、zi、ci、si、zhi、chi、shi、ri。

（3）能准确拼读音节，了解 u 和 ü 的变形规则，掌握拼读的分合规律。

（4）能掌握四声的读音和标调。

（5）能准确书写声母、韵母和音节，掌握书写笔顺。

（6）能认识大写字母，熟记《汉语拼音字母表》。

2. 教学目标

本单元五篇课文的教学目标见表 4－21。

表 4－21　拼音单元一中课文的教学目标

篇目	韵母	声母	整体认读音节	四调	拼读	字/个	词/个	句子/句	课文形式	书写
1	a o e			√	√	2	2		文图式	√
2	i u ü	y w	yi wu yu	√	√	3	4		文图式	√
3		b p m f		√	√	2	2		文图式	√
4		d t n l		√	√	3	2		文图式儿歌	√
5		g k h		√	√	2	2		文图式儿歌	√
6		j q x		√	√	2	2		文图式儿歌	√

续表

篇目	韵母	声母	整体认读音节	四调	拼读	字/个	词/个	句子/句	课文形式	书写
7		z c s	zi ci si	√	√	5	1	1	文图式儿歌	√
8		zh ch sh r	zhi chi shi ri	√	√	2	2		文图式绕口令	√
要求	认读组合	认读	认读	拼读标调	拼读分合	拼读	拼读	朗读	观察发现感悟	位置笔顺标调
核心素养	语言运用	读准声母、韵母和整体认读音节；准确拼读音节，了解音节的组合和分合；正确书写声母、韵母、声调和音节；认识大写字母；借助汉语拼音认读汉字，在日常交际情境中学习汉语拼音和普通话								
	思维发展	在教师引导下发现和掌握特殊字母的变形和拼读及其书写规则，如韵母 ü 和声母 j、q、x 的拼读与书写要求								
	审美创造	通过观察和模仿提高学习能力								
	文化自信	通过课文丰富的文图和儿歌感受浓厚的生活气息和人文内涵								

3. 综合训练

本单元的综合训练的主要体现在语文园地中，具体内容见表 4－20。

表 4－20　拼音单元一中的综合训练

项目	任务	训练方式
识字加油站	认读 5 个生字	认识课程表
用拼音	1. 巩固字母形状	试一试用手或者棍子摆字母形状
	2. 区分 3 组平翘舌音	读一读，比一比
	3. 区分 3 组送气音和不送气音	比一比，读一读，图片对应
	4. 拼读音节	做动作
	5. 拼读词语	同类事物涂上同一种颜色
字词句运用	1. 单韵母发音	连线
	2. 词组认读	图片对应，找一找
和大人一起读	诗歌朗读	亲子阅读

二、拼音单元二

1. 教学任务

（1）能读准 9 个复韵母 ai、ei、ui、ao、ou、iu、ie、üe、er，5 个前鼻韵母 an、en、in、un、ün，4 个后鼻韵母 ang、eng、ing、ong。

（2）了解韵母类型（单韵母、复韵母、鼻韵母），掌握韵母由韵头（介音）、韵腹（主要元音）、韵尾三个部分组成的特点。

（3）能读准 6 个整体认读音节 ye、yue、yuan、yin、yun、ying。

（4）能运用前面所学知识，准确拼读音节，掌握拼读的分合规律；掌握四声的读音和标调。

（5）能在四线格中正确书写韵母。

（6）能尝试自己拼读儿歌。

2. 教学目标

本单元五篇课文的教学目标见表 4－23。

表 4－23　拼音单元二中课文的教学目标

<table>
<tr><th colspan="2">篇目</th><th>韵母</th><th>整体
认读音节</th><th>音调</th><th>拼读</th><th>字/个</th><th>词/个</th><th>课文形式</th><th>书写</th></tr>
<tr><td colspan="2">9</td><td>复韵母 ai、ei、ui</td><td></td><td>√</td><td>√</td><td>2</td><td>2</td><td>儿歌</td><td>√</td></tr>
<tr><td colspan="2">10</td><td>复韵母 ao、ou、iu</td><td></td><td>√</td><td>√</td><td>3</td><td>4</td><td>儿歌</td><td>√</td></tr>
<tr><td colspan="2">11</td><td>复韵母 ie、üe、er</td><td>ye、ue、er</td><td>√</td><td>√</td><td>2</td><td>2</td><td></td><td>√</td></tr>
<tr><td colspan="2">12</td><td>前鼻韵母
an、en、in、un、ün</td><td>yuan、yin、
yun</td><td>√</td><td>√</td><td>4</td><td>4</td><td>儿歌</td><td>√</td></tr>
<tr><td colspan="2">13</td><td>后鼻韵母
ang、eng、ing、ong</td><td>ying</td><td>√</td><td>√</td><td>4</td><td>3</td><td>儿歌</td><td>√</td></tr>
<tr><td colspan="2">要求</td><td>认读、组合</td><td>拼读、标调</td><td>认读</td><td>拼读
分合
标调</td><td>认读</td><td>认读</td><td>观察
发现
感悟</td><td>位置
笔顺
标调</td></tr>
<tr><td rowspan="4">核
心
素
养</td><td>语言运用</td><td colspan="8">读准声母、韵母和整体认读音节；准确拼读音节，了解音节的组合和分合；正确书写声母、韵母、声调和音节；认识大写字母；借助汉语拼音认读汉字，在日常交际情境中学习汉语拼音和普通话</td></tr>
<tr><td>思维发展</td><td colspan="8">在教师引导下发现和掌握特殊字母的变形和拼读及其书写规则，如韵母 ü 和声母 j、q、x 的拼读与书写要求</td></tr>
<tr><td>审美创造</td><td colspan="8">通过观察和模仿提高学习能力</td></tr>
<tr><td>文化自信</td><td colspan="8">通过课文丰富的文图和儿歌感受浓厚的生活气息和人文内涵</td></tr>
</table>

3. 综合训练

本单元的综合训练体现在语文园地中，具体内容见表 4－24。

表 4－24　拼音单元二中的综合训练

项目	任务	训练方式
用拼音	1. 读准音节，掌握扁唇音和圆唇音、前鼻音和后鼻音、平舌音和翘舌音及两拼和三拼音节的发音特点	对比
	2. 区别相似的两组韵母：ie、ei 和 iu、ui	读一读，比一比
	3. 拼读音节并找出对应词语	想象秋游情境
	4. 读字母表分清声母、韵母和整体认读音节	说出自己名字里的声母和韵母

续表

项目	任务	训练方式
字词句运用	1．组词	思维导图
	2．根据拼音组词并书写	音节填空
和大人一起读	小散文阅读	亲子阅读

第五章 教材分析——第一学段（中）

第一节 第一学段阅读课文的教学任务

一、阅读教学的意义

阅读教学是小学语文的重要组成部分，承担着学生学习语文的重任。叶圣陶先生认为，语就是口头语言，文就是书面语言，把口头语言和书面语言连在一起说，就叫语文。语言文字是人类社会最重要的交际工具和信息载体，是人类文化的重要组成部分。2022年新课程标准再次明确了义务教育语文课程的基本特点是工具性和人文性的统一。每一篇课文都不是简单的字与字的组合，而是有着它的思想、文化。

低学段的教学以识字为中心，运用各种方法鼓励学生识字，促进其自主识字能力。识字的要求呈阶梯式上升，由引导学生借助图画理解课文来识字，到引导学生借助汉字规律、语境与生活来识字，再到在鼓励学生阅读不全文注音的课文自主识字的基础上，引导学生阅读不全文注音的整本书，从而达到让学生自主阅读的目的。

低学段阅读教学的特点是读、说、背、动四要素相结合，即多种形式的朗读，想说、敢说、能说，背诵、积累有价值的内容，重在活动中、游戏中学习。

二、第一学段阅读与鉴赏的教学目标

1. 总目标

学会运用多种阅读方法，具有独立阅读能力。能阅读日常的书报杂志，初步鉴赏文学作品，能借助工具书阅读浅易文言文。学会倾听与表达，初步学会用口头语言文明地进行人际沟通和社会交往。能根据需要用书面语言具体明确、文从字顺地表达自己的见闻、体验和想法。

2. 学段目标

（1）喜欢阅读，感受阅读的乐趣。学习用普通话正确、流利、有感情地朗读课文。学习默读。

（2）结合上下文和生活实际了解课文中词句的意思，在阅读中积累词语。认识课文中出现的常用标点符号，在阅读中体会句号、问号、感叹号所表达的不同语气。借助读物中的图画阅读。

（3）阅读浅近的童话、寓言、故事，向往美好的情境，关心自然和生命，对感兴趣的人物和事件有自己的感受和想法，并乐于与他人交流。诵读儿歌、儿童诗和浅近的古诗，展开想象，获得初步的情感体验，感受语言的优美。

（4）尝试阅读整本书，用自己喜欢的方式向他人介绍读过的书。养成爱护图书的习惯。

（5）积累自己喜欢的成语和格言警句。背诵优秀诗文 50 篇（段）。课外阅读总量不少于 5 万字。

三、第一学段的语文阅读学习任务群

1. 实用性阅读

（1）阅读有关个人生活、家庭生活的短文，认识图文中相关的汉字，感受美好亲情。

（2）阅读有关学校生活的短文，认识图文中相关的汉字。

（3）学习有关中华优秀传统文化的短文。

2. 文学阅读

（1）阅读并学习讲述革命领袖、革命英雄、爱国志士的童年故事，表达敬仰之情和向他们学习的愿望。

（2）诵读表现自然之美的短小诗文，感受大自然的美景与变化。

（3）学习儿歌、童话，阅读图画书，体会童真童趣，感受多姿多彩的生活，初步体验文学阅读的乐趣。

3. 思辨性阅读

（1）阅读有趣的短文，发现、思考身边的鸟兽虫鱼、花草树木、家用电器等日常事物的奇妙之处，说出自己的想法。

（2）大胆提出生活和学习中遇到的问题，通过阅读、观察、请教、讨论等方式，积极思考、探究，乐于分享自己解决问题的办法，说出一两个理由。

4. 整本书阅读

（1）阅读富有童趣的图画书等浅易的读物，体会读书的快乐。

（2）阅读、朗诵优秀的儿歌集，感受儿歌的韵味和童趣。

（3）阅读自己喜欢的童话书，想象故事中的画面，学习讲述书中的故事。

四、第一学段阅读质量描述

喜欢阅读图画书、儿歌、童话、寓言等，在阅读过程中能根据提示提取文本的显性信息，通过关键词句说出事物的特点，作简单推测；能借助关键词句复述自己读过的故事或其他内容，尝试对阅读内容提出问题；愿意向他人讲述读过的故事，乐于向他人展示自己的作品；喜欢积累优美的词句，并尝试在口头和书面表达中运用。

第二节　第一学段阅读课文单元的编排特点

小学低学段学生正处于阅读兴趣与习惯养成的关键期。部编小学语文教材主编温儒敏先生认为，语文的功能不光是提高读写能力，最基本的是培养读书的习惯。他强调部编教材的特色就是“读书为主，读书为要”。

一、板块组成

部编小学语文教材以发展核心素养为理念，遵循着由易到难、螺旋上升的原则，合理安排一、二年级低学段课文，从识字、拼音、阅读、口语交际、写话等多个方面稳步促进学生语文素养的提升。

低学段教学系统由集中识字课、汉语拼音课与阅读课文三大板块构成，不设单元导读页。阅读课文与集中识字课、汉语拼音课互相穿插交织，辅教系统口语交际、语文园地和快乐读书吧合理分布在各单元中，相互配合，让学生认读更多的汉字，培养初步的语感，完成学段任务。具体见表 5－1。

表 5－1　第一学段教材的构成

年级	总单元/个	识字单元/个	汉语拼音单元/个	课文/篇	口语交际/次	语文园地/个	快乐读书吧/个
一上	8	2	2	24	4（课文单元 3 次）	8	1（识字单元）
一下	8	2		21	4（课文单元 3 次）	8	1（识字单元）
二上	8	1		28	4（课文单元 3 次）	8	1（课文单元）
二下	8	1		29	4（课文单元 3 次）	8	1（课文单元）

从上表可以看出，第一学段教材主要有以下几部分组成：

（1）每册 8 个单元，集中识字课一年级各 2 个单元，二年级各 1 个单元，汉语拼音 2 个单元安排在一年级上册，其余单元安排阅读课文。

（2）一个阅读课文单元有 3—4 篇课文。

（3）每个单元必配语文园地。

（4）口语交际每册安排 4 次，合理分布在集中识字课、汉语拼音课和阅读课文之后。

（5）快乐读书吧每册安排 1 次，都放在第一单元中。

二、选文内容

为配合低学段识字的任务，教材依据低年级儿童的心理特点，选取的课文文质兼美，篇幅短小，兼具故事性与寓意性，读起来朗朗上口，饶有韵味，还贴近孩子的认知水平与生活实际。每篇阅读课文都配有汉语拼音，方便小学生认读。

1. 以中华优秀传统文化为核心

根据低年级学生的心理特点和学习接受能力，教材选取了不少与中华优秀传统文化中的节日、民俗等相关的文章。例如，一年级下册中的《端午粽》、二年级下册中的《传统节日》《中国美食》等内容，不仅向孩子们传递民俗、节日的文化知识，还让孩子们在接受优秀传统文化润泽心灵的同时获得民族文化认同感。

2. 题材蕴含传统文化的常见母题

教材中的儿童文学作品内容十分丰富，低学段选文中就包含爱的母题、成长的母题、自然的母题和幻想的母题。

比如爱的话题。《升国旗》中，以文字描写升国旗的庄重场面，同时编排少先队员升国旗的插图，充分激发学生对祖国的爱。《我多想去看看》《祖国多么广大》以文本为出发点激发学生对祖国大好河山的向往和热爱之情。《一封信》《妈妈睡了》《胖胖的小手》体现对父母、家人的爱。《雷锋叔叔，你在哪里》《邓小平爷爷植树》《吃水不忘挖井人》体现对英雄、革命领袖的爱等。

快乐的童年时光这类题材也占了不少比例。成长一直是儿童文学乐于、善于表现的一种母题。比如日本童谣诗人金子美铃的儿童诗作品《一个接一个》，作者用儿童最自然的状态感受这个世界，用儿童所熟识的语言表达内心世界。诗歌从“做梦”到“上学”再到“课堂”，塑造了一个贪玩的孩子的形象。这样的内容贴近学生的生活实际，在与生活经验对接的基础上，激发学生的情感体验，使之乐于与同学分享自己的经历，并在分享过程中克服缺点，规范行为。《怎么都快乐》从孩子的角度讲述对于快乐的理解，一个人是快乐，和他人相处也是快乐，付出同样可以快乐。通过学习这首儿童诗，学生了解到原来生活中处处有快乐，事事都可以快乐，从而形成积极乐观的生活态度。可以发现，编者的目的是借助儿童文学作品在无形中帮助儿童成长。

揭示大自然的美好。如《秋天》《四季》让学生感受季节之美，二年级上册第四单元的《古诗二首》（《登鹳雀楼》《望庐山瀑布》）、《黄山奇石》《日月潭》《葡萄沟》描绘的都是祖国的大好河山，让学生感受自然之美。除此之外，还有满足儿童探索欲望、好奇心的幻想母题类儿童文学作品被选编进了教材。如《太空生活趣事多》《当世界年纪还小的时候》等，都是儿童文学作品中有关幻想世界的，这样的内容很容易激发小学生的想象力。

3. 篇幅短小

小学语文课文的篇幅一般比较短小，据说1933年叶绍钧（叶圣陶）主编、开明书店出版的《开明国语课本》第一册中最长的课文《你看像什么》只有44个字。部编教材的课文字数基本在100—300字，每年级增加100个字左右。篇幅长短也跟体裁有关，韵文类、散文类字数比较少，故事类字数比较多。例如二年级上册中的童话故事《小蝌蚪找妈妈》有400字左右，二年级下册中的小散文《找春天》则只有185字。

课文篇幅短，不仅便于教师讲解，便于学生背诵和学习文章的篇章结构，还可以“掰开揉碎”、讲深讲透。篇幅比较长的课文，内容也不复杂，如一年级下册第17课的童话故事《动物王国开大会》有541字，由于结构上采用“反复”的手法，相同的情节和内容反复出现，所以虽然字数稍多，但学生能在相同内容的多次重复中巩固生字，模仿课文学习表达。

4. 以韵文为主

低学段的核心素养目标之一是“诵读儿歌、儿童诗、古诗，展开想象，获得初步情感体验，感受语言的优美”。立足于当前小学生所处的年龄阶段及相应呈现的心理行为特点，以及掌握相关知识的基础水平，课文主要选择朗朗上口、易于记忆的篇章，如诗歌，包括儿歌、歌谣、韵歌等，内容浅近、生动活泼，方便认读和背诵。如《咏鹅》《画》《风》等，教师指导学生识字、写字，学生反复朗读、熟读成诵，在培养学生的审美观念，引导学生用美的眼睛欣赏自然界方面起到重要作用。

低学段也收入不少符合小学生心理发展的古诗篇目。古诗词选入小学语文教科书的历史悠久，作为中华优秀传统文化的重要组成部分，古诗词有着独特的艺术魅力和丰厚的文化底蕴，对小学生道德情感、审美情感的培养以及优秀传统文化的传承有着不可替代的作用。

5. 为课文匹配精美插图

考虑到低年级学生以形象思维为主，教材几乎每个部分都配有插图，插图生动形象，色彩鲜明，富有童趣，图文融合，布局合理。每册课文、课后习题、口语交际、语文园地等板块也都有插图，插图形式多样，有文字浮于图片上方的形式，有图文穿插的形式等。如一年上册的《青蛙写诗》《雪地里的小画家》均采取文字浮于背景图上方的形式，图文融合，美观大方，整个页面自然和谐，很容易激发学生的学习兴趣，对提高小学生的审美情趣起到很大的作用。

插图中的人物形象、居住环境、建筑特点等具有现代特征，贴近学生的实际生活，易于学生接受。例如一年级下册的《小猴子下山》一文共五段，有插图五幅，每幅插图分别对应一段内容。第一段讲小猴子掰了玉米，扛着玉米往前走，文字左侧的插图是一只小猴子在玉米地旁边扛着玉米走，后面四幅图也是如此一一对应，方便阅读。

三、体裁选择特点

随着课程改革的不断深入及部编语文教材的推行，阅读被赋予重要作用。依据小学生不同年龄段的性格特征和心理特点，低学段的课文恰当安排了适合少儿阅读的作品。这些作品浅显易懂，兼具趣味性和故事性，主要分布在教学体系课文和辅教体系语文园地及快乐读书吧里。新课程标准关于低学段阅读是这样表述的："阅读浅近的童话、寓言、故事，向往美好的情境，关心自然和生命，对感兴趣的人物和事件有自己的感受和想法，并乐于与他人交流。诵读儿歌、儿童诗和浅近的古诗，展开想象，获得初步的情感体验，感受语言的优美。"具体见表 5－2。

表 5－2　低学段阅读课文的分布

年级	童话/篇	寓言/篇	故事/则	儿歌/首	儿童诗/首	古诗/首	散文/篇	小品文/篇	神话/篇
一上	1			3	4	1	3		
一下	8		1		2	3	7		
二上	4	3	5		1	4	3	3	
二下	5	2	1		3	4	9	2	1

从上表可以看出：

（1）低学段阅读课文以儿童文学为主，由短到长、由浅入深，由韵文到散文，由形象到抽象，逐步过渡并上升；

（2）儿歌大多安排在识字单元，阅读单元比较少；

（3）浅显易懂、内容接近儿童生活的散文占的比例比较高；

（4）二年级增加了知识性比较强的课文，如科学小品文和知识童话，以形象生动的形式来介绍抽象的科学知识。

四、课后练习的设计

课后练习作为教材的重要组成部分，不仅是学生巩固知识、发展能力的训练场，还是教师理解编者意图、确定教学重难点的有效途径，更是编者体现教育理念、彰显教材特色的重要载体。部编小学语文教材的课后练习不仅具有很强的实践性，还具有很强的启发性，能够让学生在练习过程中提升语文综合应用能力、问题分析和解决能力及语文思维能力，具有很高的教育价值及教学促进作用。

1. 围绕"语文要素"设置

部编语文教材的核心概念就是"语文要素"，包括语文基础知识、语文基础能力、良好的学习习惯以及恰当的学习方式等。教材课后练习大多围绕本单元的语文要素进行比较系统的编排，题目紧扣单元的教学目标，将课后练习与教学有机连接，以增加学生的语文知识储备量，提高学生的语文学习能力。

低学段的教材中并未清晰地安排语文要素，这就要求教师在教学过程中整体把握单元课文内容，梳理课后练习题，明确单元的语文要素，再通过课后训练促进学生综合语文能力的提升。

以一年级上册四个阅读课文单元为例，其课后练习的设计如表 5－3 所示。

表 5-3　一年级上册阅读课文单元的课后练习设计

单元	人文主题	语文要素
四	感受自然之美	1. 朗读并背诵课文 2. 区分“一”字在课文中的不同读音 3. 积累和拓展带叠字的“的”字偏正词组 4. 认识自然段
六	观察和感悟自然界的现象	1. 朗读课文，学会停顿；学习分角色朗读课文 2. 学会用“前、后、左、右”四个方位词 3. 认识逗号、句号，根据标点读好停顿，初步建立句子的概念
七	体验童年生活的多彩	1. 正确、流利地朗读课文 2. 初步尝试找出课文中一些明显的信息；开始接触定中词组，学习修饰语和“的”的合理搭配 3. 口语练习，联系生活实际说一说
八	阅读动物的故事，爱护动物	1. 正确、流利地朗读课文 2. 借助图画，猜读不全文注音的课文 3. 能找出课文中明显的信息并说一说

教师也可以参考课后练习来确定本课的训练目标。以二年级上册第一单元中的《植物妈妈有办法》为例。作为一篇科普性读物，文章以诗歌的形式分五节讲解植物繁殖的方式。从课程标准的要求来看，课文的重点落在语言文字积累与梳理上面。文后有三个练习。练习一是完成“学习用普通话正确、流利、有感情地朗读课文”的目标；练习二是逐步培养学生梳理诗歌层次的能力，感悟诗歌体例和散文的差别，并通过口语训练提高口语表达能力；练习三则重在训练词汇的积累以及应用，让学生认识、会写相关词语并在分析过程中正确感知词语的用法。

2. 突出语言训练与运用

部编教材在课后练习的设计上可谓用心良苦，将语言文字训练与运用作为重点，重视字、词、句的训练，突出了语文教学的根本使命所在。

（1）朗读与背诵。朗读是小学语文教学需着重训练的语文素养。通过熟悉教材及课后练习，大多数教师都会发现阅读课文的练习一都有相同的设置——“朗读课文。背诵课文”。语文教学中，朗读课文占据着重要地位。学生通过朗读课文，体会课文中的内容，感受课文传达的思想。有感情地朗读课文能让课文的中心思想更清晰地呈现，更有利于学生理解课文，这也要求了学生朗读课文时声调、语气的准确运用。有时练习还会根据课文的不同内容提出相应的朗读要求，如课文《秋天》的课后练习中要求学生：朗读课文，同时注意“一”字的不同读音。

（2）思维能力培养。部编语文教材的课后练习加重了对学生语言表达能力、思维能力、想象力的训练。“仿照课文，说一说、做一做”的课后练习很常见，要求学生仿照课文的表达方式、描写手法学习写作，有效提升了学生的思考能力、逻辑能力和运用能力。如一年级上册课文《小小的船》中，出现了“小小的、弯弯的、闪闪的、蓝蓝的”等词语，课后练习要求学生照样子说一说。课文《四季》中，作者按照顺序对春天、夏天、秋天、冬天进行了细致的描写，练习时可以提示学生用“草芽、小鸟”代表春天，用“荷叶、青蛙”代表夏天，用“谷穗”代表秋天，用“雪人”代表冬天，通过不同时间、事物、景象之间的呈现，以拟人化、排比的写作手法，生动地展现四季的特征。

（3）词语运用。学生掌握了一定的词汇运用能力之后，教师要在此基础上开展连词成句的教学。低学段很多课后习题的设置都比较注重对学生连词成句以及篇章复述能力的培养。例如二年级下册《亡羊补牢》练习二：

读一读，说说每组的两个句子有什么不同。

他堵上那个窟窿，把羊圈修得结结实实的。

他赶紧堵上那个窟窿，把羊圈修得结结实实的。

引导学生关注状语“赶紧”的作用，了解修饰性词语在陈述句中的意义。

教学二年级上册《难忘的泼水节》课后习两道习题时，一题要引导学生感悟和积累偏正词组，一题要引导学生学习课文如何进行人物描写，句子的运用有何特色：

朗读课文。用下面的词语，说说周总理是怎样和傣族人民一起过泼水节的。

象脚鼓　凤凰花　银碗　柏树枝

看看插图，从课文中找出描写周总理样子的句子读一读。

3. 题量合适，梯度提升

部编教材的课后一般设置2—4道练习题，题量符合新课程标准对学业质量的阶段要求。

课程标准关于低年级学业质量是这样表述的：喜欢阅读图画书、儿歌、童话、寓言等，在阅读过程中能根据提示提取文本的显性信息，通过关键词句说出事物的特点，作简单推测；能借助关键词句复述自己读过的故事或其他内容，尝试对阅读内容提出问题；愿意向他人讲述读过的故事，乐于向他人展示自己的作品；喜欢积累优美的词句，并尝试在口头和书面表达中运用。

2—4道练习题的设计思路是：字—词—句—段；朗读课文—角色对话—口语现场表达，把握课文内容—字词句的运用。这样的设置有目的地实现从知识到能力的转换，从语言建构到语言运用，培养学生的思维能力。有梯度的习题能让学生慢慢掌握学习方法，学会联系生活来学习语文，提高人文素养。

从一年级下册《小猴子下山》和二年级下册《沙滩上的童话》的课后练习中，可以明显看到这一设计思路。

《小猴子下山》的课后练习：

朗读课文。

结合插图，说说小猴子看到了什么，做了什么，最后为什么只好空着手回家去。

读读做做，再选几个词各说一句话。

掰 扛 扔 摘 捧 抱

《沙滩上的童话》的课后练习：

朗读课文，注意读好对话。

根据开头编故事，试着用上下面的词语。

在一片沙漠里，有……

从前，有一座大山……

城堡 堡垒 凶狠 凶恶 攻打 进攻

火药 炸药 赞赏 赞美 合力 合作

第三节　一年级上册阅读单元课文综合分析

低学段的阅读课文与集中识字课、汉语拼音课交织安排，不设单元导读页，意在以认字、识字、写字为教学的落脚点，再以阅读为目标，随文识字，从识字开始，按字—词—句—段—章的顺序，逐步提升阅读能力，实现阅读目标。

一年级上册共设有 4 个阅读单元，每个单元安排 3—4 篇教读课文，文图结合，除最后一单元最后一篇课文只有生字标注汉语拼音外，每篇课文均全文标注汉语拼音。课文后设有认读生字和书写生字的训练，另设置 2—3 道练习题。

一、单元四课文

1. 主题与题材

本单元以文学作品为载体，以天地自然、四季变化、大江南北为选材对象，以“描写大自然，赞美四季之美”为主题，优选四篇教读课文，分别是描写和赞美秋天的散文《秋天》、描写月亮的儿歌《小小的船》、描写江南采莲情景的汉乐府诗歌《江南》和拟人化描写四季的儿歌《四季》。

通过阅读这些文章，可以引导儿童发现大自然四季变化的特征，培养他们观察大自然的能力，激发他们的想象力，丰富情感世界。具体内容如表 5－4 所示。

表 5－4　一年级上册单元四的课文内容

课文	体裁	主题	题材
《秋天》	散文	赞美秋天。	描写秋天的特点：树叶黄，掉落地上；天空蓝又高；大雁南飞。结尾抒发感情。
《小小的船》	儿歌	描绘夜景，表达内心的喜悦。	描绘一幅夜景图，一个孩子把月亮看作小船，想象自己坐到月亮上去看星星。

续表

课文	体裁	主题	题材
《江南》	汉乐府诗	体验江南采莲的欢乐情景。	前三句勾勒一幅生动的江南画卷，后四句东、西、南、北并列，展现一望无际的碧绿的荷叶下，鱼儿自由自在、欢快戏耍的画面。
《四季》	儿歌	了解四季的特征，感受四季的美丽。	通过描绘春天的草芽、夏天的荷叶、秋天的谷穗和冬天的雪人，表现四季的特征。

2. 语文要素和训练要求

从课文所附的生字认读、书写训练及课后练习来看，四篇课文集中训练认读生字，掌握偏旁部首，书写生字，强化朗读、背诵课文，了解自然段相关知识及口语表达的模仿能力等几个方面。具体内容如表 5－5 所示。

表 5－5　一年级上册单元四的语文要素和训练要求

课文	生字 认读	生字 书写	朗读 背诵	词语积累 组词造句	口语训练	阅读训练
《秋天》	认读 10 个生字；掌握木字旁、口字旁和人字头；掌握“一”字的变音	书写 4 个生字；学习“横钩”笔画	朗读、背诵课文	积累词语；认识课文中出现的常用标点符号		了解自然段；结合上下文和生活实际了解课文中词句的意思
《小小的船》	认读 10 个生字；掌握门字旁	书写 4 个生字；学习“横竖钩”“竖弯钩”笔画	朗读课文	学习扩写以及使用叠词；认识课文中出现的常用标点符号	读一读，照样子说一说	
《江南》	认读 9 个生字；掌握三点水和草字头	书写 3 个生字；学习“竖钩”“竖提”笔画	朗读、背诵课文	积累名句；认识课文中出现的常用标点符号		结合上下文和生活实际了解课文中词句的意思
《四季》	认读 10 个生字；掌握言字旁、虫字旁和折文旁	书写 3 个生字	朗读、背诵课文		仿照课文说说喜欢哪个季节	

3. 单元核心素养目标

语言运用：认读课文生字，掌握汉字的基本笔画和常用偏旁部首；用普通话正确、流利、有感情地朗读课文；在阅读中随文识字，结合上下文、课文插图和生活实际了解词句的意思；学习扩写和使用叠词。

思维能力：学习过程中能展开联想和想象，思考段落的组成方式。

审美创造：发现大自然之美，提高观察能力。

文化自信：感悟文学作品表现自然美的魅力。

二、单元六课文

1. 主题与题材

本单元四篇教读课文以各种自然现象为选材对象，分别是描绘影子在前、在后、在左、在右的儿童诗《影子》、表现动物尾巴长短的儿歌《比尾巴》、以拟人化手法描绘青蛙在下雨天“呱呱呱”叫着写诗的情景，从中直观介绍逗号、句号、省略号写法的儿童诗《青蛙写诗》，以及通过大雨点儿和小雨点儿的对话，说明雨水和植物生长有着密切关系的童话《雨点儿》。

通过阅读这些文章，可以帮助学生了解自然现象，关注对自然特征的观察，培养其了解和尊重自然规律的科学精神，丰富认知世界。具体内容如表 5－6 所示。

表 5－6　一年级上册单元六的课文内容

课文	体裁	主题	题材
《影子》	儿童诗	观察和了解影子的特点，树立科学意识。	运用拟人和比喻的手法，写出了影子与人形影不离的特点。
《比尾巴》	儿歌	观察和了解动物尾巴的特点，树立科学意识。	以“比”为主线，通过对话的形式向儿童介绍猴子、兔子、松鼠、公鸡、鸭子、孔雀六种小动物尾巴的特点。
《青蛙写诗》	儿童诗	观察和了解逗号、句号和省略号的特点。	描绘了青蛙在下雨天“呱呱呱”叫着写诗的情景，借助小蝌蚪、水泡泡和一串小水珠直观地介绍逗号、句号、省略号的写法。
《雨点儿》	童话	赞扬雨点儿的作用。	用拟人化的手法，通过大雨点儿和小雨点儿的对话，告诉我们雨点儿是从云彩里飘落下来的，有了雨水的滋润，花更红了，草更绿了，说明雨水和植物生长有着密切的关系。

2. 语文要素和训练要求

从课文所附的生字认读、书写训练及课后练习着手分析，四篇课文集中训练认读生字，掌握常用偏旁部首，书写生字和掌握常用笔顺笔画，强化朗读和背诵课文，了解句号和逗号相关知识及口语表达的模仿能力等几个方面。具体内容如表 5－7 所示。

表 5–7　一年级上册单元六的语文要素和训练要求

课文	生字认读 偏旁部首	生字书写 常用笔画	朗读 背诵	词语积累 组词造句	口语训练	阅读训练
《影子》	认读 11 个生字；掌握宝盖头、女字旁和月字旁	书写 4 个生字；学习“斜钩”笔画	朗读和背诵课文	认识课文中出现的常用标点符号	说一说你的前后左右都是谁	了解前后左右等方位；结合上下文和生活实际了解课文中词句的意思
《比尾巴》	认读 11 个生字；掌握提手旁和八字头	书写 4 个生字；学习“竖提”笔画	朗读和背诵课文	认识课文中出现的常用标点符号	模仿例子开展问答游戏	学习课文三问三答的形式；结合上下文和生活实际了解课文中词句的意思
《青蛙写诗》	认读 11 个生字；掌握秃宝盖和四点底	书写 4 个生字	朗读课文和词语	积累词语；在课文中圈出逗号和句号	说一说青蛙写诗的时候谁来帮忙	结合上下文和生活实际了解课文中词句的意思
《雨点儿》	认读 12 个生字；掌握三撇、穴宝盖和立刀旁	书写 3 个生字；学习“横钩”笔画	分角色朗读课文	认识课文中出现的常用标点符号	朗读句子，学会停顿	结合上下文和生活实际了解课文中词句的意思

3. 单元核心素养目标

语言运用：认读课文生字，掌握汉字的基本笔画和常用偏旁部首；用普通话正确、流利、有感情地朗读课文，在朗读中学会停顿；在阅读中随文识字，结合上下文、课文插图和生活实际了解词句的意思；初步了解标点符号的作用。

思维能力：学习过程中能思考课文是如何表现大自然的特点的。

审美创造：观察和发现大自然的特点，关注自然和生命。

文化自信：喜欢阅读自然科学类文学作品。

三、单元七课文

1. 主题与题材

本单元围绕学生生活这一素材，安排了《明天要远足》《大还是小》《项链》三篇教读课文。这三篇课文题材丰富，贴近学生的生活，儿童诗《明天要远足》描绘郊游前夜孩子内心的期盼，散文《大还是小》捕捉小朋友成长过程中的心理特点，散文《项链》勾画大海的景色，表现海边玩耍的快乐心情。

通过阅读这些展现小学生多彩生活场景和丰富内心世界的文章，可以引导学生关注自我成长，丰富情感世界。具体内容如表 5–8 所示。

表 5-8 一年级上册单元七中的课文

课文	体裁	主题	题材
《明天要远足》	儿童诗	体验旅行的快乐。	描绘孩子远足前夜因兴奋、好奇与激动而久久不能入睡的情形，洋溢着对远足的向往之情。
《大还是小》	散文	希望自己快快长大，成为一个独立的人。	课文通过三个“有时候”和“更多的时候”，运用对比的方式来展现儿童充满趣味的内心世界。
《项链》	散文	表达投入大海怀抱的快乐。	描绘大海景色和海边游玩的小朋友，他们捡拾海螺和贝壳，穿成彩色的项链，而落在沙滩上的脚印，成为大海金色的项链。

2. **语文要素和训练要求**

从课文所附的生字认读、书写训练及课后练习来看，三篇课文集中训练认读生字，掌握常用偏旁部首，书写生字和掌握常用笔顺笔画，强化朗读和背诵课文等几个方面，着重培养从课文中提取相关的信息和大家交流阅读体验的能力。具体内容如表 5-9 所示。

表 5-9 一年级上册单元七的语文要素和训练要求

课文	生字认读 偏旁部首	生字书写 常用笔画	朗读 背诵	词语积累 组词造句	口语训练	阅读训练
《明天要远足》	认读 11 个生字；掌握目字旁	书写 4 个生字	朗读、背诵课文	了解疑问句；认识课文中出现的常用标点符号	和同学说一说旅行前的心情	结合上下文和生活实际了解课文中词句的意思
《大还是小》	认读 11 个生字；掌握双人旁、京字头、竖心旁	书写 4 个生字	朗读、背诵课文	树立大和小的概念；认识课文中出现的常用标点符号	说说什么时候觉得自己很大，什么时候觉得自己很小	结合上下文和生活实际了解课文中词句的意思
《项链》	认读 11 个生字；掌握禾字旁	书写 4 个生字	朗读课文	学习并运用修饰语；认识课文中出现的常用标点符号	修饰语的模仿训练	大海的项链是什么？结合上下文和生活实际了解课文中词句的意思

3. **核心素养目标**

语言运用：认读课文生字，掌握汉字的基本笔画和常用偏旁部首；用普通话正确、流利、有感情地朗读课文；在阅读中随文识字，结合上下文、课文插图和生活实际了解词句的意思；学习和积累修饰语。

思维能力：学习过程中能思考课文，从课文中提取关键词理解内容，发展想象能力。

审美创造：观察和发现大海的美，向往美好情境。

文化自信：体验文学作品写景抒情的优势，丰厚自己的人文底蕴。

四、单元八课文

1. 主题和题材

本单元以可爱的动物为主题，安排了《雪地里的小画家》《乌鸦喝水》《小蜗牛》三篇教读课文。这三篇课文题材丰富，贴近学生的生活，通过阅读这些展现大自然动物世界的作品，意在引导学生细心观察生活，关心自然和生命，丰厚学生的认知世界和情感世界。具体内容如表 5－10 所示。

表 5－10　一年级上册单元八的课文内容

课文	体裁	主题	题材
《雪地里的小画家》	儿童诗	知道每种动物都有自己独特的脚印。	描绘一群“小画家”在雪地里踏雪，留下自己脚印的情形，展示了几种动物蹄子的特征。
《乌鸦喝水》	寓言	善于观察，开动脑筋，并能充分利用周围条件。	一只乌鸦利用已有的条件，把小石子一颗一颗地叼起来，放到瓶子里，使水慢慢升高，从而喝到了水。
《小蜗牛》	童话	长见识，了解小树林一年四季的变化和蜗牛的特点。	通过小蜗牛与蜗牛妈妈的三次对话，介绍一年四季的变化，巧妙地展示小蜗牛爬行速度很慢的特点。

2. 语文要素和训练要求

从课文所附的生字认读、书写训练及课后练习来看，本单元常规的训练包括集中训练认读生字，掌握常用偏旁部首，书写生字和掌握常用笔顺笔画，强化朗读和背诵课文以及口语表达。除此之外，继续引导学生借助圈一圈、画一画的方法，从课文中提取相关的信息和大家交流，引导学生初步认识自然段，知道每个自然段前都要空两格的基本格式。第三篇课文首次没有全标汉语拼音，要求学生能根据前面所学生字的方法以及图片猜一猜四组词语的意思，逐渐提高词汇的理解能力。具体内容如表 5－11 所示。

表 5－11　一年级上册单元八的语文要素和训练要求

课文	生字认读 偏旁部首	生字书写 常用笔画	朗读 背诵	词语积累 组词造句	口语训练	阅读训练
《雪地里的小画家》	认读 11 个生字；掌握 1 个多音字	书写 5 个生字；学习“横弯钩”笔画	朗读、背诵课文	熟悉设问句；认识课文中出现的常用标点符号	说说雪地里来了哪些小画家	结合上下文和生活实际了解课文中词句的意思

续表

课文	生字认读 偏旁部首	生字书写 常用笔画	朗读 背诵	词语积累 组词造句	口语训练	阅读训练
《乌鸦喝水》	认读 11 个生字	书写 4 个生字	朗读、背诵课文	认识课文中出现的常用标点符号	复述故事	结合上下文和生活实际了解课文中词句的意思
《小蜗牛》	认读 12 个生字；掌握王字旁	书写 4 个生字	朗读课文	在图画的帮助下猜 4 个加点的形声字；认识课文中出现的常用标点符号	复述故事	对照图画读课文；结合上下文和生活实际了解课文中词句的意思

3. 单元核心素养目标

语言运用：认读课文生字，掌握汉字的基本笔画和常用偏旁部首；用普通话正确、流利、有感情地朗读课文；在阅读中随文识字，结合上下文、课文插图和生活实际了解词句的意思。

思维能力：阅读课文时中能提取关键信息理解课文，提高想象能力。

审美创造：观察和发现大自然的特点，关心自然和生命。

文化自信：喜欢阅读描绘动物的文学作品，扩大文化视野。

第四节　一年级下册阅读单元课文综合分析

一年级下册课文共设有 6 个阅读单元，每个单元安排 3—4 篇教读课文，文图结合，除最后单元后两篇课文只有生字标注汉语拼音外，其余课文的文字均标注汉语拼音。课文后设有认读生字和书写生字训练，另设置 2—3 道练习题。

一、单元二课文

1. 主题与题材

本单元以人们真实的内心世界为选材对象，优选了四篇教读课文，写了四个心愿。革命故事《吃水不忘挖井人》讲的是革命领袖毛主席在江西领导革命时，带领战士和乡亲们挖井，解决了沙洲坝村子的吃水困难问题。乡亲们为了感激毛主席，解放以后在井边立碑纪念，表达饮水思源、心怀感恩的愿望。散文《我多想去看看》以“我”的口吻，讲述了新疆的孩子想到遥远的北京城去看天安门广场的升旗仪式，北京的孩子想去遥远的新疆看美丽的天山和雪山上盛开的雪莲的故事，抒发了少年儿童向往了解外面世界的美好愿望。日本儿童诗《一个接一个》从儿童自然的状态出发，用接近儿童的语言描绘孩子的生活、孩子的心声。散文诗《四个太阳》描绘了一个小男孩画太阳的情境，借用画太阳表达了美好的心愿。

通过阅读这些文章，可以引导学生关注自己成长过程中的各种心愿，激发其了解外面世界的美好愿望，唤起拓宽视野的期待，丰富自己的认知世界。具体内容如表 5 – 12 所示。

表 5 – 12　一年级下册单元二的课文内容

课文	体裁	主题	题材
《吃水不忘挖井人》	故事	告诉我们做人要懂得饮水思源。	伟大领袖毛主席在江西领导革命时带领战士和乡亲们一起挖井，解决了沙洲坝乡亲们的吃水难题，乡亲们非常感激毛主席，解放以后在井边立碑纪念。
《我多想去看看》	散文	表现了少年儿童向往了解外面世界的美好心愿。	课文以第一人称的口吻，讲述新疆的孩子想到遥远的北京城去看天安门广场的升旗仪式，北京的孩子想去遥远的新疆看天山的雪莲。
《一个接着一个》	儿童诗	通过“我”的心情变化，表现童年的“我”真实的感受，培养自己做事积极、乐观的心态。	诗歌共四节，前三节每节三句话：第一句讲孩子被成人世界惊扰后的不开心，第二句是孩子的希望，第三句是孩子转念之后的喜悦。最后一节是孩子天真的发问。
《四个太阳》	散文	借用画太阳表达了“我”善良、美好的心愿。	课文讲述“我”为每个季节画了不同颜色的太阳，给世界万物带来各种美好。课文按夏天、秋天、冬天和春天的顺序叙述，每个自然段写一个季节。

2. 语文要素和训练要求

从课文所附的生字认读、书写训练及课后练习来看，四篇课文依然以集中训练认读生字、掌握偏旁部首、书写生字，强化朗读、背诵课文，了解自然段相关知识及善于在阅读中提取关键信息等几个方面为基础训练点。在字词句训练方面，要求学生读好带感叹号的句子，并模仿课文句式造句，积累词汇。具体内容如表 5 – 13 所示。

表 5 – 13　一年级下册单元二的语文要素和训练要求

课文	生字认读 偏旁部首	生字书写 常用笔画	朗读 背诵	词语积累 组词造句	口语训练	阅读训练
《吃水不忘挖井人》	认读 13 个生字；掌握心字底和广字头	书写 7 个生字；学习“横折弯”笔画	朗读课文	组词；认识课文中出现的常用标点符号	词语读与记	结合上下文和生活实际了解课文中词句的意思

续表

课文	生字认读 偏旁部首	生字书写 常用笔画	朗读 背诵	词语积累 组词造句	口语训练	阅读训练
《我多想去看看》	认读11个生字	书写6个生字	朗读课文	了解感叹句；学习定中词组；以“我多想”为开头，写写自己的愿望；认识课文中出现的常用标点符号	读好带感叹号的句子	结合上下文和生活实际了解课文中词句的意思
《一个接一个》	认读13个生字；掌握1个多音字；掌握单耳旁	书写7个生字；学习“横折折撇”笔画	朗读课文 读词语	积累词语；学习感叹句；认识课文中出现的常用标点符号	想一想，说一说和课文中的“我”相似的经历	阅读后的模仿训练；结合上下文和生活实际了解课文中词句的意思
《四个太阳》	认读13个生字；掌握舌字旁和页字边	书写7个生字；学习“横撇弯钩”笔画	朗读课文	词语读与记；认识课文中出现的常用标点符号	说一说画四季不同颜色的太阳的理由	结合课文内容和图片画一画四个季节的颜色；结合上下文和生活实际了解课文中词句的意思

3. 单元核心素养目标

语言运用：认读课文生字，掌握汉字的基本笔画和常用偏旁部首；用普通话正确、流利、有感情地朗读课文，在朗读中学会停顿；在阅读中随文识字，结合上下文、课文插图和生活实际了解词句的意思；了解标点符号的作用，积累词汇，模仿造句。

思维能力：学习过程中培养想象能力和形象思维能力。

审美创造：心怀感激，感悟生活的点点滴滴。

文化自信：喜欢阅读表现自己生活的文学作品，丰厚认知世界。

二、单元三课文

1. 主题与题材

本单元以生活学习中互相关心、互相帮助、和谐相处为主题，优选了《小公鸡和小鸭子》《树和喜鹊》《怎么都快乐》三篇教读课文。

通过阅读这些文章，孩子们可以关注自己成长过程中的独立性，明白同伴之间要相互关心和友好相处，激发良好的交友意识，丰富自己的情感世界。具体内容如表5－14所示。

表 5－14　一年级下册单元三的课文内容

课文	体裁	主题	题材
《小公鸡和小鸭子》	童话	伙伴间互相帮助，友好相处。	讲述小公鸡和小鸭子一起玩，小公鸡捉虫给小鸭子吃，小鸭子在小公鸡落水时救小公鸡的故事。
《树和喜鹊》	童话	朋友之间要相互关爱。	树和喜鹊原来都很孤单，种树以后来了很多喜鹊，树和喜鹊都有了邻居，大家都很快乐。
《怎么都快乐》	儿童诗	学会独处，同时跟同伴友好相处。	一人独处是一种快乐，与他人相伴相处也是一种快乐。

2．语文要素和训练要求

从课文所附的生字认读、书写训练及课后练习来看，四篇课文依然以集中训练认读生字，掌握偏旁部首，书写生字，强化朗读、背诵课文，了解自然段相关知识及善于在阅读中提取关键信息等几个方面为基础训练点。在字词句训练方面，要求积累词汇，感受动词前面加了情态修饰语和不加情态修饰语的句子有何不同。具体内容如表 5－15 所示。

表 5－15　一年级下册单元三的语文要素和训练要求

课文	生字认读 偏旁部首	生字书写 常用笔画	朗读 背诵	词语积累 组词造句	口语训练	阅读训练
《小公鸡和小鸭子》	认读 12 个生字；掌握提土旁、足字旁	书写 7 个生字	朗读课文，读好小公鸡和小鸭子的对话	对比两组句子，学习形容词“偷偷地”“飞快地”；认识课文中出现的常用标点符号	读一读两组句子	结合上下文和生活实际了解课文中词句的意思
《树和喜鹊》	认读 12 个生字；掌握 2 个多音字；掌握子字旁、倒八头	书写 6 个生字	朗读课文	读和记 AABB 式词语；认识课文中出现的常用标点符号	说说树和喜鹊为何快乐	了解故事发展过程；思考树和喜鹊为何快乐
《怎么都快乐》	认读 13 个生字；掌握 1 个多音字	书写 7 个生字	朗读课文；读一读 6 组动宾词组	模仿例句用动词组词；学习破折号；认识课文中出现的常用标点符号	说一说自己组的词语	结合上下文和生活实际了解课文中词句的意思

3. 单元核心素养目标

语言运用：认读课文生字，掌握汉字的基本笔画和常用偏旁部首；用普通话正确、流利、有感情地朗读课文，在朗读中学会停顿；在阅读中随文识字，结合上下文、课文插图和生活实际了解词句的意思；初步了解标点符号的作用；积累词语，感受描绘性的词语在表达上的优势。

思维能力：学习过程中培养想象能力和形象思维能力。

审美创造：学会独处也学会和同伴友好相处，营造和谐的成长环境。

文化自信：喜欢阅读表现自己生活的文学作品，理解作品来自生活。

三、单元四课文

1. 主题与题材

本单元以“思念”和“童真”为主线，优选了《静夜思》《夜色》《端午粽》《彩虹》四篇教读课文。

通过阅读这些文章，可以引导儿童体验人类思念的感情，唤起家国情怀，激发对亲人的感恩之情，丰富情感世界。具体内容如表 5－16 所示。

表 5－16　一年级下册单元四的课文内容

课文	体裁	主题	题材
《静夜思》	古诗	中秋节思念家乡亲人。	诗歌描写透过窗户映照在床前的月光，起初诗人以为是一层层的白霜，仰头看那空中的一轮明月，不由得低下头来沉思，愈加想念自己的故乡。
《夜色》	儿童诗	在爸爸帮助下学会勇敢。	“我”从前胆子很小，很怕黑，后来爸爸晚上带“我”出去散步，“我”发现夜晚也像白天一样美好，便不再怕黑了。
《端午粽》	散文	想念家乡，想念外婆。	小作者想起端午节外婆煮的粽子，十分好吃，后来知道吃粽子是为了纪念爱国诗人屈原。
《彩虹》	散文诗	培养爱护家人的情怀。	“我”看到雨后天空中美丽的彩虹，把它想象成一座桥，产生了一系列联想。

2. 语文要素和训练要求

从课文所附的生字认读、书写训练及课后练习来看，四篇课文依然以集中训练认读生字、掌握偏旁部首、书写生字、强化朗读和背诵课文、了解自然段相关知识及善于在阅读中提取关键信息等几个方面为基础训练点。在朗读方面，培养学生通过感受不同语气、不同节奏揣摩文章蕴含的情味的能力。在字词句训练方面，要求积累词汇，学习长句在表达上的特点。具体内容如表 5－17 所示。

表 5-17　一年级下册单元四的语文要素和训练要求

课文	生字认读 偏旁部首	生字书写 常用笔画	朗读 背诵	词语积累 组词造句	口语训练	阅读训练
《静夜思》	认读9个生字	书写7个生字	朗读课文，背诵课文	积累名句；认识课文中出现的常用标点符号	学习朗读绝句	理解诗句；结合上下文和生活实际了解课文中词句的意思
《夜色》	认读12个生字；掌握厂字头	书写7个生字	朗读课文	读记词语；认识课文中出现的常用标点符号	朗读好长句	理解前后差别；结合上下文和生活实际了解课文中词句的意思
《端午粽》	认读13个生字；掌握立字旁和米字旁	书写7个生字	朗读课文，读好长句	学习长句；认识课文中出现的常用标点符号	和同学说一说端午节的故事	理解课文如何介绍端午节的；结合上下文和生活实际了解课文中词句的意思
《彩虹》	认读12个生字；掌握衣字旁	书写7个生字	朗读课文，读好长句	学习ABAC式词语；认识课文中出现的常用标点符号	读一读，说一说四组词语	理解散文诗每个段落的内容；结合上下文和生活实际了解课文中词句的意思

3. 单元核心素养目标

语言运用：认读课文生字，掌握汉字的基本笔画和常用偏旁部首；用普通话正确、流利、有感情地朗读课文，在朗读中学会停顿，学习读好长句；在阅读中随文识字，结合上下文、课文插图和生活实际了解词句的意思；了解标点符号的作用，积累词汇，模仿组词。

思维能力：学习过程中培养想象能力和形象思维能力。

审美创造：心怀感激，养成爱家人的情怀。

文化自信：阅读表现家国情怀的文学作品，传承中华优秀传统文化。

四、单元五课文

1. 主题与题材

本单元以文学作品为载体，讲解夏天的自然现象，优选了《古诗二首》《荷叶圆圆》《要下雨了》三篇教读课文。

通过阅读这些文章，可以引导儿童了解初夏的特点，在提高审美情趣的同时激发对大自然的探究欲望，丰富其知识积累和情感世界。具体内容如表 5-18 所示。

表 5-18 一年级下册单元五的课文内容

课文	体裁	主题	题材
《古诗二首》	古诗	赞美有趣的初夏荷塘，了解初夏荷塘的特点。	《池上》描写了初夏荷花池的美丽景色，捕捉了一个小娃“偷采白莲”的有趣镜头，写出了夏天的情趣。《小池》详细描写了初夏的荷塘景色。
《荷叶圆圆》	散文	赞美荷叶的美丽和作用。	描写了圆圆的、绿绿的荷叶，借小水珠、小蜻蜓、小青蛙和小鱼儿的话语描绘出荷叶的特征。
《要下雨了》	童话	了解下雨前气候的特点和小动物们的表现。	写小白兔在山坡上割草，发现燕子低飞、小鱼游到了水面上、蚂蚁在搬家，通过对话揭示了下雨前动物们的异常表现。

2. 语文要素和训练要求

从课文所附的生字认读、书写训练及课后练习来看，四篇课文依然以集中训练认读生字、掌握偏旁部首、书写生字、强化朗读和背诵课文、了解自然段相关知识及善于在阅读中提取关键信息等几个方面为基础训练点。在朗读方面，训练学生通过感受不同语气、不同节奏揣摩文章蕴含的情味，以及分角色朗读的能力；在字词句训练方面，要求积累词汇，学习能用恰当的形容词来描绘事物的特点。具体内容如表 5-19 所示。

表 5-19 一年级下册单元五的语文要素和训练要求

课文	生字认读 偏旁部首	生字书写 常用笔画	朗读 背诵	词语积累 组词造句	口语训练	阅读训练
《古诗二首》	认读 12 个生字	书写 7 个生字	朗读、背诵课文	积累名词和名句；认识课文中出现的常用标点符号	读和记 4 组名词	结合上下文和生活实际了解课文中词句的意思
《荷叶圆圆》	认读 12 个生字；掌握身字旁	书写 7 个生字	朗读、背诵课文	学习名词 + 叠词的短语；认识课文中出现的常用标点符号	读读写写	根据课文内容完成词语连线；结合上下文和生活实际了解课文中词句的意思
《要下雨了》	认读 13 个生字；掌握 1 个多音字	书写 7 个生字	朗读课文	词语读和记；认识课文中出现的常用标点符号	说说故事里有什么角色；分角色朗读	思考文中动物雨前都在做什么；结合上下文和生活实际了解课文中词句的意思

3. 单元核心素养目标

语言运用：认读课文生字，掌握汉字的基本笔画和常用偏旁部首；用普通话正确、流利、有感情地朗读课文，在朗读中学会停顿，学习读好长句；在阅读中随文识字，结合上下文、课文插图和生活实际了解关键词句的意思；了解标点符号的作用，积累词汇，模仿组词。

思维能力：学习过程中培养想象能力和形象思维能力。

审美创造：养成热爱大自然的美好情怀。

文化自信：阅读表现大自然美感的文学作品，树立科学探究精神。

五、单元六课文

1. 主题与题材

本单元以文学作品为载体，围绕培养好习惯这一主线，优选了《文具的家》《一分钟》《动物王国开大会》《小猴子下山》四篇教读课文。通过阅读，可以引导学生了解养成好习惯的重要性，以提高自我管理的能力。具体内容如表 5－20 所示。

表 5－20　一年级下册单元六的课文内容

课文	体裁	主题	题材
《文具的家》	散文	赞扬贝贝在妈妈的帮助下改正了自己的不良习惯。	一个名叫贝贝的小朋友，粗心大意，不爱惜自己的文具，最后在妈妈的帮助下，改掉了粗心的毛病，每天都自己检查书包，变成了一个爱惜文具的好孩子。
《一分钟》	散文	批评元元贪睡的毛病，告诉大家要学会管理好自己。	元元早上多睡了一分钟，结果在上学路上焦急地等待绿灯，还错过了公共汽车，最终上学迟到了二十分钟。
《动物王国开大会》	童话	表扬小熊经过大家的帮助，学会了把问题说清楚。	老虎让狗熊通知大家，动物王国要开大会，请大家都参加。狗熊在狐狸、大灰狼、梅花鹿的提醒下，经过四次播报，最后成功地发布了开会的通知。
《下猴子下山》	童话	批评小猴子做事不专一。	一只猴子下山，先掰了一个玉米，看见桃子就扔掉玉米，看见西瓜就扔掉桃子，看见兔子就扔掉西瓜，最后一无所获。

2. 语文要素和训练要求

从课文所附的生字认读、书写训练及课后练习来看，四篇课文依然以集中训练认读生字、掌握偏旁部首、书写生字、强化朗读和背诵课文、了解自然段相关知识及善于在阅读中提取关键信息等几个方面为基础训练点。在朗读方面，培养学生在阅读中体会句号、问号、感叹号所表达的不同语气，揣摩文章蕴含的情味；在字词句训练方面，要求积累词汇，进行组词和造句训练；熟悉应用文通知的要素，为后面习作做准备。具体内容如表 5－21 所示。

表 5－21　一年级下册单元六的语文要素和训练要求

课文	生字认读 偏旁部首	生字书写 常用笔画	朗读 背诵	词语积累 组词造句	口语训练	阅读训练
《文具的家》	认读 13 个生字；学习斤字旁	书写 7 个生字	朗读课文	读和记 3 个字并组词；认识课文中出现的常用标点符号	读一读词语	理解课文内容；结合上下文和生活实际了解课文中词句的意思
《一分钟》	认读 13 个生字	书写 7 个生字	朗读课文	模仿造句；大写数字填空；认识课文中出现的常用标点符号	根据课文说一说	理解课文内容；结合上下文和生活实际了解课文中词句的意思
《动物王国开大会》	认读 13 个生字；掌握牛字旁	书写 7 个生字	分角色朗读课文	学习表述通知要素的相关词汇；认识课文中出现的常用标点符号	读一读，说一说通知，掌握要素	把握故事层次；结合上下文和生活实际了解课文中词句的意思
《小猴子下山》	认读 12 个生字	书写 7 个生字	朗读课文	选词造句；认识课文中出现的常用标点符号	结合插图开展口语训练	熟悉课文内容，把握层次；结合上下文和生活实际了解课文中词句的意思

3. 单元核心素养目标

语言运用：认读课文生字，掌握汉字的基本笔画和常用偏旁部首；用普通话正确、流利、有感情地朗读课文，在朗读中学会停顿；在阅读中随文识字，结合上下文、课文插图和生活实际了解词句的意思；了解标点符号的作用；积累词汇，组词造句。

思维能力：学习过程中培养想象能力和形象思维能力。

审美创造：养成良好的生活习惯，学会自己管理好自己。

文化自信：阅读表现生活道理的文学作品，培养自律品格。

六、单元七课文

1. 主题与题材

本单元以文学作品为载体，以树立科学精神为主线，优选三篇教读课文《棉花姑娘》《咕咚》《小壁虎借尾巴》。三篇课文皆为童话故事，情节曲折，采用反复的手法讲述故事，趣味性较强。通过阅读，可以引导学生了解一些科普知识和抽象道理，在提高审美情趣的同时，激发探究欲望，增长见识，辨识真伪。具体内容如表 5－22 所示。

表 5-22　一年级下册单元七的课文内容

课文	体裁	主题	题材
《棉花姑娘》	童话	学会辨识益虫和害虫。	棉花姑娘病了，她请求燕子、啄木鸟等给自己治病，可他们心有余而力不足。正当蚜虫们得意地吸食棉花姑娘的汁液时，七星瓢虫把他们一扫而光。棉花姑娘快乐地生长着，吐出了雪白的棉花。
《咕咚》	童话	学会辨别是非，不要道听途说，盲目地下结论。	树上一个木瓜熟了，掉进湖里，发出了"咕咚"的声音。兔子听后吓得边跑边叫，许多动物也跟着跑起来，最后野牛拦住了大伙儿，问明了情况，大家一起来到湖边，看到了真相。
《小壁虎借尾巴》	童话	长见识，了解动物尾巴的功能。	小壁虎找小鱼、老牛、燕子借尾巴，可是小鱼要用尾巴拨水，老牛要用尾巴赶蝇子，燕子要用尾巴掌握方向，他们的尾巴都不能借给小壁虎。最后小壁虎自己长出了一条新尾巴。

2. 语文要素和训练要求

从课文所附的生字认读、书写训练及课后练习来看，三篇课文依然以集中训练认读生字、掌握偏旁部首、书写生字、强化朗读和背诵课文、了解自然段相关知识及善于在阅读中提取关键信息等几个方面为基础训练点。在朗读方面，培养学生通过不同语气、不同节奏揣摩文章蕴含的情味，会分角色朗读的能力；在字词句的训练方面，要求积累词汇，学习用恰当的形容词来描绘事物的特点。后两篇课文以不注音的形式出现，要求学生能圈出不认识的字，猜猜读音与意思，再说说是怎么猜出来的，让学生尝试在阅读中运用已经掌握的形声字识字、联系上下文识字等方法，提升识字能力。具体内容如表 5-23 所示。

表 5-23　一年级下册单元七的语文要素和训练要求

课文	生字认读 偏旁部首	生字书写 常用笔画	朗读 背诵	词语积累 组词造句	口语训练	阅读训练
《棉花姑娘》	认读 13 个生字；掌握大字头	书写 7 个生字	朗读课文	模仿例句，选择恰当的名词填空；认识课文中出现的常用标点符号	读好课文中的对话	根据课文内容，文图对应相连；结合上下文和生活实际了解课文中词句的意思
《咕咚》	认读 13 个生字	书写 7 个生字	猜读生字；朗读课文	认识课文中出现的常用标点符号	说说动物为何跟兔子跑，野牛是怎么做的	理解课文，把握故事层次；结合上下文和生活实际了解课文中词句的意思
《小壁虎借尾巴》	认读 13 个生字；掌握户字头和车字旁	书写 7 个生字	猜读生字；朗读课文	猜猜生字的意思；认识课文中出现的常用标点符号	说说小壁虎跟谁借过尾巴；分角色扮演	理解课文内容，把握脉络；结合上下文和生活实际了解课文中词句的意思

3. 单元核心素养目标

语言运用：认读课文生字，掌握汉字的基本笔画和常用偏旁部首；用普通话正确、流利、有感情地朗读课文，在朗读中学会停顿，学习读好长句；在阅读中随文识字，猜读生字，并说出理由；结合上下文、课文插图和生活实际了解关键词句的意思；通过课文阅读了解标点符号的作用，积累词汇，模仿组词；能将阅读内容用口语表达出来。

思维能力：学习过程中逐步提高抽象思维能力，学会辨析。

审美创造：分清是非曲直，为我所用。

文化自信：阅读表现抽象道理的童话作品，树立科学探究精神。

第五节 二年级上册阅读单元课文综合分析

二年级的阅读课文与集中识字课一起安排，每册安排 8 个单元，7 个单元的阅读课文，1 个单元的集中识字。不设单元导读，意在以认字识字写字为教学的落脚点，再以阅读为目标，随文识字，按字—词—句—段—章的顺序，逐步提升阅读能力，实现阅读目标。

二年级上册共有 7 个阅读单元，每个单元安排 3—4 篇教读课文，文图结合，除最后一单元后两篇课文只有生字才标注汉语拼音外，其余课文的文字均标注汉语拼音。课文后设有认读生字和书写生字训练，另设置 2—3 道练习题。

一、单元一课文

1. 主题与题材

本单元以文学作品为载体，以“有趣的动物”为素材，以“探索自然秘密”为主题，优选了《小蝌蚪找妈妈》《我是什么》《植物妈妈有办法》三篇教读课文。三篇课文皆为科普类文章，语言丰富有趣。孩子们在有趣的阅读中可以了解动植物以及自然现象的变化，在提高审美情趣的同时激发对大自然的探究欲望，唤起热爱科学的情感。具体内容如表 5 - 24 所示。

表 5 - 24　二年级上册单元一的课文内容

课文	体裁	主题	题材
《小蝌蚪找妈妈》	童话	了解小蝌蚪是如何变成青蛙的，树立科学探索精神。	一群天真活泼的小蝌蚪在寻找妈妈的过程中，不知不觉变成了小青蛙，并帮助妈妈一起捉害虫。

续表

课文	体裁	主题	题材
《我是什么》	童话	了解水的三种形态，树立科学探究精神。	用第一人称“我”的叙述方式，介绍了自然界中水的不同形态（气态、液态、固态），以及水带给人类的好处和灾难。
《植物妈妈有办法》	童话	了解植物的繁衍方式，树立科学探究精神。	用拟人化方式，形象地描绘出三种植物传播种子的方式。先提出问题“植物靠什么办法传播种子”，然后分别讲蒲公英、苍耳、豌豆传播种子的方法，最后讲只要细心观察就能获得许多知识。

2. **语文要素和训练要求**

从课文所附的生字认读、书写训练及课后练习来看，三篇课文以集中训练认读生字、掌握多音字、书写生字、强化朗读和背诵课文、了解自然段相关知识及善于在阅读中提取关键信息等几个方面为基础训练点。朗读方面，培养学生通过感受不同语气、不同节奏揣摩文章蕴含的情味，以及会分角色朗读的能力；口语训练方面，能把课文内容用口语来表达；字词句训练方面，要求积累词汇，学习组词造句；阅读方面，要求结合上下文和生活实际了解课文中词句的意思，学会把握课文层次。具体内容如表 5－25 所示。

表 5－25　二年级上册单元二的语文要素和训练要求

课文	生字认读	生字书写	朗读背诵	词语积累组词造句	口语训练	阅读训练
《小蝌蚪找妈妈》	认读 15 个生字；掌握 1 个音字	书写 10 个生字	分角色朗读	用动词造句；认识课文中出现的常用标点符号	讲一讲小蝌蚪的故事	连一连，按顺序将文图一一对应；结合上下文和生活实际了解课文中词句的意思
《我是什么》	认读 16 个生字；掌握 1 个多音字	书写 10 个生字	朗读课文	读记 4 组短语；用动词造句；认识课文中出现的常用标点符号	说说“我”是谁，会变成什么	体会课文中加点词的意思；结合上下文和生活实际了解课文中词句的意思
《植物妈妈有办法》	认读 14 个生字；掌握 2 个多音字	书写 10 个生字	朗读、背诵课文	仿照课文结合给定的图片和短语造句；认识课文中出现的常用标点符号	课文介绍了哪几种植物，联系生活仿照着说一说	画出课文介绍了哪些植物；结合上下文和生活实际了解课文中词句的意思

3. **单元核心素养目标**

语言运用：认读课文生字，掌握多音字；用普通话正确、流利、有感情地朗读课文，在朗读中学会停顿，学习读好长句；在阅读中随文识字，猜读生字，并说出理由；结合上下文、课文插图和生活实际了解关键词句的意思；了解标点符号的作用，积累词汇，组词造句；把课文内容用口语表达出来。

思维能力：学习过程中学会思考，逐步提高抽象思维能力。

审美创造：感悟文章的思想内涵，关心自然和生命。

文化自信：阅读讲述科学常识的文学作品，树立科学探究精神。

二、单元三课文

1. **主题与题材**

本单元以文学作品为载体，以“成长过程中的父亲母亲”为素材，以“感恩爸爸妈妈和我一起长大”为主题，优选了《曹冲称象》《玲玲的画》《一封信》《妈妈睡了》四篇教读课文。通过阅读这些文章，孩子们可以了解爸爸妈妈在自己成长过程中的付出，唤起关爱爸爸妈妈的意识，激发对亲人的感恩之情，丰富自己的情感世界。具体内容如表5－26所示。

表5－26　二年级上册单元三的课文内容

课文	体裁	主题	题材
《曹冲称象》	故事	赞扬曹冲是一个爱动脑筋、善于观察的孩子，也赞扬父亲曹操对孩子的肯定。	七岁的曹冲，想出了比官员更好的称象方法，称出了大象的重量。
《玲玲的画》	散文	赞扬爸爸恰当的引导和启发。	玲玲准备参加评奖的画不小心被弄脏了，已经没有时间重画一张，玲玲着急地哭了。在爸爸的启发下，她开动脑筋，在弄脏的地方画了一只小花狗，巧妙地掩盖了污渍。
《一封信》	散文	善于发现生活中快乐美好的事物，对生活保持一份乐观的态度。	露西要给爸爸写一封信。开始露西给爸爸报告家里的坏消息，在妈妈的提醒下，她向爸爸报告了身边的好消息。
《妈妈睡了》	散文	感恩妈妈的付出，感受妈妈对孩子的关爱。	以一个孩子的口吻，描绘了睡梦中的妈妈的样子：真美丽、好温柔、好累。

2. **语文要素和训练要求**

从课文所附的生字认读、书写训练及课后练习来看，四篇课文以集中训练认读生字、掌握多音字、书写生字、强化朗读和背诵课文、了解自然段相关知识及善于在阅读中提取关键信息等几个方面为基础训练点。朗读方面，培养学生通过感受不同语气、不同节奏揣摩文章蕴含的情味，以及会分角色朗读的能力；口语训练方面，能把课文内容用口语表达出来；字词句训练方面，要求积累词汇，学习组词造句；阅读方面，要求结合上下文和生活实际了解课文中词句的意思，学会把握课文层次。具体内容如表 5 – 27 所示。

表 5 – 27　二年级上册单元三的语文要素和训练要求

课文	生字认读	生字书写	朗读背诵	词语积累组词造句	口语训练	阅读训练
《曹冲称象》	认读 14 个生字	书写 10 个生字	朗读课文	对比两组句子的差别；认识课文中出现的常用标点符号	说说为何曹冲称象的方法好；说说曹冲称象的过程	画出称象的方法；阅读课文自然段并排序；结合上下文和生活实际了解课文中词句的意思
《玲玲的画》	认读 15 个生字	书写 10 个生字	朗读课文	运用三个词语造句讲故事；读句子；认识课文中出现的常用标点符号	联系生活谈体会	三个关键词在课文中起的作用；结合上下文和生活实际了解课文中词句的意思
《一封信》	认读 18 个生字；掌握 3 个多音字	书写 10 个生字	朗读课文；读信	画出相关语句；认识课文中出现的常用标点符号	说一说前后两封信的差别	思考后一封信写了什么，画出关键语句；结合上下文和生活实际了解课文中词句的意思
《妈妈睡了》	认读 15 个生字；掌握 1 个多音字	书写 8 个生字	朗读课文	形容词模仿填空；认识课文中出现的常用标点符号	说一说梦中妈妈的样子，模仿说说家人睡觉是什么样子的	结合上下文和生活实际了解课文中词句的意思

3. 单元核心素养目标

语言运用：认读课文生字，掌握多音字；用普通话正确、流利、有感情地朗读课文，在朗读中学会停顿，学习读好长句；在阅读中随文识字；结合上下文、课文插图和生活实际了解关键词句的意思；了解标点符号的作用，积累词汇，组词造句；把课文内容用口语表达出来。

思维能力：把握课文层次，逐步提高抽象思维能力。

审美创造：感悟文章的思想内涵，关心亲人。

文化自信：阅读描绘人物的文学作品，体会作者的思想感情。

三、单元四课文

1. 主题与题材

本单元以文学作品为载体，围绕“爱祖国，爱家乡”这一主题，以介绍和说明祖国富饶的山水风光和物产资源为题材，优选《古诗二首》《黄山奇石》《日月潭》《葡萄沟》四篇教读课文。通过本单元课文的学习，学生可以感受祖国的地大物博、风光秀丽，激发对优美风光的向往之情，增强对少数民族人民的热爱之情，培养家国情怀，丰富自己的认知世界。具体内容如表5-28所示。

表5-28　二年级上册单元四的课文内容

课文	体裁	主题	题材
《古诗二首》	绝句	通过描绘壮观景象，表现自己开阔的胸襟和昂扬的气概。	《登鹳雀楼》写诗人登楼所见所感。前两句写诗人站在楼上遥望一轮落日在视野的尽头冉冉而没，目送流经楼前下方的黄河奔腾咆哮、滚滚南来，又在远处折而向东，流归大海。后两句写道，若想把千里的风光景物看够，那就要登上更高的一层城楼。 《望庐山瀑布》描写庐山瀑布的壮丽景色。太阳照耀着香炉峰，升腾起紫色的云烟，远望瀑布像白帘挂在山前。水流从三千尺的高处飞泻而下，让人怀疑是银河落在了人间。
《黄山奇石》	小品文	赞美黄山风景的秀丽和神奇。	课文生动具体地描写了黄山风景区里各种有趣的奇石，重点介绍了猴子观海、仙人指路、仙桃石、金鸡叫天都……表现了大自然的神奇和伟大。
《日月潭》	小品文	表达作者对日月潭的喜爱和赞美之情。	课文首先介绍了日月潭的地理位置和周围的优美风光，接着介绍了日月潭名字的由来，描绘了它在清晨和晴天、雨天不同时候的美景，展现了日月潭独特的魅力。
《葡萄沟》	小品文	表达对葡萄沟的向往和对维吾尔族人民的喜爱之情。	课文介绍了位于新疆吐鲁番的水果之乡——葡萄沟的风土人情。课文围绕总结句"葡萄沟真是个好地方"展现了葡萄沟的美丽和维吾尔族老乡的热情好客。

2. 语文要素和训练要求

从课文所附的生字认读、书写训练及课后练习来看，四篇课文以集中训练认读生字、掌握多音字、书写生字、强化朗读和背诵课文、认识课文中出现的常用标点符号、了解自然段相关知识及善于在阅读中提取关键信息等几个方面为基础训练点。朗读方面，培养学生通过感受不同语气、不同节奏揣摩文章蕴含的情味的能力，会分角色朗读；口语训练方面，能把课文内容用口语表达出来；字词句训练方面，要求积累词汇，学习组词造句，开始学习比喻句；阅读方面，要求学会把握课文层次，结合上下文和生活实际了解课文中词句的意思。具体内容如表5-29所示。

表 5-29　二年级上册单元四的语文要素和训练要求

课文	生字认读	生字书写	朗读背诵	词语积累组词造句	口语训练	阅读训练
《古诗二首》	认读 11 个生字	书写 9 个生字	朗读、背诵诗歌	读一读，记一记；学习扩写	用自己的话说一说画面美	读诗句，想画面；结合上下文和生活实际了解课文中词句的意思
《黄山奇石》	认读 16 个生字；掌握 1 个多音字	书写 10 个生字	朗读课文	学习比喻句；读句子，用加点的词语说说图片里的石头，再选一张图片写下来	读一读，选几个词语说说某处景物	学习比喻句；结合上下文和生活实际了解课文中词句的意思
《日月潭》	认读 15 个生字	书写 8 个生字	朗读课文；背诵 2—4 自然段	读记三组短语；认识课文中出现的常用标点符号	读一读重要句子	根据课文回答日月潭美在哪里；结合上下文和生活实际了解课文中词句的意思
《葡萄沟》	认读 17 个生字；掌握 3 个多音字	书写 10 个生字	朗读课文；读好多音字	模仿例句完成句子；认识课文中出现的常用标点符号	说说喜欢葡萄沟的理由	结合上下文和生活实际了解课文中词句的意思

3. **单元核心素养目标**

语言运用：认读课文生字，掌握多音字；用普通话正确、流利、有感情地朗读课文，在朗读中学会停顿，学习读好长句；在阅读中随文识字；结合上下文、课文插图和生活实际了解关键词句的意思；了解标点符号的作用，积累词汇，组词造句，了解比喻句的作用并会运用。

思维能力：尝试把文学语言转换成口语表达出来；把握课文层次，逐步提高抽象思维能力。

审美创造：感悟文章的思想内涵，爱家乡爱亲人。

文化自信：阅读介绍祖国风光和物产的文学作品，积厚认知，拓宽视野，丰富情感世界。

四、单元五课文

1. **主题与题材**

本单元以文学作品为载体，围绕“怎样看问题想问题”这一主题，优选了《坐井观天》《寒号鸟》《我要的是葫芦》三篇教读课文。三篇课文用平实的语言讲述带有劝谕和讽刺意味的故事，给人启迪，让学生在阅读中识字，在阅读中感悟生活的哲理，培养自由之思想、独立之人格以及思辨能力，丰富认知世界。具体内容如表5-30所示。

表5-30　二年级上册单元五的课文内容

课文	体裁	主题	题材
《坐井观天》	寓言	目光短浅，眼界狭小，见识就有限。	小鸟飞到井边喝水，与青蛙发生争论。青蛙整天坐在井底，认为天只有井口那么大，小鸟却说天无边无际。青蛙不认同小鸟的话，小鸟很无奈，只能请青蛙跳出来看一看。
《寒号鸟》	童话	懒惰、得过且过是没有好结果的，美好的生活要靠劳动来创造。	课文叙述了“冬天快要到了”“冬天到了”“寒冬腊月”三个不同的时间里喜鹊和寒号鸟对待垒巢的不同态度和不同结果。
《我要的是葫芦》	故事	事物之间是有联系的，不能只顾结果而忽略过程。	一个人一心想要心爱的小葫芦长大，认为叶子上的蚜虫与葫芦毫无关联，毫不在乎。最终葫芦被蚜虫蛀了，他的愿望也落空了。

2. 语文要素和训练要求

从课文所附的生字认读、书写训练及课后练习来看，三篇课文以集中训练认读生字、掌握多音字、书写生字、强化朗读和背诵课文、认识课文中出现的常用标点符号、了解自然段相关知识及善于在阅读中提取关键信息等几个方面为基础训练点。朗读方面，培养学生通过感受不同语气、不同节奏揣摩文章蕴含的情味的能力，会分角色朗读；口语训练方面，能把课文内容用口语表达出来；字词句训练方面，要求积累词汇，学习组词造句，了解疑问句、祈使句和感叹句三种句型。这三篇课文都有一个共同的特点，即以人物对话推进故事情节，对人物语言的描写可谓精雕细琢，阅读时要求结合上下文和生活实际了解课文中词句的意思，把握课文层次，感悟人物语言。具体内容如表5-31所示。

表5-31　二年级上册单元五的语文要素和训练要求

课文	生字认读	生字书写	朗读背诵	词语积累组词造句	口语训练	阅读训练
《坐井观天》	认读10个生字；掌握1个多音字	书写8个生字	分角色朗读课文	把握反问句、感叹句和祈使句；认识课文中出现的常用标点符号	把握好三种句型的语气	小鸟和青蛙在争辩什么？它们的说法为什么不一样？结合上下文和生活实际了解课文中词句的意思

续表

课文	生字认读	生字书写	朗读背诵	词语积累组词造句	口语训练	阅读训练
《寒号鸟》	认读 17 个生字；掌握 2 个多音字	书写 10 个生字	分角色朗读课文	模仿两组例句造句；认识课文中出现的常用标点符号	说说生活中所见的像喜鹊或寒号鸟的人	思考产生两种不同结局的原因；结合上下文和生活实际了解课文中词句的意思
《我要的是葫芦》	认读 11 个生字	书写 8 个生字	朗读课文；背诵 2—4 自然段	把握反问句、感叹句和陈述句；认识课文中出现的常用标点符号	把握好三种句型的语气	思考课文的结局；结合上下文和生活实际了解课文中词句的意思

3. 单元核心素养目标

语言运用：认读课文生字，掌握多音字；用普通话正确、流利、有感情地朗读课文，在朗读中学会停顿，学习读好长句；在阅读中随文识字；结合上下文、课文插图和生活实际了解关键词句的意思；了解标点符号的作用，积累词汇，组词造句，了解陈述句、疑问句、祈使句和感叹句的作用并会运用。

思维能力：尝试把文学语言转换成口语表达出来；把握课文层次，逐步提高抽象思维能力。

审美创造：感悟文章的思想内涵，培养思辨能力。

文化自信：阅读寓言和童话类文学作品，了解不同文化的魅力，积厚认知，拓宽视野，丰富情感世界。

五、单元六课文

1. 主题与题材

本单元以文学作品为载体，围绕“伟人”这一主线，优选了《八角楼上》《朱德的扁担》《难忘的泼水节》《刘胡兰》四篇教读课文。整个单元从不同角度展示伟人和革命先烈的伟大人格和高贵品质，让学生在阅读中识字，在阅读中感受不同年代伟人的风采，懂得幸福生活来之不易，唤起学生尊敬和缅怀先烈的情怀，丰富自己的情感世界。具体内容如表 5 – 32 所示。

表 5-32　二年级上册单元六的课文内容

课文	体裁	主题	内容
《八角楼上》	故事	赞扬毛主席时刻思考中国命运，心中装着人民的伟人品格。	在井冈山艰苦斗争的年代，毛主席住在茅坪村的八角楼。在八角楼上，毛主席在灯下刻苦、专注地写下了许多光辉著作，照亮了中国革命的道路。
《朱德的扁担》	故事	赞扬朱德总司令以身作则，与战士们同甘共苦的高贵品质。	为了坚守井冈山根据地，粉碎敌人围攻，朱德同志白天挑粮爬山，晚上还常常整夜整夜地研究怎样跟敌人打仗。战士们心疼他，把他的扁担藏了起来，但后来理解了他的良苦用心，便不再藏他的扁担了。
《难忘的泼水节》	故事	表达了人民对周总理的尊敬和爱戴，表现了周总理和傣族人民心连心的深厚情谊。	1961 年，敬爱的周总理和边疆人民共同欢庆了富有情趣的泼水节。周总理兴致勃勃地换上傣族服装，笑容满面地来到人群中，同傣族人民一起敲鼓跳舞，手拿银碗与人们互相泼水祝福，同庆盛大的民族节日。
《刘胡兰》	故事	赞扬了刘胡兰从容不迫、为国捐躯的高尚品质。	写刘胡兰严守党的机密，面对敌人的威逼利诱和严刑拷打坚强不屈，最后牺牲了年轻而宝贵的生命。

2. **语文要素和训练要求**

从课文所附的生字认读、书写训练及课后练习来看，本单元的课文以集中训练认读生字、掌握多音字、书写生字、强化朗读和背诵课文、认识课文中出现的常用标点符号、了解自然段相关知识及善于在阅读中提取关键信息等几个方面为基础训练点。朗读方面，培养学生通过感受不同语气、不同节奏揣摩文章蕴含的思想感情的能力，会分角色朗读；口语训练方面，能把课文内容用口语表达出来；字词句训练方面，要求积累词汇，学习组词造句。本单元的课文有一个共同的特点，即以人物刻画为中心，阅读时要结合上下文和生活实际了解课文中词句的意思，把握课文层次，感悟人物刻画方法。具体内容如表 5-33 所示。

表 5-33　二年级上册单元六的语文要素与训练要求

课文	生字认读	生字书写	朗读背诵	词语积累组词造句	口语训练	阅读训练
《八角楼上》	认读 10 个生字	书写 6 个生字	朗读课文	结合插图体会句子中加点词语的意思；认识课文中出现的常用标点符号	说说毛主席是怎样工作的	结合上下文和生活实际了解课文中词句的意思

续表

课文	生字认读	生字书写	朗读背诵	词语积累组词造句	口语训练	阅读训练
《朱德的扁担》	认读12个生字	书写10个生字	分角色朗读课文	模仿两组例句造句；认识课文中出现的常用标点符号	说说大家为什么越来越喜欢朱德同志了	思考产生两种不同结局的原因；结合上下文和生活实际了解课文中词句的意思
《难忘的泼水节》	认读17个生字；掌握2个多音字	书写8个生字	朗读课文	根据课文内容选择恰当的词相连；认识课文中出现的常用标点符号	说说周总理是怎样和傣族人民一起过泼水节的	结合上下文和生活实际了解课文中词句的意思
《刘胡兰》	认读11个生字；掌握1个多音字	书写6个生字	朗读课文	理解文中的"收买""枪毙""牺牲"等动词	说说从哪些地方可以看出刘胡兰在敌人面前毫不屈服	

3. 单元核心素养目标

语言运用：认读课文生字，掌握多音字；用普通话正确、流利、有感情地朗读课文，在朗读中学会停顿，学习读好长句；在阅读中随文识字，能结合上下文、课文插图和生活实际了解关键词句的意思，理解课文内容；了解标点符号的作用；积累词汇，组词造句。

思维能力：尝试把文学语言转换成口语表达出来；把握课文层次，逐步提高抽象思维能力。

审美创造：感悟文章的思想内涵，唤起对革命领袖人物的尊敬与爱戴。

文化自信：阅读革命文学作品，积厚中国革命历史的认知，传承老一辈无产阶级革命家和革命英雄人物的优良传统，增强文化自信。

六、单元七课文

1. 主题与题材

本单元以文学作品为载体，以"扩视野，长见识"为主线，优选了《古诗二首》（《夜宿山寺》《敕勒歌》）、《雾在哪里》《雪孩子》三篇教读课文。三篇课文重在以形象生动的形式巧妙体现自然风光和自然特点，让学生在阅读中识字，在阅读中感受不同地方有不同的自然风光和人文风俗，了解到大自然的各种现象中隐藏着很多学问，激发科学探究的欲望，丰富人文情怀。具体内容如表5－34所示。

表 5-34　二年级上册单元七的课文内容

课文	体裁	主题	题材
《古诗二首》	绝句 民歌	赞美山寺屹立山巅的非凡气势和大草原的壮阔无比、生机勃勃。	《夜宿山寺》写诗人夜登藏经楼，凭栏远眺。前两句从视觉上以夸张的手法烘托山寺的高耸入云，后两句从听觉上想象“山寺”与“天上人”相距之近，极力渲染山寺之奇高。 《敕勒歌》形象地描绘了大草原的景色和游牧民族的生活。前两句交代敕勒川位于高大的阴山脚下，接着两句运用比喻，形容天空如毡制的圆顶大帐篷，盖住了草原的四面八方，最后三句则描绘出一幅壮阔无比、生机勃勃的草原全景图。
《雾在哪里》	童话	形象说明雾来雾散的原因，激发学生的科学探究欲望。	运用童话的形式，采用拟人写法描写了雾这种自然现象。先写雾把大海藏起来，再把天空、太阳、海岸、城市藏起来，当他把自己也藏起来时雾就消失了。
《雪孩子》	童话	借助童话故事说明雪在一定温度会融化的特点，激发学生的科学探究欲望。	兔妈妈给小白兔堆了个雪人，小白兔跳舞给雪孩子看，唱歌给雪孩子听。小白兔家着火了，雪孩子奋不顾身地救出了小白兔，自己却变成了一朵云。

2. 语文要素和训练要求

从课文所附的生字认读、书写训练及课后练习来看，三篇课文以集中训练认读生字，掌握多音字，书写生字，随时积累、梳理易错字或难写字，强化朗读和背诵课文，认识课文中出现的常用标点符号，了解自然段相关知识及善于在阅读中提取关键信息等几个方面为基础训练点。朗读方面，培养学生通过感受不同语气、不同节奏揣摩文章蕴含的思想感情的能力，学习默读，会分角色朗读；口语训练方面，能把课文内容用口语表达出来；字词句训练方面，要求积累词汇，学习组词造句；阅读方面，要求结合上下文和生活实际了解课文中词句的意思，把握课文层次，想象画面，学习童话如何巧妙地表现科学知识与社会生活。具体内容如表 5-35 所示。

表 5-35　二年级上册单元七的语文要素和训练要求

课文	生字认读	生字书写	朗读背诵	词语积累组词造句	口语训练	阅读训练
《古诗二首》	认读 12 个生字	书写 8 个生字	朗读、默读课文	积累诗中的词汇	诵读诗句，说一说画面内容	结合上下文和生活实际了解课文中词句的意思，想象画面

续表

课文	生字认读	生字书写	朗读背诵	词语积累组词造句	口语训练	阅读训练
《雾在哪里》	认读 12 个生字	书写 8 个生字	默读课文	模仿两组例句造句；认识课文中出现的常用标点符号	读好雾说话时的语气；仿照例子说一说	理解课文所说的“雾是个淘气的孩子”；结合上下文和生活实际了解课文中词句的意思
《雪孩子》	认读 16 个生字；掌握 1 个多音字	书写 8 个生字	朗读课文	读两组句子，学习定中短语；认识课文中出现的常用标点符号	掌握课文中角色对话的语气	结合上下文和生活实际了解课文中词句的意思；掌握故事发展脉络

3. 单元核心素养目标

语言运用：认读课文生字，掌握多音字，梳理难字，掌握规律；用普通话正确、流利、有感情地朗读课文，在朗读中学会停顿，学习读好长句，学习默读；在阅读中随文识字，能结合上下文、课文插图和生活实际了解关键词句的意思，想象和理解课文内容；了解标点符号的作用；积累词汇，组词造句，重点学习定中短语。

思维能力：尝试把文学语言转换成口语表达出来，根据文字想象画面，发展形象思维能力；把握课文层次，逐步提高抽象思维能力。

审美创造：感悟文章的思想内涵，提高审美情趣。

文化自信：阅读古诗和童话作品，积厚认知，增强文化自信。

七、单元八课文

1. 主题与题材

本单元以文学作品为载体，以“以诚待人、尊重他人、和谐相处”为主线，优选了《狐假虎威》《纸船和风筝》《风娃娃》三篇教读课文。这一单元安排的故事生动有趣，动物形象刻画鲜明，人物语言丰富有个性。三篇课文重在以形象生动的形式巧妙地讲解人生道理，让学生在阅读中识字，从故事中懂得要真诚待人，学会尊重他人，学会彼此谦让，丰富自己的人文情怀；同时感受童话丰富的想象力，激发阅读兴趣，提升阅读能力。具体内容如表 5－36 所示。

表 5－36　二年级上册单元八的课文内容

课文	体裁	主题	题材
《狐假虎威》	寓言	比喻仰仗或倚仗别人的权势来欺压、恐吓人的不良行为。	狡猾的狐狸被老虎抓住，借着老虎的威风在森林里走了一趟，吓跑了森林里的动物，从而骗过了老虎。
《纸船和风筝》	童话	人与人交往需要建立友谊，友谊需要彼此不断地维护。	松鼠和小熊用纸船和风筝给彼此带去问候和祝福，它们因为一点儿小事吵了一架之后，又用纸船和风筝修补“裂缝”，相互谅解。它们用浓浓的真情在山顶和山脚间架起了一座友谊的长桥。
《风娃娃》	童话	生活中，我们做事情不能光凭干劲和热情，懂得体会别人的需要，才能真正地帮到别人。	既乖又“傻”的风娃娃来到田野、河边、广场等地为人们做事，结果在给人们带来好处的同时也给人们带来了麻烦。后来在妈妈的提示下，风娃娃懂得了做事光有好的愿望还不行，还要看是不是真的对别人有用的道理。

2. **语文要素和训练要求**

从课文所附的生字认读、书写训练及课后练习来看，三篇课文以集中训练认读生字，掌握多音字，书写生字，随时积累、梳理易错字或难写字，强化朗读和背诵课文，认识课文中出现的常用标点符号，了解自然段相关知识及善于在阅读中提取关键信息等几个方面为基础训练点。《纸船和风筝》《风娃娃》不再以全文注音的形式出现，只在课后的认读生字栏中注上拼音，让学生学习猜读生字，学习默读，尝试在阅读中运用已经掌握的形声字识字、联系上下文识字等方法，提升识字能力。朗读方面，培养学生通过感受不同语气、不同节奏揣摩文章蕴含的思想感情的能力，学习默读，会分角色朗读；口语训练方面，能把课文内容用口语表达出来；字词句训练方面，要求积累词汇，学习组词造句，学习和积累成语；阅读方面，要求结合上下文和生活实际了解课文中词句的意思，把握课文层次，想象画面，学习童话如何巧妙表现生活道理。具体内容如表 5－37 所示。

表 5－37　二年级上册单元八的语文要素和训练要求

课文	生字认读	生字书写	朗读背诵	词语积累组词造句	口语训练	阅读训练
《狐假虎威》	认读 17 个生字；掌握 2 个多音字	书写 8 个生字	朗读课文	积累文中的词语，掌握 5 个成语；认识课文中出现的常用标点符号	说一说“狐假虎威”这个成语的意思	结合上下文和生活实际了解课文中词句的意思；分角色演一演这个故事

续表

课文	生字认读	生字书写	朗读背诵	词语积累组词造句	口语训练	阅读训练
《纸船和风筝》	认读 12 个生字；猜读生字	书写 8 个生字	默读课文	对比两组例句的差别；认识课文中出现的常用标点符号	交流猜读的生字；说一说生活中还认识哪些字	结合上下文和生活实际了解课文中词句的意思；自己尝试着写一张卡片
《风娃娃》	认读 14 个生字；猜读生字	书写 9 个生字	朗读课文	读两组词语和成语；认识课文中出现的常用标点符号	根据故事发展脉络讲故事	结合上下文和生活实际了解课文中词句的意思；掌握故事发展脉络

3. 单元核心素养目标

语言运用：认读课文生字，掌握多音字，梳理难字，掌握规律；学习和掌握课文成语；用普通话正确、流利、有感情地朗读课文，在朗读中学会停顿，学习读好长句，学习默读；在阅读中随文识字，能结合上下文、课文插图和生活实际了解关键词句的意思，想象和理解课文内容；了解标点符号的作用；积累词汇，组词造句。

思维能力：尝试把文学语言转换成口语表达出来，根据文字想象画面，发展形象思维能力；把握课文层次，逐步提高抽象思维能力。

审美创造：感悟文章的思想内涵，提高审美情趣。

文化自信：阅读寓言和童话作品，积厚认知，增强文化自信。

第六节　二年级下册阅读单元课文综合分析

二年级下册共有 7 个阅读单元，每个单元安排 3—4 篇教读课文，文图结合，与口语交际、语文园地构成完整的单元。跟前面三册不同，课文只有生字才标注汉语拼音。课文后依然设有认读生字和书写生字训练，另设置 2—3 道练习题。

一、单元一课文

1. 主题与题材

本单元以文学作品为载体，以“生机勃勃的春天”为主线，优选了《古诗二首》(《村居》《咏柳》)、《找春天》《开满鲜花的小路》《邓小平爷爷植树》四篇教读课文。这一单元安排的四篇课文都与春天有关，以诗歌、散文、童话和故事的形式展现春天的美好，让学生在阅读中识字，在阅读中激发欣赏春天、赞美春天、留住春天的情感，体验春天的美妙，从而丰富自己的人文情怀。具体内容如表 5－38 所示。

表 5－38　二年级下册单元一的课文内容

课文	体裁	主题	题材
《古诗二首》	绝句	表现诗人对春天来临的喜悦，歌颂和赞美春天的创造力。	《村居》用欢快的笔触描绘了一幅早春二月生机勃勃、色彩缤纷的“乐春图”。 《咏柳》用独特的手法描写了春天的柳树。前二句诗分别描写柳树的整体形象和千万条垂挂的枝条，第三句巧妙设问，有意无意地写出了嫩细碧绿的柳叶，最后一句运用比喻的修辞手法咏唱了柳树。
《找春天》	散文	欣赏春天，赞美春天。	我们去田野里寻找春天，从地下探出头的小草、早开的野花、吐出嫩芽的树木、解冻的小溪中找到了春天，体现了孩子们寻找春天时的兴奋情景。
《开满鲜花的小路》	童话	表现了“美好的事物才是最好的礼物”。	鼹鼠先生收到长颈鹿大叔的一个包裹，当他去找松鼠太太指认包裹中的小颗粒时却发现包裹破了，东西不见了。第二年春天，鼹鼠先生发现通往松鼠太太家的小路上开出了一大片绚丽多彩的鲜花，才明白长颈鹿大叔寄给他的是花籽。这些花籽落在哪里，就为哪里带来一片芬芳，带来一片欢乐。
《邓小平爷爷植树》	故事	赞扬了邓小平同志率先垂范、身先士卒的优良作风，并体现了植树绿化的重要意义。	1987 年 4 月 5 日，83 岁高龄的邓小平爷爷到天坛公园参加植树活动，他在植树过程中严肃认真的态度和一丝不苟的精神给大家留下了深刻的印象。

2. 语文要素和训练要求

从课文所附的生字认读、书写训练及课后练习来看，四篇课文以集中训练认读生字、掌握多音字、书写生字、强化朗读和背诵课文、认识课文中出现的常用标点符号、了解自然段相关知识及善于在阅读中提取关键信息等几个方面为基础训练点。这四篇课文都合适朗读练习，《古诗二首》指导学生读出节奏，感受韵律，《找春天》适合带领学生通过读感受语言美，《开满鲜花的小路》适合分角色朗读，引导学生通过感受不同语气、不同节奏揣摩文章蕴含的思想感情；口语训练方面，能把课文内容用口语表达出来，开展对课文内容的复述等语言实践活动；字词句训练方面，要求积累词汇，学习组词造句和仿说句式；阅读方面，要求学生能结合上下文和生活实际了解课文中词句的意思，把握课文层次，感悟文章描写景物的方法，提高观察能力和想象能力。具体内容如表 5－39 所示。

表 5-39　二年级下册单元一的语文要素和训练要求

课文	生字认读	生字书写	朗读背诵	词语积累组词造句	口语训练	阅读训练
《古诗二首》	认读 11 个生字	书写 8 个生字	朗读、背诵课文	填上恰当的词和词组；认识课文中出现的常用标点符号；组词训练	说说诗句中春天的美景	结合上下文和生活实际了解课文中词句的意思
《找春天》	认读 14 个生字	书写 10 个生字	朗读课文；朗读相关句子，把握好语气	认识课文中出现的常用标点符号；学习设问句、感叹句和排比句	仿照课文第 4—7 自然段说说你所找到的春天	结合上下文和生活实际了解课文中词句的意思
《开满鲜花的小路》	认读 14 个生字；掌握 1 个多音字	书写 10 个生字	分角色朗读课文	仿照例句完成句子；认识课文中出现的常用标点符号	说说生活中美好的礼物	结合上下文和生活实际了解课文中词句的意思；联系生活思考“美好的礼物”指什么
《邓小平爷爷植树》	认读 13 个生字	书写 8 个生字	朗读课文；默读第 3 自然段	读和记 4 个成语	借助插图说说邓小平爷爷植树的情景	结合上下文和生活实际了解课文中词句的意思

二、单元二课文

1. 主题与题材

本单元以文学作品为载体，以“有爱，才会甘于奉献；有爱，才会乐于助人”为主线，优选了《雷锋叔叔，你在哪里》《千人糕》《一匹出色的马》三篇教读课文，促进学生养成优秀的品质。这一单元安排的三篇课文都通过一些生活小事来揭示生活中的大道理，以诗歌、散文的形式展现成长过程中来自生活的启示，语言优美，描写生动，画面动人，让学生在阅读中识字，在阅读中感悟生活，体验生活的不易，从而丰富自己的人文情怀。具体内容如表 5-40 所示。

表5－40　二年级下册单元二的课文内容

课文	体裁	主题	题材
《雷锋叔叔，你在哪里》	诗歌	歌颂雷锋事迹，弘扬雷锋精神。	全诗共五小节，作者以优美的语言和流畅的音韵，沿着“长长的小溪”和“弯弯的小路”，以问答的形式回忆雷锋做好事及孩子们学习雷锋的表现。
《千人糕》	散文	做什么事情都需要经过很多工序，需要多人共同完成。以小见大，揭示深刻道理。	通过父与子的对话，介绍了千人糕的制作经过的劳动环节，让孩子明白善于合作才能有劳动成果，我们要学会珍惜劳动成果，养成良好习惯。
《一匹出色的马》	散文	揭示只有摆脱依赖心理才能快乐成长的道理。	讲述了郊游归来妹妹走累了，想要爸爸妈妈抱，结果在爸爸的引导和鼓励下，得到一匹出色的“马”而快乐回家的故事。

2. **语文要素和训练要求**

从课文所附的生字认读、书写训练及课后练习来看，三篇课文以集中训练认读生字、掌握多音字、书写生字、强化朗读和背诵课文、认识课文中出现的常用标点符号、了解自然段相关知识及善于在阅读中提取关键信息等几个方面为基础训练点。这三篇课文篇幅比较长，要引导学生通过感受不同语气、不同节奏，揣摩文章蕴含的思想感情；口语训练方面，能把课文内容用口语表达出来，开展对课文内容的复述等语言实践活动；字词句训练方面，要求积累词汇，学习组词造句和仿说句式；阅读方面，要求结合上下文和生活实际了解课文中词句的意思，把握课文层次，提升语言文字运用的能力。具体内容如表5－41所示。

表5－41　二年级下册单元二的语文要素和训练要求

课文	生字认读	生字书写	朗读背诵	词语积累组词造句	口语训练	阅读训练
《雷锋叔叔，你在哪里》	认读13个生字	书写9个生字	朗读、背诵课文	猜一猜4个词语的意思；认识课文中出现的常用标点符号；组词训练	根据课文内容想象画面，并用自己的话说一说	结合上下文和生活实际了解课文中词句的意思；注意课文有问有答的特点
《千层糕》	认读16个生字；掌握1个多音字	书写9个生字	默读课文	认识课文中出现的常用标点符号；读和记4组词语	说说米糕是经过哪些劳动才做成的；举例说说日常生活中的劳动	结合上下文和生活实际了解课文中词句的意思

续表

课文	生字认读	生字书写	朗读 背诵	词语积累 组词造句	口语训练	阅读训练
《一匹出色的马》	认读15个生字	书写9个生字	有感情地朗读课文	读句子，体会妹妹前后的变化；认识课文中出现的常用标点符号	读句子，想象画面	结合上下文和生活实际了解课文中词句的意思

三、单元四课文

1. 主题与题材

本单元以文学作品为载体，以“快乐的童年生活”为主线，优选了《彩色的梦》《枫树上的喜鹊》《沙滩上的童话》《我是一只小虫子》四篇教读课文，关注儿童成长过程中的点点滴滴，洋溢着对美好生活的向往和追求，鼓励学生热爱生活。四篇课文的共同点是都以“我”为主人公，自述“童话”般的童年生活，让学生在阅读中识字，在阅读中感悟童年生活的快乐，体会主人公的感受，尊重生命，珍惜生活，从而丰富自己的人文情怀。具体内容如表5－42所示。

表5－42　二年级下册单元四的课文内容

课文	体裁	主题	题材
《彩色的梦》	儿童诗	表现了儿童对大自然的赞美与向往。	描写了小朋友用彩色铅笔在白纸上画画时的丰富想象。全诗四小节，先写“我有一大把彩色的梦”，然后彩色铅笔化身为大森林的精灵，描绘了“碧绿的草坪”“鲜红的野花”“湛蓝的天空”“葱郁的森林”等彩色梦境，从色彩、音响到气味，融成了一个有声有色、多姿多彩的世界。
《枫树上的喜鹊》	散文	表达“我”对喜鹊一家的喜爱之情，写出了人与自然和谐相处的美好画面。	“我”喜欢站在渡口边的枫树底下看喜鹊的窝，看见喜鹊阿姨站在窝边，教喜鹊弟弟学习、游戏，我为懂得他们的语言交流而感到高兴。
《沙滩上的童话》	散文	展现了孩子们快乐缤纷的童年生活，歌颂了人间的善良与正义。	一群孩子在沙滩上垒起一座城堡，然后展开想象的翅膀编织了一个美丽的童话：城堡里住着一个凶恶的魔王，抢走了美丽的公主……最后，这群孩子成为攻打城堡的勇士，他们炸死了魔王，救出了公主。

续表

课文	体裁	主题	题材
《我是一只小虫子》	童话	说明再小的生命也有有趣的生活，每一个生命都值得尊重和珍惜。	虫子自述自己作为一只虫子的快乐。在伙伴们的眼中，当虫子一点儿都不好，有时屁股会被苍耳刺痛，有时会被小狗撒的尿淹得昏头昏脑，有时会被小鸟吃掉。但“我”认为当一只小虫子其实很不错：早上在草叶上醒来，用露珠洗脸，把触须擦得亮亮的，还可以跳到狗的身上乘坐特快列车去旅行。

2. 语文要素和训练要求

从课文所附的生字认读、书写训练及课后练习来看，四篇课文以集中训练认读生字、掌握多音字、书写生字、强化朗读和背诵课文、认识课文中出现的常用标点符号、了解自然段相关知识及善于在阅读中提取关键信息等几个方面为基础训练点。这四篇课文以“我”为自述主人公，有独白式语言，也有对话式语言，应该训练学生如何通过感受不同语气、不同节奏揣摩文章蕴含的思想感情，落实课程标准中“在阅读中体会句号、问号、感叹号所表达的不同语气”的要求；口语训练方面，能把课文内容用口语表达出来，开展对课文内容的复述等语言实践活动；字词句训练方面，要求积累词汇，学习组词造句和仿说、仿写句子；阅读方面，要求结合上下文和生活实际了解课文中词句的意思，把握课文层次，提升语言文字运用的能力。具体内容如表 5 - 43 所示。

表 5 - 43　二年级下册单元四的语文要素和训练要求

课文	生字认读	生字书写	朗读背诵	词语积累组词造句	口语训练	阅读训练
《彩色的梦》	认读 9 个生字	书写 9 个生字	朗读、背诵课文	仿照第 2 小节或第 3 小节，把想画的内容用几句话写下来；认识课文中出现的常用标点符号	根据课文内容想象画面，并用自己的话说一说	结合上下文和生活实际了解课文中词句的意思
《枫树上的喜鹊》	认读 10 个生字	书写 8 个生字	默读课文	认识课文中出现的常用标点符号；读和记 4 组词语	说说“我”喜欢什么	结合上下文和生活实际了解课文中词句的意思；理解文中两小段的含义

续表

课文	生字认读	生字书写	朗读背诵	词语积累组词造句	口语训练	阅读训练
《沙滩上的童话》	认读 16 个生字；掌握 1 个多音字	书写 9 个生字	朗读课文	根据给定情境编写故事，用上 6 组词语	读好对话	结合上下文和生活实际了解课文中词句的意思
《我是一只小虫子》	认读 16 个生字；掌握 1 个多音字	书写 8 个生字	朗读课文	读一读加点的字，梳理偏旁为月字旁的形声字的规律；认识课文中出现的常用标点符号	跟同学交流课文中感兴趣的部分	结合上下文和生活实际了解课文中词句的意思

四、单元五课文

1. 主题与题材

本单元以文学作品为载体，以“小故事大道理”为主线，优选了《寓言二则》《画杨桃》《小马过河》三篇教读课文，积极引导儿童成长过程中要尊重自然规律，碰上困难时积极面对，寻找解决问题的方法，培养独立精神。

三篇课文都是以生动的故事启迪学生，具有深远的教育意义，让学生在阅读中识字，在阅读中感悟生活的多样化，体会主人公的感受，善于观察周边的事情，尊重自然规律，思考对错，丰富自己的人文情怀。具体内容如表 5-44 所示。

表 5-44　二年级下册单元五的课文内容

课文	体裁	主题	内容
《寓言二则》	寓言	尊重事物发展的规律，遇事要勤于思考，积极应对，吃一堑长一智。	《亡羊补牢》讲的是一位养羊人第一次丢了羊，街坊劝他修羊圈、堵窟窿，他没有听从劝告；第二天他又丢了羊，才后悔没有听街坊的劝告，于是赶快动手把窟窿堵上，把羊圈修好。从此，他的羊再也没丢过。《揠苗助长》讲的是一位种田人为了禾苗长得快些，把禾苗一棵一棵往上拔，结果禾苗都枯死了。
《画杨桃》	散文	从不同角度观察事物有不同结果，要坚持实事求是的精神。	主要讲的是图画课上练习画杨桃时发生的事情。“我”根据自己看到的，把杨桃画成五角星的样子，同学们觉得好笑。老师却通过这件事启发同学们要坚持科学的思想方法，一切从客观存在的实际出发，实事求是，不要轻易下结论。

续表

课文	体裁	主题	内容
《小马过河》	童话	遇事要自己动脑筋，并亲身去实践、体验，不能跟着他人的思路，要想办法克服困难，找到答案。	小马帮妈妈把半袋麦子驮去磨坊的时候，要经过一条河、小马问老牛，老牛说水很浅，可以过，而松鼠却说水很深，他的伙伴刚被淹死。小马没了主意，只好跑回去问妈妈，妈妈要他亲自去试一试。小马又回到河边，自己试着过了河。

2. **语文要素和训练要求**

从课文所附的生字认读、书写训练及课后练习来看，三篇课文以集中训练认读生字、掌握多音字、书写生字、强化朗读和背诵课文、认识课文中出现的常用标点符号、了解自然段相关知识及善于在阅读中提取关键信息等几个方面为基础训练点。

这三篇课文都以叙述为主，按事情发展顺序来展开叙述，情节简单有趣。《寓言二则》故事短小精悍，《画杨桃》叙事形象，画面感强，《小马过河》语言简洁生动，可以引导学生通过感受不同语气、不同节奏揣摩文章蕴含的思想感情；口语训练方面，能把课文内容用口语表达出来，开展对课文内容的复述等语言实践活动；字词句训练方面，要求积累词汇，学习组词造句和仿说句式，揣摩省略号、感叹号、问号等处的特殊情感；阅读方面，要求结合上下文和生活实际了解课文中词句的意思，把握课文层次，提升语言文字运用的能力，落实“阅读课文，能说出自己的感受和想法”的延伸与拓展，体现语文能力训练阶梯式的发展。具体内容如表 5 – 55 所示。

表 5 – 45　二年级下册单元五的语文要素和训练要求

课文	生字认读	生字书写	朗读背诵	词语积累组词造句	口语训练	阅读训练
《寓言二则》	认读 15 个生字	书写 8 个生字	朗读课文	辨析两组句子，说说前面一句和后面一句的区别，思考动词前的状语的作用；认识课文中出现的常用标点符号	和同学交流类似的事例	结合上下文和生活实际了解课文中词句的意思
《画杨桃》	认读 14 个生字；掌握 1 个多音字	书写 10 个生字	朗读课文，揣摩语气	读和记 4 组词语；认识课文中出现的常用标点符号	说说老师和同学们的表现有何不同	结合上下文和生活实际了解课文中词句的意思

续表

课文	生字认读	生字书写	朗读背诵	词语积累组词造句	口语训练	阅读训练
《小马过河》	认读 14 个生字；掌握 1 个多音字	书写 8 个生字	分角色朗读课文，读出恰当语气	体会课文中关键词语的运用	运用给定的 4 组词语，讲一讲这个故事	辨析 4 组说法；结合上下文和生活实际了解课文中词句的意思

五、单元六课文

1. 主题与题材

本单元以文学作品为载体，以“奇妙的大自然”为主线，优选了《古诗二首》《雷雨》《要是你在野外迷了路》《太空生活趣事多》四篇教读课文，关注儿童成长过程中对自然界知识的好奇和吸收，激发其科学探究欲望，促使其去关注大自然。

四篇课文古典与现代共融，自然与科学互补，让学生在阅读中识字，在阅读中获得知识与经验，体验作家的经历，丰富自己的人文情怀。具体内容如表 5－46 所示。

表 5－46　二年级下册单元六的课文内容

课文	体裁	主题	内容
《古诗二首》	绝句	借景抒情，前一首表现对朋友的挽留之情；后一首写战乱平定，交通恢复，诗人睹物生情，想念故乡。	《晓出净慈寺送林子方》一诗，前两句直说六月里西湖的风光景色，后两句描绘六月天西湖的美景：那密密层层的荷叶铺展开去，与蓝天相连接，那亭亭玉立的荷花绽蕾盛开，在阳光辉映下，显得格外鲜艳娇红。 杜甫《绝句》一诗描绘了四幅独立的画面，首句写黄鹂在柳树上鸣叫，次句写白鹭飞翔上天，第三句写出冬季的雪将融未融，此景仿佛是镶嵌在窗框中的一幅图画，最后一句写诗人陶醉其中，望着来自东吴的船只，不觉勾起了乡愁。
《雷雨》	散文	揭示大自然的变化莫测。	描绘雷雨前、雷雨中和雷雨后景色的变化，引导学生学会观察，学会联系生活。
《要是你在野外迷了路》	儿童诗	揭示大自然有自己的语言，激发学生的科学探究欲望。	以诗歌的形式，用假设的语气，向读者介绍了四种天然的指南针：太阳、北极星、大树、积雪，在生动形象的语言文字中有机渗透自然科学知识。
《太空生活趣事多》	小品文	介绍太空生活，激发学生对探索太空和航天科技的兴趣。	描述了航天员在太空生活的四个场景，介绍了一些新奇有趣的太空生活知识，并且把造成“奇特”的原因巧妙地安插在第 4 自然段：在宇宙飞船里，水处于失重状态。失重是航天员在太空中睡觉、喝水、走路、洗澡都很奇特的原因。

2. 语文要素和训练要求

从课文所附的生字认读、书写训练及课后练习来看，四篇课文以集中训练认读生字、掌握多音字、书写生字、强化朗读和背诵课文、认识课文中出现的常用标点符号、了解自然段相关知识及善于在阅读中提取关键信息等几个方面为基础训练点。从语言要素看，以上文本体裁各异，语言形式丰富多彩。《古诗二首》为七言绝句，语言凝练，意境深远，读起来朗朗上口；《雷雨》语言通俗易懂又形象可感；《要是你在野外迷了路》内容简短明了，韵律感强；《太空生活趣事多》语言浅显生动。可以引导学生通过感受不同语气、不同节奏揣摩文章蕴含的思想感情。口语训练方面，能把课文内容用口语表达出来，开展对课文内容的复述等语言实践活动。字词句训练方面，要求积累词汇，学习组词造句和仿说句式，积累同义词，品味省略号、感叹号、问号等处的特殊情感。阅读方面，要求结合上下文和生活实际了解课文中词句的意思，把握课文层次，提升语言文字运用的能力。具体内容如表5-47所示。

表5-47　二年级下册单元六的语文要素和训练要求

课文	生字认读	生字书写	朗读背诵	词语积累组词造句	口语训练	阅读训练
《古诗二首》	认读12个生字；掌握1个多音字	书写8个生字	朗读、背诵课文	积累好词好句；认识课文中出现的常用标点符号	读诗句，说说看到了什么画面	结合上下文和生活实际了解课文中词句的意思
《雷雨》	认读6个生字	书写9个生字	朗读、背诵课文	读句子，注意加点动词的形象性；认识课文中出现的常用标点符号	说说雷雨前、雷雨中和雷雨后景色的变化；说一说你见过什么样的雨	
《要是你在野外迷了路》	认读14个生字	书写9个生字	分角色朗读课文，读出恰当语气	读记5组同义词；认识课文中出现的常用标点符号	说一说课文写了几种天然的指南针	
《太空生活趣事多》	认读13个生字	书写8个生字	朗读课文	组词和词组；认识课文中出现的常用标点符号	说一说太空有哪些趣事	

六、单元七课文

1. 主题与题材

本单元以童话作品为载体，以“有趣的故事”为主线，优选了《大象的耳朵》《蜘蛛开店》《青蛙卖泥塘》《小毛虫》四篇教读课文。

四篇课文通过生动的故事给学生以启迪，将学生难以理解的道理通过浅显的趣味故事呈现出来，关注儿童成长过程中对社会、对自己的认知，激发其活泼可爱的本性，促进其快乐成长。课文旨在让学生在阅读中识字，在阅读中体会文中主人公的感受，尊重自然规律，正确面对成长中的快乐和烦恼，思考对错，丰富自己的人文情怀。具体内容如表 5－48 所示。

表 5－48　二年级下册单元七的课文内容

课文	体裁	主题	题材
《大象的耳朵》	童话	启迪学生悦纳自我，热爱生活。	很多小动物都认为大象的耳朵耷拉着很奇怪，大象就想把自己的耳朵竖起来，变得和其他小动物一样，最后没有成功，大象接受了自己耳朵耷拉的事实。故事的结尾，大象说：“人家是人家，我是我。”在获得这个认识的同时，大象找回了自我，重拾了自信。
《蜘蛛开店》	童话	告诉每一位学生要学本领，长见识，扩视野，做事要开动脑筋，碰上困难才能有针对性地解决。	一只蜘蛛因无聊而开店。它开店的初衷是渴望简单，害怕麻烦，结果三次开店总有不同的麻烦产生，先是只卖口罩，后又改卖围巾，再改卖袜子，最后看到长有四十二只脚的蜈蚣后吓得跑回了网上。开店失败的原因是蜘蛛总是以自己的身体特征作为开店和收费的理由，没有考虑其他顾客的需求。
《青蛙卖泥塘》	童话	热爱劳动，穷则思变。	青蛙想卖掉烂泥塘，搬到城里住，但是没有人买，于是他听取小动物们的建议，在泥塘周围栽了树，种了花，引了水，修了路，还在泥塘旁边盖了房子。一次又一次的改造，使烂泥塘变成了有花有草、鸟飞蝶舞的好地方，最后青蛙决定留在这个好地方，不再卖泥塘了。
《小毛虫》	童话	不要因为自己暂时不如别人而自卑，要明白自己该干什么，并为心中的目标去努力，这样才能感受生活的快乐和美好，这样才能成功。	文章描述了一条小毛虫从结茧到破茧成蝶的变化过程。课文通过鲜明的对比、生动的描写、内心的独白，刻画了小毛虫的丰满形象，说明了“万事万物都有自己的规律”的道理。

2. 语文要素和训练要求

从课文所附的生字认读、书写训练及课后练习来看，四篇课文以集中训练认读生字、掌握多音字、书写生字、强化朗读和背诵课文、认识课文中出现的常用标点符号、了解自然段相关知识及善于在阅读中提取关键信息等几个方面为基础训练点。本单元的语文要素是"借助提示讲故事"。四篇童话刻画了四种动物角色，有独白式语言，也有对话式语言，在朗读教学中要注重指导学生读好重音，读好问答语气，在有感情地朗读课文的基础上，适当安排分角色演一演；口语训练方面，能把课文内容用口语表达出来，开展对课文内容的复述等语言实践活动；字词句训练方面，要求积累词汇，学习组词造句和仿说句式，积累同义词，引导学生结合生活实际理解关键词句，品味省略号、感叹号、问号等处的特殊情感；阅读方面，要求结合上下文和生活实际了解课文中词句的意思，把握课文层次，提升语言文字运用的能力。具体内容如表 5－49 所示。

表 5－49　二年级下册单元七的语文要素和训练要求

课文	生字认读	生字书写	朗读背诵	词语积累组词造句	口语训练	阅读训练
《大象的耳朵》	认读 9 个生字；掌握 2 个多音字	书写 8 个生字	朗读课文，读好问句	积累好词好句；熟悉问句；认识课文中出现的常用标点符号	说说大象的想法是怎样改变的	画出大象的话；结合上下文和生活实际了解课文中词句的意思，理解关键句子
《蜘蛛开店》	认读 15 个生字	书写 9 个生字	朗读、背诵课文	把握课文关键词句；认识课文中出现的常用标点符号	根据示意图讲一讲这个故事；续编故事，讲给大家听	把握课文层次；结合上下文和生活实际了解课文中词句的意思
《青蛙卖泥塘》	认读 15 个生字；掌握 1 个多音字	书写 8 个生字	分角色朗读课文	读记 5 组同义词；认识课文中出现的常用标点符号	说一说青蛙为卖泥塘做了什么事，最后为什么又不卖泥塘了	把握课文层次；结合上下文和生活实际了解课文中词句的意思
《小毛虫》	认读 16 个生字；掌握 1 个多音字	书写 8 个生字	朗读课文	把握课文关键词句；掌握 6 个词语；认识课文中出现的常用标点符号	借助提示讲这个故事	说说小毛虫都经历了哪些变化，把握故事的发展脉络；结合上下文和生活实际了解课文中词句的意思

七、单元八课文

1. 主题与题材

本单元以童话作品为载体，以“神奇的世界”为主线，优选了《祖先的摇篮》《当世界年纪还小的时候》《羿射九日》三篇教读课文。

三篇课文文体丰富，有诗歌、童话，还有神话，均用想象展现世界的神奇。课文关注儿童成长过程中对社会、对自然和对自己的认知，促进其健康快乐地成长。课文旨在让学生在阅读中识字，在阅读中体验文中丰富的知识和想象，拓宽视野，增长见识，丰富自己的人文情怀，提高阅读能力。具体内容如表 5－50 所示。

表 5－50　二年级下册单元八的课文内容

课文	体裁	主题	题材
《祖先的摇篮》	儿童诗	真切地希望大森林永远青翠苍茫，大自然永远清秀明净，突出人和自然和谐相处的重要性。	全诗共分 5 小节，先由爷爷的话引出“原始森林是祖先的摇篮”话题，激起“我”极大的兴趣。由此“我”产生了许多的想象，这些想象内容构成诗歌中间部分，最后，树叶的响声使“我”的思绪回到现实中来，也对古老的原始森林——人类祖先的摇篮发出了深深的慨叹。
《当世界年纪还小的时候》	童话	世界万物的发展有自身的规律，人类也是如此，只有不忘初心，世界才能变得自然美好，秩序井然。	介绍了世界年纪还小的时候太阳、月亮、水学习怎样生活的事。课文从小孩子童稚的角度想象太阳、月亮、水及其他事物的变化，用他们的想象力创造了一个他们可以理解的世界。
《羿射九日》	神话	在神话故事中感受古代劳动人民丰富的想象与美好的愿望，赞扬了羿一心为民除害的大无畏精神。	很久很久以前，天上同时出现了十个太阳，大地万物都快被烤焦了，人类的日子过得很艰难。羿决心救人们于水火之中，一口气射掉了九个太阳，留下一个太阳造福世界。从此，太阳每天从东方升起，到西方落下。土地渐渐滋润起来，花草树木渐渐繁茂起来，江河奔腾欢唱，大地上重新现出了勃勃生机。

2. 语文要素和训练要求

从课文所附的生字认读、书写训练及课后练习来看，四篇课文以集中训练认读生字、掌握多音字、书写生字、强化朗读和背诵课文、默读课文、认识课文中出现的常用标点符号、了解自然段相关知识及善于在阅读中提取关键信息等几个方面为基础训练点。

在朗读教学中，要注重指导学生读好重音，读好问答语气，有感情地朗读课文的基础上，适当安排分角色演一演；口语训练方面，能把课文内容用口语表达出来，开展对课文内容的复述等语言实践活动；字词句训练方面，要求积累词汇，学习组词造句和仿说句式，积累同义词，引导学生结合生活实际理解关键词句，品味省略号、感叹号、问号等处的特殊情感；阅读方面，要求结合上下文和生活实际了解课文中词句的意思，感受奇妙的想象，把握课文层次，能按照起因、经过和结果讲故事，提升语言文字运用的能力。具体内容如表 5－51 所示。

表 5－51　二年级下册单元八的语文要素和训练要求

课文	生字认读	生字书写	朗读背诵	词语积累组词造句	口语训练	阅读训练
《祖先的摇篮》	认读 7 个生字	书写 9 个生字	朗读课文，读好问句	读好 9 组短语的动词；认识课文中出现的常用标点符号	仿照第 2 小节说说在祖先的摇篮里人们还会做什么	结合上下文和生活实际了解课文中词句的意思，理解关键句子
《当世界年纪还小的时候》	认读 14 个生字	书写 8 个生字	一边想象一边朗读喜欢的段落	把握课文关键词句；认识课文中出现的常用标点符号	根据示意图讲一讲这个故事；仿照课文，根据给定开头往下续编故事	把握课文层次；结合上下文和生活实际了解课文中词句的意思
《羿射九日》	认读 13 个生字	书写 8 个生字	默读课文	把握课文关键词句；认识课文中出现的常用标点符号	按起因、经过、结果的顺序讲一讲故事；和同学交流故事里神奇的内容	把握课文层次；结合上下文和生活实际了解课文中词句的意思

第六章

教材分析——第一学段（下）

第一节　第一学段口语交际综合分析

口语交际对现代人来说十分重要，因此，培养小学生的倾听、表达能力就十分有意义。从一年级上册和一年级下册各四次的口语交际编排中可以看出，教材通过目标分解、细化落实，帮助学生循序渐进地提升表达能力。

一、教学目标

按照新课程标准学业质量的描述，1—2 年级口语交际训练的内容是：与人讨论交流，注意倾听，主动用礼貌用语回应；乐于表达自己的想法，遵守规则，主动合作，积极参与讨论，把自己的想法说清楚。看图说话，能描述一幅图画的主要内容，说出多幅图画之间的内容关联。

二、编排特点

低学段的口语交际每册安排四次，有的安排在集中识字后面，有的安排在阅读课文后面。内容由标题、文字材料、图画和要求提示构成。具体内容如表 6－1 所示。

表 6－1　低学段教材中部分口语交际的内容

年级	单元	话题	训练方式	要求
一上	四	我们做朋友	聊天对话	说话时看着对方的眼睛
	六	用多大的声音	三个不同场合不同的方式说话	学会把握声音的大小
	八	小兔运南瓜	看图说话： 1. 小兔运南瓜的方法 2. 谈一谈自己喜欢哪一种方法并说明理由	大胆说出自己的想法

续表

年级	单元	话题	训练方式	要求
一下	七	一起做游戏	教同学一起玩游戏	一边说一边做动作
二上	一	有趣的动物	交流—想—讲—提问或补充	吐字要清楚，礼貌提问
	三	做手工	给同学说说你制作的手工是什么，怎么做	说：按顺序 听：注意力集中，记住主要信息
	五	商量	仿照例子跟同学、爸爸商量： 1. 向同学借的书没看完，想再多借几天 2. 最爱看的电视节目就要开始了，但爸爸正在看足球	要用商量的语气； 把自己的想法说清楚
	六	看图讲故事	看5幅标有序号的漫画：看—连—讲—想—续	说：按顺序讲清 听：认真听，对应图画
二下	一	注意说话的语气	遇到三种情形怎样跟对方说话： 1. 妈妈让我学钢琴，我想学画画 2. 上学迟到，老师批评了我 3. 看到同学洗手后忘了关水龙头	说话的语气不要太生硬 避免使用命令的语气
	五	图书借阅公约	和同学交流讨论班里的图书角怎样管理	主动发表意见，轮流发言
	八	推荐一部动画片	跟大家说说这部动画片给你留下了怎样的印象，讲讲最吸引你的人物或故事片段	说：注意说话的速度，让别人听清楚 听：认真听，了解别人讲的内容

三、训练话题

部编教材中，口语交际的训练话题主要针对生活中的实际问题而设，便于通过课堂练习引导学生解决实际问题。例如，二年级上册口语交际的内容：有趣的动物、做手工、商量、看图讲故事；二年级下册口语交际的内容：注意说话的语气、长大以后做什么、图书借阅公约、推荐一部动画片，都是针对实际生活中的情景设置的。

一年级下册的四次口语交际，包括两次独白类话题“听故事，讲故事”和“一起做游戏”，一次功能类话题“打电话”，一次交流类话题“请你帮个忙”。每一次的口语交际训练，都以小贴士的方式列出一至两项一般性的、可以迁移运用于日常交际活动的重要交际原则，使学习重点一目了然，目标体系一清二楚。

四、训练方式

低学段口语交际的训练方式是提供话题材料，配上图画，以“说者”和“听者”为交际双方，并用小贴士的方式说明交际训练提示。

以“听”为例，从“注意听别人说话”，到“没听清楚时，可以请对方重复”，训练学生逐步从“能听”发展到“会听”。以“说”为例，从起步时的敢说、“大胆说”，逐步到“配合动作清楚明白地说”，一步一步地帮助学生提高口头表达能力。从交际习惯和交际规则方面看，从对象意识、场合意识到礼貌意识，让学生在每一次口语交际中都能得到有针对性的训练，使学生的交际能力在层层递进中螺旋式上升。

五、训练序列化

受儿童身心发展规律的制约，低学段儿童的口头语言发展优先于书面语言的发展，因此部编小学语文教材一至四册中，大量编排说话训练。这些说话能力训练素材，细细探究之下，也是按螺旋梯度上升的形式编排，形成完整合理的目标训练序列。

小学低学段积累性说话练习发展序列化目标为：说词语—说短语—说一句完整的话—说句意连贯的话—展开想象说话。一年级上册的训练目标以说词语到短语练习为主；一年级下册的训练目标以练习把句子说具体为主，词语和短语练习与一年级上册有所重叠，但侧重点在动词及动词短语练习上。二年级上册的训练目标以把长句说正确连贯为主，在一年级下册动词及动词短语练习的基础上，递进为练习用动词说一句完整的话；二年级下册则以练习想象说话为主，在二年级上册的基础上补充练习用并列关系的句式把句意说连贯。第一到第三册重在学生的语言积累，第四册开始培养学生的想象能力。低学段的交际性口语发展序列化目标为：大声地说—有礼貌地说—有顺序地说清楚—表达自己的观点。

第二节　第一学段语文园地综合分析

部编教材的语文园地，强化语言积累、丰富语汇储备，认识语言现象、发现语言规律，重视实践运用、促进表达提升。集综合性与实践性于一体的语文园地，对单元知识进行梳理总结，对小学生进行语文知识运用的集中训练，把语文知识向生活实践延伸、向课外阅读延伸，对培养学生的语文素养有着重要作用。以低学段为例，部编教材在每个主题单元后面都设计了语文园地板块，设置“识字加油站”“我的发现”“字词句运用”“书写提示”“展示台”“日积月累”“写话”“和大人一起读”“我爱阅读”等栏目，有效地提升学生的语文综合素养。

一、教学任务

1. 梳理和整合

语文园地注重在学生心中培植学习语文的兴趣和自信，帮助学生系统地对单元所学的语文知识和技能进行梳理，并查缺补漏。其作用是夯实语文单元的基础，强化单元系统架构，充分调动学生的兴趣，拓展及丰富学生的语言材料，还可以增强学生的综合应用能力。

低年级识字教学的重点在于学会识字方法，培养识字能力。低年级识字教学主要是在阅读教学过程中进行的，生字往往以词语的形式出现，学生有了一定的识字能力后，字形、字音不再是教学重点，而字（词）义成为教学的重点，这时的识字教学就和词语教学基本同步了。因此，词语教学是贯穿整个小学阶段阅读教学的重要任务。

语文园地中的题目都以“我会”的形式出现，如“我会认”“我会填”“我会写”“我会读”，都是激励学生满怀自信地进行自主的语文实践活动。在教学中，教师一定要放手让学生去发现，去读、认、说、写，只有教师有效指导了，学生才会无师自通。

2. 积累和巩固

积累其实就是在“我的发现”的基础上的积累，这种积累应引导学生在自主发现的基础上写字、说句子，而后以教材为“引子”，进一步将教学作必要的延伸。

在语文园地的“日积月累”栏目中常出现“读读记记”的内容，这不只是让孩子读一读、记一记就算完成任务了，而应该通过学生自读，引导学生发现。语文园地的“读读记记”与教材中所有读读记记的内容相联系，要让学生发现两者有没有共同之处，学生通过自己的记忆和翻阅，可能会发现在其他篇目中也出现了这一内容，并相互联系，于是学有所获。

3. 自主和合作学习

语文园地是语文“双基”训练的重要园地，为学生提供自主学习的平台。自主学习应是学习语文园地的主要方式。在语文园地的教学中，常有巩固生字、词语的练习，通过“我会连”“我会读”的形式展开。教师要引导学生学会发现，学会模仿，学会思考。在“展示台”和“日积月累”栏目中，引导学生学会诵读经典，感悟传统之美。在“和大人一起读”和“我爱阅读”栏目中，引导学生先和家长一起亲子共读，再进行自主阅读，学会如何更好地阅读；在“写话”中，引导学生先表达自己的观点，再行之成文。

自主学习就是让学生主动地参与学习实践的全过程，而合作常常更能让学生品尝到学习的成功，因为它是学生在小组内或团队中为了完成共同的任务，有明确的责任分工的互助性学习。语文园地中常常有许多识记巩固类的练习。在这种练习中，可以发挥小组的团队精神，让学生更有效地学习。如教学二年级上册语文园地二的“查字典”环节时，可以运用小组合作学习的方式，让小组长带领同组同学自主进行查询，遇到问题一起探讨，如果未能找到答案，则在后期小组汇报的时候提出存在的疑惑，寻求其他小组或老师的帮助。又如教学二年级上册语文园地八的“日积月累”栏目时，可以设置“成语故事会”活动，让学生自主收集故事，并开展班级故事秀，畅谈传统成语故事。

4. 提高和运用

掌握理解词语的方法，提高词语运用的准确性，学过的词语大部分会运用。词语教学的最终目标应该是会运用。

5. 跨学科拓展

运用异彩纷呈的图片和形式多样的竞技题，引导学生打开思路，发散思维，拓展知识。注重各科之间的整合是本次课程改革中的一个突出特点，把“做、唱、画”等引入语文教学，以此来“激发”“领悟”“延伸”“拓展”，培养学生的语文素养，是一种行之有效的教学方法。

二、栏目安排

小学一、二年级每册教材都安排了八个主题单元，每个主题单元后面都安排了一个语文园地，设计的栏目非常丰富。低学段语文园地顺应低年级学生认知思维发展的规律，有序编排了各类教学栏目，把单元所学的语文知识、语文能力、学习策略分成若干个知识或能力训练的“点”，由浅入深，由易及难，分布并体现在每个单元的练习系统之中，有层次、有梯度地为学生语文素养的培养和提升奠定坚实的基础。

一年级教材中的每个语文园地基本上都设计了“识字加油站”“字词句运用”“书写提示”“日积月累”“和大人一起读”等栏目，同时根据单元学习主题还设计了其他内容。比如，一年级上册第二、第三单元设计了“用拼音”栏目，下册第三单元安排了“查字典”栏目。二年级教材中的每个语文园地基本上都设计了“识字加油站”“字词句运用”“书写提示”“写话”“日积月累”“我爱阅读”等栏目，有的还设计了教给学生识字方法的“我的发现”、展示学习成果的“展示台”栏目。

语文园地是按照“音—字—词—句—段—篇”的系统结构来设计编排的，有四个常规栏目，五个交替出现的栏目。一、二年级语文园地的栏目安排有如下特点：

（1）语文园地有四个常规的训练项，基本每个语文园地都有，即“识字加油站”“字词句运用”“日积月累”和“我爱阅读”（一年级为“和大人一起读”）；依据课文内容穿插“我的发现”“展示台”“书写提示”“查字典”“写话”等其他训练项。

（2）语文园地注重基础训练，“识字加油站”“字词句运用”“书写提示”这几项都是为了落实单元所学字词，一方面巩固所学，一方面提高运用能力。

（3）注重传统文化的积累，不求理解，只要求读读背背。

（4）以自主阅读的方式开展整体阅读，跟课文构成呼应关系。

（5）一年级下册开始学习查字典，引导学生多识字。二年级下册开始练习写话。

三、栏目作用

作为单元“终点站”的语文园地，是部编教材单元整体教学中的重要板块，存在于每一个教学单元之后，对综合全面地提升小学生语文核心素养起到重要作用。

1.“识字加油站”

部编教材中的识字系统包括三个部分，分别是单元集中识字、随文识字以及“识字加油站”栏目识字。新课程标准中关于低学段识字的学业质量描述中提到，“留心公共场所等真实社会场景中的文字，尝试认识标牌、图示、简单的说明性文字中的常用汉字”，提示了识字的目的和方法。“识字加油站”栏目以丰富的形式、灵活的安排，联系儿童生活实际，引导学生由课内到课外，认识更多的生字，补学课文之外诸多常用汉字。第一学段共出现29次“识字加油站”，每次的识字量不等，在5—11个字之间。

通过对这个学段“识字加油站”内容的了解，可以看到在设计上突出情境性和群组性，往往把所学生字巧妙地放到一个生活情境中，或者选择一组相类似的词组，再通过小泡泡提示本次识字学习的目标，即由字到词到句。例如二年级下册第一单元语文园地里的“识字加油站”，把所学生字巧妙地放进一张彩色的公园导览图中，图上面的六个地点便包含了本单元阅读课文所学生字。而小泡泡“游览公园时，我会看导览图”则用句子的形式提示了情境内容，让孩子们借助这个虚拟的情境有趣地开展生字学习。

2.“字词句运用”

“字词句运用”以语言文字运用为基本训练点，致力于学生语言文字理解和运用能力的提高，与生活实际紧密结合，在重视积累的同时强化运用，体现了语文学习的综合性和实践性。其具体习题的设置包括：一年级“读一读，比一比”“读一读，连一连”“读一读，在图里找一找”“读一读，说一说”“拼一拼，写一写”“读一读，背一背”“比一比，写一写”“看图写词语，再说一两句话”等；二年级“把你积累的词句写下来”“照样子，用加点的词语说句子”“试试怎样读更好”，其设置目的是让学生能学以致用。

例如，二年级上册语文园地一中的“字词句运用”，安排了两组词语训练，一组体会加点的动词的含义，采用演一演、动词和动作相对应等训练方式，学生不仅理解了词语的含义，还加深了印象。另一组要求用加点的词语模仿例句说说自己的日常生活，注重在一定情境中的学习和训练，效果比较好。

有时，有的训练项会重复出现。例如，二年级下册在第一单元设置的教学重点是“朗读课文，注意语气和重音”，这也是本单元的语文要素。编者在栏目里设计了“根据不同的提问，读读下面的句子”的训练，之后在语文园地五中的“字词句运用”栏目里再次设计了朗读指导训练，其目的就是复习、巩固本单元的训练重点。

3.“日积月累”

这个栏目的任务是丰富积累，拓展运用。本栏目的主要内容是古典诗词、谚语俗语、名言警句，引导学生在熟读成诵中进行经典语文素材的积累、中华优秀传统文化的传承，让学生养成日积月累的好习惯。“日积月累”里的“我会读”“我会写”“读读背背”都是激励学生满怀自信地进行自主的语文实践活动的有效形式，为学生的自主学习、自主参与、自主实践、自主探究、合作交流、互助共进、自主发展提供广阔的空间。

4．“和大人一起读”和“我爱阅读”

部编低学段教材还增设了“和大人一起读”和“我爱阅读”的栏目，这部分内容是语文园地的常驻栏目。纵观整套部编教材，从教师引导的课文阅读到与人共读的“和大人一起读”，再到学生自主阅读的“我爱阅读”，最后到引导学生课外阅读的快乐读书吧，形成了一个课内外紧密结合的课程体系，有助于促进学生语文素养的全面提升。

以一年级上册教材为例，全册共八个语文园地，最后一个栏目都设有“和大人一起读”，共有八篇文章，作为课外阅读的延伸，为开展亲子阅读活动提供了重要素材。到了二年级换成“我爱阅读”，倡导学生跟父母、老师一起读充满童趣的故事、童谣、寓言、科普作品等，鼓励创造性地使用朗读、讲读、对话表演等多种方式。

这两个栏目的设计是部编教材的亮点之一，选用的内容都是经典童谣、儿歌、诗歌、故事、散文等，其主要用意是激发学生的读书兴趣，让学生刚上学就喜欢上语文、喜欢上阅读。这是有效推进幼小衔接的重要途径，也是实现小学生整体阅读的途径，实现课堂教学向课外延伸、向生活实践延伸的平台。

“大人”不限于父母，也可以是长辈，可以是哥哥姐姐或比自己年龄大的同学，还可以是老师。二者的差别在于一年级以亲子阅读为主要方式，二年级倡导自主阅读。

低学段的小学生初步接触系统的语文知识，识字量少，阅读能力不强，理解能力不足，充分发挥语文园地的作用有利于调动学生积极性、激发语文学习兴趣、巩固强化基础知识、拓展知识外延。

5．“我的发现”

本栏目鼓励探究性学习，意在引导学生发现规律，掌握方法，尽可能地培养学生爱展示、爱交流的好习惯。学生在分享与互动中，改变被动接受知识的学习方式，转变为自主学习、主动探究，并在此过程中感受学习语文的乐趣。

“我的发现”栏目穿插编排在一、二年级的语文园地中，共编排九次。此栏目以学生自主发现的形式呈现，揭示汉字的构字规律，提高识字效率，目的是鼓励学生形成“发现”意识，让主动学习成为习惯。例如，一年级上册语文园地五编排了第一次“我的发现”，旨在引导学生读读两组不同偏旁的汉字，初步发现偏旁表义的构字规律。二年级下册语文园地八编排了本学段最后一次“我的发现”，旨在引导学生了解示字旁和衣字旁、两点水和三点水等偏旁所代表的不同意思，能区分这些偏旁相似的汉字的意思。一年级上册语文园地五和语文园地七都列举了同一偏旁的字，以偏旁归类汉字并归纳字义，进而总结新的识字方法，体现了部编教材多元识字的理念。这些设置以探索归纳的视角引导学生总结规律，揭示不同的识字方法，加强学生语文综合素养的培养。

通过一、二年级“我的发现”栏目的学习，学生逐步形成自主发现的意识，为三至六年级“交流平台”栏目的学习打下基础。

6.“书写提示”

笔画笔顺教学一直是低年级识字写字教学的重点。部编教材在语文园地中新推出了“书写提示”这个栏目，用“学习伙伴的发现”这一生动活泼的方式，逐步展示汉字学习起始阶段非常重要的汉字书写姿势、笔顺规则和汉字的框架结构。

“书写提示”栏目在一至六年级教材中都有编排，每册安排2—3次，体现了部编教材对书写的重视，目的在于通过示范、提示，引导学生养成良好的书写习惯。

部编教材依据学生的年龄特点，分别从笔顺、结构、美观、书法欣赏、书写习惯等方面系统编排书写指导，每个年级各有侧重点：一年级着重指导汉字的基本笔顺、书写姿势；二年级着重指导汉字的基本结构，培养先看再写的习惯；三年级开始使用钢笔，着重指导单字的书写，要写得美观；四年级着重指导句子、段落的书写，学习欣赏书法作品；五年级着重指导古诗、短文等篇章作品的书写；六年级要求写得行款整齐，以及学习如何提高书写速度等。

7.“查字典”

这个栏目体现了低年级语文学习的特征。学好拼音、学会查字典，都是为了帮助学生多识字，促进学生阅读。此栏目也承担着识字的任务，要求学生会使用工具书解决生字新词，为识字写字打下坚实的基础。查字典的内容集中在低学段，分别在一年级下册和二年级上册。一年级下册是音序查字法，通过清晰的视图指导和音序查字法口诀，使学生在上学期刚刚学会拼音后便体会到运用工具书解决问题的快乐和成功感。二年级上册为部首查字法，使学生掌握工具书的不同使用方法。字典的使用可以帮助学生识字、解词，更能扫清学生在阅读文章时遇到的文字上的障碍，为大量阅读打下了良好的基础，也提高了学生的语文水平。

8.“展示台”

“展示台”栏目也编排在低年级教材中，既有对学习成果的展示、书写汉字的展示，也有对自己生活中学习语文知识过程的展示。这一栏目旨在鼓励学生展示实践体验和学习成果，沟通课堂内外，激发学习动力，增强学习信心，体验收获的快乐，把语文学习和生活实践结合起来。

“展示台”栏目关注从生活中识字，如认识同学名字、认识食品包装上的字、认识路牌等，引导学生留心周围的世界，为学生提供交流、展示学习成果的平台。

四、板块选材的特点

部编教材的语文园地在编排上呈现了多元化的时代特征，内容上针对性更强，选材上人文性与工具性并重，视野更加开阔，更贴近学生的生活。

1. 重视语言的积累与运用

“识字加油站”以形式多样的手段，灵活安排字词内容，不拘泥于本单元的课文内容；“展示台”为学生的语文学习成果提供了展示交流的平台，引导学生留心身边及周围，鼓励学生在生活中感受语文；“日积月累”栏目安排了古诗、名言警句等中华优秀传统文化经典内容，意在激发学生了解优秀传统文化，引导学生从课内走向课外，发现语言的规律，大量积累语言；“我的发现”栏目引导学生走进日常生活，发现汉字的构字规律，培养学生的自主识字能力，鼓励学生探究发现，注重语言的积累及运用；“字词句运用”栏目，以形式多样的听说读写活动，复习巩固本单元所学的重点字词句，适当拓展；“写话”栏目强调综合运用，使学生不仅能把教材中、生活中学到的丰富生动的语言说出来，还能够正确地运用到实际生活当中。

2. 契合学生身心发展规律

教材的编写要适应学生身心发展的特点，要遵循语文能力发展和形成的规律，要有助于学生形成良好的个性和健全的人格。从内容上看，语文园地的编写关注了不同学段学生的发展特点。例如，“书写提示”的内容强调为汉字书写打好基础；“和大人一起读”倡导课内外阅读相结合的思想，选录了学生喜闻乐见的故事、儿歌，引导亲子共读，减小了阅读压力，有利于幼小衔接、口语向书面语过渡，同时提升学生阅读兴趣，鼓励学生课外阅读。二年级在一年级内容的基础上增加了“写话”栏目，用“图示＋指导语”的方式提示了写话的基本格式和要求，意在引导学生不仅要会说还要会写。一年级的“和大人一起读”至二年级时则更名为“我爱阅读”，由亲子阅读转变为以学生的自主阅读、自主交流为主。“我爱阅读”栏目与二年级每个单元紧密关联，对应有16篇阅读材料，这些材料，语言通俗易懂，内容浅显有趣，涉及与动植物相关的各种故事，与学生生活紧密联系，学生读起来轻松愉悦。

3. 生活性和科学性

部编小学语文教材语文园地的设置贴近小学生的生活，符合小学生的认知，注重创新能力和实践能力的培养，具有很强的生活性和科学性。

这从识字栏目的选材可见一斑。以“识字加油站”为例，一年级上册的识字主题有以下几类：数字、学科、反义词、时间、称呼、职业，一年级下册有天气、量词、身体部位、形近字、夏季事物、生活用品，二年级上册有旅游用品、火车票、形近字、交通工具、自然景物，二年级下册有导览图、职业、食物、玩具、同偏旁生字、地点、生活用具。通过以上整理可以发现，语文园地的识字栏目是围绕一定主题设置词语并认识相关汉字，由生活中常见的词语入手，不仅加深学生对生活的认识，也在潜移默化中通过情境认识生字，积累词语，提高学生识字的兴趣和积极性。

4. 循序渐进、螺旋上升

所谓螺旋上升，也就是某个知识点反复出现，某项能力不断提高。例如，二年级下册对加点字词的意思和朗读方式的训练，在多个语文园地中反复出现，将分散的知识点和能力点进行归纳、整理、强化和巩固，为学生打下坚实的基础。又如，二年级下册第一单元的语文要素为“朗读课文，注意语气和重音”，这是本单元的教学重点，因此，编者除了在本单元课后练习中安排了相关训练，还在语文园地一、语文园地五的“字词句运用”及后续阅读课文《沙滩上的童话》《画杨梅》《小马过河》等课后练习中安排了这方面朗读指导的训练，以达到复习、巩固的目的。

5. 温馨泡泡语

语文园地的不少栏目以“泡泡”的形式插入了很多提示语。部编教材中这些以泡泡的形状圈起的文字，位置不固定，有时现于文中，有时出现在篇末，甚至在单元总结部分即语文园地及拓展提升中也时常可见。每一个“泡泡”都是编者精心设计的，传递着编者的编写意图，承载着各自的导学任务。它以学习伙伴的口吻，提出思考的问题，引导学生认真读书、自主思考，在整体感知的基础上有重点地点拨思绪，极大地提高学生学习的主动性和积极性，培养学生的阅读能力和良好的阅读习惯。

例如低学段的“书写提示”栏目，遵循识写分流、多识少写的原则，结合识字认识常用偏旁，结合写字强调基本笔画、笔顺及结构设置了“泡泡语”。它的出现呈现一定的序列性，对小学生的写字有很好的指导意义。

例如一年级“书写提示”栏目中的泡泡语提示，见表6-2。

表6-2　一年级语文园地中“书写提示”栏目的泡泡语

语文园地	上册	下册
一	1. 写字时注意坐端正，握好笔 2. 笔顺规则：先横后竖 3. 笔顺规则：从上到下	笔顺规则：先外后内再封口
四		1. 笔顺规则：点在正上方或左上方，先写点 2. 笔顺规则：点在右上方，后写点
五	1. 笔顺规则：从左到右 2. 笔顺规则：先撇后捺	
七		笔顺规则：左上包围和右上包围的字先外后内
八	1. 笔顺规则：先中间后两边 2. 笔顺规则：先外后内	

第三节　第一学段写话综合分析

语文是一门学习国家通用语言文字运用的综合性、实践性课程，以促进学生核心素养发展为目的，以识字与写字、阅读与鉴赏、表达与交流、梳理与探究等语文实践活动为主线，综合构建素养型课程目标体系。其中，语言表达是主要的运用能力，而低学段语言表达形式之一就是“写话”。

一、教学目标

写话就是把内心要说的话写下来，指学生将阅读到或听到的内容，用书面文字记录下来。作为学习语言交际中最小单位字、词、句的阶段，一、二年级的说话、写话训练为后面的习作训练打下了基础。

新课程标准对“写话”达成的目标是这样表述的：对写话有兴趣，留心周围事物，写自己想说的话，写想象中的事物；在写话中乐于运用阅读和生活中学到的词语；根据表达的需要，学习使用逗号、句号、问号、感叹号。

小学低学段是教育启蒙和发展的初始阶段，在这一阶段开展写话教学，一方面引导学生将内心的真实想法以书面语言的形式展示出来，一方面初步了解写作来源于自己内心对生活的感悟，使学生乐想、乐写、乐表达，为中、高学段学习写作奠定良好的基础。

二、栏目编排

部编教材重视学生语言表达能力的培养，把需要训练的知识点螺旋梯度地分布在漫长的语文学习过程中，有时各年级还出现要素训练的重叠现象。

部编低学段教材正式在语文园地中加入了“写话”栏目，一共安排了七次，二年级上册三次，下册有四次。具体见表6-3。

表6-3　低学段教材中语文园地“写话”栏目安排表

年级	单元	话题内容	训练方式	格式、结构要求
二上	三	看图：你最喜欢的玩具是什么？它是什么样子的？它好玩在哪里？	先和同学交流，再写下来	写在方格纸上；标点符号占一格
二上	四	学写留言条：留给谁？有什么事？写上自己的名字和时间。	先学习例文，再选择一种情况写一张留言条	模仿例文
二上	七	观察图画：小老鼠在干什么？电脑屏幕上突然出现了谁？接下来会怎样？	先观察，再写下来	
二下	二	仿照例文，写一写你的一个好朋友：长什么样子？我们经常做的事？	先向大家介绍，再写下来	模仿例文
二下	四	小虫子、蚂蚁和蝴蝶用鸡蛋壳做了哪些事情？它们有什么有趣的经历？	观察画面，运用给定的4个词语	按时间顺序写

续表

年级	单元	话题内容	训练方式	格式、结构要求
二下	六	写下大自然的奇妙：你的心中是不是也藏着很多的“问号”？	根据给定材料的启示写下心中的问号，之后做成卡片，问问小伙伴是否知道答案	一个一个写
二下	七	如果可以养小动物，你想养什么？	先思考，再写出理由	多写几条

部编教材在写话的安排上充分考虑到学生语言能力的发展水平和认知规律，遵循了螺旋上升的训练规律，一年级上册教材中没有安排写话的内容，而是以“说一说”之类的说话形式为主，如课文《四季》的课后习题：你喜欢哪个季节？仿照课文说一说。这给教师的教学一定的启发，即教师的教学也应该首先着力于引导学生顺利地由口头语言过渡为书面语言。以说话的形式训练习作，不仅有利于学生理清楚自己的思路，在写的时候条理会清楚很多，而且对于学生来说，也减轻了心理上的负担。

三、话题的生活化

新课程标准关于课程内容方面的“内容组织与呈现方式”给教师们的教学提示是这样表述的：“根据学生的年龄特点和认知规律，紧密联系学生的生活实际，结合识字内容，选择适宜的学习主题，创设学习情境。”从教材安排的写话内容来看，部编教材对低年级学生的写话更多的是从学生的生活实际出发，让学生在有话可说的同时也乐于说，发展了学生语言的运用能力，培养了学生的想象能力。

纵观二年级上册的主题：最喜爱的玩具、留言条、想象电脑上的小老鼠的活动，下册的主题：我的好朋友、看图写小虫子、蚂蚁和蝴蝶的经历、你对大自然的疑问、你想养的小动物，都是密切联系了儿童生活，贴合孩子们的心理特点与实践经历。例如，二年级上册语文园地七的“写话”栏目中，要求学生观察图画，写一种自己喜欢的小动物并说明理由，再写一写猫和老鼠之间有趣的故事。这个栏目的话题选择小学生熟悉的猫和老鼠的故事，跟小学生的生活有直接关系，容易激发学生的兴趣，学生想象的内容也有了依托。

四、训练的序列化

小学低学段的说话、写话训练处于小学生习作能力发展的准备阶段和过渡阶段，是学生习作能力形成的基础阶段。受儿童口头语言发展优先于书面语言规律的制约，教材写话训练滞后于说话训练。初步写话练习开始于一年级上册中的语文园地八，而后逐步增进。

小学低学段积累性说话练习有一个序列化的目标，沿着“说词语—说短语—说一句完整的话—说句意连贯的话—展开想象说话”展开，为写话奠定基础。二年级之后，口语训练与写话训练保持同步，为从说话到写话做了比较好的衔接。从二年级上册第三单元开始，教材中加入了“写话”栏目，从写自己喜欢的玩具开始，到写简单的留言条，到照样子写，逐步深入地进行写话指导和训练，体现了先观察再写话、先交流再写话的训练顺序。

从教材编排体现出来的写话达成目标来看，从自由写到写一句完整的话到写一句正确的话再到写多句话，从会运用逗号、句号到会写多种形式的疑问句，从自由表达到按顺序表达，从“展开想象”到“想象画面”再到“把想象的内容写下来”，每次写话的训练目标都非常清晰，由易到难、循序渐进，螺旋上升，与儿童的身心发展规律紧密相连。

第四节　第一学段快乐读书吧综合分析

语文的基础和核心是阅读。在新课程标准“鼓励自主阅读、自由表达，倡导少做题、多读书、读好书、好读书、读整本书，注重阅读引导，培养读书兴趣，提高读书品位”的指引下，部编小学语文教材增设了不少阅读板块。快乐阅读吧就是以促进课内课外阅读融合为目标的一个板块，意在激发学生的阅读兴趣，能自主阅读自己喜欢的书籍，并感受读书的快乐，乐于与大家分享课外阅读的成果。这一板块的设置，把课外阅读引入语文课堂教学，使之成为语文课程的一个有机组成部分，形成从“教读”到“自读”再到“课外阅读”的“三位一体”的阅读教学体系。

一、栏目特色

1. 文类多样，丰富阅读

2022 年新课程标准要求渗透文体意识，促进课外阅读课程化。部编教材在“立德树人”这一根本主旨的基础上，将课外阅读纳入教材体系，把语文学习向课外阅读延伸，向语文生活延伸，重视语文核心素养，重建语文知识体系。从板块所涉及的文体来看，低年级以短篇儿童文学作品为主，包括童谣、儿歌、童话、故事等，三年级之后，学生需要阅读篇幅较长的作品，如寓言、神话、科普作品、民间故事、古典章回体小说等，到了六年级，上升为现当代中长篇名著阅读，为进入中学打下基础。

2. 以一本带多本

快乐读书吧每次活动都围绕约定的主题，推荐相关书目，丰富阅读内容，拓宽学生视野。所推荐的书籍基本为古今中外优秀作品。小学低年级的快乐读书吧主要涉及一些短篇文本，包括儿歌、童谣、故事、童话等一些优质文本，这些推荐书目比较符合低年级学生的年龄特点、知识储备和能力结构。

3. 梯级设计，螺旋上升

教材每册都编排了一次快乐读书吧，这是课内外阅读沟通的重要桥梁，着重指向整本书的阅读和完全独立自主阅读。依据小学生的学情，根据学生的生活体验、学习兴趣、独特的汉语表意特点等，三个学段的阅读任务各有针对性。其中第一学段重激发兴趣，以短篇儿童文学作品为主，学生需要养成主动阅读、学会分享、注意书籍的封面和作者、爱护图书和学会看目录等阅读习惯和方法。初步学习阅读方法，养成阅读习惯，做好幼小衔接。

4. 阅读主题与情境相互融合

快乐读书吧每一次设置的主题都不同，充分体现了其多样化的特点。考虑到学生身心发展的特点和知识储备的变化，以及不同年级的需求，快乐读书吧主题的选定是递进的。以二年级上下册为例，分别是“读读童话故事”和“读读儿童故事”，教授两种读书方法与一个读书习惯。从简单的认识书名与作者到会使用目录，体现了学生心智发育逐渐成熟的过程，同时培养了学生爱护书籍的习惯。为达到快乐阅读的效果，栏目的内容力求一定的趣味性。例如二年级下册的快乐读书吧共推荐四篇文章，学生的可选择范围较广，同时推荐书目的趣味性增强了，更加偏向于二年级学生的阅读模式，充分注重二年级学生的体验，力求让学生快乐阅读。

新课程标准要求创设真实而富有意义的学习情境，凸显语文学习的实践性。学习情境的设置要符合核心素养整体提升和螺旋发展的一般规律。第一学段的学生形象思维占主导，为了让阅读活动开展顺畅，快乐读书吧大都创设情境，与阅读主题互为表里，相互融入，以学生兴趣为导向，符合语文学习规律和知识沉淀的过程。例如一年级上册的快乐读书吧由四幅场景图和四段提示语构成，内容分别指向阅读的方式——和爸爸妈妈一起读、和同伴读、自己读，阅读的途径——书店、图书馆、阅览室，阅读的成效——了解很多故事内容，能讲故事给同学听，阅读的期待——学了拼音就能读更多的书了。

二、内容安排

2022 年版语文课程标准针对低年级学生的阅读能力提出“诵读儿歌、童谣和浅近的古诗，展开想象，获得初步的情感体验，感受语言的优美”的要求，符合学生的发展需要。第一学段共安排四次快乐读书吧活动。

1. 内容构成

（1）主题。板块的标题就是本次阅读的主题。标题主要提示阅读所涉及的文体。一年级首次接触这个板块，主题设为“读书真快乐”，注意幼小衔接，引导刚进入小学的孩子关注阅读；第二次活动主题设为“读读童谣和儿歌”；第三、第四次主题为“读读童话故事”“读读儿童故事”，明确了阅读的问题类型，循序渐进地增进小学生对阅读问题的认知。

（2）导入语。部编教材的导学系统比较完善，方便学生自学。这个板块的第一句话正如老师上课的导入语，引领学生进入阅读的情景，如“来吧，插上想象的翅膀，搭上童话王国的列车，看看那里发生了什么”（二年级上册）。

（3）情境图。部编小学语文教材的一个明显特点就是图文并茂，内涵丰富，这不仅符合儿童的认知特点，还把语言文字融入富有生活气息的图景中，为孩子们营造熟悉的生活氛围，方便阅读活动的顺利开展。

（4）对话框。板块的阅读方式、阅读策略、阅读收获等常常以对话的方式呈现，配合情境图，画面温馨，易于学生接受。对话框的旁白泡泡是提示语，它告诉学生，可以把自己喜欢的童谣与儿歌背给别人听，学会分享。

（5）推荐书目。快乐读书吧作为一个内外阅读衔接的桥梁，本身并不是把阅读篇目的内容呈现出来，而是介绍和推荐阅读书籍，如二年级上册的快乐读书吧就推荐了五本童话故事书。

2. 设置文图结合的情境

义务教育阶段的语文课程实施从学生的生活实际出发，创设丰富多样的学习情境，设计富有挑战性的学习任务，激发学生的好奇心、想象力、求知欲，促进学生自主、合作、探究学习。特别是在低学段，小学生以形象思维为主，对整本书有陌生感，所以设置他们熟悉的情境，能帮助他们顺利进入阅读的环境。一年级上册的快乐阅读吧就设置了家里、书店、阅览室和教室等场景，把阅读的事件、地点和人物联系起来，给小学生带来熟悉和亲切的感受。

3. 关注语文要素

语文要素就是语文训练过程中的基本要素，包括基本方法、基本能力、基本学习内容和有效学习习惯。表6－4分析和说明了第一学段快乐读书吧的语文要素。

表6－4 第一学段快乐读书吧的语文要素

年级	主题	作家、书籍	阅读素养
一上	读书真快乐	图画书、故事书	学好拼音，就可以认更多的字，读更多的书，会讲很多的故事。
一下	读读童谣和儿歌	《摇摇船》《小刺猬理发》	朗读、背诵童谣和儿歌；交换书籍阅读；爱护书籍。
二上	读读童话故事	《小鲤鱼跳龙门》《孤独的小螃蟹》《一只想飞的猫》《“歪脑袋”木头桩》《小狗的小房子》	1. 认识书的基本信息，学会看书的封面、书名和作者 2. 了解书名，想象故事内容 3. 阅读童话故事，了解主人公的奇遇 4. 读完书后小心把书收好
二下	读读儿童故事	《神笔马良》《七色花》《一起长大的玩具》《愿望的实现》	1. 看书的时候学会看目录 2. 分享阅读过的儿童故事

三、训练形式

把课外阅读纳入语文课程体系，教师可以在课堂上教学，也可以引导学生课外阅读，让阅读活动变得有目的、有步骤、有安排、有方法、有评价的整本书阅读。

1. 借助汉语拼音阅读

第一学段的小学生掌握的字词量有限，语文课堂的任务就是学习和积累更多的词汇。因此，这个板块的阅读任务是借助汉语拼音来完成的。在第一单元的快乐阅读吧第四幅图里，明确了“学了拼音，我就可以认更多的字，读更多的书了”的读书策略。低学段的学生一般选择购买带拼音和图片的书籍，在阅读中随文识字，实现快乐阅读。

2. 教师积极引导

教师积极引导学生把握整体阅读的关键要素。例如，学会看一本书的构成。教师积极引导学生通过由外到里，由观赏封面到看出版社、了解作家、浏览目录，最后阅读内容等步骤掌握基本的阅读文学作品的活动。对于各类体裁的特点及阅读方法，板块里都有一定的提示。例如，阅读寓言故事，第一要读懂故事内容，再体会故事中的道理。第二联系生活中的人和事，可以帮助我们更深入地理解故事中的道理。这两个阅读目标是要学生明确，不管是学习课文还是阅读课外寓言故事，都要用这两个方法去阅读和理解。

3. 交流与分享

学生根据自己的情况开展课外阅读，在课堂上与同学交流，分享课外阅读的快乐，可以分享有趣的片段，分享喜欢的词句，分享自己喜欢的作家等。一方面通过交流拓宽视野，另一方面又可以锻炼口语表达，增强合作学习的意识。通过分享与交流，引导学生从一年级开始就乐于与同伴分享阅读感受和快乐，养成爱护图书的良好习惯。

4. 共读一本书

第一学段的共读有很多方式，如亲子阅读、师生共读、生生共读等，还可以借助网络听读或者观赏视频配音朗读等。低学段的学生识字量有限，阅读习惯尚未养成，很多时候无法一个人完成整本书阅读，共读的优势就是把书本从“读厚”变成“读薄”。小学生年龄小，具有强烈的好奇心与求知欲，特别喜欢听故事，所以学习小组可以以讲故事、表演、朗读、摄影、习作、闯关等各种方式来完成整本书的阅读。

5. 发挥想象，提高思维能力

思维能力是指学生在语文学习过程中的联想想象、分析比较、归纳判断等认知表现，是核心素养的一项重要目标。小学生正处在由无意想象向有意想象过渡的阶段，可在趣味读书中融人想象的元素，在阅读中把作品描绘的一幅幅画面通过想象激活起来。例如二年级下册快乐读书吧中的课外阅读书籍《七色花》中的小姑娘珍妮用七色花实现了七个愿望，最后一个愿望是珍妮用七色花帮助一个跛子小男孩恢复了健康，而珍妮也因此找回了快乐。借由这个故事，可以引导学生展开想象，续编故事，还可以互换角色——假如自己拥有七色花，会完成什么愿望呢？以此来激发学生的创新欲望。

6. 同步书目推荐

每册的快乐读书吧都有一个阅读主题，并向学生推荐3—5 部作品。通常推荐的书目都会考虑到学情及与教材的匹配度，产生“一篇带多篇，一篇带一本，一本带一类”的效果，让学生能把课堂上所学运用到自主阅读中。这样不仅能有效指导小学生提高自主阅读、独立阅读能力，养成良好的阅读习惯，还能大大解决这个年龄段的孩子应该读什么书、怎么读好书、为什么读书等长期困扰家长的难题。

“读万卷书，行万里路”，随着核心素养理念的深度推进，在小学语文教学落实的过程中，对学生综合阅读能力提出了更高的要求。在快乐读书吧这个板块的教学中，教师可通过阅读导读课程、班级内的读书分享活动、阅读成果展示等提升学生的阅读兴趣。

第七章 教材分析——第二学段（上）

第一节 第二学段阅读课文的教学任务

一、阅读教学的意义

阅读教学是小学语文教学的重要组成部分，承担着孩子们学习语文的重任。莎士比亚说："书籍是全世界的营养品。生活里没有书籍，就好像没有阳光；智慧里没有书籍，就好像鸟儿没有翅膀。"语言文字是人类社会最重要的交际工具和信息载体，是人类文化的重要组成部分。2022年新课程标准再次明确了义务教育语文课程的基本特点是工具性和人文性的统一，每一篇课文都不是简单的字与字的组合，而是有着思想、文化的渗透。

新课程标准的一个显著变化是加强了学段衔接。依据学生从小学到初中在认知、情感、社会性等方面的发展，合理安排不同学段内容，体现学习目标的连续性和进阶性。第二学段阅读课文以各类文章为载体，引导学生学习中华优秀传统文化、革命文化和社会主义先进文化等题材的作品，在阅读中随文识字，感悟文本的情感与心声，并获得个人独特的情感认知与体验。教学上开始以段为重点，逐步向篇章过渡，渗透一些篇章的写法。

二、第二学段阅读与鉴赏的教学目标

1. 总目标

学会运用多种阅读方法，具有独立阅读能力。能阅读日常的书报杂志，初步鉴赏文学作品，能借助工具书阅读浅易文言文。学会倾听与表达，初步学会用口头语言文明地进行人际沟通和社会交往。能根据需要，用书面语言具体明确、文从字顺地表达自己的见闻、体验和想法。

2. **学段目标**

（1）用普通话正确、流利、有感情地朗读课文。初步学会默读，做到不出声，不指读。学习略读，粗知文章大意。

（2）能联系上下文，理解词句的意思，体会课文中关键词句表达情意的作用。能借助字典、词典和生活积累，理解生词的意义。在理解语句的过程中，体会句号与逗号的不同用法，了解冒号、引号的一般用法。

（3）能初步把握文章的主要内容，体会文章表达的思想感情。学习圈点、批注等阅读方法。能对课文中不理解的地方提出疑问，乐于与他人讨论交流。

（4）能复述叙事性作品的大意，初步感受作品中生动的形象和优美的语言，关心作品中人物的命运和喜怒哀乐，与他人交流自己的阅读感受。诵读优秀诗文，注意在诵读过程中体验情感，展开想象，领悟诗文大意。

（5）阅读整本书，初步理解主要内容，主动和同学分享自己的阅读感受。

（6）积累课文中的优美词语、精彩句段，以及在课外阅读和生活中获得的语言材料。背诵优秀诗文50篇（段）。养成读书看报的习惯，收藏图书资料，乐于与同学交流。课外阅读总量不少于40万字。

三、第二学段的语文阅读学习任务群

1. **实用性阅读**

（1）阅读有关家庭生活、学校生活、社会生活的短文，学习用口头和书面的方式，客观地表述生活中的见闻片段。学习写留言条、请假条、短信息、简单书信等日常应用文，注意称谓和基本格式，文明礼貌地进行交流。

（2）学习阅读说明、叙写大自然的短文，感受、欣赏大自然的奇妙与美好。学习用日记、观察手记等，展示自己观察自然、探索科学世界的收获。

（3）学习具体、清楚、生动地讲述有关老一辈无产阶级革命家和革命英雄、劳动模范、科学家的事迹，以及反映中华传统美德的故事。

2. **文学阅读**

（1）阅读并讲述革命故事、爱国故事、历史人物故事，感受幸福生活来之不易，表达自己对美好生活的向往，以及对革命英雄、仁人志士的崇敬之情。

（2）阅读描绘大自然、表现人类美好情感的诗歌、散文等文学作品，结合自己的生活体验，尝试用文学语言表达自己热爱自然、珍爱生命的情感。

（3）阅读富有想象力和表现力的儿童文学作品，欣赏富有童趣的语言与形象，感受纯真美好的童心，学习用口头或者图文结合的方式创编儿童诗和有趣的故事，发展想象力。

3. **思辨性阅读**

（1）阅读有关科学的短文，尝试发现日月星辰、风雨雷电、山川草木等大自然的奥秘，依据事实和细节，运用口头和图文结合的方式，表达自己的观点和思考。

（2）阅读解决生活问题的故事，尤其是中华智慧故事，结合自己在生活中遇到的问题学习思考的方法，尝试运用列提纲、画思维导图等方式，表达故事中的道理。

（3）在日常学习和生活中，主动记录、整理、交流自己发现的问题和思考，学习辨析、质疑、提问等方法。

4. 整本书阅读

（1）阅读表现英雄模范事迹的图书，如《小英雄雨来》《雷锋的故事》等，讲述英雄模范的动人故事。

（2）阅读儿童文学名著，如《稻草人》《爱的教育》等，感受作品传达的真善美，用自己喜欢的方式讲述故事大意。

（3）阅读中国古今寓言、中国神话传说等，学习其中蕴含的中华智慧，口头或书面分享自己获得的启示。

四、第二学段阅读质量描述

（1）喜爱阅读童话、寓言、神话等，在阅读过程中能提取主要信息，借助阅读经验和生活经验预测情节发展。

（2）能结合关键词句解释作品中人物的行为，从某个角度分析和评价人物。

（3）能发现作品中的优美词语、精彩句段，并根据需要进行摘录。

（4）能借助上下文语境，说出关键语句、标点符号、图表在表达中的作用。

（5）能复述读过的故事，概括文本内容，根据自己的阅读理解提出问题并与他人交流。

（6）乐于和他人分享阅读所得，关注有新鲜感的词句，并有意识地在口头和书面表达中运用。

第二节 第二学段阅读课文单元的编排特点

一、板块组成

部编小学语文教材以发展核心素养为理念，由易到难、螺旋上升地合理安排三、四年级的阅读课文，从随文识字、课内外阅读、口语交际、习作等多个方面在教学中稳步促进学生语文素养的提升。

从三年级开始，部编教材积极构建“教读”“自读”“课外阅读”三位一体的阅读体系，除了阅读策略单元，每个阅读课文单元均安排有单元导读页，引导教学和自学沿着人文主题线和语文训练要素两个方面开展。一般的阅读课文单元由课文和课后练习构成，课文不标注拼音。

辅教系统口语交际、习作、语文园地和快乐读书吧合理分布在各单元，由字、词、句的认识依次提升到段、章、篇的相互配合，让学生在阅读中随文识字，构建初步的语感，掌握一定的阅读方法，共同完成学段任务。

除此之外，三年级上册和四年级上册各安排有一个阅读策略单元，结构体例与一般阅读课文单元基本相似，但不以双线结构的方式编排，完全以阅读策略为主线进行编排。

中学段语文教材的单元构成及分布如表 7 – 1 所示。

表 7 – 1　中学段语文教材的单元构成及分布

年级	总单元/个	策略单元/个	课文/篇	教读课文/篇	自读课文/篇	口语交际/次	习作/次	语文园地/个	快乐读书吧/次	综合性学习/次
三上	8	1（四）	27	20	7	4	8	8	1	
三下	8		28	21	7	4	7	7	1	1
四上	8	1（二）	27	21	7	4	8	7	1	
四下	8		28	20	8	4	7	7	1	1

从表 7 – 1 可以看出：

（1）每册安排 8 个单元，每个单元的教学系统由教读课文和自读课文组成，辅教系统由口语交际、习作、语文园地、快乐读书吧和综合性学习构成。

（2）每个单元安排 3—4 篇阅读课文，其中教读课文占 3 篇或 2 篇。

（3）三年级上册和四年级上册各安排 1 个阅读策略单元。

（4）每个单元基本上都设置语文园地；口语交际每册安排 4 次，基本出现在头尾单元；快乐读书吧每册安排 1 次。

（5）三年级下册和四年级下册各安排 1 次综合性学习。

二、选文内容

部编教材根据不同学段特点，统筹安排各类主题的相关学习内容，彰显语文学习的价值导向。

1. 保留大量经典课文，加强中华优秀传统文化教育

这些经典的传统文化篇目主要以古诗、神话传说、寓言故事、历史故事、民间故事为载体，注重弘扬讲仁爱、重民本、守诚信、崇正义、尚和合、求大同等核心思想理念，弘扬有利于促进社会和谐、鼓励人们向上向善的中华人文精神，弘扬自强不息、敬业乐群、扶危济困、见义勇为、孝老爱亲等中华传统美德。

小学语文教材中一共编排了 129 篇古诗文，约占总篇目数的 30%。三、四年级每册都安排两个单元的古诗，共六首，大多集中表现大自然的风光、尊老爱幼、家国情怀等方面。如四年级下册第一单元的《古诗词三首》（《四时田园杂兴》《宿新市徐公店》

《清平乐·村居》）就表现了乡间生活的和谐美好，揭示“纯朴的乡村，一道独特的风景，一幅和谐的画卷”的主题。

从三年级开始，每学期安排一篇文言文，让孩子们接触文言文，大多是学生耳熟能详的寓言故事和历史故事，让学生从小打下文言文基础，如《司马光》《守株待兔》《自相矛盾》等。

2. 围绕伟大建党精神，注重反映革命文化

教材展示了革命年代的英雄人物和事迹，记录在争取民族独立和人民解放斗争中涌现的革命英雄，如《手术台就是阵地》《小英雄雨来（节选）》《黄继光》等，以培养学生正确的人生观和价值观。

3. 围绕社会主义核心价值观，培养家国情怀

教材选编了不少爱国爱家乡的作品，如四年级上册的第七单元，选编了三首古诗和《为中华之崛起而读书》《梅兰芳蓄须》两则故事，以及诗歌《延安，我把你追寻》，彰显“天下兴亡，匹夫有责”的人文主题。学生通过阅读，可以感受作品中蕴含的家国情怀，养成良好的品格。

4. 展现世界文明优秀成果，开阔视野

我国是一个有着五千年光辉灿烂文化的文明古国。学习《元日》，仿佛看到人们在“千门万户曈曈日”中迎接新年；学习《清明》，仿佛看到“清明时节雨纷纷，路上行人欲断魂”的情景；《纸的发明》让我们知道了四大发明之一的造纸术的由来；《赵州桥》一文中向我们展示了赵州桥设计美观的特点，让我们深深感受到祖先的智慧和才干；《一幅名扬中外的画》让我们了解张择端画的内容和艺术价值，感受到中华优秀传统文化的光辉灿烂。

5. 反映科技进步，培养科学精神

科学教育离不开科学阅读。在语文教材中，常见的科学题材主要借助一些童话和科学小品来体现。科学小品文是小学语文教材内容的重要组成部分，承载着普及科学知识、传播科学内容的任务，对激发学生热爱科学、探索科学奥秘的兴趣起重要作用。这类文章融科学性、知识性、趣味性、娱乐性为一体，使学生在文学欣赏中获得科学知识。

从四年级上下册第二单元的编排中，可以发现教材编者独具匠心。上册第二单元属于阅读策略单元，围绕“为学患无疑，疑则有进”的主题线，安排了四篇课文。《一个豆荚里的五粒豆》讲述成熟了的豆荚裂开了，里面的五个豆粒飞到广阔的世界里，各奔前程，对各自的经历都很满意。文章告诉我们：生活中不能没有爱，爱是最伟大的，也是最幸福的。《夜间飞行的秘密》主要讲科学家通过反复试验，揭开了蝙蝠能在夜间飞行的秘密，并从中受到启发，给飞机装上雷达，解决了飞机在夜间安全飞行的问题。《呼风唤雨的世纪》讲科技给人们生活带来的变化，激发了我们对科学的兴趣。《蝴蝶的家》以雨天为蝴蝶躲藏在哪里而着急的情感贯穿全文，真切地表达了作者对幼小生灵的关爱之情。这几篇课文意在培养学生善于思考，有乐观、积极的生活态度，爱探索科学奥秘和勇于创新的科学精神。下册第二单元同样是阅读策略单元，围绕“蓝天、森林、大海，蕴藏着自然的奥秘；过去、现在、未来，述说着科技的精彩”的主题，要求学生阅读时能提出不懂的问题，并试着解决。选编的四篇课文与自然、科技有关。《琥珀》一文根据琥珀的样子，展开合理的想象，重点推测了它的形成过程。《飞向蓝天的恐龙》这篇课文向我们介绍了“鸟类起源于恐龙”的假说，文中展示了保存有羽毛的恐龙化石证据，介绍了从恐龙到鸟类的演化过程。《纳米技术就在我们身边》介绍了纳米技术的含义及其应用。《千年梦圆在今朝》记叙了中华民族追寻飞天梦的历程。这些课文可以培养学生的科学兴趣，激发他们的想象力和创造力。

6. 贴近儿童生活，关注儿童成长

小学语文教材中的选文，是教材编者在认真研究儿童心理特点的基础上，从培养未来一代创新型人才这一教育目的出发，精心选编的。一般通过鲜明的艺术形象和具有儿童情趣的艺术感染力来潜移默化地影响学生。同时也会选编一些表现儿童生活的作品，关注其健康成长。如三年级下册第六单元围绕“在童年的百花园里，我们看到了真善美”这一主题，编排了四篇课文：《童年的水墨画》以诗歌的形式，呈现了乡村儿童生活的多姿多彩、自由自在；《剃头大师》折射出童年生活的纯真与有趣；《肥皂泡》写出了儿童丰富的想象和美好的憧憬；《我不能失信》讲述了宋庆龄小时候诚实守信的故事。四篇课文从不同角度呈现了多姿多彩的儿童生活，展现了童年生活的纯真和美好。

三、阅读课文的语文要素

语文要素是对课程标准学段目标的分解和细化，指向课程标准学段目标的达成。按照“学什么”“怎么学”的教学思路，主要包括语言知识、能力、学习方法和习惯等，这些问题与课文的教学目标和内容相对应，指向性具体，具有可操作性和可检测性。

第二学段的阅读课文语文要素如表 7－2 所示。

表 7－2　第二学段阅读课文的语文要素

单元	三上	三下	四上	四下
一	关注有新鲜感的词语和句子	试着一边读一边想象画面；体会优美生动的语句	边读边想象画面，感受自然之美	抓住关键语句，初步体会课文表达的思想感情
二	运用多种方法理解难懂的词语	读寓言故事，明白其中的道理	（阅读策略单元）	（阅读策略单元）
三	感受童话丰富的想象	了解课文是怎么围绕一个意思把一段话写清楚的	体会文章准确生动的表达，感受作者连续细致的观察	初步了解现代诗的一些特点，体会诗歌表达的思想感情

续表

单元	三上	三下	四上	四下
四	（阅读策略单元）	借助关键语句概括一段话的大意	了解故事的起因、经过、结果，学习把握文章的主要内容；感受神话中神奇的想象和鲜明的人物形象	体会作者是如何表达对动物的感情的
五	体会作者是怎样留心观察周围事物的	走进想象的世界，感受想象的神奇	了解作者是怎样把事情写清楚的	了解课文按一定顺序写景物的方法
六	借助关键语句理解一段话的意思	运用多种方法理解难懂的句子	学习用批注的方法阅读；通过人物的动作、语言、神态体会人物的心情	学习把握长文章的主要内容
七	感受课文生动的语言，积累喜欢的语言	了解课文是从哪几个方面把事物写清楚的	关注主要人物和事件，学习把握文章的主要内容	从人物的语言、动作等描写中感受人物的品质
八	学习带着问题默读，理解课文的意思	了解故事的主要内容，复述故事	了解故事情节，简要复述课文	感受童话的奇妙，体会人物真善美的形象

根据表 7-2 内容，概括第二学段的语文要素如下。

（1）字词方面：积累生动的词语，学会抓住关键词句，理解一段话，概括一段话。

（2）阅读提高方面：继续学习阅读的方法，学习用批注的方法阅读，学习浏览，学习常用的阅读策略，提高默读的速度。

（3）内容理解方面：关注主要人物和事件，理解人物刻画方法，理解文章内容，体会文章表达的思想感情。

（4）掌握课文思路方面：初步领悟文章的基本表达方法以及文章的表达顺序，了解故事的起因、经过和结果，了解课文是从哪几个方面把事情写清楚的。

（5）体裁把握方面：增强文体意识，掌握各类文体的阅读方法，包括叙事性作品、诗歌、说明性文章。

（6）能力提升方面：提高观察能力和想象能力。

四、体裁选择特点

随着课程改革的不断深入及部编语文教材的推行，阅读被赋予重要作用。三年级是个转折时期，是一个由低学段向高学段过渡的时期，学习重点和难点是对文本的理解。这个阶段孩子的思维处于形象思维向抽象逻辑思维过渡的阶段，语文学习内容由词句向篇章和综合过渡，对抓中心、找关键词句、体会句子的含义等深层理解文本的能力有较高的要求。依据小学生年龄段的性格特征和心理特点，中学段的课文恰当安排了适合少儿阅读的作品，分布在教学体系课文和辅教体系语文园地及快乐读书吧里。

新课程标准“课程目标”中关于中学段的“阅读与鉴赏”要求是这样表述的：“能

复述叙事性作品的大意，初步感受作品中生动的形象和优美的语言，关心作品中人物的命运和喜怒哀乐，与他人交流自己的阅读感受。诵读优秀诗文，注意在诵读过程中体验情感，展开想象，领悟诗文大意。”

中学段四册教材中阅读课文的体裁分布情况见表 7－3。

表 7－3　中学段阅读课文的体裁分布

年级	童话/篇	寓言/篇	故事/则	现代诗/首	古诗词/首	散文/篇	说明文、小品文/篇	文言文/篇	小说/篇	神话/篇
二上	7		5	1	6	9	3	1		
三下		4	5	2	6	8	7		1	
四上		3	5	2	6	9	4			4
四下	3	2	6	5	6	9	4	2	1	

从表 7－3 可以看出：

（1）中学段阅读课文的体裁以叙事性文学为主，包括散文、故事、神话、童话和寓言以及小说等。

（2）低学段的儿童诗逐渐被现代诗所取代。

（3）浅显易懂、内容接近儿童生活的散文占的比例最高。

（4）增加了知识性、抽象性比较强的课文，有比较生动的科学小品文，也有比较抽象的说明文。

（5）开始安排虚构性的小说，并增加了简短的文言文篇目。

五、课后练习的设计

课后练习的设计体现了编者的意图，也是课堂教学目标的具体呈现，能帮助学生理解、巩固和深化课堂所学。部编教材的课后练习在编排上由浅入深、由易到难，有梯度地螺旋上升，尽量符合学生的认知水平和学习能力的发展。三、四年级的课后练习配合单元的主题和语文要素要求，依据课文的特点，合理设置，教读课文后面除附有生字认读及生字书写外，另有 3—4 道练习题。第一道基本是朗读方面的要求；第二、第三道多是阅读理解和语言积累方面的练习题，有的是关于阅读链接方面的，指向课外拓展；小练笔基本安排在最后一道题，指向学生各种表达能力的训练。

教师需要认真解读课后练习的内容，根据小学语文课堂的需求，对练习题资源进行合理开发和利用，发挥课后练习对课前预习的有效作用，让语文要素得以落实。

1. 朗读和背诵

语文课程标准中关于第二学段“阅读与鉴赏”的首要要求是：“用普通话正确、流利、有感情地朗读课文。初步学会默读，做到不出声，不指读。学习略读，粗知文章大意。”对应和落实这一要求，中学段教材的课后所设置的 3—4 道练习题，第一道题基本是各种阅读课文方式的要求。在课文朗读上，从分角色朗读到渐渐学会默读，明确默读就是不出声地读，然后要求学生能够带着问题去默读，边默读边思考，使学生渐渐掌握默读的方法。在这样循序渐进的朗读练习中，学生提高了朗读水平，形成了良好的阅读习惯。第一道题中还有背诵的要求。学语文需要积累，优美的段落、句子，课后要求背诵，可以积累语言。

表 7－4 以三年级上册为例，展示了阅读课文的各种方式和要求。

表 7－4　三年级上册课文的阅读方式和要求

单元	课文	朗读	默读	略读	分角色朗读	配合技能	背诵
一	《大青树下的小学》	√				想象画面	
	《花的学校》	√			想象情景		
	《不懂就要问》 *		√	√		思考	
二	《古诗三首》	√				有感情地朗读	√
	《铺满金色巴掌的水泥道》	√					
	《秋天的雨》	√				有感情地朗读	背诵第 2 自然段
	《听听，秋的声音》 *	√				有感情地朗读并想象	
三	《卖火柴的小女孩》	√					
	《那一定会很好》 *		√			思考	
	《在牛肚子里旅行》				√	读出相应语气	
	《一块奶酪》 *		√				
四	《总也倒不了老屋》	√				猜测	
	《胡萝卜先生的长胡子》 *	√				思考	
	《小狗学叫》 *	√				预测	
五	《搭船的鸟》	√				思考	
	《金色的草地》	√				想象场景	
六	《古诗三首》	√				有感情地朗读并想象	
	《富饶的西沙群岛》	√				有感情地朗读	
	《海滨小城》	√				有感情地朗读，读好长句	
	《美丽的小兴安岭》	√					
七	《大自然的声音》	√					
	《读不完的大书》	√					
	《父亲、树林和鸟》		√			思考	
八	《司马光》	√				跟着老师读，注意停顿	
	《灰雀》		√		√	读出对话语气	
	《手术台就是阵地》		√				
	《一个粗瓷大碗》 *		√				

2. 字词句训练

中学段的阅读任务侧重段落学习与练习，是连接低学段字词句训练和高学段篇章训练的桥梁。其中理解词语处于重要地位，课后练习设计相关的词语训练，意在帮助学生理解字词所要表达的情感，掌握字词的正确运用，提高学生的语言能力。

教材课后练习有“读一读，记一记”“阅读字词、语句”等，这些题目聚集了文本中好的字词和句子，学生通过完成与主题相关的练习，可以更好地理解文章，增加自己的知识储备。每一课的练习题要求学生掌握的知识点会有差别，但都有助于学生积累词汇量。

通过表 7－5，可以了解课后练习是如何围绕单元语文要素设置字词句方面的训练内容和方式的。

表 7－5 三年级下册课后练习中的字语句训练内容和方式

课文	字语句训练内容和方式
《古诗三首》	练习 2：结合诗句的意思，想象画面，说说三首诗分别写了怎样的景象
《燕子》	练习 2：读一读，记一记，再说几个主要的词语（定中词组）
《荷花》	练习 1：注意读好下面的词语（名词） 练习 3：画出课文中你觉得优美生动的词语，和同学交流
《守株待兔》	练习 1：注意读好“因释其耒而守株”
《陶罐和铁罐》	练习 2：结合课文中描写陶罐、铁罐神态和语言的语句，说说陶罐、铁罐的性格有何不同，再分角色朗读课文
《纸的发明》	练习 1：结合课文中的相关语句，说说为什么只有蔡伦改进的造纸术传承了下来
《赵州桥》	练习 1：抄写自然段，体会这段话是怎样把赵州桥的“美观”写清楚的 练习 2：假如你是导游，试着用下面的词语，向游客介绍赵州桥
《花钟》	练习：3：课文用不同的说法来表达鲜花的开放，填一填，体会一下
《蜜蜂》	练习 2：读一读，注意加点的部分，说说你从中体会到了什么。再从课文中找出类似的词句，和同学交流
《童年的水墨画》	练习 3：联系上下文，说说下面诗句的意思
《肥皂泡》	练习 2：课文中有些句子不容易读懂。在课文中找一找，说说这些句子的意思 练习 3：读句子，体会丰富的想象
《我们奇妙的世界》	练习 2：结合生活经验，说说你对“一切看上去都是有生命的”这句话的理解
《火烧云》	练习 2：说说课文写了火烧云的哪些特点，你是从哪些语句了解到的

3. 篇章阅读

篇章阅读是阅读的最终目标。新课程标准对中学段的“阅读与鉴赏”要求是：“能初步把握文章的主要内容，体会文章表达的思想感情。学习圈点、批注等阅读方法。能对课文中不理解的地方提出疑问，乐于与他人讨论交流。”

三年级以后的阅读理解题目，相对一、二年级而言提高了很大的难度。阅读课文篇幅增大，不再是一两段话的小短文，阅读题也不像一、二年级那样可以很直接地在文中找到答案，而是既要求孩子具有语言理解和表达能力，也需要孩子掌握一定的回答方法，从中找到一些规律。

表7-6以四年级上册为例，列出了第二学段篇章阅读训练的内容和方式。

表7-6 四年级上册课后练习中的篇章阅读训练内容和方式

课文	内容	方式
《观潮》	练习2：课文按什么顺序描写钱塘江大潮	说说、想象画面、和同学交流
《走月亮》	练习2：课文中有哪些画面给你留下了深刻的印象	想象画面、和同学交流
《一个豆荚里的五粒豆》	整理大家提出的问题（针对全文或者部分提的问题）	说说自己的发现
《夜间飞行的秘密》	练习1、2：阅读课文，提出问题	学习阅读批注
《呼风唤雨的世纪》	练习1：整理阅读问题清单	筛选、谈启发
《古诗三首》	练习2：理解诗句	想象景象、说说自己的理解
《爬山虎的脚》	练习1：从哪些地方可以看出作者观察得特别仔细 练习2：作者如何描写爬山虎往上爬的	说一说
《蟋蟀的住宅》	练习1：课文讲了哪两方面的内容 练习2：介绍蟋蟀住宅的修建过程	说一说、介绍
《盘古开天地》	练习2：课文神奇的地方、盘古开天地的过程	
《普罗米修斯》	练习2：故事的起因、经过和结果；哪一个情节写得好	讲一讲
《爬天都峰》	练习1：课文按什么顺序写了一件事 练习2：课文怎样把爬天都峰的过程写清楚的	阅读、思考
《牛和鹅》	练习1：可从哪方面写批注 练习2：体会“我”见到鹅和被鹅袭击时的心情	思考、体会
《一只窝囊的大老虎》	练习1：在不理解的地方作批注 练习2：“我”的心情有怎样的变化，为什么会有这样的变化	做批注、填表格
《陀螺》	练习1、2：体会“我”心情变化的过程	体会
《为中华之崛起而读书》	练习1：课文的内容、讲了哪几件事	想一想、说一说
《西门豹治邺》	练习1：课文内容	填空、复述

4. 语言运用

语言运用的方法很多，如讲故事、复述课文、联系生活谈感受等。教材在语言运用训练的设计上，把语文和学生的学习、生活、经验、见闻等结合起来，引导学生在生活中学语文，用语文。

（1）口语训练。在小学语文教学中，学生口语交际能力的培养一直是教学的重点。课后口语交际活动的要求主要是学生通过阅读课文，说出他们感兴趣的内容或情节、复述课文内容等。一些练习要求学生根据词语来讲故事，或者根据上下文顺序来描述事物。教师把握这一特点后，可以有效锻炼学生的复述能力，加深学生对所学知识的理解，培养学生的思维能力。此类训练一般和阅读训练连在一起，如四年级下册《天窗》的课后练习："默读课文，说说天窗在哪儿，为什么要开天窗。""在什么情况下，小小的天窗成了孩子们'唯一的慰藉'？找出相关语句和同学交流，再有感情地读一读。"

（2）仿说仿写。引导学生学习运用语言文字，提高语言运用能力，是部编小学语文教材编写的重要理念，所以在训练上有不少仿说仿写的内容。这一类练习要求学生在理解和分析的基础上深入一步推敲遣词造句、谋篇布局的精妙所在，并亲自参与课堂，动口动手进行表达练习，把知识变为能力。这类练习主要有讨论、比较、找类似的词句、仿写、续写、缩写等。

例如，三年级上册《大青树下的小学》课后练习："你的学校是什么样的？同学们在学校里做些什么？选择一个场景说一说。"下面还给了6个词语，并给出提示"上课的时候……""放学了……"，学生可以联系课文内容，看课文是怎么描写学生上课的，按照课文的样子来说、来写。

一部分小练笔直接依托课文的语言材料。比如，三年级上册《秋天的雨》课后题："想象一下，秋天的雨还会把颜色分给谁呢？照样子写一写。"这道题以课文中的句子作为支架，要求学生发挥想象模仿例子写几句话。练习题提供了形式和素材，降低了学生学习的难度。

还有一部分小练笔，没有给出直接模仿的语段，而是提示学生模仿课文的某些精彩段落。例如，三年级上册《美丽的小兴安岭》课后题："你的家乡哪个季节最美？为什么？写一段话和同学交流。"课文描写了小兴安岭的四季，为学生描写家乡的四季打开了思路，可以作为学生练笔的范例。

5. 思维能力的培养

教材中的每篇文章都蕴含着作者谋篇布局的匠心，从阅读的角度来说，学生在学习过程中需要明确作者的写作思路，以正确把握文章的主题。不少课后练习题都有意识地引导学生掌握文章的整体结构，积极思考课文内容。在教学过程中，教师应引导学生积极思考，理清文章内容，感悟文章语境，帮助学生快速理解和掌握文章，为后续阅读打下坚实的基础。通过有效的练习，学生可以在阅读过程中思考解决问题的方法，理解作者想要表达的思想，对课文线索进行深入的分析，从而感知课文的整体。例如，四年级下册《天窗》的两道课后练习题，即对培养学生的思考能力、抽象思维能力起到重要的促进作用。

6. **帮助提前预习**

课后练习对课前预习有关键作用。课后练习不仅能够体现对课文内容的解读，而且可以作为预习的准备，有助于学生更好地把握课文主要内容，深入了解文章的主旨，提高自主阅读能力。例如，四年级上册《观潮》课后的前两道练习题：“有感情地朗读课文。背诵第 3 ~4 自然段。”“说说课文是按照什么顺序描写钱塘江大潮的，你的脑海中浮现出怎样的画面，选择印象最深的和同学交流。”根据练习题的提示，可以提取预习的相关信息：课文的重点段落是第三和第四自然段，以描写景物为重点。课文的段落安排是有顺序的，阅读时需要把这个顺序给理出来。

第三节　三年级上册阅读单元课文综合分析

第二学段的阅读单元由课文与口语交际、习作、语文园地共同构成，每个单元设置单元导读页，以人文主线和语文素养训练提示为导向，以阅读课为载体，在阅读中随文识字，由低学段的字、词学习逐渐上升到句、段、章的学习，提升阅读能力，实现阅读目标。

三年级上册共设有 8 个单元，每个单元安排 3—4 篇教读课文，1—2 篇自读课文，每一篇课文只有生字标注汉语拼音，课文后设有认读生字和书写生字的训练，另安排 2—3 道练习题，并在课文最后附有阅读链接。8 个单元中，单元三为阅读策略单元，单元五为习作单元。

一、单元一课文

1. **主题与题材**

本单元以“美丽的校园，成长的摇篮，梦想启航的地方”为主题，安排了《大青树下的小学》《花的学校》两篇教读课文和《不懂就要问》一篇自读课文，以及口语交际“我的暑假生活”、习作“猜猜他是谁”和语文园地等内容。本单元文本以儿童的视角来表现校园生活，描绘校园生活的美好，展示从小立志的远大抱负。两篇教读课文分别由国内外两位著名作家创作，语言优美、简洁、质朴，感情真挚，可读性强。从三年级的第一单元开始，在教读课文之外增加了自读课文，教师要引导学生用前面所学的阅读方法学习自读课文。具体内容如表 7 - 7 所示。

表 7-7　三年级上册单元一的课文内容

课文	体裁	主题	题材
《大青树下的小学》	散文	展现学校生活的美好与幸福，以及各民族之间的友好和团结。	描写西南边疆的一所民族小学欢乐祥和的校园生活，反映了孩子们幸福的学习生活。
《花的学校》	散文诗	表现了孩子们对放假的期盼，表达了孩子和妈妈之间深厚的感情。	在作品里，诗人化身儿童，采用对妈妈叙说的形式，通过丰富的想象，描绘在六月雷雨轰响、阵雨落下、狂风簌簌的自然环境里，一群活泼天真、渴望自由的花孩子在上学时、上课时、放假时、归家时的情形。
《不懂就要问》*	故事	赞扬了孙中山先生谦虚好问的精神品质。	讲述了孙中山小时候在私塾读书，为了弄懂书本里的意思，不怕先生责罚，大胆向先生提出问题的故事。

2. 语文要素和训练要求

从三年级开始，每个单元最前面都有单元导读页。第一单元的单元导读页下部分文字“阅读时，关注有新鲜感的词语和句子”“体会习作的乐趣”，提示了本单元学习的语文要素。

结合课文所附的生字认读、书写训练和课后练习及语文园地的内容分析，本单元的训练重点在朗读课文，掌握新鲜的词语、词组和句子，发展想象能力，以及口语表达能力的培养等几个方面。具体内容见表 7-8。

表 7-8　三年级上册单元一的语文要素和训练要求

课文	认读与书写	朗读背诵	词语积累组词造句	口语训练	思维培养	阅读训练
《大青树下的小学》	认读 10 个生字；书写 13 个生字	朗读	学习新词句；学习运用补充式短语	和同学交流有新鲜感的词句；说一说这所学校有哪些特别的地方；选择一个场景说说自己的学校	想象能力	结合上下文理解词句的意思，体会文中关键词句表达情意的作用
《花的学校》	认读 5 个生字；掌握 1 个多音字；书写 13 个生字	朗读	学习动宾式短语；摹写“雨一来，他们便放假了”的句式		想象能力	
《不懂就要问》*	认读 12 个生字；掌握 2 个多音字	默读略读	把有新鲜感的词句画下来	和同学交流新鲜感的词句；和同学交流课文讲了一件什么事	评价主人公的做法	

3. **单元核心素养目标**

语言运用：认读课文生字，掌握常用的多音字；学习和积累有新鲜感的词句；用普通话正确、流利、有感情地朗读课文；在阅读中随文识字，结合上下文理解词句的意思，体会文中关键词句表达情意的作用；能用恰当的口语和同学交流有新鲜感的词句。

思维能力：学习过程中能展开联想和想象，对课文叙述的事件展开评价。

审美创造：体验校园生活，善于思考与提问。

文化自信：了解校园文化，喜欢表现校园生活的文学作品。

二、单元二课文

1. **主题与题材**

本单元的导读页上部分的文字“金秋的阳光，洒在树叶上，洒在花瓣上，也洒在我们的心上”似一首清新的小诗，点明了单元人文主题“赞美金色的秋天”；下部分的文字“运用多种方法理解难懂的词语”则提示了单元的语文要素。本单元安排了《古诗三首》《铺满金色巴掌的水泥道》《秋天的雨》三篇教读课文和《听听，秋的声音》一篇自读课文。阅读这些文章，学生可以了解秋天的自然景观，注意观察周边景色，丰富自己的认知世界。具体内容如表7-9所示。

表7-9　三年级上册单元二的课文内容

课文	体裁	主题	题材
《古诗三首》	七言绝句	《山行》表达了诗人对动人的山林秋色的赞美之情。	描绘了秋日山行所见的景色，山路、白云、人家、枫林，构成一幅和谐统一的画面。
		《赠刘景文》表现了诗人广阔的胸襟和对友人的关爱。	先用“荷尽菊残”劝告朋友要保持傲雪冰霜的气节，再用“橙黄橘绿”来勉励朋友困难只是一时，要乐观向上，切莫意志消沉。
		《夜书所见》通过描绘秋夜所见的景象，表现自己客居他乡的悲情。	描写在孤寂夜里所见的景象。诗中一、二两句写梧叶飘飞，寒声阵阵，秋风瑟瑟，江船漂泊，三、四两句描写儿童挑灯夜游、捉弄蟋蟀的生活场景。
《铺满金色巴掌的水泥道》	叙事写景散文	抒发对秋天雨后水泥道景色的赞美之情。	作家用细致的笔触，按照地面、道路两旁、水泥道、落叶、小雨靴的顺序，描摹了雨后水泥道的美丽景色。
《秋天的雨》	抒情散文	赞美美丽、丰收、欢乐的秋天。	以秋雨作为线索，抓住秋天的特点，描写了秋天缤纷的色彩，秋天瓜果成熟的丰收景象，还有深秋中各种动物、植物准备过冬的情景。
《听听，秋的声音》*	现代诗	赞美秋天。	描写秋天大自然里一些特有的声音——大树的唰唰声、蟋蟀的㘗㘗声、大雁的叮咛和秋风的歌吟等，说明秋的声音藏在大自然的许多事物中，需要我们细细聆听。

2. **语文要素和训练要求**

单元导读页上的“运用多种方法理解难懂的词语”提示了本单元的语文要素。结合课文所附的生字认读、书写训练及课后练习和语文园地分析，四篇课文集中训练认读生字、掌握常用偏旁部首、书写生字和掌握常用笔顺笔画、强化朗读和背诵课文、了解句号和逗号相关知识及提升口语表达的模仿能力等几个方面。具体内容如表 7－10 所示。

表 7－10　三年级上册单元二的语文要素和训练要求

课文	认读与书写	朗读背诵	词语积累组词造句	口语训练	思维培养	阅读训练
《古诗三首》	认读 10 个生字；掌握 1 个多音字；书写 12 个生字	有感情地朗读并背诵	积累诗句	用自己的话说说诗句的意思	分析能力（从哪个地方发现这三首诗写的是哪个季节的景色）	结合上下文理解词句的意思，体会文中关键词句表达情意的作用
《铺满金色巴掌的水泥道》	认读 6 个生字；书写 13 个生字	朗读课文	学习 2 个形容词	和同学交流加点的词用什么方法来理解	分析能力（用什么方法记住加点的词）	
《秋天的雨》	认读 11 个生字；书写 11 个生字	有感情地朗读并背诵	句子仿写	和同学交流感兴趣的内容	分析能力（课文从哪几个方面写了秋天）；想象能力（秋天的雨还会把颜色分给谁）	
《听听，秋的声音》＊	认读 9 个生字	有感情地朗读	掌握拟声词及动词、形容词	和同学交流听到了秋天的哪些声音	想象（听到了秋天的哪些声音）	

3. **单元核心素养目标**

语言运用：认读课文生字，掌握常用的多音字；学习和积累有新鲜感的词句；用普通话正确、流利、有感情地朗读课文；在阅读中随文识字，结合上下文理解词句的意思，体会文中关键词句表达情意的作用；能用口语表达词句的意思。

思维能力：思考和分析课文从哪几方面来安排篇章的；培养想象能力。

审美创造：观察和发现大自然的特点，体验秋天的美好。

文化自信：感受文学作品如何通过不同的体裁和题材表现秋天的美，丰富人文情怀。

三、单元三课文

1. 主题与题材

本单元以“有趣的童话”作为学习主线，安排了《卖火柴的小女孩》《那一定会很好》《在牛肚子里旅行》《一块奶酪》四篇童话故事。单元导读页上部分文字“乘着想象的翅膀，游历奇妙的童话王国，看花儿跳舞，听星星歌唱”，点明了本单元的主线是学习童话这一体裁；下部分文字“感受童话丰富的想象”“试着自己编童话，写童话”，则提示了本单元学习的语文要素。

童话作为一种适合少儿阅读的文学体裁，想象丰富，情节离奇，语言绮丽，对于三年级学生来说，有着极大的吸引力。阅读这些包含哲理的童话故事，能让孩子们在成长的过程中学会思考，丰富自己的情感世界。具体内容如表7－11所示。

表7－11　三年级上册单元三的课文内容

课文	体裁	主题	内容
《卖火柴的小女孩》	童话	表达了作者对穷苦人民悲惨遭遇的深刻同情和对当时社会的不满，无情地揭示了资本主义社会的黑暗和罪恶。	讲述一个在一年最后一夜卖火柴的小女孩的悲惨命运。因为没有卖掉一根火柴，小女孩一天没有吃东西。她又冷又饿，忍不住擦亮了第一根火柴，看见了喷香的烤鹅；她擦亮了第二根火柴，看见了美丽的圣诞树；她擦亮了第三根火柴，看见了久违的祖母，她想让祖母留在自己身边，于是擦亮了一整把火柴。然而当火柴熄灭的时候，所有的一切都不见了，小女孩就这样在一年的最后一夜悲惨地死去。
《那一定会很好》＊	童话	启发我们不断追寻心中的梦想，实现自己的人生价值。	课文分四个层次，叙述一粒种子长成一棵大树、大树变成手推车、手推车变成椅子、椅子变成木地板的过程。
《在牛肚子里旅行》	童话	赞扬了蟋蟀青头机智勇敢、重情重义的品质。	蟋蟀红头和好友青头捉迷藏时，不小心被大黄牛卷到了嘴里，进入了牛肚子。危急关头，蟋蟀青头沉着地安慰红头，给它出主意，帮助它从牛肚子里逃脱出来。蟋蟀红头从第一个牛的胃到第二个胃，又回到了牛嘴里，最后和草一起被喷了出来。
《一块奶酪》＊	童话	赞扬蚂蚁队长以身作则，抵制诱惑，以及关爱弱小的优良作风。	蚂蚁队长召集小蚂蚁们搬运奶酪时，不小心拽掉了奶酪一角。蚂蚁队长很想自己吃掉它，其他蚂蚁也都看着蚂蚁队长怎样处理这块小奶酪。最终蚂蚁队长战胜了自己想偷嘴的心理，命令最小的蚂蚁吃掉了那块小奶酪。

2. 语文要素和训练要求

从课文所附的生字认读、书写训练及课后练习分析，四篇课文集中训练认读生字、掌握常用偏旁部首、书写生字和掌握常用笔顺笔画、强化朗读和背诵课文等几个方面，着重培养学生从课文中提取相关信息并和大家交流阅读体验的能力。具体内容见表7－12。

表7－12　三年级上册单元三的语文要素和训练要求

课文	认读与书写	朗读背诵	词语积累组词造句	口语训练	思维培养	阅读训练
《卖火柴的小女孩》	认读15个生字；掌握4多音字；书写13个生字	朗读	积累词句	和同学交流阅读过程中印象最深的部分	梳理故事层次；培养想象能力	小女孩擦燃了几次火柴，每次擦燃后看到了什么，表达怎样的愿望
《那一定会很好》*	认读8个生字	默读课文	积累词句	尝试用自己的话说一说种子的历程	分析思考能力	结合上下文理解词句的意思，体会文中关键词句表达情意的作用
《在牛肚子里旅行》	认读13个生字；书写13个生字	默读全文；分角色朗读并读出相应的语气	句子仿写	把故事讲给别人听	分析能力（课文哪个地方显示蟋蟀青头和红头是好朋友）	结合上下文理解词句的意思，体会文中关键词句表达情意的作用；画出蟋蟀红头的旅行线路
《一块奶酪》*	认读11个生字；掌握1个多音字	默读课文	积累词句	说说故事讲了一件什么事情	分析能力（自己是否喜欢蚂蚁队长，并说出理由）	结合上下文理解词句的意思，体会文中关键词句表达情意的作用

3. 核心素养目标

语言运用：认读课文生字，掌握常用的多音字；学习和积累有新鲜感的词句；用普通话正确、流利、有感情地朗读课文；在阅读中随文识字，结合上下文理解词句的意思，体会文中关键词句表达情意的作用；能用口语表达词句的意思。

思维能力：能梳理故事层次；培养想象能力。

审美创造：体验童话里的真善美和哲学意味。

文化自信：感受童话这种体裁的特点，丰富人文情怀。

四、单元六课文

1. 主题与题材

本单元围绕“我爱祖国壮美的山河”这一主题，安排了《古诗三首》《富饶的西沙群岛》《海滨小城》《美丽的小兴安岭》四篇教读课文。单元导读页包含两部分内容：上部分文字点明单元人文主题即“热爱祖国壮美的山河”；下部分文字“借助关键语句理解一段话的意思。习作的时候，试着围绕一个意思写”则提示了单元的语文要素。具体内容见表 7－13。

表 7－13　三年级上册单元六的课文内容

课文	体裁	主题	题材
《古诗三首》	七言绝句	《望天门山》赞美了大自然的神奇壮丽，表达了作者乐观豪迈的感情。	全诗四句，每句都是一个特写镜头，用碧水、青山、帆影、红日等绚丽多彩的物象，与诗人心中的断、开、出、来等意象，表现了雄伟壮丽的江山景观。
		《饮湖上初晴后雨》赞美西湖晴天和雨天的美妙景象。	抓住了夏季西湖时晴时雨的特点，以形象的比喻和生动的笔触，惟妙惟肖地描绘了西湖的美景。
		《望洞庭》赞扬洞庭湖的水光山色。	描写了秋夜皎洁月光下的洞庭湖波光与月色交相辉映的美丽景象。诗人先描写从远处看到的洞庭湖水光山色，再把洞庭湖的水比作白银盘，把洞庭湖中的君山比作一枚小小的青螺。银白色的盘子里摆着一枚小小的青螺，小巧玲珑，十分精致，又和月光笼罩下的湖水山色相称。
《富饶的西沙群岛》	小品文	赞扬西沙群岛的美丽富饶	按总—分—总的顺序先总述西沙群岛风景优美、物产丰富，是个可爱的地方。接着按照由上到下、由近及远的顺序从海面、海底、海滩和岛上四方面描述，具体写出西沙群岛的美丽富饶。最后总结，写出西沙群岛的未来将变得更加美丽和富饶。
《海滨小城》	散文	抒发了作者对家乡的热爱之情	作者按由远及近的顺序，描绘了海上、海滩、庭院、公园、街道五个场景的特点，为我们展现出绚丽多彩的海滨景象以及美丽整洁的小城风光。
《美丽的小兴安岭》	小品文	表达作者对祖国大好河山的赞美和热爱之情。	课文按季节的变化，先概说小兴安岭像绿色的海洋，然后分别介绍小兴安岭一年四季的美景，最后说小兴安岭是花园也是宝库，呼应开头。

2. 语文要素和训练要求

单元导读页中的“借助关键语句、理解一段话的意思”提示了本单元的语文要素，结合课文所附的生字认读、书写训练和课后练习及语文园地的内容分析，常规的训练包括集中训练认读生字，掌握多音字及书写生字，强化朗读和背诵课文，以及口语表达。训练的重点是引导学生理解课文中的一些句子，还需要读懂一些长句。具体内容见表 7－14。

表 7－14　三年级上册单元六的语文要素和训练要求

课文	认读与书写	朗读背诵	词语积累组词造句	口语训练	思维培养	阅读训练
《古诗三首》	认读 7 个生字；掌握 2 多音字；书写 13 个生字	朗读背诵默写	积累诗句	用自己的话说一说诗句的意思	想象诗中描绘的景色	结合上下文理解词句的意思，体会诗中关键词句表达情意的作用
《富饶的西沙群岛》	认读 10 个生字 掌握 1 个多音字；	感情朗读	积累词句	用自己的话说一说，并向别人介绍西沙群岛	梳理和分析课文层次	
《海边小城》	认读 12 个生字；掌握 1 个多音字；书写 13 个生字	朗读	在文中找出关键句子	说一说课文写了哪些景象	分析关键句子的作用	
《美丽的小兴安岭》	认读 13 个生字；掌握 2 个多音字；书写 13 个生字	朗读	读好长句；理解关键词句的用处	说一说小兴安岭哪个季节最美	把握课文层次	

3. 单元核心素养目标

语言运用：认读课文生字，掌握多音字；用普通话正确、流利、有感情地朗读课文；在阅读中随文识字，读好长句，结合上下文、课文插图和生活实际了解关键词句的意思。

思维能力：阅读课文时中能提取关键信息理解课文，把握课文层次，发展想象能力。

审美创造：观察和体验祖国河山的壮美，热爱家乡，热爱祖国。

文化自信：感悟诗歌、散文和小品文在描绘祖国河山方面的特点，丰厚文化积淀。

五、单元七课文

1. 主题与题材

本单元围绕“我爱大自然，人与自然和谐相处”这一主题，安排了《大自然的声音》《读不完的大书》《父亲、树林和鸟》三篇教读课文。单元导读页上部分的文字“大自然赐给我们许多珍贵的礼物，你发现了吗?”采用疑问的句式，启发、激励学生去关注自然、探索自然、发现自然。下部分的文字“感受课文生动的语言，积累喜欢的语句”“留心生活，把自己的想法记录下来”提示了本单元的语文要素。具体内容见表 7－15。

表 7-15 三年级上册单元七的课文内容

课文	体裁	主题	内容
《大自然的声音》	小品文	表现大自然声音的美丽动听。	以独特的视角、丰富的联想、富有韵味的语言，采用总—分结构，分别写出了风、水、动物在大自然中创造出的美妙声音。
《读不完的大书》	散文	赞美大自然中隐藏着无尽的乐趣。	以儿童的视角描写了乡村中缤纷多彩的事物，并融入丰富的想象，展现了一幅幅生动有趣的大自然的图画。第一自然段简要介绍了“我”在大自然中找到的“好玩的东西”，引出全文。接着用四个自然段重点描写了小麻雀、老鹰、蚂蚁以及各种花草树木，从不同角度表现了大自然的乐趣。结尾段呼应课题，赞美了大自然中无尽的乐趣。
《父亲、树林和鸟》	散文	赞扬了父亲爱鸟、爱树林的情怀，由衷表现了对父亲的敬重之情。	课文回忆了童年时代父亲带“我”从滹沱河岸上的树林走过，路上展开两次关于树林与鸟的谈话，亲身感受到父亲喜欢树林和爱歌唱的鸟的事件。第一次对话写父亲对鸟的习性十分了解，闻到鸟味就知道鸟的存在，听鸟在欢唱。第二次对话则写父亲对鸟的生存的担忧。

2. 语文要素和训练要求

单元导读页中的文字“感受课文生动的语言，积累喜欢的语句”“留心生活，把自己的想法记录下来”提示了本单元的语文要素。“感受语句优美”可通过朗读、想象画面、观看图片、多感官感知等方法，留心体会，培养学生的审美情趣；“学习积累优美语句”可通过摘抄、批注等方式进行，本单元的语文园地中着重进行了“摘抄”方法的讨论与学习，提到“画出好的语句，记录在摘抄本上”“归类摘抄并反复翻看”“批注感受”“注明出处”等摘抄方法，在教读课文时要引导学生学习与练习。

结合课文所附的生字认读、书写训练和课后练习及语文园地的内容分析，常规的训练包括集中训练认读生字，掌握多音字及书写生字，强化朗读和背诵课文，以及口语表达。训练的重点是引导学生积累优美语句，掌握课文中可以帮助我们理解一段话的意思的重要句子。具体内容见表 7-16。

表 7-16 三年级上册单元七的语文要素和训练要求

课文	认读与书写	朗读背诵	词语积累组词造句	口语训练	思维培养	阅读训练
《大自然的声音》	认读 10 个生字；掌握 1 多音字；书写 13 个生字	朗读背诵默写	积累课文描写声音的词语	用自己的话说一说自己听过的声音	把握课文总—分的层次特点	结合上下文理解词句的意思，体会文中关键词句表达情意的作用

续表

课文	认读与书写	朗读背诵	词语积累组词造句	口语训练	思维培养	阅读训练
《读不完的大书》	认读 11 个生字；书写 13 个生字	有感情地朗读	积累生动的语句（修辞方法）	用自己的话和同学交流自己读到了什么	把握课文的层次	结合上下文理解词句的意思，体会文中关键词句表达情意的作用
《父亲、树林和鸟》	认读 5 个生字；书写 13 个生字	朗读	抄写作定语的修饰语	说一说课文写了哪些景象	思考和分析父亲的判断，并分析理由	

3. 单元核心素养目标

语言运用：认读课文生字，掌握多音字；用普通话正确、流利、有感情地朗读课文；提高口头表达能力；在阅读中随文识字，积累优美词语，特别是修饰语，了解一些修辞句的运用，结合上下文和生活实际了解关键词句的意思。

思维能力：把握课文层次，比如总—分的段落安排特点，分析和判断文中的一些观点。

审美创造：观察、体验大自然的丰富和美好，热爱祖国，敬畏自然。

文化自信：培养人与自然和谐相生相长的情怀。

六、单元八课文

1. 主题与题材

本单元围绕“品质的力量”这一主题，安排了《司马光》《灰雀》《手术台就是阵地》三篇教读课文和《一个粗瓷大碗》一篇自读课文。这四篇课文都通过具体事件突出人物的美好品质，让学生感知人间的美好与温暖。这个单元的单元导读页上有两部分内容：“美好的品质，犹如温暖的阳光，带给我们希望和力量”，用诗歌一般的语言，告诉我们“美好的品质”传递的是浓浓的正能量；“学习带着问题默读，理解课文的意思”“学写一件简单的事”，则提示了本单元的语文要素和习作要求。具体内容见表 7－17。

表 7－17 三年级上册单元八的课文内容

课文	体裁	主题	题材
《司马光》	故事	赞扬了司马光遇事沉着冷静、肯动脑筋的品质。	司马光和小朋友在花园里玩的时候，有个小朋友一不小心掉进了大水缸里，在这危急时刻，司马光沉着冷静地用水缸旁边的大石头砸破了缸，救出了落水的孩子。

续表

课文	体裁	主题	题材
《灰雀》	故事	这个故事体现了列宁善解人意和对男孩的尊重、爱护，也表现了男孩知错能改的诚实品质。	列宁在郊外养病时经常去公园看望一棵高大白桦树上的三只灰雀。有一天，他发现其中一只不见了，于是去寻找，遇到了一个男孩，经过交谈，列宁猜到是他捉走了灰雀，便故意强调灰雀飞不回来了，让小男孩坚定把飞雀放回来的决心。第二天，男孩果然兑现了承诺，把灰雀放了回来。
《手术台就是阵地》	故事	表现了白求恩同志对工作极端负责的品质和他把中国人民解放事业当成他自己事业的共产国际主义精神。	讲述加拿大共产党员、国际主义战士白求恩同志在中国抗日战争时期的一次战斗中，以手术台为阵地，在形势越来越危险的情况下，坚持为伤员做手术，连续工作 69 个小时的感人故事。
《一个粗瓷大碗》*	故事	赞扬了赵一曼在艰苦的环境中关爱战士胜过关心自己，与战士同甘共苦、坚持革命的高贵品质。	讲述了在军事博物馆里陈列的“粗瓷大碗”的故事。抗日战争期间，小通讯员送给赵一曼一个粗瓷大碗，她谢绝了。小通讯员用粗瓷大碗给她盛了一大碗高粱米饭，她把高粱米饭倒进病号灶的锅里，和战士们一起喝野菜粥；又把粗瓷大碗送给七班做了菜盆。

2. 语文要素和训练要求

单元导读页中的“学习带着问题默读，理解课文的意思”“学写一件简单的事”提示了本单元的语文要素和习作要求。“学习带着问题默读”要求掌握默读的方法，带着问题去默读，可以增加阅读的目的性。“学写一件简单的事”是要求模仿和学习本单元课文记事的方法，如按一定的时间顺序，或按事情发生发展的先后，突出事件的核心要素等，并用到习作中。

结合课文所附的生字认读、书写训练和课后练习及语文园地的内容分析，本单元的常规训练包括集中训练认读生字，掌握多音字及书写生字，强化朗读和背诵课文以及口语表达。训练的重点是引导学生积累优美语句，掌握课文中可以帮助我们理解一段话的意思的重要句子。本单元课文都是故事，要引导学生把握人物的语言描写对刻画人物的作用。具体内容见表 7 – 18。

表 7 – 18　三年级上册单元八的语文要素和训练要求

课文	认读与书写	朗读背诵	词语积累组词造句	口语训练	思维培养	阅读训练
《司马光》	认读 5 个生字；书写 7 个生字	朗读，把握节奏；背诵	注意古文词句的特点	用自己的话说一说这个故事	辨别这篇课文和其他课文的区别	结合上下文理解词句的意思，体会文中关键词句表达情意的作用

续表

课文	认读与书写	朗读背诵	词语积累组词造句	口语训练	思维培养	阅读训练
《灰雀》	认读 10 个生字；书写 13 个生字	分角色朗读；默读	积累表现感情的语句	和同学交流列宁和小男孩喜欢灰雀的语句	分析和思考两人对话时的心理	结合上下文理解词句的意思，体会文中关键词句表达情意的作用
《手术台就是阵地》	认读 12 个生字；掌握 2 个多音字；书写 11 个生字	默读	理解表现程度的词语；理解“手术台就是阵地”这句话	说一说用什么方法理解关键词语；和同学交流	思考和分析课文刻画白求恩的语句	
《一个粗瓷大碗》＊	认读 8 个生字；掌握 1 个多音字	默读	积累词语	用自己的话说一说这个故事	查资料，加深对课文的理解	

3. 单元核心素养目标

语言运用：认读课文生字，掌握多音字；用普通话正确、流利、有感情地朗读课文，注意文言文朗读时的停顿；带着问题默读课文；提高口头表达能力；在阅读中随文识字，积累优美词语，特别是表示程度的词语；了解课文刻画人物的句子；结合上下文和生活实际了解关键词句的意思。

思维能力：掌握课文记叙一件事的思路。

审美创造：学习文中人物的良好品格，陶冶情操。

文化自信：阅读革命文学，继承和弘扬社会主义革命文化。

第四节　三年级下册阅读单元课文综合分析

三年级下册共设有 8 个单元，每个单元安排 3—4 篇教读课文，1—2 篇自读课文，每一篇课文只在生字部位标注汉语拼音，课文后设有认读生字和书写生字部分，安排 2—3 道练习题。其中，单元五为习作单元，单独放在后面章节中讲解。

一、单元一课文

1. 主题与题材

本单元以“飞鸟在空中翱翔，虫儿在花间嬉戏。大自然中，处处有可爱的生灵”为主线，点明本单元的主题是感受自然生灵的可爱，呼吁大家关注和爱护大自然的生灵。

围绕这一主题，教材安排了《古诗三首》《燕子》《荷花》三篇教读课文，《昆虫备忘录》一篇自读课文，多角度地展现自然生灵的可爱。《古诗三首》中，三首古诗分别描绘了迷人的风光，以及每个季节中可爱的生物，表达了作者的喜爱之情。《燕子》一文勾勒了燕子的外形以及飞行、休憩时的姿态，展现了燕子的活泼可爱。《荷花》一文细腻地描写了荷花的多种姿态，并展开想象，把一池荷花描绘成了“一大幅活的画”。《昆虫备忘录》一文中则介绍了一组有趣、可爱的小昆虫。具体内容如表 7－19 所示。

表 7－19　三年级下册单元一的课文内容

课文	体裁	主题	题材
《古诗三首》	绝句	《绝句》表达了对美好春天的赞叹。	首句写黄鹂居柳上而鸣，下句写白鹭飞翔上天，由下而上，由近而远。在上两句已点明当时正是早春之际，第三句写冬季的积雪欲融未融，就给读者一种湿润的感受。末句更进一步写出了诗人当时的复杂心情，说船来自“东吴”，表明战乱平定，交通恢复，诗人睹物生情，想念故乡。
		《惠崇春江晚景》表露出诗人对春季的喜爱和赞叹之情。	先写江边景“竹外桃花三两枝”，再写江中景“春江水暖鸭先知”，视觉上由远及近，即从江岸到江面。然后写岸边景“蒌蒿满地芦芽短”，这时仍紧扣“早春”来描写，那满地的蒌蒿、短短的芦芽，黄绿相间，艳丽迷人，呈现出一派春意盎然、欣欣向荣的景象。“正是河豚欲上时”写诗人从蒌蒿丛生、芦苇吐芽推测而知“河豚欲上”，从而描绘出河豚在春江水发时沿江上行的形象，用想象的虚境补充了实境。
		《三衢道中》抒写诗人对旅途风物的内心感受。	首句点明此行的时间“梅子黄时”，正是江南梅雨时节（黄梅天），难得有这样“日日晴”的好天气，诗人的心情自然也为之一爽，游兴愈浓。诗人乘轻舟泛溪而行，溪尽而兴不尽，于是舍舟登岸，步行山路。一个“却”字，道出了诗人高涨的游兴。三、四句紧承“山行”，写绿树荫浓，爽静宜人，更有黄鹂啼鸣，幽韵悦耳，渲染出诗人舒畅愉悦的情怀。
《燕子》	抒情散文	赞美了活泼可爱的小燕子，表达了对光彩夺目的春天到来的欢欣热爱之情。	文中一共描绘了四幅美丽的画卷，从不同的角度来表现小燕子的俊俏可爱。先描绘小燕子的外形美。作者用工笔画一般细腻的笔触，近景特写了小燕子的外形特征。小燕子赶赴的“春光美”是第二幅图，轻风、细雨、柔柳，加上五颜六色的花朵和青翠欲滴的草叶，“像赶集似的聚拢来”。小燕子飞行时的动态美是第三幅图。小燕子斜飞横掠，“叽的一声”，“翼尖或剪尾，偶尔沾了一下水面”。最后描写小燕子歇息时的静态美。“几痕细线”上“停着”几只飞倦了的小燕子，映着嫩蓝的天空，十分有趣。

续表

课文	体裁	主题	题材
《荷花》	叙事写景散文	赞美荷花的高洁，表达作者热爱大自然的感情	本文沿着观赏荷花—变身荷花—又回到现实的线索展开。先描述作者看到满池荷花时的景象，荷叶、荷花、花苞错落有致，层次分明；接着写自己仿佛变身成了一朵荷花，感受到另一种情趣。
《昆虫备忘录》*	小品文	表现童真童趣，表达对大自然的喜爱之情。	《复眼》从猜测、作用和幻想来介绍，《花大姐》从美的动作、美的衣服、美的外形来介绍，《独角仙》从形体写到习性，《蚂蚱》重点介绍了尖头绿蚂蚱和土蚂蚱的外表及体征。

2. 语文要素和训练要求

本单元的语文要素有两个。第一个是"试着一边读一边想象画面"。从文字到画面，从画面到文字，是语文学习中阅读和表达两者之间的重要信息转化。边读边想象画面，对学生而言是一项重要的阅读策略，也是一种阅读习惯。二年级下册已经有过"读句子，想象画面"的练习，这里是对其的巩固与提升。边阅读边想象画面，要求学生认真地阅读，在读的过程中用文字唤起自己的认知经验，在脑海中形成画面，然后再试着简单说出看到的画面，这样就能够更好地领会文字的内容以及文字中蕴含的作者情感。"体会优美生动的语句"是本单元指向阅读的第二个语文要素。所谓优美生动的语句，是指那些能够准确表达事物的特点，并且体现出用词准确、句式新颖、描写细致、巧用修辞等特点的语句。

结合课文所附的生字认读、书写训练及课后练习和语文园地的内容分析，四篇课文集中训练以下几方面的能力：认读生字和书写生字，掌握多音字；掌握关键词语，特别是定中结构的词组；积累生动优美的语句；强化有感情地朗读和背诵课文；想象画面美；体会作家思想感情；等等。具体内容如表 7-20 所示。

表 7-20　三年级下册单元一的语文要素和训练要求

课文	认读与书写	朗读背诵	词语积累组词造句	口语训练	思维培养	阅读训练
《古诗三首》	认读 6 个生字；书写 12 个字	有感情地朗读并背诵	积累诗句；默写	用自己的话说说三首诗分别描绘了怎样的景象	想象画面	结合上下文理解词句的意思，体会文中关键词句表达情意的作用
《燕子》	认读 11 个生字；掌握 2 个多音字；书写 13 个字	朗读、背诵课文	学习定中词组；积累优美生动的语句	模仿文中词语说几个类似的词语	想象画面	

续表

课文	认读与书写	朗读 背诵	词语积累 组词造句	口语训练	思维培养	阅读训练
《荷花》	认读6个生字；掌握1个多音字；书写11个字	有感情地朗读；默读	积累优美词语	和同学交流优美生动的词语	体会文中实写和虚写相结合的好处	结合上下文理解词句的意思，体会文中关键词句表达情意的作用
《昆虫备忘录》*	认读11个生字；掌握1个多音字	默读	积累优美词语	和同学交流四种生物的特征	自己最感兴趣的内容是什么，为什么	

3. 单元核心素养目标

语言运用：认读课文生字，掌握常用的多音字；学习和积累有新鲜感的词句；用普通话正确、流利、有感情地朗读课文；学会默读；在阅读中随文识字，结合上下文理解词句的意思，体会文中关键词句表达情意的作用；能用口语跟同学交流词句的意思。

思维能力：能思考和分析课文从哪几方面来安排篇章；培养想象能力。

审美创造：观察和发现生物的美好的特点，尊重和热爱大自然。

文化自信：培养科学精神，具有关爱自然的情怀。

二、单元二课文

1. 主题与题材

本单元围绕“寓言是生活的一面镜子”这一人文主线，安排了《守株待兔》《陶罐和铁罐》《鹿角和鹿腿》三篇教读课文，《池子与河流》一篇自读课文。单元导读页由文字部分和背景图片组成。文字部分有上下两部分内容：上部分“寓言是生活的一面镜子”，主要是点明本单元的主题。下部分“读寓言故事，明白其中的道理。把图画的内容写清楚”，提示本单元的语文要素。页面的图画是寓言故事《鹬蚌相争，渔翁得利》。

本单元四篇课文皆为寓言故事，可见这是以寓言来安排篇章的单元。这是部编教材编排的一个特点，有的单元以人文主题来安排课文，有的单元则按体裁类别来选篇。第一篇《守株待兔》是选自《韩非子》的一则文言故事，第二篇《陶罐和铁罐》是我国当代寓言大师黄瑞云创作的寓言故事，第三篇《鹿角和鹿腿》选自《伊索寓言》，作者是古希腊著名的哲学家、文学家伊索，《池子与河流》是用诗的形式来表现的寓言。四篇课文由古到今，由国内到国外，各方面都有所兼顾。具体内容见表 7 – 21。

表 7－21　三年级下册单元二的课文内容

课文	体裁	主题	题材
《守株待兔》	寓言	告诉我们不要把一件偶然发生的事情看成是不断发生的事情，要勤劳务实，不能心存侥幸。	战国时期，宋国一个农民看见一只兔子撞在树桩上死了，于是他便放下锄头每天在树桩旁等待，希望再得到撞死的兔子。
《陶罐和铁罐》	寓言	该故事告诉人们，每个人都有长处和短处，要善于看到别人的长处，正视自己的短处，相互尊重，和睦相处。	国王御厨里的铁罐自恃坚硬，瞧不起陶罐，然而两个罐子埋在土里许多年以后，陶罐出土成为文物，铁罐却化为泥土，不复存在。
《鹿角和鹿腿》	寓言	这个故事告诉我们，物各有所长，亦有所短。不要因为它的长处而看不见它的短处，也不要因为它的短处而否定了它的长处。不要光图美丽，更要讲实用和它的存在价值。	课文讲的是在丛林中，一只鹿遇到狮子奋力脱险的故事。鹿非常欣赏自己美丽的角，而抱怨四条难看的细长的腿。当遇险时，鹿的四条有力的腿救了它，而美丽的双角被树枝挂住，差点让它丢了命。
《池子与河流》*	寓言诗	告诉我们要勤劳，不能懒惰，才能不利用是要被磨灭的，当它被懒惰所支配时，它就一无所为。	先写池子将自己与河流对比，认为自己的命运很好，河流拥有的一切都是空的；再写河流反驳池水，阐述真正的哲理；接着写池水和河流的不同结果；最后一节点明主题，揭示寓意。

2. 语文要素和训练要求

单元导读页上的“读寓言故事，明白其中的道理。把图画的内容写清楚”，提示了本单元的语文要素。本单元有两个具体的任务，首先是了解故事的框架，把握故事的起因、经过和结果；其次是能读出故事所包含的寓意，以及带给我们的启发。

结合课文所附的生字认读、书写训练和课后练习及语文园地的内容分析，本单元的基础训练点在朗读课文，掌握新鲜的词语、词组和句子，发展想象能力，以及口语表达能力的培养等几个方面。重点是理解寓言故事的寓意。具体内容如表 7－22 所示。

表 7－22　三年级下册单元二的语文要素和训练要求

课文	认读与书写	朗读背诵	词语积累组词造句	口语训练	思维培养	阅读训练
《守株待兔》	认读 4 个生字；书写 9 个生字	朗读背诵	借助注释读懂课文；读好“因释其耒而守株”这个句子	说说农夫为什么成了宋国人的笑话	思考与判断能力	结合上下文理解词句的意思，体会文中关键词句表达情意的作用

续表

课文	认读与书写	朗读背诵	词语积累组词造句	口语训练	思维培养	阅读训练
《陶罐和铁罐》	认读 11 个生字；书写 12 个生字	默读 分角色朗读	积累优美词句	说说陶罐和铁罐之间发生了什么事；说说陶罐和铁罐性格有何不同	思考与判断能力	结合上下文理解词句的意思，体会文中关键词句表达情意的作用
《鹿角和鹿腿》	认读 8 个生字；掌握3个多音字；书写13个生字	朗读	积累优美词句	用自己的话讲一讲这个故事	思考与判断能力	结合上下文理解词句的意思，体会鹿的心理变化
《池子与河流》＊	认读8个生字	分角色朗读	积累优美词句	结合实际谈谈自己的观点	思考与判断能力	结合上下文理解词句的意思，体会文中关键词句表达情意的作用

3. 单元核心素养目标

语言运用：认读课文生字，掌握常用的多音字；学习和积累有新鲜感的词句；用普通话正确、流利、有感情地朗读课文；学会默读、分角色朗读；在阅读中随文识字，结合上下文理解词句的意思，体会文中关键词句表达情意的作用；能用口语讲一讲这些寓言故事。

思维能力：能思考和分析寓言故事的寓意。

审美创造：学会辨别是非、真假，提高思辨能力。

文化自信：学习古今中外的寓言故事，传承优秀传统文化，树立文化自信。

三、单元三课文

1. 主题与题材

本单元以“深厚的传统文化，中国人的根”为人文主题，安排了《古诗三首》《纸的发明》《赵州桥》三篇教读课文和《一幅名扬中外的画》一篇自读课文。2022 年新课程标准坚持问题导向，准确理解和把握中共中央、国务院关于教育改革的各项要求，全面落实习近平新时代中国特色社会主义思想，将社会主义先进文化、革命文化、中华优秀传统文化、国家安全、生命安全与健康等重大主题教育有机融入课程，增强课程思想性。本单元所选篇目都体现了这一要求。

走进这一单元，能让孩子们初步感受到中华优秀传统文化的源远流长、博大精深。《古诗三首》中的三首绝句包括北宋政治家王安石的七言绝句《元日》、唐代诗人杜牧的七言绝句《清明》、唐代诗人王维的七言绝句《九月九日忆山东兄弟》。这三首诗和三个传统节日有关，分别描绘了古代人们春节、清明节和重阳节时的生活场景。《纸的发明》讲解了纸的发明过程，展示了中国四大发明之一对世界文明的伟大贡献。第三篇《赵州桥》则介绍有一千四百多年历史的赵州桥，展示中国悠久的桥梁设计和建造历史。自读课文《一幅名扬中外的画》用简单的文字介绍北宋画家张择端的《清明上河图》，此画是中国十大传世名画之一。具体内容见表7-23。

表7-23　三年级下册单元三的课文内容

课文	体裁	主题	题材
《古诗三首》	七言绝句	《元日》洋溢着诗人对革除时弊、推行新法的坚定信念及乐观情绪。	这是一首写古代迎接新年的即景之作，取材于民间习俗，摄取老百姓过春节时的典型素材，抓住有代表性的生活细节：点燃爆竹、饮屠苏酒、换新桃符，充分表现出年节的欢乐气氛，富有浓厚的生活气息。
		《清明》表露了孤身行路之人的情绪和希望。	描写清明时节的天气特征，以及亲友结伴踏青、祭祖扫墓的习俗。诗人独自在他乡的旅途中碰上绵绵不绝的春雨，心里忧郁愁苦，于是打听哪儿有喝酒的地方，让自己能置身于人和酒的热流之中。春雨中的牧童便指点那远处的杏花村中即有酒家。
		《九月九日忆山东兄弟》表达了作者在重阳节对家乡的思念之情。	诗一开头便紧扣诗题，写异乡异土生活的孤独和凄然，因而时时怀乡思人，遇到佳节良辰，思念倍加。接着诗一跃而写远在家乡的兄弟，他们按照重阳节的风俗而登高时，肯定也在怀念自己。诗意反复跳跃，含蓄深沉，既朴素自然，又曲折有致。
《纸的发明》	说明文	赞颂我们祖先的创造业绩，让我们认识到造纸术大大促进了社会的进步。	这篇课文按时间顺序介绍了纸的发明经过，展现了古代造纸的流程。全文共5个自然段，按造纸术发明前、西汉时代、东汉时代的顺序讲述了纸的发明经历，介绍了造纸方法，最后说明造纸术的传播和对世界进步的意义。
《赵州桥》	说明文	赞扬古代劳动人民的智慧和才干。	课文按总—分总的结构方式向我们介绍了赵州桥的设计精巧、造型美观。课文共分4个自然段。先写赵州桥的地点、桥名、设计建造者、建造年代；接着介绍赵州桥的设计精巧，重点介绍桥的"美观"；最后讲赵州桥是我国宝贵的历史遗产。课文语言准确、简练又不乏生动。
《一幅名扬中外的画》*	说明文	赞扬画家高超的绘画技艺，展示北宋繁华的社会景象。	用生动的语言向我们介绍了名扬中外的古代绘画作品——《清明上河图》。作者先介绍，图画的年代、作者、尺寸大小、画面内容及目前保存的情况。接着介绍画面内容，先是概说画面上的人物很多，主要是从人物所从事的行业之多来表现的；然后讲画上的街市热闹非凡，介绍了画面上各种人物的形态；之后选择了一个小的场景加以具体生动的描绘。最后，简单说明了《清明上河图》的历史价值。

2. 语文要素和训练要求

本单元的单元导读页下部分文字"了解课文是怎么围绕一个意思把一段话写清楚的。收集传统节日的资料，交流节日的风俗习惯，写一写过节的过程"，提示本单元的语文要素。告诉我们在阅读和教学时要关注课文列举了哪些例子，是怎样围绕一个意思把一段话写清楚的。要善于运用这些例文实现语文要素的落地，让学生能够真正浸润在语文要素的学习中。除此之外，通过几篇课文的学习，带领学生投身到节日文化当中去，通过综合性学习活动的开展，感受节日的意义和快乐。

结合课文所附的生字认读、书写训练和课后练习及语文园地的内容分析，本单元的基础训练点在朗读课文，掌握新鲜的词语、词组和句子，发展想象能力，以及口语表达能力的培养等几个方面。重点在于开展综合性学习，收集和整理资料、展示成果、当导游等，了解中华优秀传统文化，增强文化自信。具体内容如表 7 – 24 所示。

表 7 – 24　三年级下册单元三的语文要素和训练要求

课文	认读与书写	朗读背诵	词语积累组词造句	口语训练	思维培养	阅读训练
《古诗三首》	认读 7 个生字；书写 11 个生字	朗读；背诵	借助注释读懂诗句；摹写	说说诗歌写了什么节日	想象能力	结合上下文理解词句的意思，体会文中关键词句表达情意的作用
《纸的发明》	认读 13 个生字；掌握 4 个多音字；书写 11 个生字	默读；分角色朗读	积累优美词句	说说为什么只有蔡伦改进的造纸术传承了下来	把握说明顺序	
《赵州桥》	认读 11 个生字；掌握 1 个多音字；书写 13 个字	朗读	积累、抄写优美词句	试着以导游的方式向游客介绍赵州桥	把握课文层次	
《一幅名扬中外的画》*	认读 10 个生字；掌握 2 个多音字	分角色朗读	积累优美词句	说一说为什么《清明上河图》会名扬中外；向别人介绍此画	把握段落安排的特点	

3. 单元核心素养目标

语言运用：认读课文生字，掌握常用的多音字；学习和积累有新鲜感的词句；用普通话正确、流利、有感情地朗读课文；学会默读、分角色朗读；在阅读中随文识字，结合上下文理解词句的意思，体会文中关键词句表达情意的作用；能用口语向别人介绍我国优秀传统文化。

思维能力：把握说明文的说明顺序和段落安排特色。

审美创造：热爱祖国文化艺术，提高文化鉴赏水平。

文化自信：传承优秀传统文化，树立文化自信。

四、单元四课文

1. 主题与题材

本单元以“看，花儿在悄悄绽放。听，蜜蜂在窃窃私语……自然界如此奇妙。留心观察，会有新的发现”为主题，安排了《花钟》《蜜蜂》两篇教读课文及《小虾》一篇自读课文。

语文学习中要注重培养学生的思维能力。对此，新课程标准的“总目标”第六条和第七条是这样表述的：积极观察、感知生活，发展联想和想象，激发创造潜能，丰富语言经验，培养语言直觉，提高语言表现力和创造力，提高形象思维能力。乐于探索，勤于思考，初步掌握比较、分析、概括、推理等思维方法，辩证地思考问题，有理有据、负责任地表达自己的观点，养成实事求是、崇尚真知的态度。本单元以观察大自然、探究奥秘为切入点，积极引领学生走进自然，留心观察，探究其奥秘，并通过课文内容培养学生的形象思维和抽象思维能力。具体内容见表 7－25。

表 7－25　三年级下册单元四的课文内容

课文	体裁	主题	题材
《花钟》	小品文	体现作家细致的观察态度，赞扬科学家的探究精神。	课文按照“归纳现象—揭示原因—实际运用”的思路，说明不同的花会在不同的时间开放及其原因。作者先写观察后的发现：一天之内，不同的花开放时间是不同的，并形象列举了牵牛花等九种花不同的开花时间来说明这个发现；接着分析回答了不同的植物开花时间不同的两个原因：开花时间与温度、湿度、光照有关，与昆虫的活动时间有关；最后谈到植物学家修建“花钟”的有趣。
《蜜蜂》	散文	赞扬作者严谨的科学态度和求实作风。	文中写了“我”做的一个试验，看蜜蜂是否具有辨认方向的能力。先写“我”听说蜜蜂有辨别方向的能力，想做个试验。接着写“我”在自家花园蜂窝中捉了二十只蜜蜂，在它们背上做上记号，叫小女儿守在窝旁，然后走出二里多路，放飞蜜蜂。最后写“我”途中的观察和猜测以及试验的结果。二十只蜜蜂有十七只没有迷失方向，这说明蜜蜂有超长的记忆力，而这是“我”无法解释的本能。
《小虾》*	散文	通过对小虾吃食、打架等细节的描写，突出了小虾有趣、脾气不好两个特点，抒发了“我”对小虾的喜爱之情。	“我”发现家里一口缸适合养虾，便捉来小虾养在缸里。小虾在缸里生活得十分自在，后来还繁殖了后代，生活得更加快乐。

2. 语文要素和训练要求

单元导读页下部分提示了本单元的语文要素是“借助关键语句概括一段话的大意”和“观察事物的变化，把实验过程写清楚”。“借助关键语句概括一段话的大意”的要求，是上一个单元中“了解课文是怎么围绕一个意思把一段话写清楚的”知识点学习的延续，要求学生学习段落的概括方法，懂得文章的开头句往往是一段内容的概括。

结合课文所附的生字认读、书写训练和课后练习及语文园地的内容分析，本单元的基础训练点在朗读课文，掌握新鲜的词语、词组和句子，发展观察能力，以及口语表达能力的培养等几个方面。重点是概括一段话的大意，学习做实验记录。具体内容如表7－26所示。

表7－26　三年级下册单元四的语文要素和训练要求

<table>
<tr><th>课文</th><th>认读与书写</th><th>朗读
背诵</th><th>词语积累
组词造句</th><th>口语训练</th><th>思维培养</th><th>阅读训练</th></tr>
<tr><td>《花钟》</td><td>认读9个生字；
书写12个生字</td><td>朗读
背诵
默读</td><td>体会文中的修辞句</td><td>说一说1—2自然段的大意</td><td>形象思维
抽象思维</td><td rowspan="3">结合上下文理解词句的意思，体会课文段落安排的逻辑性</td></tr>
<tr><td>《蜜蜂》</td><td>认读9个生字；
书写12个生字</td><td>默读
朗读</td><td>关注说明类词语的准确性</td><td>说一说说明类的文章词语运用的特点</td><td>形象思维
抽象思维</td></tr>
<tr><td>《小虾》*</td><td>认读8个生字；
掌握1个多音字</td><td>默读</td><td>积累优美词句</td><td>说说实验的过程</td><td>形象思维
抽象思维</td></tr>
</table>

3. 单元核心素养目标

语言运用：认读课文生字，掌握常用的多音字；学习和积累有新鲜感的词句；用普通话正确、流利、有感情地朗读课文；学会默读；在阅读中随文识字，结合上下文理解词句的意思，体会文中关键词句表达情意的作用；能用口语讲一讲课文内容。

思维能力：提高观察能力，学会概括，提升形象思维能力和抽象思维能力。

审美创造：留心观察大自然，发现大自然的奥秘，激发探究精神。

文化自信：养成严谨的科学态度。

五、单元六课文

1. 主题与题材

本单元围绕着“在童年的百花园里，我们看到了真善美”这一主题，安排了《童年的水墨画》《剃头大师》《肥皂泡》三篇教读课文和《我不能失信》一篇自读课文。四篇课文从不同角度呈现了多姿多彩的儿童生活，展现了童年生活的纯真和美好。选文体裁多样，有诗歌、小说、散文等。

新课程标准要求增强课程实施的情境性和实践性，从学生语文生活实际出发，创设丰富多样的学习情境，设计富有挑战性的学习任务，激发学生的好奇心、想象力、求知欲，促进学生自主、合作、探究学习。本单元的选文皆为儿童生活题材，贴近儿童生活，利于创设情境。具体内容如表 7－27 所示。

表 7－27 三年级下册单元六的课文内容

课文	体裁	主题	题材
《童年的水墨画》	诗歌	表现儿童的天真和幼稚，凸显童年的快乐，也表达了作者对童年快乐的怀念，对生活的热爱之情	三首小诗摄取了童年生活的典型场景，分别是“溪边垂钓图”“江中戏水图”“林中拾蘑菇图”。描述了一个孩子悠闲地在溪边垂钓以及钓到鱼后的欢乐场景、一群孩子在江水中游泳嬉闹的快乐场面以及一群孩子在空气清新的雨后林中采蘑菇的欢乐情景。
《剃头大师》	小说	表现儿童的天真和幼稚，凸显童年的快乐，表达对生活的热爱之情，也表达了作者对童年的怀念之情	本文讲描述了小沙怕去理发店剃头而央求“我”为他剪头发，结果剪成梯田样，最后被迫剃成光头的故事。文笔活泼，童真满溢。
《肥皂泡》	散文	寄托作者美好而独特的情感，折射出童年生活的纯真与有趣。	课文围绕肥皂泡主要讲了做泡泡—吹泡泡—看泡泡—梦幻泡泡几件事。冰心奶奶吹肥皂泡，不但吹出了和我们一样的情趣，还吹出了自己的梦想。
《我不能失信》＊	故事	赞扬宋庆龄从小诚实守信的良好品格。	讲述了宋庆龄小时候诚实守信的故事。一个星期天，宋庆龄全家准备到父亲的一位朋友家去。可是宋庆龄想起要在当天教朋友小珍叠花篮，虽然父亲和母亲都劝她改天再教，可宋庆龄还是留了下来，履行了自己的诺言。

2. 语文要素和训练要求

单元导读页下部分文字提示了本单元学习的语文要素：我们在阅读时，要运用多种方法理解难懂的句子，关注描写人物特点的方法；注意观察身边的人，发现并尝试写出其特点。学生在三年级上册第二单元学习过“运用多种方法理解难懂的词语”，这为本单元的学习提供了良好的基础。在本单元中，第一个语文要素“运用多种方法理解难懂的句子”充分体现了“分步呈现，由扶到放，先实践后梳理”的教材编排理念。第二个语文要素“写一个身边的人，尝试写出他的特点”，主要通过单元习作体现，但要求教师引导学生关注《剃头大师》《肥皂泡》及《我不能失信》这几篇以记人记事为主的课文的示范作用，学习如何写好一个人。

结合课文所附的生字认读、书写训练和课后练习及语文园地的内容分析，本单元的基础训练点在朗读课文，掌握新鲜的词语、词组和句子，发展观察能力，以及口语表达能力的培养等几个方面。重点是理解课文内容，读懂一些特殊的句子，发展想象能力。具体内容如表 7－28 所示。

表 7－28　三年级下册单元六的语文要素和训练要求

课文	认读与书写	朗读背诵	词语积累组词造句	口语训练	思维培养	阅读训练
《童年的水墨画》	认读 5 个生字；书写 11 个生字	朗读背诵	积累优美诗句	说一说在诗歌中看到了什么画面	形象思维 想象能力	结合上下文理解诗句的意思
《剃头大师》	认读 10 个生字；书写 13 个生字	朗读	积累优美词句	和同学交流课文题目为什么叫“剃头大师”	分析和思考 抽象思维	结合上下文理解词句的意思，体会课文段落安排的逻辑性
《肥皂泡》	认读 10 个生字；掌握 1 个多音字；书写 13 个生字	朗读	读懂一些难句，比如“五色的浮光，在那轻清透明的球面上乱转”	说说吹肥皂泡的过程	想象能力	结合上下文理解词句的意思，体会课文段落安排的逻辑性
《我不能失信》＊	认读 5 个生字	默读	读懂一些难句	说说自己对课文中一些有难度的句子的理解	分析和思考 抽象思维	联系生活理解课文

3. 单元核心素养目标

语言运用：认读课文生字，掌握常用的多音字；学习和积累有新鲜感的词句；用普通话正确、流利、有感情地朗读课文；学会默读；在阅读中随文识字，结合上下文理解一些难句，体会文中关键词句表达情意的作用；能用口语讲一讲课文内容。

思维能力：培养想象能力，发展形象思维能力和抽象思维能力。

审美创造：热爱生活，珍惜美好生活，做一个有诚信的人。

文化自信：多读一些记录儿童生活的好作品，唤起内心的热情，丰富人文积淀。

六、单元七课文

1. 主题与题材

本单元以“天地间隐藏着无穷无尽的奥秘，等待我们去寻找”为主题，提示本单元的题材跟探寻大自然的秘密有关。安排的《我们奇妙的世界》《海底世界》《火烧云》三篇教读课文，一篇整体介绍我们赖以生存的世界多么奇妙，另外两篇的内容分别是探寻海底世界和天上云彩的奥秘，介绍和描绘了自然界奇特的景观和无穷无尽的奥秘，激发学生热爱自然的情感，培养学生探索自然奥秘的精神。

引导学生关注社会、关注我们生存的世界是教育的现实任务。新课程标准中“发展型学习任务群”第二学段的学习任务中，有一个内容是这样陈述的：“学习阅读说明、叙写大自然的短文，感受、欣赏大自然的奇妙与美好。学习用日记、观察手记等，展示自己观察自然、探索科学世界的收获。”本单元正符合这一要求。具体内容如表 7－29 所示。

表 7－29　三年级下册单元七的课文内容

课文	体裁	主题	题材
《我们奇妙的世界》	说明文	说明这个世界的一切看上去都是有生命的，引导我们去感受、发现和寻找美，表达了作者对大自然、对美妙世界的热爱。	全文按总—分—总的顺序，先总写奇妙的世界里一切都是有生命的，再具体从“天空”和“大地”两个方面进行描写，从清晨日出、云彩变化、落日余晖、群星闪烁四个方面写天空的奇妙，从植物的生长、水果的颜色、夏日的树叶、秋天的光辉、鸟儿、风以及冬天的冰雪等方面写大地的奇妙，最后概括说明只要仔细地观察、寻找，世界上存在的奇妙的事物就是无穷的。
《海底世界》	说明文	以“海底”为切入视角介绍海洋知识，由衷赞叹“海底真是个景色奇异、物产丰富的世界”。	作者以平易生动的文字按总—分—总的思路，先提出“大海深处是怎样的”问题，然后描绘海底动物各种各样的声音、各种不同的活动方式，再简单介绍颜色丰富多彩、形态不一的植物，最后由衷地赞叹“海底真是个景色奇异、物产丰富的世界”。
《火烧云》	散文	赞扬大自然的奇妙，抒发了作者对童年、对家乡的那一份浓浓的情感。	作者以时间推移为线索，以形象生动的语言描绘了傍晚时分，火烧云从上来到下去的变化过程，为我们勾画了一幅绚丽多彩的晚霞美景图。课文从两个方面描写火烧云景象：一是颜色多，变化快；二是形状多，变化快。全文语言准确生动，作者凭借细致的观察和丰富有趣的想象把火烧云的动态之美描写得淋漓尽致，让人产生一种置身于色彩斑斓的童话世界的感觉。

2. 语文要素和训练要求

单元导读页下部分的文字“了解课文是从哪几个方面把事物写清楚的”“初步学习整合信息，介绍一种事物”提示了本单元学习的语文要素。“了解课文是从哪几个方面把事物写清楚的”就是要求把握课文段落安排的特点。这三篇课文都是总分结构，段落之间的过渡和衔接很明显，重要段落的开头都是概括句。通过把握关键词基本可以确认课文是从哪几个方面把事物写清楚的。《我们奇妙的世界》从“天空的珍藏”和“大地的珍藏”两方面描写奇妙的世界；《海底世界》从“景色奇异”和“物产丰富”两方面向读者介绍海底神秘的世界；《火烧云》从“霞光”“火烧云的颜色”“火烧云的形状”等方面介绍绚丽多姿的火烧云。教师在阅读指导时要注意积极引导。

结合课文所附的生字认读、书写训练和课后练习及语文园地的训练内容，本单元的基础训练点在朗读课文，掌握新鲜的词语、词组和句子，发展观察能力以及口语表达的培养等几个方面。训练重点是课文是从哪几方面来写的，围绕什么内容来写。具体内容如表 7－30 所示。

表 7－30 三年级下册单元七的语文要素和训练要求

课文	认读与书写	朗读背诵	词语积累组词造句	口语训练	思维培养	阅读训练
《我们奇妙的世界》	认读 9 个生字；掌握 1 个多音字；书写 11 个生字	朗读	积累优美词句	说一说对“一切看上去都是有生命的”这句话的理解	形象思维 想象能力	联系生活理解课文内容；课文是从哪几个方面来写天空和大地的
《海底世界》	认读 11 个生字；掌握 1 个多音字；书写 13 个字	朗读	学习和积累文中的拟人句	说说课文从哪几个方面介绍海底世界	分析和思考	体会概括句在文中的作用
《火烧云》	认读 8 个生字；掌握 1 个多音字；书写 13 个字	朗读 背诵	读懂描写火烧云特点的语句；掌握表示颜色的词语	说说课文内容；说说更多表示颜色的词语	想象能力	结合上下文理解词句的意思，体会课文段落安排的逻辑性

3. 单元核心素养目标

语言运用：认读课文生字，掌握常用的多音字；学习和积累有新鲜感的词句，如表示颜色的词语；用普通话正确、流利、有感情地朗读课文；学会默读；在阅读中随文识字，结合上下文理解一些难句，体会文中关键词句表达情意的作用；能用口语讲一讲课文内容。

思维能力：把握课文安排层次的逻辑顺序；学会看段落开头的中心句，培养概括能力。

审美创造：养成热爱自然的情感，培养探索自然奥秘的精神。

文化自信：多读一些探究大自然的好作品，唤起内心对自然和社会的关注，丰富人文积淀。

七、单元八课文

1. 主题与题材

本单元以“有趣的故事，留下的不仅是开心的笑声，还有许多的思考”为主题，安排了《慢性子裁缝和急性子顾客》《漏》两篇教读课文和《方帽子店》《枣核》两篇自读课文。

本单元的课文讲的是四个妙趣横生的故事，《慢性子裁缝和急性子顾客》是由童话作家周锐创作的一篇童话，故事以对话展开情节，人物形象鲜明，情节妙趣横生，结局更是让人忍俊不禁。《方帽子店》则启发我们要善于创新、勇于创新。《漏》根据民间故事改写，讽刺了老虎和贼的愚蠢与贪婪。这则民间故事幽默风趣，情节生动，语言口语化，想象奇特丰富，十分吸引人。《枣核》是一篇民间故事，情节起伏跌宕，内容妙趣横生，赞扬了主人公枣核勤劳勇敢、聪明正直的品质。

新课程标准在“发展型学习任务群”里对第二学段的“思辨性阅读与表达”有这样的要求：“阅读解决生活问题的故事，尤其是中华智慧故事，结合自己在生活中遇到的问题学习思考的方法，尝试运用列提纲、画思维导图等方式，表达故事中的道理。”教师在授课时要积极引导，对这些故事进行分析与思考，理解故事所包含的道理以及对人生的启发。具体内容如表 7－31 所示。

表 7－31　三年级下册单元八的课文内容

课文	体裁	主题	题材
《慢性子裁缝和急性子顾客》	故事	这则故事告诉我们，认准目标就要坚持，不要轻易改变，还要珍惜时间实现自己的目标。	课文以时间推移为顺序讲述了两个性格截然相反的人物的故事：急性子的顾客在四天内不断变化缝制新衣的要求，想尽快穿上新衣，而慢性子的裁缝却始终不紧不慢地应对，嘴上满口答应，但其实布仍在柜子里，还没有裁料。故事围绕四次对话展开。
《方帽子店》	故事	这则故事启发我们要善于创新、勇于创新。	一家方帽子店从来只做方帽子，一直拒绝改变。后来，一群孩子对既不实用又不舒服的方帽子大胆创新，使各式各样的帽子走进人们的生活，街上也有了卖各式各样帽子的新帽子店，人们有了更多更好的选择，方帽子慢慢成了古董。
《漏》	故事	故事讽刺了老虎和贼的愚蠢和贪婪，告诉人们：做贼心虚，做坏事没有好下场，终将自食其果。	这篇课文主要讲老虎和贼都想得到老爷爷和老婆婆养的驴，在偷驴时无意中听到老婆婆谈“漏”，老虎和贼因害怕把对方当成“漏”而被吓昏的故事。先写一个老爷爷和一个老婆婆喂着一头小胖驴，老虎想吃驴，贼想偷驴。接着描述了贼和老虎两次都把对方当作“漏”而被吓跑、吓昏的场景。最后写老爷爷和老婆婆再次说到“漏”，原来“漏”是指“漏雨”。
《枣核》＊	故事	赞扬了枣核勤劳勇敢、聪明正直的品质。	枣核的父母年纪很大的时候才生了一个跟枣核一样大小的孩子，取名为“枣核”。枣核养了很久很久还跟枣核一样大，但他很勤快，很有本领，能扶犁、赶驴和砍柴，还很聪明、勇敢，当官府把村民的牲口拖走时，他想方设法把牲口赶了回来。后来，事情败露，枣核敢作敢当。被抓到县衙门的时候，枣核大闹县衙门，把县官和衙役弄得团团转，最后大摇大摆地走出县衙门。

2. **语文要素和训练要求**

单元导读页的下部分文字“了解故事的主要内容，复述故事”“根据提示，展开想象，尝试编童话故事”，提示了本单元学习的语文要素。故事以对话推进情节发展，借助表格梳理故事情节是复述故事很好的方法。《方帽子店》的故事发展有两条线索，一是一成不变经营方帽子店的主人，二是以小孩子为代表的年轻人的创业故事。变换角色复述有助于学生加深角色体验。《漏》是“老虎怕漏”型系列故事之一，故事心理活动描写细腻，趣味十足。借助示意图复述是很好的策略。《枣核》情节生动，人物形象鲜明。续编故事，进行创造性复述有助于学生理解故事。“尝试编童话故事”主要针对习作，但这一要求放在课堂上，也是要求教师教会学生注重把握故事情节的推进过程，发展学生的想象能力，能根据情节的推进预测或者想象故事的后续内容。

结合课文所附的生字认读、书写训练和课后练习及语文园地的内容分析，本单元的基础训练点在朗读课文，掌握新鲜的词语、词组和句子，发展观察能力、想象能力，以及口语表达能力的培养等几个方面。训练重点是复述故事内容，分析人物性格，理解故事蕴含的道理。具体内容如表 7－32 所示。

表 7－32　三年级下册单元八的语文要素和训练要求

课文	认读与书写	朗读背诵	词语积累组词造句	口语训练	思维培养	阅读训练
《慢性子裁缝和急性子顾客》	认读 12 个生字；掌握 2 个多音字；书写 11 个生字	分角色朗读，读出语气	积累优美词句	根据表格复述故事	培养想象能力；把握故事情节发展过程	结合上下文理解词句的意思，体会文中关键词句表达情意的作用
《方帽子店》*	认读 8 个生字；掌握 1 个多音字	默读	积累优美词句	复述自己最喜欢的部分	把握故事情节发展过程	
《漏》	认读 9 个生字；掌握 2 个多音字；书写 13 个生字	默读；分角色朗读	积累优美词句	借助示意图和文字提示，按照地点变化的顺序复述故事	把握故事情节发展过程	
《枣核》*	认读 12 个生字	默读	积累优美词句	用自己的话复述故事	把握故事情节发展过程	

3. **单元核心素养目标**

语言运用：认读课文生字，掌握常用的多音字；学习和积累有新鲜感的词句；用普通话正确、流利、有感情地朗读课文；学会默读；在阅读中随文识字，结合上下文理解一些难句，体会文中关键词句表达情意的作用；能根据提示复述故事。

思维能力：把握故事情节推进的顺序。

审美创造：培养思辨能力，养成良好的品格。

文化自信：多读一些好故事，理解故事所蕴含的道理。对于民间故事，能从思辨的角度去阅读。

第五节　四年级上册阅读单元课文综合分析

四年级上册共设有8个单元，每个单元安排3—4篇教读课文，1—2篇自读课文，每篇课文只在生字部位标注汉语拼音，课文后设有认读生字和书写生字部分，另安排2—3道练习题。其中，单元二为阅读策略单元，单元五为习作单元，单独放在后面章节中讲解。

一、单元一课文

1. 主题与题材

本单元的单元导读页由文字和背景图片组成。上部分文字写着唐朝诗人王维的诗句“江流天地外，山色有无中”，配有体现专题内容的背景图，用直观的方式形象地揭示了本单元的主题是描写自然奇观，感受自然之美。本单元总共安排了《观潮》《走月亮》两篇教读课文，《现代诗二首》《繁星》两篇自读课文。三篇散文和两首现代诗的作者都是中国现当代著名作家，他们用不同的内容和方式表达了对大自然的无限热爱，体现了对浓浓亲情的赞美，对自由的渴望和追求。具体内容如表7－33所示。

表7－33　四年级上册单元一的课文内容

课文	体裁	主题	题材
《观潮》	散文	由衷地赞美钱塘江大潮这一奇丽、壮美的自然景观。	描写了作者观看钱塘江大潮的盛况，展现了潮来前、潮来时、潮头过后的景象，突出了大潮的奇特、雄伟与壮观。课文先写潮来前江面风平浪静，人们焦急盼望的情景，再写潮来时那雄伟壮观、惊心动魄的景象，最后写潮过后余波奔涌。
《走月亮》	散文	表达了“我”和阿妈之间浓浓的亲情和作者对生活的热爱。	课文描写了在秋天的夜晚，“我”和阿妈在洒满月光的小路上漫步时的所见、所闻、所感。文中四次写到“我和阿妈走月亮”，用反复的方式表达了“我”和阿妈“走月亮”时的幸福和喜悦之情，将母女间的浓厚亲情表现得淋漓尽致。

续表

课文	体裁	主题	题材
《现代诗二首》*	诗歌	《秋晚的江上》一诗中，诗人借景抒情，传达内心的感受，表达对事业追求的执着。	夕阳西下，想飞回巢的鸟儿已经倦了，太阳照在鸟儿的背上和翅膀上，好像是把斜阳驮回巢去一样。随着飞鸟翅膀的扑腾，黄昏的太阳好像从鸟的翅膀上掉到江面了。在那一瞬间，白色的芦苇顶端好像一个女人美丽的容颜。一开始，鸟儿背负着重担（斜阳）努力飞行，当完成任务（抖落斜阳）时，眼前一片红色，此时鸟儿该多么高兴、轻松啊。
		《花牛歌》赞扬田园之美、牛之乐趣，表达诗人对自由生活的喜爱与向往。	这首诗动静结合，两句话写一个画面，描写了一头或坐或走或卧都悠闲散漫、自由自在的花牛。
《繁星》*	散文	表达了作者对美好生活的热爱和向往，同时作者也通过写景抒发了淡淡的离情。	课文按照时间顺序，紧紧围绕“繁星”展开描写，描述了“我”在不同时期、不同地点观看繁星的情景。第一次是在自家庭院，点明自己最爱看台上的繁星。第二次是在南京的菜园地，觉得星星很亲切，光明无所不在。第三次是在海上，船动星移，对未来有种种设想，又有淡淡的乡愁，不由又回忆起童年来了。

2. 语文要素和训练要求

单元导读页下部分文字“边读边想象画面，感受自然之美”“推荐一个好地方，写清楚推荐理由”，主要是告诉我们本单元的阅读方法和习作要点。“边读边想象画面，感受自然之美”是提高阅读能力的重要方法。它告诉我们，教学时，要引导学生通过边读课文边想象画面去感受自然之美。教学时可以通过有感情地朗读，使学生置身其中，感受大自然的神奇。《观潮》《走月亮》《繁星》三篇课文皆为名家散文，语言清新，文中有画，令人想象无垠。《现代诗二首》想象灵动，节奏感强。它们从不同的角度，选取不同的景物向学生展示了美丽的自然世界，非常适合“边读边想象画面”这一语文要素的落实。“推荐一个好地方，写清楚推荐理由”要求学习课文后能将“边读边想象画面”这一语文要素落实到习作上，教学时应紧扣“如何写清楚推荐理由”进行设计。

结合课文所附的生字认读、书写训练和课后练习及语文园地的内容分析，本单元的基础训练点在朗读课文，掌握新鲜的词语、词组和句子，发展观察能力、想象能力，以及口语表达能力的培养等几个方面。训练重点是想象画面美，并说出感受。具体内容见表7-34。

表 7-34 四年级上册单元一的语文要素和训练要求

课文	认读与书写	朗读背诵	词语积累组词造句	口语训练	思维培养	阅读训练
《观潮》	认读 12 个生字；掌握 1 个多音字；书写 13 个生字	有感情地朗读；背诵	积累优美词句	和同学交流课文中印象最深刻的画面	根据课文内容想象画面；把握课文层次	结合上下文理解词句的意思，体会文中关键词句表达情意的作用
《走月亮》	认读 8 个生字；书写 15 个生字	有感情地朗读；背诵	积累优美词句	和同学交流课文中印象最深刻的画面	根据课文内容想象画面；把握课文层次	
《现代诗二首》*	认读 6 个生字	朗读	积累优美词句	说说诗中描绘了哪些景物	分析景物构成什么画面	
《繁星》*	认读 3 个生字	有感情地朗读	积累优美词句	说说自己所看过的夜晚的繁星，谈谈感受	想象繁星满天的画面	

3. 单元核心素养目标

语言运用：认读课文生字，掌握常用的多音字；学习和积累有新鲜感的词句；用普通话正确、流利、有感情地朗读课文；学会默读；在阅读中随文识字，结合上下文理解一些难句，体会文中关键词句表达情意的作用；能和同学交流印象深刻的画面。

思维能力：把握课文描绘画面的顺序，并想象画面的美，培养想象能力。

审美创造：感受大自然的美好，形成自觉的审美意识。

文化自信：阅读描绘大自然美好的优秀作品，开阔文化视野，增厚文化积淀。

二、单元三课文

1. 主题与题材

本单元以“处处留心皆学问”为人文主题，安排了《古诗三首》《爬山虎的脚》《蟋蟀的住宅》三篇教读课文。本单元的课文内容与“留心观察”有密切联系，目的是使学生学会观察的方法，特别是陆续观察的方法，体会文章准确生动的表达和对事物细致的描写，并能学习运用生动的语言对所观察的事物展开细致的描写。从题材来看，选取了观察植物和动物的篇目，既有古今文章对比，又有中外文化融合。《古诗三首》语言清新，文字浅显，诗中有画，画中有诗，富有音韵美。《爬山虎的脚》语言朴实，用词精妙。《蟋蟀的住宅》是法国作家法布尔的经典篇目，语言幽默，生动有趣。具体内容见表 7-35。

表 7-35 四年级上册单元三的课文内容

课文	体裁	主题	题材
《古诗三首》	七言绝句	《暮江吟》：表现出诗人内心深处轻松愉快的情思和对大自然的热爱之情。	诗人选取了从红日西沉到新月东升这一段时间里的两组景物进行描写。先描绘一道残阳渐沉江中，半江碧绿半江艳红。再描绘九月初三之夜，露水亮似珍珠，新月形如弯弓。
		《题西林壁》：诗人借景说理，指出观察问题应客观全面，如果主观片面，就得不出正确的结论。	这是一首诗中有画的写景诗，蕴含哲理。前两句描述了庐山不同的形态变化，后两句写出了作者深思后的感悟，说明之所以从不同的方位看庐山会有不同的印象，是因为"身在此山中"。
		《雪梅》：诗人通过描写梅雪二者的区别来揭示我们应该正确认识自己的长处和短处，要有自知之明的道理。	首句采用拟人手法写梅花与雪花相互竞争，都认为自己是最具早春特色的，互不认输，巧妙地将早春的梅花与雪花之美别出心裁、生动活泼地表现了出来。次句写诗人难以评判二者之高下。后两句是诗人对梅与雪的评语。
《爬山虎的脚》	散文	作者通过连续仔细的观察，发现了爬山虎怎样爬的秘密，表明自己认真严谨的科学精神。	课文细致地描写了爬山虎生长的地方，爬山虎的叶子，爬山虎脚的形状和特点，以及它是如何一步一步往上爬的。课文重点介绍爬山虎脚的特点，用三个自然段讲了三层意思：先讲爬山虎脚的样子和颜色，再讲它怎样在墙上爬，最后讲它必须"触着墙"才能生存。
《蟋蟀的住宅》	说明文	赞扬了蟋蟀不辞辛苦和不肯随遇而安的精神。	开篇直接点明了蟋蟀出名的原因，接着写蟋蟀与别的昆虫不同，它不肯随遇而安，而是精心地选择住址，一点儿一点儿地建造住宅。接下来用两个自然段详细描述了蟋蟀住宅外部的特点——向阳、倾斜、便于排水、顺着地势弯弯曲曲、大小适宜、门洞隐蔽、平台平坦。第六自然段详细描述了蟋蟀住宅内部的特点——光滑、平整、简朴、清洁、干燥、卫生，再介绍蟋蟀修建住宅的时间及怎样挖掘住宅的。最后写蟋蟀是如何整修住宅的。

2. 语文要素和训练要求

单元导读页下部分文字提示了本单元的语文要素是"体会文章准确生动的表达，感受作者连续细致的观察"以及"进行连续观察，学写观察日记"。"体会文章准确生动的表达，感受作者连续细致的观察"的要求，是三年级下册第三单元"了解课文是怎么围绕一个意思把一段话写清楚的"知识点学习的延续，是对观察方法提出明确要求，也是体会从写具体到写生动的提升过程。《爬山虎的脚》中对爬山虎脚的样子和爬山虎怎样爬的描写非常准确、形象。《蟋蟀的住宅》将蟋蟀当作人来写，足以看出作者的细致观察和准确表达。"进行连续观察"是这几篇课文作为习作例文给学生展示的一个新的观察方法，即层层推进、由表及里地对事物进行全面细致的观察。《爬山虎的脚》文后的两种观察记录的方法，《蟋蟀的住宅》文后的片段比较与阅读链接，都为这一要点的学习提供了载体。

结合课文所附的生字认读、书写训练和课后练习及语文园地的内容分析，本单元的基础训练点在朗读课文，掌握新鲜的词语、词组和句子，发展观察能力、想象能力，以及口语表达能力的培养等几个方面。训练重点是体会准确生动的词语，感受作者连续细致的观察。具体内容如表 7-36 所示。

表 7-36 四年级上册单元三的语文要素和训练要求

课文	认读与书写	朗读背诵	词语积累组词造句	口语训练	思维培养	阅读训练
《古诗三首》	认读 7 个生字；掌握 1 个多音字；书写 12 个生字	有感情地朗读、背诵课文	积累诗句，重点理解“一道残阳铺水中，半江瑟瑟半江红”	用自己的话说一说诗中的景象	想象诗歌描绘的景象	结合上下文理解词句的意思，体会文中关键词句表达情意的作用
《爬山虎的脚》	认读 5 个生字；掌握 1 个多音字；书写 13 个生字	朗读课文	把课文中写得准确、形象的句子抄写下来	说说作者在哪个地方观察得特别仔细；说说爬山虎是怎样往上爬的	把握课文层次，体会作者如何进行连续观察	
《蟋蟀的住宅》	认读 12 个生字；书写 13 个生字	默读	积累优美词句，理解文中“伟大的工程”一词的意思	说说课文围绕蟋蟀的住宅讲了哪几个方面的内容	分析、思考文中拟人手法的好处	

3. **单元核心素养目标**

语言运用：认读课文生字，掌握常用的多音字；学习和积累有新鲜感的词句；用普通话正确、流利、有感情地朗读课文；学会默读；在阅读中随文识字，结合上下文理解一些难句，体会文章生动的表达；能用自己的话说说课文相关内容。

思维能力：把握课文观察事物的层次和方法，并想象画面，培养想象能力。

审美创造：感受大自然的美好，形成自觉观察自然和社会的审美意识。

文化自信：阅读描绘大自然和介绍大自然的优秀作品，开阔文化视野，学习作者认真观察的态度，增厚文化积淀。

三、单元四课文

1. **主题与题材**

本单元以“神话，永久的魅力，人类童年时代飞腾的幻想”为人文主题，安排了

《盘古开天地》《精卫填海》《普罗米修斯》三篇教读课文和《女娲补天》一篇自读课文。这个单元以神话这一体裁来组织单元课文，包括三篇中国古代神话和一篇古罗马神话。神话承载了远古人类在生产力水平极其低下的状况下对自然与宇宙的探索，反映了远古人类与大自然进行英勇斗争的现实，表现了我们祖先不屈服任何困难的品质，以及对取得最后胜利的渴望和信心。学习这些神话故事，对弘扬中华优秀传统文化和世界优秀文化起到积极的作用，能帮助学生认识中华传统文化的深厚博大，激发学生的民族自豪感。这是部编教材第二次出现神话故事这种文学形式。与二年级下册出现的《羿射九日》重在讲故事不同的是，这个单元还需要让学生初步认识神话故事想象神奇、人物形象鲜明的文体特点。具体内容见表 7－37。

表 7－37　四年级上册单元四的课文内容

课文	体裁	主题	题材
《盘古开天地》	神话	展现了盘古顶天立地、无私奉献、勇于创造的英雄气概。	讲述了一个叫盘古的巨人，用斧头开天辟地，然后头顶着天，脚踩着地，最后化作万物，创造了美丽世界的神奇故事。首先写“天和地还没有分开，宇宙混沌一片”，交代了盘古开天地的起因；接着写盘古开天地的经过，先写盘古醒来后用斧头开天辟地，以及天地的不同变化，再写天地分开后，盘古用身体顶天立地；最后写盘古倒下后发生的一系列变化，这是故事的结果。
《精卫填海》	神话	表现了精卫百折不回的毅力和意志，反映了古代人民征服水患的强烈愿望和不畏艰苦的精神	写的是炎帝的小女儿女娃葬身东海，化为精卫鸟，每天口衔树枝和石块填海的感人事迹。故事只有两句话。第一句比较短，介绍炎帝的女儿女娃。第二句比较长，讲了两层意思：一是女娃为什么会变成精卫鸟，二是精卫鸟做了什么，刻画了英勇顽强的精卫鸟的形象。
《普罗米修斯》	神话	颂扬了普罗米修斯不畏强暴，为民造福，不惜牺牲一切的伟大精神。	讲述了普罗米修斯为了解除人类没有火种的困苦，不惜触犯天规，勇敢地盗取天火，从而给人类带来光明和智慧，并与宙斯进行不屈不挠斗争的动人传说。重点写了普罗米修斯盗取火种后所受的残酷惩罚。
《女娲补天》 *	神话	赞扬了女娲勇敢、善良的品质和不怕危险、甘于奉献的精神。	故事讲述的是女娲在天塌地裂的巨大自然灾难面前，挺身而出，克服巨大的困难补天堵地，救民于水火的故事。先写水神共工因败给火神祝融后撞断了不周山这根撑天的柱子，给人类带来了灾难。于是女娲决心修补天和地，让人类重新过上幸福的生活。接着写女娲拣来五色石炼成石浆补天，斩下大乌龟的腿竖立在大地的四方，击杀恶龙，吓退野兽，堵住洪水。最后写天和地恢复了平静，人类获得了新生。

2. 语文要素和训练要求

单元导读页下部分的文字提示了本单元的语文要素："了解故事的起因、经过、结果，学习把握文章的主要内容。感受神话中神奇的想象和鲜明的人物形象。展开想象，写一个故事。"可以看到本单元有三个语文要素。一是"了解故事的起因、经过和结果"。四篇神话故事的起因、经过、结果都非常清晰，《普罗米修斯》在课后习题中明确提出"按照起因、经过、结果的顺序，讲一讲普罗米修斯'盗'火的故事"。《女娲补天》则在课文连接语中提出"默读课文，说说故事的起因、经过和结果"。二是"感受神话中的人物形象"。神话故事中的人物形象非常鲜明，他们是古代劳动人民在同自然的斗争中用想象创造的英雄形象，是征服自然的理想和力量的化身。三是感受神话故事充满想象的特点。

结合课文所附的生字认读、书写训练和课后练习及语文园地的内容分析，本单元的基础训练点在朗读课文，掌握新鲜的词语、词组和句子，发展观察能力、想象能力，以及口语表达能力的培养等几个方面。训练重点是了解故事起因、经过、结果的发展脉络，把握文章的主要内容，感受神话中鲜明的人物形象，培养想象能力。具体内容见表 7-38。

表 7-38　四年级上册单元四的语文要素和训练要求

课文	认读与书写	朗读背诵	词语积累组词造句	口语训练	思维培养	阅读训练
《盘古开天地》	认读 8 个生字；书写 14 个生字	有感情地朗读课文	积累精美词句	说说盘古开天地的过程；说说盘古的形象	把握故事发展层次；想象画面	结合上下文理解词句的意思，体会文中关键词句表达情意的作用
《精卫填海》	认读 5 个生字；掌握 1 个多音字；书写 5 个生字	朗读、背诵课文	解读文言文句式	说说精卫填海的故事，和同学交流精卫的形象	按起因、经过、结果把握故事发展层次	
《普罗米修斯》	认读 13 个生字；掌握 2 个多音字；书写 13 个生字	朗读	积累优美词句	说说普罗米修斯盗火的故事；和同学交流感兴趣的情节	按起因、经过、结果把握故事发展层次	
《女娲补天》*	认读 9 个生字	默读		说说故事的起因、经过和结果	想象故事结果	

3. 单元核心素养目标

语言运用：认读课文生字，掌握常用的多音字；学习和积累有新鲜感的词句；用普通话正确、流利、有感情地朗读课文；学会默读；在阅读中随文识字，结合上下文理解一些难句，体会文章生动的表达；能用自己的话说说故事发展的过程。

思维能力：把握故事起因、结果、结果的推进过程，并想象画面，培养想象能力。

审美创造：感受主人公高尚的品格，学习他们坚韧不拔的精神。

文化自信：阅读中国和外国优秀的神话作品，开阔文化视野，弘扬中华优秀传统文化和世界优秀文化，激发民族自豪感，增强文化自信。

四、单元六课文

1. 主题与题材

本单元以冰心的话“童年啊！是梦中的真，是真中的梦，是回忆时含泪的微笑”为人文主题，安排了《牛和鹅》《一只窝囊的大老虎》《陀螺》三篇教读课文。本单元课文都是作者亲身经历的童年成长故事，不仅有童年的欢乐，更有经历挫折后的成长。内容较为贴近学生生活，学生可在阅读这几篇课文中感受童年生活的乐趣，明白人生道理。本单元的选文，教师要引导学生尝试用批注的方法阅读，通过人物的动作、语言、神态体会人物的心情，感受童年的快乐，获得成长的启示。具体内容见表7－39。

表7－39　四年级上册单元六的课文内容

课文	体裁	主题	题材
《牛和鹅》	散文	告诉我们看待周围的事物，从不同的角度出发就会得到不同的结果，要学会吸收与辨别。	课文按照事情发展的顺序，记叙了“我”常欺负牛，但怕鹅，在遭到鹅攻击时不敢还击，金奎叔将鹅制服并且鼓励“我”不要怕鹅的事件。先写了“我们”欺负牛、惧怕鹅的原因及行为；接着详细讲述了“我”被鹅追赶、袭击，金奎叔帮“我”赶走鹅的全过程；最后写金奎叔的话改变了“我”对牛和鹅的看法。
《一只窝囊的大老虎》	散文	表现成长中的困惑，赞扬“我”求实的态度。	文章记叙了“我”童年时，在学校的文艺表演《兄妹历险记》中扮演一只大老虎，结果演砸锅了的事情。“我”不明白为什么不会翻虎跳就不能扮老虎，表现了“我”的求真精神。课文按照事情发展的顺序，分为渴望上台表演、扮老虎没成功、寻找失败原因三个层次。
《陀螺》	散文	表现了成长的快乐，表达了对童年生活的怀念和对生活的热爱之情。	本文以陀螺为线索，叙述了“我”的一只其貌不扬的陀螺战胜大陀螺的事件及其蕴含的深刻道理。课文先写陀螺的制作方法和玩法，再写“我”用叔叔送“我”的陀螺取得了胜利，并悟出了人生的道理。

2. 语文要素和训练要求

单元导读页下半部分的文字“学习用批注的方法阅读。通过人物的动作、语言、神态体会人物的心情。记一次游戏，把游戏过程写清楚”提示了单元的语文要素。“学习用批注的方法阅读”告诉教师在进行阅读教学时，要让学生学会如何运用批注的方法学习。古人说“不动笔墨不读书”，批注是一种非常重要的阅读方法。阅读当中的勾画、批语、提问等都是在做批注。可以从很多角度进行批注，有疑问的地方可以批注，作者写得好的地方可以批注，给我们一定启发的地方也可以批注。四年级的学生初步具备了联系上下文理解语句、结合关键词句体会作者情感的能力，但仍会出现不知道在哪里做批注和写不出优质批注的问题。所以这一单元不仅要引导学生在深有体会的地方做批注，还要引导他们结合自己的感受、联系上下文、抓住关键词做批注。这个要素如何落实？首先可以学习范文里的批注方法，还可以配合第二个语文要素，引导学生针对文中人物的动作、语言、神态描写进行批注。这时候，批注的过程就是一个走进人物内心的过程。“记一次游戏，把游戏过程写清楚”是本单元习作的要求，但在教学过程中，依然要求教师积极引导，把握课文叙事的思路，了解叙事性作品篇章安排的特点，帮助学生顺利完成习作。

结合课文所附的生字认读、书写训练和课后练习及语文园地的内容分析，本单元的基础训练点在朗读课文，掌握新鲜的词语、词组和句子，发展观察能力、想象能力，以及口语表达能力的培养等几个方面。训练重点是学习做批注，通过把握人物的动作、语言、神态体会人物的心情。具体内容见表7－40。

表7－40　四年级上册单元六的语文要素和训练要求

课文	认读与书写	朗读背诵	词语积累组词造句	口语训练	思维培养	阅读训练
《牛和鹅》	认读12个生字；掌握1个多音字；书写15个生字	默读	积累人物动作、语言、神态的词句；理解“直到现在，我还记着金奎叔的话”这句话	和同学交流在课文什么地方做批注	把握故事发展层次	阅读时做批注；结合上下文理解词句的意思，体会文中关键词句表达情意的作用
《一只窝囊的大老虎》	认读12个生字；掌握5个多音字；书写12个生字	默读	解读文言文句式	和同学交流怎样做批注	把握故事发展层次	
《陀螺》	认读10个生字；掌握1个多音字；书写15个生字	默读	抓住关键句子体会“我”的心理变化过程；理解“人不可貌相，海水不可斗量”这句话	和同学交流感兴趣的情节	把握故事发展层次	

3. 单元核心素养目标

语言运用：认读课文生字，掌握常用的多音字；学习和积累有新鲜感的词句；用普通话正确、流利、有感情地朗读课文；把默读和做批注结合起来；在阅读中随文识字，结合上下文理解一些难句，体会文章生动的表达；能用自己的话说说故事发展的过程。

思维能力：把握故事的推进过程，理解和分析课文中的主要句子，培养分析能力。

审美创造：感受童年的快乐，正确看待成长中的困惑。

文化自信：阅读优秀儿童文学作品，关注自己的成长，借助文学的力量开阔文化视野，积累文化底蕴。

五、单元七课文

1. 主题与题材

本单元以“天下兴亡，匹夫有责”为人文主题，围绕“保家卫国，培养家国情怀”的目标，精心安排了《古诗三首》《为中华之崛起而读书》两篇教读课文和《梅兰芳蓄须》《延安，我把你追寻》两篇自读课文。本单元选编的四篇文学作品，展现了不同历史时期的人们在家国大义面前的不同风采，意在激发学生热爱祖国、热爱民族的思想感情。

革命文化是义务教育教材主要的主题，新课程标准对“革命文化”的主题与载体形式是这样表述的：“围绕伟大建党精神，确定革命文化内容主题，注重反映理想信念、爱国情怀、艰苦奋斗、无私奉献、顽强斗争和英勇无畏等革命传统。”“主要载体为老一辈无产阶级革命家和革命英雄人物的代表性作品及反映他们生平事迹的传记、故事等作品，反映党领导人民革命的伟大历程和重要事件的作品，有关革命传统人物、事件、节日、纪念日活动等方面的作品，阐发革命精神的作品，革命圣地、革命旧址和革命文物等。”具体内容见表 7－41。

表 7－41　四年级上册单元七的课文内容

课文	体裁	主题	内容
《古诗三首》	绝句	《出塞》：直接抒发戍边战士巩固边防的愿望和保卫国家的壮志，洋溢着爱国激情和民族自豪感。	诗人怀古伤今，首句说的是秦汉时的明月秦汉时的边关，大有朝代变换，征战未断的感叹。第二句写征人未还，多少男儿战死沙场，留下多少悲剧。三、四句写出千百年来人民的共同心愿，希望有“龙城飞将”出现，平息胡乱，安定边防。
		《凉州词》：抒发了守边将士忠勇爱国、视死如归的英雄气概。	这是一首表现戍守边疆的士兵思念家乡的诗作。诗歌前两句通过描写“葡萄酒”“夜光杯”和“琵琶”等带有鲜明边塞特色的事物，渲染了出征前盛大华贵的酒宴以及战士们痛快豪饮的场面；后两句借将士的心声吐露把生死置之度外的豁达和奔放的思想。

续表

课文	体裁	主题	内容
《古诗三首》	绝句	《夏日绝句》：讽刺南宋统治者的苟且偷安，表达诗人抗击侵略的决心和意志。	诗人采用了借古讽今的表现手法，歌颂项羽的宁死不屈，讽刺南宋统治者的苟且偷安，表达诗人抗击侵略的决心和意志。诗的前两句直抒胸臆，后两句通过歌颂项羽的悲壮之举来讽刺南宋当权者不思进取、苟且偷生的无耻行径。
《为中华之崛起而读书》	故事	表现了少年周恩来的博大胸襟和远大志向。	这篇课文写的是周恩来少年时代的一件事。他耳闻目睹了中国人在外国租界里受洋人欺凌却无处说理的事情，从中深刻体会到伯父说的中华不振的含义，立志要为振兴中华而读书。
《梅兰芳蓄须》*	故事	赞扬了梅兰芳蓄须罢演的民族气节。	讲述了抗日战争时期，享誉世界的京剧表演艺术家梅兰芳为了拒绝给日本人演戏，蓄须明志，直到战争胜利才剃掉胡须，重新登台演戏的故事。课文先简明介绍了梅兰芳的生平，之后写梅兰芳用各种方法拒绝为日本人演出，再写抗战胜利后，梅兰芳重新登台演出，最后点明了梅兰芳蓄须明志的意义。
《延安，我把你追寻》*	现代诗	生动形象地讴歌了延安精神，热情抒发了追寻延安精神的迫切心情，强调了在新时期继承和发扬延安精神的重要性。	全诗六节，以“追寻”为线索，追忆、歌颂并呼唤延安精神。一、二两节写对于延安精神的追寻，先用两个比喻来描写这种追寻，表示那是充满了生机和活力的精神，是蓬勃向上的精神；再用最有代表性的几个事物来描写延安。三、四两节写实现现代化需要延安精神，先用“高楼大厦”和“家用电器”，再用“航天飞机”和“电子计算机”来代表现代化。五、六两节写追寻延安精神的重要意义，主要从反面说“如果失去了延安精神会怎样”，再从正面说“为什么要追寻延安精神”。

2. 语文要素和训练要求

单元导读页下部分文字“关注主要人物和事件，学习把握文章的主要内容”，提示了本单元学习的语文要素。这一要素是在三年级“了解故事的主要内容”基础上的进一步提升。“关注主要人物和事件”提示这个单元注重作品的作者和文中的人物，他们的爱国精神是我们和平道路上的一束亮光。“把握文章的主要内容”就是要求教师积极引导学生了解作者如何通过题材体现主题思想。《古诗三首》中的三首诗都是战争题材，要了解诗人是如何选择不同的景物来表现主题的。《为中华之崛起而读书》写少年周恩来立志要为中华之崛起而读书的故事，选取的三个故事有因果关联。《梅兰芳蓄须》选取的四件事情，层层推进，对学生把握文章的主要内容起到了辅助作用。《延安，我把你追寻》篇幅比较长，诗人为抒发追寻延安精神的迫切心情，合理安排了章节，体现出较强的逻辑性。

结合课文所附的生字认读、书写训练和课后练习及语文园地的内容分析，本单元的基础训练点在朗读课文，掌握新鲜的词语、词组和句子，发展观察能力、想象能力，以及口语表达能力的培养等几个方面。训练重点是学习把握文章的主要内容，关注人物和事件。具体内容见表 7－42。

表 7－42　四年级上册单元七的语文要素和训练要求

课文	认读与书写	朗读背诵	词语积累组词造句	口语训练	思维培养	阅读训练
《古诗三首》	认读 5 个生字；掌握 1 个多音字；书写 10 个生字	朗读和背诵	解释诗句，收藏名句	和同学交流诗句的意思	根据诗句展开想象	理解诗句的意思，体会诗中关键词句表达情意的作用
《为中华之崛起而读书》	认读 9 个生字；书写 10 个生字	默读	重点理解“中华不振”这个词语	和同学交流文中写了几件事	理清课文记叙了几件事	查找资料，结合上下文理解词句的意思，体会文中关键词句表达情意的作用
《梅兰芳蓄须》＊	认读 13 个生字；掌握 2 个多音字	默读	积累优美词句	说说课文内容	理清梅兰芳用了哪些办法拒绝为日本人演戏，经历了哪些危险和困难	
《延安，我把你追寻》＊	认读 6 个生字	有感情地朗读	积累优美词句	和同学交流自己的想法	思考和分析“追寻什么”	

3. 单元核心素养目标

语言运用：认读课文生字，掌握常用的多音字；学习和积累有新鲜感的词句；用普通话正确、流利、有感情地朗读课文；把默读和做批注结合起来；在阅读中随文识字，结合上下文理解一些难句，体会文章生动的表达；能用自己的话说说课文的内容。

思维能力：把握诗歌和故事的层次，培养想象能力；理解和分析课文中的主要句子，培养分析能力。

审美创造：保家为国，树立崇高理想。

文化自信：阅读有关革命文化的作品，牢记党的使命，不忘初心，传承革命传统。

六、单元八课文

1. 主题与题材

本单元以“时光如川浪淘沙，青史留名多俊杰”为人文主题，精心安排了《王戎不取道旁李》《西门豹治邺》两篇教读课文和《故事二则》一篇自读课文。这几篇课文都是历史传说故事。在我国，有很多有趣的历史小故事从古代被传颂至今，蕴含着古代人民的智慧，包含着深刻的道理。《王戎不取道旁李》以文言文形式出现，《西门豹治邺》和《故事二则》是根据古代经典改编的现代文。把这些传说故事编排到小学课文里，意在引导学生把握课文的主要内容，感受人物形象，培养学生观察和分析的能力，从故事中得到启发。具体内容见表7－43。

表7－43　四年级上册单元八的课文内容

课文	体裁	主题	题材
《王戎不取道旁李》	历史故事	告诉学生要仔细观察，善于思考，根据现象进行推理判断。	传说王戎七岁的时候，有一次，他和许多小孩一起玩耍，看见路边李树上果实累累，小伙伴们去摘路旁的李子，他没有去，因为他认为李树长在路边而无人采摘李子，那李子必定是苦的。
《西门豹治邺》	历史故事	赞扬了西门豹反对迷信、尊重科学的品质。	记叙了两千多年前，西门豹管理邺县那个地方时，通过调查，了解到那里的官绅和巫婆勾结在一起危害百姓，便设计破除迷信，并大力兴修水利，使邺地重新繁荣起来的故事。全文结构清晰，按照事情发展顺序可以分为摸清底细、惩治巫婆和官绅、兴修水利三个部分。
《故事二则》*	历史故事	《扁鹊治病》告诉人们要防微杜渐，善于听取别人的正确意见，否则后果不堪设想。	讲述了蔡桓侯讳疾忌医，最后不治而亡的故事。扁鹊拜见蔡桓公，几次指出蔡桓公病在何处，劝他赶快治疗。蔡桓公坚信自己没有病，因而对扁鹊的态度由不相信到不理睬到最后的不高兴，致使延误了病情，小病酿成了大病，病入膏肓，无药可医。
		《纪昌学射》说明无论学习什么技艺，都要从学习这门技艺的基本功入手的道理。	讲述了纪昌向著名的射箭能手飞卫学射箭的故事。飞卫要求纪昌先下功夫练习眼力，再学习开弓放箭。纪昌谨遵师命，勤学苦练，最终成为百发百中的射箭能手。

2. 语文要素和训练要求

单元导读页下部分文字“了解故事情节，简要复述课文。写一件事，能写出自己的感受”，提示了本单元学习的语文要素和习作要求。“了解故事情节，简要复述课文”是本单元语文要素。简要复述有助于提升学生把握课文主要内容的能力，有利于培养他们的概括能力。单元所选课文都是故事，方便学生运用前面所学的知识，按照故事发展的顺序，以起因、经过、结果的推进过程来熟悉故事和复述故事。“写一件事，能写出自己的感受”是习作要求，但也体现了单元课文在记事上的示范作用。教师要积极引导学生如何写好一件事。本单元课文在故事中描写了不同的人物形象，运用了不同的表现手法，阅读时也要关注。

结合课文所附的生字认读、书写训练和课后练习及语文园地的内容分析，本单元的基础训练点在朗读课文，掌握新鲜的词语、词组和句子，发展观察能力、想象能力，以及口语表达能力的培养等几个方面。训练重点是学习把握故事情节，简要复述课文。具体内容见表 7－44。

表 7－44　四年级上册单元八的语文要素和训练要求

课文	认读与书写	朗读背诵	词语积累组词造句	口语训练	思维培养	阅读训练
《王戎不取道旁李》	认读 4 个生字；书写 5 个生字	朗读背诵	理解关键句	用自己的话讲这个故事	思考和分析为什么“树在道边而多子，此李必苦”	结合上下文理解词句的意思，体会文中关键词句表达情意的作用
《西门豹治邺》	认读 11 个生字；书写 15 个生字；	默读	重点理解描写西门豹言行的句子	复述课文	理清故事情节	阅读“阅读链接”，结合上下文理解词句的意思，体会文中关键词句表达情意的作用
《故事二则》*	认读 13 个生字；掌握 2 个多音字	默读	找出课文中表示故事发展先后顺序的词句	复述两个故事	理清故事发展的层次	查阅资料，结合上下文理解词句的意思，体会文中关键词句表达情意的作用

3. 单元核心素养目标

语言运用：认读课文生字，掌握常用的多音字；学习和积累有新鲜感的词句；用普通话正确、流利、有感情地朗读课文；把默读和做批注结合起来；在阅读中随文识字，结合上下文理解一些难句，体会文章生动的表达；能用自己的话说说故事的内容。

思维能力：把握故事发展的先后顺序；理解和分析课文中的主要句子，培养分析能力。

审美创造：复述故事大意，初步感受作品中生动的形象和优美的语言，关心作品中人物的命运和喜怒哀乐。

文化自信：初步认识中华优秀传统文化蕴涵的思想，弘扬有利于促进社会和谐、鼓舞人们向上向善的中华人文精神。

第六节　四年级下册阅读单元课文综合分析

四年级下册共设有 8 个单元，每个单元安排 3—4 篇教读课文，1—2 篇自读课文，每篇课文只在生字部位标注汉语拼音，课文后设有认读生字和书写生字部分，另安排 2—3 道练习题。其中，单元五为习作单元，单独讲解。

一、单元一课文

1. 主题与题材

本单元以“纯朴的乡村，一道独特的风景，一幅和谐的画卷”为人文主题，围绕着乡村生活的题材精心安排了《古诗词三首》《乡下人家》《天窗》三篇教读课文和《三月桃花水》一篇自读课文。本单元的课文以散文为主，以生动优美的语言描绘了乡村的美景，引导学生感受语言的魅力，激发美感，感受乡村的美妙。具体内容如表 7-45 所示。

表 7-45　四年级下册单元一的课文内容

课文	体裁	主题	题材
《古诗词三首》	绝句	《四时田园杂兴（其二十五）》：表现了诗人对田园风光的热爱之情。	这首诗描写了初夏农村的自然景色及农人的生活。前两句诗用梅子黄、杏子肥、麦花白、菜花稀突出了夏季农村景物的特点，后两句写农民或忙于农事，或正在午间休息，表现农村生活的平和与宁静。
	绝句	《宿新市徐公店》：诗篇洋溢着浓烈的乡村生活情趣，表达了诗人对美丽田园春色的赞美和对乡村儿童的喜爱。	描绘诗人在新市徐公店所见到的生机勃勃的暮春景色。诗歌对清新美丽的田园春光和儿童在菜花地边追逐黄蝶的生动画面展开了描写。前两句是纯景物的静态描写，通过对春末夏初季节交替时景色的描写，展现了万物勃发的生命力。后两句描绘了儿童捕蝶时的欢乐场面，写出了儿童的天真烂漫。
	词	《清平乐·村居》：抒发了词人喜爱农村安宁平静生活的思想感情。	描绘农村清新秀丽、朴素恬静的环境，刻画翁媪及其三个儿子的形象。上片展现了一幅清新秀丽、朴素恬静的江南乡村图。第二句通过描写一对老年夫妇以乡音逗趣聊天的场面，生动地表现了农家生活的温馨、安适。下片写孩子们的活动，为我们展示了一幅和谐而又不乏生机的乡村图画。

续表

课文	体裁	主题	题材
《乡下人家》	散文	赞扬了乡下人家热爱生活，善于用自己勤劳的双手装点家园的美好品质。	通过描写乡村房前屋后和春夏秋三个季节及白天、傍晚和夜晚独特迷人的景色，展现了朴实、自然、和谐、充满诗意的乡村生活。
《天窗》	散文	赞扬孩子们渴望接触和了解外面世界的强烈愿望以及对美好世界的向往和追求。	课文主要写农村乡下的孩子透过天窗观看屋子外面的世界，并由此产生了无穷无尽的遐想，表现了孩子们丰富的想象力与创造力。先写天窗的来历，接着写天窗是孩子们的慰藉，最后通过对大人的感谢说明天窗是神奇的。
《三月桃花水》*	散文	赞美了三月桃花水比金子还贵，比银子还亮，表达了作者对桃花水的由衷喜爱之情。	课文通过诗化的语言和生动的形象，描写了春天河水美妙的声音和鲜艳的颜色。文章开头写了三月桃花水给作者的总体感受，接着从听觉、视觉两方面具体说明三月桃花水的美丽，最后总结全文，抒发了作者对春天和大自然的热爱之情。

2. 语文要素和训练要求

单元导读页下部分文字“抓住关键语句，初步体会课文表达的思想感情”“写喜爱的某个地方，表达出自己的感受”，提示了本单元学习的语文要素。新课程标准第二学段明确要求“能联系上下文，理解词句的意思，体会课文中关键词句表达情意的作用”。关键句往往位于段首、段中和段尾，关键词直接对应关键句。而所谓“词句的意思”，是指这个词语在一定的语言环境中的意思。教师在授课时要引导学生把握关键语句，体会一定语境下作者想要表达的思想感情。可以引导学生根据阅读提示，通过抓住关键语句、想象画面、唤醒生活体验等方式来展开训练。“写喜爱的某个地方，表达出自己的感受”是单元习作的要求，课文作为习作的例文，依然要求教师在教学时注意积极引导，从字里行间体会作者的思想感情。

结合课文所附的生字认读、书写训练和课后练习及语文园地的内容分析，本单元的基础训练点在朗读课文，掌握新鲜的词语、词组和句子，发展观察能力、想象能力，以及口语表达能力的培养等几个方面。训练重点是抓住关键语句，初步体会课文表达的思想感情。具体内容如表 7－46 所示。

表 7-46　四年级下册单元一的语文要素和训练要求

课文	认读与书写	朗读背诵	词语积累组词造句	口语训练	思维培养	阅读训练
《古诗词三首》	认读6个生字；书写14个生字	朗读、背诵和摹写	理解关键句	朗读诗句，说说眼前浮现出了怎样的情景	朗读诗句，想象画面	结合上下文理解词句的意思，体会其中关键词句表达情意的作用
《乡下人家》	认读10个生字；书写15个生字；	默读	摘抄课文中生动形象的句子	说说你对哪一处景致最感兴趣，和同学交流	朗读课文，想象画面；给每幅画取名字，培养概括能力	
《天窗》	认读5个生字；掌握1个多音字；书写11个字	默读	理解文中的关键词句	说说天窗在哪里，为什么要开天窗	思考为何要开天窗，为何天窗是“唯一慰藉”？	
《三月桃花水》*	认读3个生字；掌握1个多音字	有感情地朗读	积累优美的语言	和同学交流自己的阅读感受	思考题目和课文内容的关系	

3. 单元核心素养目标

语言运用：认读课文生字，掌握常用的多音字；学习和积累有新鲜感的词句；用普通话正确、流利、有感情地朗读课文；把默读和做批注结合起来；在阅读中随文识字，结合上下文理解一些难句，体会文章生动的表达；能用自己的话说说课文的内容。

思维能力：朗读诗句并想象画面；说出课文内容，培养概括能力。

审美创造：感受作品中生动的形象和优美的语言，感受文学语言和形象的独特魅力，获得个性化的审美体验。

文化自信：阅读名家名著，体会作品的思想内涵和作者抒发的情感，增强文化自信。

二、单元二课文

1. 主题与题材

本单元以“蓝天、森林、大海，蕴藏着自然的奥秘；过去、现在、未来，述说着科技的精彩……”为人文主题，围绕着自然与科技的题材精心安排了《琥珀》《飞向蓝天的恐龙》《纳米技术就在我们身边》三篇教读课文和《千年梦圆在今朝》一篇自读课文。

本单元课文是科普说明文，叙述条理清晰，语言浅显易懂，孩子们易于接受，有利于培养学生的科学兴趣，激发想象力、创造力。同时，三篇精读课文都在课后强调了“提出不懂的问题并试着解决”这一单元学习要点，在学习、感受说明文语言特点的同时，潜移默化地让孩子们明白，质疑与解疑是一切学习、发现、发明的开始。具体内容见表 7-47。

表 7-47　四年级下册第二单元的课文内容

课文	体裁	主题	题材
《琥珀》	说明文	激发对科学的兴趣，增加对化石知识的了解。	这篇说明文介绍了有关琥珀的科学知识，假想了一块琥珀的形成过程。文章按照事情发展的顺序，先写琥珀的形成过程，再写琥珀的发现，最后写琥珀的价值。
《飞向蓝天的恐龙》	说明文	文章既揭示了科学家们在古生物研究方面的重大发现，也向我们开启了一扇探索古生物的科学之门，唤起我们对科学的浓厚兴趣。	这是一篇科普文章，主要介绍了科学家们根据研究提出的一种假说：鸟儿可能是一种小型恐龙的后裔。再围绕这一假说介绍了相关科学论据；最后作者用充满想象力的语言描绘了恐龙转换为鸟类的过程。
《纳米技术就在我们身边》	说明文	激发热爱科学、乐于观察和探究的兴趣。	作者以大胆的想象、通俗易懂的语言，介绍了纳米技术的特点和作用，让我们了解纳米技术在生活中和医学上的神奇用途，提出了纳米技术将给未来生活带来深刻变化的观点。
《千年梦圆在今朝》*	说明文	文章热情赞扬了中国航天工作人员热爱祖国、团结合作、默默奉献、勇于探索、锲而不舍的科学精神。	叙述了中华民族几千年来为实现飞离地球、遨游太空的美好梦想所进行的不懈尝试和追求，重点记述了“神舟五号”飞船的发射成功，这标志着我国已经成为世界上第三个独立掌握载人航天技术的国家，载人航天的千年梦想终于实现了。

2. 语文要素和训练要求

单元导读页下部分的文字“阅读时能提出不懂的问题，并试着解决”“展开奇思妙想，写一写自己想发明的东西”，提示了本单元学习的语文要素。前一语文要素要求学生在阅读时提出不懂的问题，并试着通过各种方法去解决。后一语文要素是习作的要求。教师在讲解单元内容时要积极引导学生对课文的理解，展开奇思妙想，培养学生的创新思维，激发学生的探究欲望。

结合课文所附的生字认读书、写训练和课后练习以及语文园地的内容分析，本单元的基础训练点在朗读课文，掌握新鲜的词语、词组和句子，发展观察能力、想象能力，以及口语表达能力的培养等几个方面。训练重点是阅读时能提出不懂的问题，并试着解决。具体内容见表 7-48。

表 7－48　四年级下册单元二的语文要素和训练要求

课文	认读与书写	朗读背诵	词语积累组词造句	口语训练	思维培养	阅读训练
《琥珀》	认读 12 个生字；掌握 1 个多音字；书写 15 个生字	默读	理解关键句	用自己的话说说琥珀的形成过程	提出不懂的问题，并试着解决；思考推测依据的合理性	结合上下文理解词句的意思，体会文中关键词句表达情意的作用
《飞向蓝天的恐龙》	认读 12 个生字；书写 15 个生字	默读	理解课文中表达很准确的句子	充当一个解说员，简明扼要地介绍恐龙飞向蓝天，演化成鸟类的过程	把不懂的问题写下来，并试着解决	
《纳米技术就在我们身边》	认读 12 个生字；掌握 1 个多音字；书写 15 个生字	朗读课文，把课文中的科技术语读正确	重点理解“纳米技术就在我们身边”“纳米技术可以让人们更加健康”	和同学交流课文中不懂的地方	把课文中不懂的问题提出来和同学交流	
《千年梦圆在今朝》＊	认读 9 个生字	有感情地朗读	积累说明准确的语句	说说中华民族千年的飞天梦是怎样逐步实现的	把课文中不懂的问题提出来并试着解决	查阅资料，了解我国在航天领域的最新成就

3. **单元核心素养目标**

语言运用：认读课文生字，掌握常用的多音字；学习和积累有新鲜感的词句；用普通话正确、流利、有感情地朗读课文；把默读和做批注结合起来；在阅读中随文识字，结合上下文理解一些难句，体会文章生动的表达；能用自己的话说说课文的内容。

思维能力：阅读时遇到不懂的问题，提出来解决，培养发现问题和解决问题的能力。

审美创造：学习为创造人类美好生活做出重要贡献的杰出人物的事迹，激发创造精神。

文化自信：阅读科技作品，欣赏人类的科学技术和创造力，关注祖国的科技创新和社会主义建设成就。

三、单元三课文

1. **主题与题材**

本单元导读页的背景为一个小女孩站在湖边草地上，遥望远方的云海山峦，寓意“生活不止眼前的世界，还有诗和远方的田野”，揭示了本单元的人文主题“诗歌，让我们用美丽的眼睛看世界”。本单元安排了《短诗三首》《绿》《白桦》《在天晴了的时候》

四首现代诗歌。这四首诗颂扬了母爱，歌颂了童真，赞美了春天，赞扬了白桦的高洁之美，表现了世界温柔的一面，表达诗人热爱生活、珍惜生活的情怀。

四年级学生此前已经接触过现代诗，但对现代诗的特点了解不深。本单元的四首现代诗文质兼美，主题集中明确，意象鲜明可感，语言清新怡人，饱含着作者浓郁的情感，蕴含着丰富深沉的人文意蕴。本单元意在引导学生初步了解现代诗的一些特点，感受诗歌的魅力，大体把握诗意，想象诗歌描述的情境，体会作品的情感，用美丽的眼睛看世界，受到优秀作品的感染和激励，向往和追求美好的理想。具体内容见表7－49。

表7－49　四年级下册单元三的课文内容

课文	体裁	主题	题材
《短诗三首》	现代诗	表达了诗人对母亲的怀念，对大海的热爱和对母亲怀抱的依恋。	《繁星（七一）》通过回忆园中藤下“我”在母亲膝下的情景，写出了一个温纯善良、体贴孩子的母亲形象，歌颂了童真和母爱。《繁星（一三一）》用排比、反问的形式描写星光、花香和大海的涛声，表达了诗人对波澜壮阔的大海的赞颂。《繁星（一五九）》运用类比、联想和比喻，通过鸟儿归巢比喻“我”躲到母亲怀里的情景，表达了对母亲的赞美和感激。
《绿》	现代诗	赞扬了生机勃勃的绿给我们带来的无限快乐，赞美绿是生命的颜色，是生命的象征，表达了作者热爱春天、热爱生活、热爱生命的思想感情。	诗人将各种各样的绿色描写得栩栩如生，描绘了绿的丰富、绿的宽广、绿的密集、绿的形态，写出绿的静姿和动态美。
《白桦》	现代诗	诗人借树喻人，用白桦树象征高尚的人格，体现出诗人对拥有白桦般品质的人的尊敬，以及对家乡和大自然的热爱之情。	全诗以白桦为中心意象，以虚写实，将自己的感觉与景象的描绘融为一体，从不同的角度写出了白桦高大、挺拔、高洁的形象。诗分四节，先写白桦的特点，突出外在形象美；再写桦树的色泽之美，突出白桦的内在气质美。
《在天晴了的时候》*	现代诗	表现了亲近自然的自由和欢乐，表达了诗人对大自然的热爱和赞美之情，传达一种在希望之中守望的精神姿态。	诗人用拟人手法和形象的语言，用“动态化”的表达方式，绘出了一幅雨后放晴的乡村画卷。诗歌依次描写了雨后的小路、小草、小白菊等景物，写了雨后走小径的独特感受，让我们感受到了雨后扑面而来的清爽无比的乡土气息。

2. **语文要素和训练要求**

单元导读页的右下方文字从三个方面提示了本单元的语文要素，分别是“初步了解现代诗的一些特点，体会诗歌表达的情感”“根据需要收集资料，初步学习整理资料的方法”“合作编小诗集，举办诗歌朗诵会”。这三个要素既是本单元的学习目标，也是语文实践的重要途径。文学阅读与创意表达是学习任务群的重要任务之一，旨在引导学生在语文实践活动中，通过整体感知、联想想象，感受文学语言和形象的独特魅力，获得个性化的审美体验；了解文学作品的基本特点，欣赏和评价语言文字作品，提高审美品位；观察、感受自然与社会，表达自己独特的体验与思考，尝试创作文学作品。

教师在课堂教学中可以通过不同形式的反复朗读、情境创设、补白想象、补充资料等教学策略，以探究学习的方式，引导学生发现现代诗歌的特点。教师要在评价中激发学生学习诗歌的热情，在赏读中感受诗歌的魅力，为后面的综合性学习做铺垫。

结合课文所附的生字认读、书写训练和课后练习及语文园地的内容分析，本单元的基础训练点在朗读课文，掌握新鲜的词语、词组和句子，发展观察能力、想象能力，以及口语表达能力的培养等几个方面。训练重点是初步了解现代诗的一些特点，体会诗歌表达的情感。具体内容见表 7 – 50。

表 7 – 50　四年级下册单元三的语文要素和训练要求

课文	认读与书写	朗读背诵	词语积累组词造句	口语训练	思维培养	阅读训练
《短诗三首》	认读 2 个生字；书写 8 个字	朗读背诵	理解重点诗句	和同学交流诗歌所表达的思想感情	梳理学习现代诗的方法和途径，摘抄自己喜欢的诗句	在阅读中体会诗歌的思想感情，体会诗歌的韵味
《绿》	认读 2 个生字；书写 4 个生字	朗读背诵	理解重点诗句	说说“所有的绿就整齐地按着节拍飘动在一起”带给你怎样的感受	对比分析艾青笔下的“绿”和宗璞笔下的“绿”给我们留下的想象空间	结合上下文理解词句的意思，体会诗歌中关键词句表达情意的作用
《白桦》	认读 8 个生字；书写 11 个生字	有感情地朗读	学习和掌握定中结构词组	说说这棵白桦给你留下了怎样的印象	梳理现代诗的特点	
《在天晴了的时候》＊	认读 7 个生字	有感情地朗读并背诵	理解重点诗句	结合自己喜欢的诗句，和同学交流读后的感受	梳理现代诗的特点	

3. **单元核心素养目标**

语言运用：认读课文生字，掌握常用的多音字；学习和积累有新鲜感的词句；用普通话正确、流利、有感情地朗读诗歌；把默读和做批注结合起来；在阅读中随文识字，结合上下文理解一些难句，体会诗歌生动的表达；能用自己的话谈谈读诗歌后的感受。

思维能力：梳理所学过的现代诗，总结现代诗的特点；朗读诗歌，发展想象能力。

审美创造：通过整体感知、联想想象，感受文学语言和形象的独特魅力，获得个性化的审美体验；了解文学作品的基本特点，欣赏和评价文学作品，提高审美品位。

文化自信：阅读描绘大自然、表现人类美好情感的诗歌、散文等文学作品，丰厚自己的文化积淀。

四、单元四课文

1. 主题与题材

本单元以“奔跑，飞舞；驻足，凝望。可爱的动物，我们的好朋友”为人文主题，围绕“作家笔下的动物”这一专题，编选了中外作家的文学作品，精心安排《猫》《母鸡》《白鹅》三篇教读课文。本单元的课文都是名家作品，在他们的笔下，性格古怪的猫、慈爱尽职的母鸡、高傲的白鹅，无不性格鲜明，栩栩如生，可亲可爱。尽管每一篇文章的内容与表达方法各不相同，但都表达了同样的情感——对动物真正的喜爱与真诚的赞美。具体内容见表 7 – 51。

表 7 – 51　四年级下册单元四的课文内容

课文	体裁	主题	题材
《猫》	散文	字里行间流露出作者对猫的喜爱之情。	作者通过观察猫的神态、动作，倾听猫的叫声等，用通俗生动的语言细致地把成年猫的古怪性格以及刚满月小猫的淘气可爱描写得活灵活现。
《母鸡》	散文	作者对母鸡的情感由讨厌转变为尊敬，表达了对母爱的赞美之情。	描写了作者对母鸡看法的变化，表达了作者对母爱的赞颂之情。课文以作者的情感变化为线索，一开始写对母鸡的厌恶，后半部分则写母鸡的负责、慈爱、勇敢和辛苦，塑造了一位“伟大的母亲”的形象。
《白鹅》	散文	表达了作者对白鹅的喜爱之情。	运用先总写后分述的写作方法和生动诙谐的语言，通过对鹅的叫声、步态和吃相三个方面的具体描写，向读者展示了一个高傲的白鹅形象。作者善于运用对比的手法来突出白鹅的特点。

2. 语文要素和训练要求

单元导读页右下方的文字“体会作家是如何表达对动物的感情的”“写自己喜欢的动物，试着写出特点”从两个方面提示了本单元的语文要素。这一组文章文笔清新、结构精巧、文情并茂，作者不仅以拟人的笔调描述了活泼可爱的动物朋友，而且通过通俗易懂的语言文字来体现这一些，所以品析语言、体会文章里的重点词语就是非常重要的学习活动。教师在课堂教学中可以通过不同形式的反复朗读、情境创设、补白想象及链接“阅读链接”“资料袋”等教学策略，完成教学任务。

结合课文所附的生字认读、书写训练和课后练习及语文园地的内容分析，本单元的基础训练点在朗读课文，掌握新鲜的词语、词组和句子，发展观察能力、想象能力，以及口语表达能力的培养等几个方面。训练重点是体会作家是如何表达对动物的感情的。

具体内容见表 7 – 52。

表 7 – 52　四年级下册单元四的语文要素和训练要求

<table>
<tr><th>课文</th><th>认读与书写</th><th>朗读
背诵</th><th>词语积累
组词造句</th><th>口语训练</th><th>思维培养</th><th>阅读训练</th></tr>
<tr><td>《猫》</td><td>认读 8 个生字；掌握 2 个多音字；书写 15 个生字</td><td>默读</td><td>体会作者用词的严谨性</td><td>说说课文围绕猫的可爱讲了哪几层意思</td><td>梳理课文是从哪几个方面写猫的可爱的</td><td rowspan="3">结合上下文理解词句的意思，体会文中关键词句表达情意的作用</td></tr>
<tr><td>《母鸡》</td><td>认读 10 个生字；掌握 1 个多音字；书写 15 个生字</td><td>默读</td><td>体会作者用词的严谨性</td><td>结合课文内容说一说作家用词的准确性</td><td>对比分析《猫》和《母鸡》两篇课文在表达上有哪些相同和不同之处</td></tr>
<tr><td>《白鹅》</td><td>认读 13 个生字；掌握 1 个多音字；书写 15 个生字</td><td>朗读课文，体会语言的趣味</td><td>体会课文里描写鹅的词语和句子</td><td>结合课文内容说一说作家用词的准确性</td><td>对比分析普通陈述句和修辞句的差别</td></tr>
</table>

3. 单元核心素养目标

语言运用：认读课文生字，掌握常用的多音字；学习和积累表达准确的词句；用普通话正确、流利、有感情地朗读课文；把默读和做批注结合起来；在阅读中随文识字，结合上下文理解一些难句，体会准确生动的表达；能用自己的话说说作家用词的准确性。

思维能力：对比和分析普通句式和修辞句的差别；对比和分析不同作家描写同一种样动物的差异。

审美创造：感受作家笔下动物的可爱之处，欣赏和评价语言表达的准确性，激发保护动物的热情。

文化自信：阅读描绘动物、表现人类与动物和谐相处的文学作品，丰厚自己的人文积淀。

五、单元六课文

1. 主题与题材

本单元以“深深浅浅的脚印，写满成长的故事”为人文主题，围绕“成长的故事”这一专题，编选了中外作家的文学作品，精心安排教读课文《文言文二则》《小英雄雨来（节选）》和自读课文《我们家的男子汉》《芦花鞋》。

本单元四篇选文讲述了不同时期、不同人物的成长故事。根据新课程标准中、高学段的要求，阅读时要学会根据需要把握文章和整本书的主要内容。从“内容”到“主要内容”，从“了解”到“把握”，从“文章”到“一本书”，要求在一步步提高，能力在一步步达到。本单元作品篇幅比较长，考虑到小学生整体阅读能力比较弱，编者把课文分成几个部分来写，《小英雄雨来（节选）》用序号来标示每个部分，《我们家的男子汉》用小标题，《芦花鞋》用空行的方式。这种篇章安排，能帮助学生比较容易地把握文章的主要内容。在教学中，教师要引导学生借助小标题快速把握文章的主要内容，体会主要人物的品质、精神，从人物身上汲取成长的力量。具体内容见表 7 – 53。

表 7 – 53　四年级下册单元六的课文内容

课文	体裁	主题	题材
《文言文二则》	故事	《囊萤夜读》这则故事告诉我们无论环境多么恶劣，我们都要勤奋苦学，这样日后必有成就。	讲的是车胤自幼好学，由于家里穷，采集萤火虫做成灯来照亮书本，每天勤奋夜读，最后成为学者中的佼佼者的故事。
		《铁杵成针》这个故事告诉我们只有刻苦学习，坚持不懈，才能取得成功。	讲了唐朝李太白看见河边有一位老婆婆，要把铁杵磨成绣花针，李太白深受触动，于是马上返身回到学院继续读书的故事。
《小英雄雨来（节选）》	故事	歌颂了少年雨来热爱祖国、不畏强敌的斗争精神。	写抗日战争时期，晋察冀边区十二岁的雨来是一个游泳本领很强的孩子。交通员李大叔为了躲避鬼子藏到了雨来家，雨来为了掩护李大叔不被可恶的小鬼子抓住，坚决不愿意说出李大叔藏在哪个位置。鬼子想开枪杀害雨来，没想到雨来在鬼子开枪前就跳入河里，凭着他的游泳本领从鬼子的枪口下快速脱险了。
《我们家的男子汉》*	故事	表达作者对小外甥的无比喜爱和赞美之情。	课文以“男子汉”面对生活的挑战逐步成长为线索来叙述事情，生动细腻地描写了一个男孩子成长的过程。开头语交代写作对象。主体部分具体描写“我们家的男子汉”，课文用小标题分类，从“他对食物的兴趣”“他对独立的要求”“他面对生活挑战的沉着”三个方面写“男子汉”的特点。最后写从“我们家的男子汉”身上获得的感受。
《芦花鞋》*	故事	表达了作者对青铜勤劳、善良、懂事的品质的赞美之情。	青铜一家编织芦花鞋，总共做了 101 双芦花鞋，让少年青铜顶着刺骨的寒风去卖芦花鞋。最后因为一个人没有买到他的芦花鞋，青铜便把自己脚上的鞋子脱下来，雪天赤脚追向买鞋人把鞋卖给他。回到家时，他的脚已经冻得通红。

2. 语文要素和训练要求

单元导读页右下方的文字“学习把握长文章的主要内容”“按一定顺序把事情的过程写清楚”，提示了本单元学习的语文要素。《小英雄雨来（节选）》《我们家的男子汉》《芦花鞋》三篇文章是作为长课文来引导小学生开展阅读教学的。三篇课文都以人物或事物为标题，都有事件发生发展的先后顺序，层次分明。《我们家的男子汉》作为自读课文，提出的阅读要求是：“结合课文中的小标题，说说为什么称这个孩子为‘男子汉’，作者对他有着怎样的情感。”这样的阅读要求，其实是提醒学生依据全文三个小标题概括出文章的具体内容，理解“男子汉”的客观性以及背后的作者的主观态度。

当然，三篇课文的篇章安排还是有差别的。《小英雄雨来（节选）》和《芦花鞋》，主要内容是围绕着一件事展开的，《我们家的男子汉》则记叙了成长过程中的许多事，以小标题来归类，总体上也按时间顺序来展开。

结合课文所附的生字认读、书写训练和课后练习及语文园地的内容分析，本单元的基础训练点在朗读课文，掌握正确生动的词语、词组和句子，发展观察能力、想象能力，以及口语表达能力的培养等几个方面。训练重点是学习把握长文章的主要内容。具体内容见表 7－54。

表 7－54　四年级下册单元六的语文要素和训练要求

课文	认读与书写	朗读背诵	词语积累组词造句	口语训练	思维培养	阅读训练
《文言文二则》	认读 4 个生字；书写 9 个生字	正确、流利地朗读课文，背诵《囊萤夜读》	借助注释，理解课文中每句话的意思	复述故事内容	掌握文言文词语翻译的方法	结合上下文理解词句的意思，体会文中关键词句表达情意的作用
《小英雄雨来（节选）》	认读 16 个生字；掌握 3 个多音字；书写 15 个生字	以较快的速度默读课文	学习作家如何写还乡河的景色	说说课文的主要内容	把握长篇文章的阅读方法；给课文列标题，提高概括能力	结合上下文理解词句的意思，体会文中关键词句表达情意的作用；理解文中环境描写的作用
《我们家的男子汉》＊	认读 15 个生字；掌握 2 个多音字	尝试用较快的速度默读课文	积累关键词句	结合课文中的小标题，说说为什么称这个孩子为“男子汉”	把握长篇文章的阅读方法；了解小标题的作用	结合上下文理解词句的意思，体会文中关键词句表达情意的作用
《芦花鞋》＊	认读 13 个生字；掌握 1 个多音字；书写 15 个生字	默读课文	和同学交流印象最深的内容	为每个部分列出小标题	把握长篇文章的阅读方法；了解小标题的作用	

3. **单元核心素养目标**

语言运用：认读课文生字，掌握常用的多音字；学习和积累表达准确的词句；用普通话正确、流利、有感情地朗读课文；把默读和做批注结合起来；在阅读中随文识字，结合上下文理解一些难句，体会准确生动的表达；能用自己的话说说课文内容。

思维能力：掌握阅读长篇课文的方法；了解小标题在长篇课文中的作用。

审美创造：感受作家笔下儿童成长的过程，学习作家笔下儿童的优秀品格，养成健全的人格。

文化自信：阅读儿童文学作品，观照自己的成长，从中得到启发，丰厚自己的成长积淀。

五、单元七课文

1. 主题与题材

本单元以罗曼·罗兰的名言“没有伟大的品格，就没有伟大的人，甚至也没有伟大的艺术家，伟大的行动者”为人文主题，围绕“崇高品格”这一专题，编选了中外作家的文学作品，精心安排教读课文《古诗三首》《“诺曼底号”遇难记》和自读课文《黄继光》《挑山工》。具体内容见表 7－55。

表 7－55　四年级下册单元七的课文内容

课文	体裁	主题	题材
《古诗三首》	绝句	《芙蓉楼送辛渐》：表现诗人品行高洁，为官清正，绝不随波逐流的人生信念。	这首诗是在江边离别时所写。通过对清晨秋雨、远山的描写，烘托出送别友人的依依不舍之情。
		《塞下曲》：赞扬戍边将士英勇顽强的精神。	这首诗写将军雪夜准备率兵追敌的壮举。前两句写敌军的溃逃，后两句写将军准备追敌的场面，气势不凡。尤其“欲将轻骑逐，大雪满弓刀”二句对严寒景象的描写，突出了战斗的艰苦和将士们奋勇杀敌的顽强精神。
		《墨梅》：赞美墨梅只愿给人间留下清香的美德，借梅自喻，表达洁身自好的品格和不向世俗献媚的高尚情操。	诗歌写山边幽静的山谷和水边的村落里，疏疏落落的梅花曾使得过客行人伤心断肠。尤其憎恨东风不解风情，更把烟雨吹拂地使黄昏更暗淡。这首诗描写了开在山野村头的梅花，虽然地处偏远，梅花一样能给人带来含蓄的美，并给人带来情绪上的触动。
《“诺曼底号”遇难记》	短篇小说	体现了哈尔威船长忠于职守、舍己为人的高贵品质。	该小说讲述了“诺曼底号”客轮遭到“玛丽号”大轮船猛烈撞击时，船长哈尔威镇定自若指挥船员安然脱险，自己却坚守在船长岗位上随着客轮一起沉入深渊的故事。

续表

课文	体裁	主题	题材
《黄继光》＊	故事	表现了黄继光大无畏的英雄气概和崇高的爱国主义精神。	抗美援朝时期，在上甘岭战役中，为夺下敌人的597.9高地，黄继光冒着枪林弹雨摧毁敌人的火力点，最后用自己的胸膛堵住了敌人的枪口，献出了宝贵的生命。这一惊天动地的壮举，充分表现了志愿军战士大无畏的英雄气概和爱国主义、国际主义精神。
《挑山工》＊	故事	体现了挑山工坚韧不拔的精神和面对困难与危险时的勇敢。	“我”在登山时碰到了一位挑山工，发现他虽身挑重物，走的路程比游人多一倍，最终反而先到达山顶。“我”心中不解，挑山工说游人肩膀上没有担子，虽走得快，但一路上东看西看，总停下来，而他们一步一步，不随便，更不耽误工夫，一个劲往前走，看上去慢，走得长了就跑到前面去了。“我”心悦诚服，感到山民朴素的话中有意味深长的哲理。

2. 语文要素和训练要求

单元导读页右下方的文字“从人物的语言、动作等描写中感受人物的品质”“学习从多个方面写出人物的特点”，提示了本单元的两个语文要素。一是学习从人物的语言、动作等描写中感受人物的品质。《“诺曼底号”遇难记》最大的写作特点就是通过人物的语言、动作来表现主人公的高尚品质。二是学习用多种方法写出人物的特点。《“诺曼底号”遇难记》和《黄继光》通过动作、语言描写，写出人物舍己为人的特点。教学本单元时，应该指导学生反复诵读、品味，学习描写人物的多种方法，感受人物的品质。对于精彩语段，要熟读成诵，积累优美的语句。教学时，教师要引导学生感受这些词句表达的感情，学会积累，学会体会。

结合课文所附的生字认读、书写训练和课后练习及语文园地的内容分析，本单元的基础训练点在朗读课文，掌握正确生动的词语、词组和句子，发展观察能力、想象能力，以及口语表达能力的培养等几个方面。训练重点是从人物的语言、动作等描写中感受人物的品质。具体内容见表7－56。

表7－56　四年级下册单元七的语文要素和训练要求

课文	认读与书写	朗读背诵	词语积累组词造句	口语训练	思维培养	阅读训练
《古诗三首》	认读7个生字；掌握1个多音字；书写8个生字	朗读、背诵和摹写课文	理解诗句表现的精神品格	说说诗歌的主要内容	思考诗人如何表现自己高尚的品格	理解诗句的意思，体会关键词语表达情意的作用

续表

课文	认读与书名	朗读 背诵	词语积累 组词造句	口语训练	思维培养	阅读训练
《“诺曼底号”遇难记》	认读13个生字；掌握1个多音字；书写15个生字	朗读课文，读好人物的对话	积累优美词句	复述故事内容	思考哈尔威船长的英雄壮举让你对生命有了怎样的体会	“诺曼底号”遇难时，哈尔威船长是怎么做的，你从中感受到他怎样的品质
《黄继光》*	认读6个生字；掌握1个多音字	朗读课文	找出课文中描写语言、动作的语句	说说从课文中体会到黄继光怎样的英雄气概；再读读其他英雄人物故事，和同学交流	思考作者是如何表现黄继光的英雄壮举的	结合上下文理解词句的意思，体会文中关键词句表达情意的作用
《挑山工》*	认读5个生字	默读课文	找出课文中描写语言、动作的语句	说说挑山工是怎样登山的	思考挑山工话语中包含的哲理	结合上下文理解词句的意思，体会文中关键词句表达情意的作用

3. 单元核心素养目标

语言运用：认读课文生字，掌握常用的多音字；学习和积累表达准确的词句；用普通话正确、流利、有感情地朗读课文；把默读和做批注结合起来；在阅读中随文识字，结合上下文理解一些难句，体会准确生动的表达；能复述课文内容。

思维能力：理解和分析作者是如何表现人物的优秀品德的。

审美创造：感受作者笔下人物的性格特征，学习他们优秀的品格，养成健全的人格。

文化自信：阅读优秀文学作品，从中得到启发，丰厚自己的成长积淀。

六、单元八课文

1. 主题与题材

本单元以“奇妙的童话，点燃缤纷的焰火，照亮我们五彩的梦”为人文主题，精心安排了教读课文《宝葫芦的秘密（节选）》《巨人的花园》和自读课文《海的女儿》。

本单元以童话这一体裁来组织单元课文，选入的三篇童话来自不同国度，它们题材宽泛，风格各异。这样的安排，意在培养学生喜爱童话、热爱生活的情感。通过学习这几篇童话，教师要引导学生感受童话中人物的真善美，感受作品主人公的品性，启迪自己的人生。具体内容见表7－57。

表 7－57 四年级下册单元八的课文内容

课文	体裁	主题	题材
《宝葫芦的秘密（节选）》	童话	课文告诉我们“幸福要靠自己的双手来创造”的道理。	“我”是一个少先队员，由于经常听奶奶讲许多关于宝葫芦的故事，于是便非常希望自己也有这么一个宝葫芦，为自己排忧解难，解决生活中的难题。课文写了三个事例，第一个是遇到难题不知道如何解答时，第二个是“我”和同学们比赛种向日葵，但是“我”的向日葵长得又瘦又长时，第三个是“我”和科学小组的同学闹翻时。
《巨人的花园》	童话	这个故事告诉我们，能和大家一起分享的快乐才是真正的快乐。	孩子们很喜欢在巨人的花园里玩，而巨人却不让他们进来，并在花园周围砌起了石墙。春天到了，别的地方都有鲜花，有温暖，而巨人的花园里仍然是冬天。第二天，当孩子们偷偷溜进花园时，巨人惊奇地发现，春天走进了他的花园。可是，当巨人赶走孩子们后，花园又被冰雪覆盖。巨人终于明白了：没有孩子的地方就没有春天。于是，巨人把花园给了孩子们，他生活在孩子们中间，感到非常幸福。
《海的女儿》*	童话	赞扬小人鱼善良、大度、执着、为他人着想的品德，歌颂她为了追求美好而纯真的爱情，即使放弃生命也在所不惜的崇高境界和美好心灵。	课文主要讲小人鱼舍弃自己三百年的寿命来参加王子的婚礼，忍受身体和精神的苦痛，一步步变成泡沫，也不忍心伤害王子的感人故事。

2. 语文要素和训练要求

单元导读页右下方的文字“感受童话的奇妙，体会人物真善美的形象”“按自己的想法新编故事”提示了本单元的语文要素。这几篇童话故事语言生动幽默、人物形象栩栩如生，情节曲折离奇、引人入胜。教师要引导学生了解童话故事幻想虚构、人物超常、情节神奇的特点，感受童话的奇妙，引导学生在阅读过程中把握情节发展过程，抓住童话故事中的人物和特点，了解作者是如何刻画人物的，体会童话故事蕴含的深刻道理。

结合课文所附的生字认读、书写训练和课后练习及语文园地的内容分析，本单元的基础训练点在朗读课文，掌握正确生动的词语、词组和句子，发展观察能力、想象能力，以及口语表达能力的培养等几个方面。训练重点是感受童话的奇妙，体会人物真善美的形象。具体内容见表 7－58。

表 7-58 四年级下册单元八的语文要素和训练要求

课文	认读与书写	朗读背诵	词语积累组词造句	口语训练	思维培养	阅读训练
《宝葫芦的秘密（节选）》	认读 8 个生字；掌握 1 个多音字；书写 15 个生字	默读课文	积累优美词句	给同学讲讲自己创编的故事	选一个奶奶讲的故事，根据已有内容创编故事	结合上下文理解词句的意思，体会童话故事表现的深刻道理；阅读原文
《巨人的花园》	认读 8 个生字；书写 11 个生字	朗读课文	积累优美词句	说说巨人的花园发生了哪些变化，巨人又有什么转变	想象画面；思考巨人转变态度的原因	结合上下文理解词句的意思，体会童话故事表现的深刻道理
《海的女儿》*	认读 7 个生字	用较快的速度读课文	积累优美词句	同学交流自己的阅读感受	分析人物的性格特点，想象画面	结合上下文理解词句的意思，体会童话故事表现的深刻道理；阅读原文

3. 单元核心素养目标

语言运用：认读课文生字，掌握常用的多音字；学习和积累表达准确的词句；用普通话正确、流利、有感情地朗读课文；把默读和做批注结合起来；在阅读中随文识字，结合上下文理解一些难句，体会准确生动的表达；能复述课文内容，说说课文感人的地方。

思维能力：归纳和梳理童话的特点；想象课文的画面。

审美创造：感受作家笔下人物的性格特征，提高自己的审美情趣。

文化自信：阅读优秀童话故事，从中得到启发，丰厚自己的人文情怀。

第八章 教材分析——第二学段（下）

第一节 第二学段阅读策略单元综合分析

扩大阅读量、课外阅读课程化、读整本书等是阅读教学的大趋势。

部编语文教材在阅读方面有几个非常亮眼的地方，包括“和大人一起读”“我爱阅读”栏目及快乐读书吧、阅读策略单元等。这是部编教材编排上的创新。特别是从三年级开始编排的四个阅读策略单元，具体内容为“预测”“提问”“提高阅读速度”和“有目的地阅读”，以阅读策略为主线，在原有阅读要求的基础上对学生加强阅读指导，侧重于引导学生学习、掌握和综合运用常见的阅读策略，提高阅读效率，养成良好的阅读习惯。

阅读策略并不局限于策略单元中集中学习的这四种策略，教师应根据需要，发现和总结其他阅读策略，如默读、浏览、快速阅读、跳跃阅读、对比阅读、片段阅读、整本书阅读等。

一、阅读策略单元的编排

在编排类型上，阅读策略单元属于阅读单元，与普通阅读单元结构体例基本相似，由2—3篇教读课文和自读课文及习作、语文园地等组成。课文后附有识字写字训练和课后思考练习题。跟一般阅读单元不同的是，阅读策略单元每组课文作为一个整体呈现，突出训练目标的递进性与发展性。前一至二篇课文进行策略的示范与指导，导语和课后思考练习题紧密围绕本单元的阅读策略展开，采用旁批、泡泡的形式，给学生阅读提供帮助，帮助他们了解、梳理、掌握阅读策略，并在课后思考练习题中进行落实。后一至二篇课文则有实践性质，让学生用前面所学的阅读策略进行总结、综合和运用。

第二学段阅读策略单元的安排如表8－1。

表 8－1 第二学段阅读策略单元的安排

年级	单元	课文	阅读策略	训练方式
三上	四	《总也倒不了的老屋》 《胡萝卜先生的长胡子》 《小狗学叫》 *	猜测与推想	1. 一边读一边预测，顺着故事情节去猜想 2. 学习预测的基本方法 3. 尝试续编故事
四上	二	《一个豆荚里的五粒豆》 《夜间飞行的秘密》 《呼风唤雨的世纪》 《蝴蝶的家》 *	质疑与提问	1. 积极思考，敢于提问 2. 尝试从不同角度提出问题，让自己的思考更加全面和深入 3. 筛选值得思考的问题，加深对文章内容的理解

二、第二学段阅读策略单元的特点

1. 融入普通单元，教学目标明确

阅读策略单元的结构与一般阅读单元类似，由单元导语、3—4 篇课文、口语交际、习作、语文园地等组成，课文后面附有生字认读、生字书写及课后练习。不同的是，阅读策略单元以阅读策略为主线，以阅读策略的学习和训练为核心语文要素，单元内的 3—4 篇课文联系紧密，围绕本单元的阅读策略在正文前和旁边用红字做阅读思考提示。单元以整体呈现，单元导读导入，教读课文学方法，自读课文运用方法，“交流平台”梳理方法，构成一个完整的阅读链，促进学生积累阅读经验并形成方法。这样的设计使教学内容更加集中，具有递进性与发展性，课程目标更加突出明确。

例如，四年级上册第二单元以“质疑与提问”为阅读策略，分别由一篇童话、一篇说明文两篇教读课文和一篇文体为散文的自读课文组成，引导学生在阅读不同类型的文章时积极提问，培养问题意识，提高阅读能力。每篇课文侧重点不同，引导学生经历从学习到应用的过程，赋予课文不同的教学价值。

2. 学生视角入学，渗透核心价值

三、四年级设置的两个阅读策略单元，遵循第二学段学生的学情，内容梯度设计，循序渐进，紧密衔接，将语文要素集中化突出，成为阅读学习的要件，使知识能力要求更加清晰，使学生运用阅读策略的能力得以螺旋上升发展。学生学习任何一种阅读策略，都遵循着从模仿到发现的过程，策略运用也从单一走向综合。

3. 发挥两类课文的作用

一是用好教读课文，充分发挥“例子”功能，初步学习单元阅读策略。二是用好自读课文，让学生充分运用方法，扎实练习单元阅读策略。

4. 拓宽阅读视野，强化实践运用

学习阅读策略一方面学习、掌握阅读策略的知识，另一方面学会运用策略，最终养成良好的阅读习惯，积淀并形成自己的阅读方法。然而，阅读能力的提升不可能立竿见影，也不可能短时间内就能自由运用这些方法和策略，需要在大量的阅读练习中不断积累。教材只是提供少量的课例，一定阅读量加上阅读策略的熟练运用，才能培养出优秀的阅读者。

部编教材编写者说，部编本语文专治少读书、不读书。部编教材将课外阅读纳入了教材体系，建议采取“1＋X”的办法，重视学生的自主阅读实践，结合快乐读书吧板块和教材中其他书目节选，将课外阅读纳入教学计划，开展个性化阅读，力争达到“多读书、读好书、读整本书”的课程标准要求，加大阅读广度。

三、第二学段阅读策略单元课文分析

1. 猜测与推想

部编小学语文教材把第一个阅读策略单元放在三年级上册第四单元，阅读策略项为“猜测与推想”。“猜测”指猜度揣测，凭某些线索进行推断。“推想”是指根据已知的情况推测未知的情况。综合起来，这个策略重在引导学生在阅读过程中，根据文本的情节发展情况，如故事发展的脉络、人物的发展命运等进行假设，并在阅读过程中寻找文本信息来验证假设，如此反复假设、验证，不断推进阅读。在不断的假设、验证中，了解作者的创作思路，获得思维训练。

（1）课文内容。三年级上册阅读策略单元的课文内容具体见表8－2。

表8－2　三年级上册阅读策略单元的课文内容

课文	体裁	主题	题材
《总也倒不了的老屋》	童话	赞扬老屋善良和乐于助人的高尚品质。	一栋一百多岁的老屋，在将要倒下的时候听到了来自小猫、老母鸡和小蜘蛛的请求，做出了暂时还不能倒下的决定。
《胡萝卜先生的长胡子》	童话	赞扬胡萝卜先生乐于助人的品格。	课文用诙谐、幽默、有趣的语言记叙了胡萝卜先生用神奇的胡子帮助有困难的人解决了问题的故事，告诉我们要发挥自己的长处，去帮助需要帮助的人的道理。
《小狗学叫》＊	童话	说明每个事物都有自身的特点，每次选择应以不迷失自我为基础。	叙述了一只不会叫的小狗学叫的经历。小狗先跟小公鸡学叫，又跟杜鹃学叫，虽然很努力也很专心，但依然没有学会像真正的狗那样叫，受到误解和嘲笑。后来……

（2）阅读策略形成的信息获取。三年级学生在阅读中已经能够主动地调动已有的阅读经验、知识经验来帮助对文本的理解，阅读能力相比一、二年级有明显的提高。但大多数同学的阅读能力更多地来自课堂上教师的引导，依赖现有的信息提示。围绕“猜测与推想”，本单元三篇课文安排的内容各不相同，有预测过程的，有预测故事发展的，有预测结局的，并提供大量的预测信息，帮助学生大胆预测。

例如第一篇《总也倒不了的老屋》，作为第四单元的首篇课文，以学生喜爱的童话故事作为学习预测方法的载体，讲述了老屋与小猫、老母鸡、小蜘蛛之间的故事。课文提供的阅读预测信息有以下几点：

题目。课文标题“总”“倒不了”“老屋”之间形成的语言张力，为学生提供了巨大的预测空间。

部分情节相似。文中老屋和小动物的语言、动作和心理等细节的描述具有相似性，为学生的预测提供了凭借。故事的结尾出人意料，也为阅读和预测增添了乐趣。

旁批。课文根据真实的阅读心理安排了七处旁批，在题目、插图、故事内容等旁边提示学生可以在什么地方、依据什么来预测。

课后练习。课后练习题的设置都围绕预测这一教学重点展开。

插图。课文配有两幅插图。第一幅图中的老屋以老人形象出现，学生在阅读中会自然地联系插图展开相应情节的想象，还可以在相似情景中将小猫置换成老母鸡、小蜘蛛，从而大胆预测后面的情节。第二幅图是小蜘蛛在老屋屋檐下织网捉虫的情景，老屋庇护着小蜘蛛。学生可借由插图的变化，预测故事情节的发展。

（3）阅读策略单元的教学目标。三年级上册阅读策略单元的教学目标见表8－3。

表8－3　三年级上册阅读策略单元的教学目标

总目标	课文	具体目标
1. 一边读一边预测 2. 顺着故事情节去猜想 3. 学习预测的一些方法 4. 尝试续编故事	《总也倒不了的老屋》	阅读过程中，有没有猜到后面会发生什么事？ 什么线索可以帮助我们预测？ 你的预测和故事的预测一样吗？
	《胡萝卜先生的长胡子》	故事还没有结束，你认为后来可能会发生什么事情？为什么这样？ 你的预测有什么依据？ 当发现自己的预测和故事内容不符时，你怎么办？ 读一些文章的题目，猜一猜内容。
	《小狗学叫》 *	故事的几种结局可能是怎样的？ 你的预测和老师讲的故事结局有何不同？ 读故事给同学听，让他们猜猜故事的结局。

2. 质疑与提问

部编小学语文教材把第二个阅读策略放在四年级上册第二单元，阅读策略为“质疑与提问”。“质疑”是指心中怀疑而向人提出问题，并请人解答疑难。“提问”是指提出问题要求回答。综合起来，这个策略重在引导学生在阅读过程中，能够提出自己不懂的问题。问题可以是宏观的，也可以是微观的；可以是自己不懂的问题、不懂的字词、难懂的段落，还可以对课文整体提出一些疑问。这一阅读策略，训练点为“从不同的角度去思考，提出自己的问题”，到了四年级下册继续尝试运用，“阅读时能提出不懂的问题，并试着解决”，目的是培养学生的问题意识，促进学生阅读思考能力和品质的提升。

（1）课文内容。四年级上册阅读策略单元的课文内容具体见表8－4。

表 8－4　四年级上册阅读策略单元的课文内容

课文	体裁	主题	题材
《一个豆荚里的五粒豆》	童话	赞扬小豌豆为人们做好事的美好心灵，揭示了爱是最伟大的，也是最幸福的道理。	成熟的豆荚裂开了，里面的五个豆粒各自飞到广阔的世界里去，对自己的经历都很满意。但是那粒飞进窗子"一个长满了青苔的裂缝里"的豆粒的经历，却最值得称赞，因为它发芽、开花，给躺在窗边一个生病的小女孩带来了愉快和生机。
《夜间飞行的秘密》	小品文	研究生物可以对人类的发明创造有所启示。	讲述了科学家经过反复试验，揭开了蝙蝠在夜里安全飞行的奥秘，并从中受到启发，发明了雷达安装在飞机上，保证飞机在夜里安全飞行的事情。
《呼风唤雨的世纪》	说明文	激发我们爱科学、学科学和探索科学的精神。	课文清楚地介绍了 20 世纪一百年间科学技术的发展历程，展示了科学技术的飞速发展给人类生活带来的巨大变化和灿烂前景。
《蝴蝶的家》＊	散文	倡导大家爱护珍稀物种，关爱弱小生物。	本文通过生动优美的语言写了"我"想到下雨时蝴蝶无处藏身而为蝴蝶担心的事，用独特的方式表达了对小生命的关爱之情。

（2）阅读策略形成的信息获取。提问阅读策略是借助问题去完成正常的阅读理解任务。本单元的阅读策略围绕"质疑与提问"展开，以"为学患无疑，疑则有进"为阅读动力，安排四篇内容和体裁各不相同的课文。通过阅读引导，让学生感受到提问题的价值，掌握提问题的陈述性知识（什么是问题和提问题）和程序性知识（怎样提问题和甄别、选择问题），同时隐含了相关策略性知识（善于提出有价值的问题）的习得。

本单元的四篇课文知识性强，以普及科学常识为目标。这类文章本身就包含了很多科学知识，学生在阅读中自然会有很多问题。为了引导学生沿着发现问题—提出问题—梳理问题—解决问题的思路去掌握质疑和提问的策略，课文提供了不少有效的信息，可关注以下几点：

题目。四篇课文的题目本身都包含了知识内容，《一个豆荚里的五粒豆》提示常见的豆荚里会有几粒豆豆，这几粒豆豆会发生什么故事。《夜间飞行的秘密》里"夜""飞行"之间形成的语言张力，为学生提供了巨大的思考空间，产生一定的疑问。

正文前的阅读提示。本单元四篇课文都在标题下方、正文之前对本课的阅读提出了总要求，具体内容见表 8－5。

旁批。第二篇和第三篇课文都安排了旁批。这些旁批其实就是练习里"一位同学读了这篇课文，提出了一些问题，写在了旁边和文后"，主要是帮助学生学会提问，并学会做批注。

课后练习。课后练习题的设置都围绕"提问"这一教学重点展开。如《夜间飞行的秘密》练习二里提示了如何提问，说明提问角度是不一样的：第一个问题是针对课文内容来提问的，第二个问题是针对课文的写法来提问的，第三个问题是从课文中得到启发，联系生活经验提出的。

泡泡。部编教材里的泡泡其实就是一些阅读提示，一般以“我的发现”的形式来帮助学生思考，掌握方法。

表 8－5　四年级上册阅读策略单元中课文的阅读提示

课文	阅读任务	训练类别
《一个豆荚里的五粒豆》	读课文，积极思考，看看你可以提出什么问题。	思考、提问
《夜间飞行的秘密》	一位同学读了这篇课文，提出了一些问题，写在了旁边和文后。你的问题是什么呢？把它们写下来，和同学交流。	提问、写在旁边和文后
《呼风唤雨的世纪》	一位同学读了下面这篇课文，在旁边和文后写下了自己的问题。读课文，写下你的问题，和同学交流。	提问、写在旁边和文后
《蝴蝶的家》 *	读课文，提出自己的问题，再试着把问题分分类，选出你认为最值得思考的几个问题，并尝试解决。	提问、分类、筛选

（3）阅读策略单元的教学目标。四年级上册阅读策略单元的教学目标见表 8－6。

表 8－6　四年级上册阅读策略单元的教学目标

<table>
<tr><th>总目标</th><th>课文</th><th>具体目标</th></tr>
<tr><td rowspan="4">1. 尝试从不同的角度去思考，提出自己的问题：
针对课文一部分内容提问题
针对全文提问题
针对写法提问题
联系生活提问题
2. 对问题进行分类
3. 对问题进行筛选</td><td>《一个豆荚里的五粒豆》</td><td>把问题写下来
整理问题清单（有的针对一部分内容，有的针对全文）</td></tr>
<tr><td>《夜间飞行的秘密》</td><td>分小组整理清单
整理过程中的发现（三个问题提问的角度不同）
阅读给定资料，试着从不同角度提问</td></tr>
<tr><td>《呼风唤雨的世纪》</td><td>整理问题清单
筛选对理解课文有帮助的问题
整理问题清单，发现提问题的角度有何不同</td></tr>
<tr><td>《蝴蝶的家》 *</td><td>分类
筛选</td></tr>
</table>

第二节 第二学段口语交际综合分析

口语交际能力是现代公民的必备能力。小学阶段应培养学生倾听、表达和应对的能力，使学生具有文明和谐的人际交流的素养。部编小学语文一至六年级教材共安排了47次口语交际训练。每个学段的训练目标都不相同。第一学段主要培养学生口语交际的态度与习惯，重在鼓励学生自信地表达；第二、第三学段主要培养学生日常口语交际的基本能力，学会倾听、表达与交流。

一、核心素养目标

1. 第二学段口语交际的目标

（1）乐于在班级活动中交流展示，愿意与他人分享，增强表达的自信心；能用普通话交谈，学会认真倾听，听人说话时能把握主要内容，并能简要转述。能就不理解的地方向人请教，就不同的意见与人商讨；能清楚明白地讲述见闻，说出自己的感受和想法。讲述故事力求具体生动。能主动参与日常生活中的文化活动，根据不同的场合，尝试运用合适的音量和语气与他人交流，有礼貌地请教、回应。

（2）阅读活动中，能复述读过的故事，概括文本内容，根据自己的阅读理解提出问题并与他人交流；乐于和他人分享阅读所得，关注有新鲜感的词句，并有意识地在口头表达中运用。

（3）乐于参与读书交流活动，能诵读学过的优秀诗文，尝试用不同的语气、语调表达自己的理解与感受。

2. 第二学段口语交际学业质量描述

（1）乐于在班级活动中交流展示，能根据需要用普通话交谈，认真倾听，把握对话的主要内容并简要转述。

（2）能按照一定的顺序讲述见闻，说出自己的感受和想法。

（3）能尝试根据语文学习经验和生活经验解决日常生活中的问题。

二、编排特点

（1）安排次数。三、四年级每册教材编排四次，其中一次以功能交际为主，涵盖了倾听、表达和应对等口语交际目标。大部分话题内容与本单元主题有一定的关联。

（2）综合性。从三年级开始，开始安排综合性学习的单元，口语交际和综合性学习一起成为单元的有机组成部分。有的口语交际训练还与习作紧密结合，提供多种可供选择的话题，如四年级上册语文园地三安排“写童话、讲童话、演童话”的内容。

（3）部分构成。口语交际板块由话题和情境图两部分构成。大多数的话题站在学生的角度呈现本次训练的内容和要求，口语交际的情境图主要是依据训练内容创设一个个虚拟的“交际场”，有的情境图还配有“提示语”，使得教材更有亲和力，能够激励学生自信、大方地进行口语交际。

第二学段口语交际的具体内容及要求见表 8－7。

表 8－7　第二学段口语交际的具体内容及要求

年级	单元	内容	要求
三上	一	我的暑假生活	选择别人可能感兴趣的内容讲；借助图片或实物讲
	四	名字里的故事	把了解到的信息讲清楚；听别人讲话的时候，要礼貌地回应
	七	身边的“小事”	清楚地表达自己的看法；汇总小组意见时，尽可能反映每个人的想法
	八	请教	有礼貌地向别人请教；不清楚的地方及时追问
三下	一	春游去哪儿玩	说清楚想法和理由；耐心听别人讲完，尽量不打断别人的话
	二	该不该实行班干部轮流制	一边听一边思考，想想别人讲的是否有道理；尊重不同的想法
	七	劝告	注意说话的语气，不要用指责的口吻；多从别人的角度着想，这样别人更容易接受
	八	趣味故事会	运用合适的方法，把故事讲得更吸引人；认真听别人讲故事，记住主要内容
四上	一	我们与环境	围绕话题发表看法，不跑题；判断别人的发言是否与话题相关
	三	爱护眼睛，保护视力	小组讨论时，注意说话的音量，避免干扰其他小组；不重复别人说过的话，如果想法接近，可以先表示认同，再继续补充
	六	安慰	选择合适的方式进行安慰；借助语调、手势等恰当地表达自己的情感
	八	讲历史人物故事	用卡片提示讲述内容；使用恰当的语气和肢体语言，可以让讲述更生动
四下	一	转述	弄清要点，转述时不要遗漏主要信息；注意人称的转换
	二	说新闻	准确传达信息；清楚、连贯地讲述
	六	和朋友相处的秘诀	根据讨论的目的，记录重要信息；分类整理小组意见，有条理地汇报
	七	自我介绍	对象和目的不同，介绍的内容有所不同

三、话题

1. 日常生活

这种类型的口语交际话题选择一般贴近儿童生活，将口语交际教学紧紧融入平常的生活之中，融入学生真实的精神世界。这样学生不会产生距离感，容易激发交际的兴趣和欲望，取得较好的训练效果，也有助于训练学生的思维，提高他们的认识，使之树立正确的价值观。

如三年级上册的“我的暑假生活”“名字里的故事”“请教”，三年级下册的“春游去哪儿玩”等话题，能让孩子们寻找到交际的切入口，在平常的口语交际中掌握“选择别人可能感兴趣的内容讲”“耐心听别人讲完，尽量不打断别人的话”等交际的基本要求。

2. 校园生活

六年的小学校园生活是小学生人生的另一个家园，操场、跑道、图书馆、教室、老师、小伙伴，小学生对这些发生在自己身边的事情如数家珍，是一个个聊不完的话题。口语交际选择从校园生活里寻找话题，既让学生有话可聊，又让学生融入学校生活，激发荣誉感。如三年级下册的口语交际话题“春游去哪儿玩”“该不该实行班干轮流制”“劝告”都以学校生活作为场景，就学校里的一些内容展开交流。

3. 社会问题

每个人都跟时代紧紧相连，所以适当增加一些社会内容，以激发少年儿童的社会责任感，很有必要。如四年级上册第一单元“我们与环境”的话题，就选择了环境问题展开交流，让孩子们从小关注环境问题，树立环保意识。

4. 关爱自己

正确面对成长中的自己，学会关爱自己，也是教育的一部分。四年级上册第三单元的话题“爱护眼睛，保护视力”围绕“平时，你注意保护自己的眼睛吗”展开交流，第六单元“安慰”则选择心理方面的话题，关注少年儿童的心理健康。四年级下册第六单元以“和朋友相处的秘诀”为话题，引导学生建立积极的人际关系。

5. 阅读体会

部编教材最大的特点之一就是对阅读的重视，打造阅读能力、阅读素养和审美能力“三位一体”的阅读教学体系，不仅重视课内阅读，也重视课外阅读。四年级上册第八单元的口语交际以“讲历史人物故事”为话题，以开一次故事会的形式，鼓励学生把课堂内外所学的故事讲给同学们听。

6. 媒体见闻

信息时代，媒体如影随形，方便了我们的生活，也为小学生的学习提供了很多帮助。四年级下册第二单元以“说新闻”为话题，让学生从最近了解的新闻中选一则感兴趣的和同学交流，正确引导学生关注各种新闻媒体，如报纸、电视、广播、网络等，学会从中知识获取。

四、训练方式

口语交际的评价，应按照不同学段的要求，综合考查学生的参与意识、情意态度和表达能力。考查口语交际水平的基本项目有讲述、应对、复述、转述、即席讲话、主题演讲、问题讨论等。活动设计宜在具体的交际情境中进行，让学生承担有实际意义的交际任务，并结合学生在日常生活和学习活动中的表现，综合考查学生真实的口语交际水平。

不同的话题侧重不同的口语交际能力训练。教材结合每一次交际活动，单独列出几项要点提示，使学生明确本次口语交际活动的目标和要求。“倾听”，安排的交际活动有听故事、听新闻、听通知等；“表达”，中学段口语交际的主要内容是讲复杂的故事、讲见闻、谈看法，着力培养学生敢于表达的勇气，以及成段地讲述所见所闻、所思所想的口头表达能力；“应对”，侧重功能性口语交际话题，精选学生在生活中可能遇到的问题或存在困难的交际内容，设计不同的情境，引导学生反思怎样的交际是有效的、得体的，指导解决生活中的问题，较为简单的如请教、劝说与劝阻等。

第二学段口语交际训练的方式体现为以下几个特点：

（1）合作性。教材里安排的口语交际场景基本定位为“和同学交流”“分小组”“和同学练一练”“全班汇报”，明确了口语交际的群体性，在群体中锻炼小学生的自信心，使之敢于在大众目前有条不紊地说话，表达自己的观点。学会团队协作，共同进步。

（2）对话性。产生交流的人数最少也需要两个人，口语的表达需要有听众，这样才能完成口语训练的“倾听”“表达”“应对”等训练要求。

（3）自主性。教材把口语交际活动与综合性学习、习作活动结合起来，全面培养语文素养。遵守“用教科书教”而不是“教教科书”的新教材观，为学生学习留出了选择的自主，如设计多个交际话题，允许学生自选其一练习，满足学生各自的爱好和共性化需求等。

（4）实践性。口语交际重要的内容之一就是教会小学生一定的交际礼仪，如需要考虑相对正规的交际场所，遵循一定的流程，使用相对规范的交际用语等，最终服务于个人口语表达提高的需要，掌握正确和规范的文明交际礼仪。如三年级下册借助“春游去哪儿玩”的话题，把本次口语交际的流程写得很清楚：先分组讨论，小组提出推荐的地点；再全班交流，各小组把推荐的理由说清楚；然后投票选出最值得去玩的一两个地方。通过“先”“再”“然后”等词语做了提示。

第三节　第二学段习作综合分析

习作是小学生语文素养的重要体现。习作，就是练习写作，它是一种练习，可以提高语言表达能力，也是一种训练，以提高想象力和构思能力。小学生的习作，指通过课内外的阅读学习，练习相应的写作方法，以提高写作技巧的训练手段。部编小学语文教材以一种全新的编写体例编排了习作板块，主要有两种呈现方式：一是安排在阅读单元中的习作训练，记实作文和想象作文相互配合，加强应用文的练习；二是每册独立编排一个以培养习作能力为主线的习作单元。两条线同步推进，以提升小学生的习作素养和习作能力。

一、教学目标

1. 学段要求

（1）观察周围世界，能不拘形式地写下自己的见闻、感受和想象，注意把自己觉得新奇有趣或印象最深、最受感动的内容写清楚。

（2）能用便条、简短的书信等进行交流。

（3）尝试在习作中运用自己平时积累的语言材料，特别是有新鲜感的词句。

（4）学习修改习作中有明显错误的词句。

（5）根据表达的需要，正确使用冒号、引号等标点符号。

（6）课内习作每学年 16 次左右。

2. 学业质量描述

（1）参加文学体验活动，能记录活动过程，表达自己的感受。

（2）能按照童话、寓言等文体样式，运用联想、想象续讲或续写故事。

（3）能用日记等方式记录个人的见闻、感受和想法。

（4）能用便条、简短的书信等与他人交流。

二、编排特点

部编教材为了加大习作在小学语文教学中的分量，使习作教学更具系统性、针对性和可操作性，除了在阅读单元有序安排习作训练外，还按照学生习作能力发展的规律，在中、高年段每册教材安排了一个习作单元，使学生的阅读与表达能力均衡发展。

1. 习作板块

（1）双重任务。从三年级开始，部编小学语文教材每个单元都安排了习作训练板块，跟阅读课文共同构成完整的阅读写作链，改变了以往教材阅读与写作分开的局面，也让教师教学授课时有个明确的目标。著名教育家叶圣陶曾说过：“阅读是吸收，写作是倾吐，倾吐能否合乎于法度，显然与吸收有密切的联系。”阅读是感悟，写作是表达，二者相辅相成。阅读教学是培养学生在理解课文的过程中感悟语言文字，作文教学是培养学生在写作的过程中运用语言文字表达事物及自己的思想。

细心的教师会发现，单元导读页用“双线结构”明确了单元教学的核心素养任务，语文要素又包含了“阅读要素” + “习作表达要素”，以此提示教学任务。以四年级上册第一单元为例，单元导读页中有两个语文要素，“边读边想象画面，感受自然之美”“推荐一个好地方，写清楚推荐理由”。前一个任务是阅读课文的阅读任务，后一个任务针对习作“推荐一个好地方”而设置，表明阅读课文的授课应该积极引导学生把阅读和习作联系起来。

（2）习作内容。三、四年级的习作是一、二年级写话作文的发展阶段，学好三、四年级的习作不仅能够使学生自如地表达自己的想法，还能够为五、六年级的写作做好铺垫。小学生习作首先存在的问题就是阅读积淀少，接触到的事物有限，同时在日常生活中不注重积累，导致写作素材不足，习作无从下手。在这种情况下，部编教材对单元板块做了调整，把阅读课文和习作联系起来，意在提示在学习课文中学习谋篇布局，学习观察的方法，写作时可以以课文为范文加以模仿，如此可以产生比较好的效果。

通过对课文和习作之间关系的探究，可以发现部编教材习作板块与阅读课文内容大体相关，训练内容大多为一个小任务，以期学生学有所用，使阅读能力转化为习作能力。

表8-8以三年级上册为例，考察阅读课文内容和习作内容的关联性。

表8-8　三年级上册阅读课文内容与习作内容

单元	阅读课文内容	习作内容
一	美丽的校园，成长的摇篮，梦想启航的地方	选择一位同学，用几句话或一段话写一写他
二	金秋的阳光，洒在树叶上，洒在花瓣上，也洒在我们的心上	读一读案例日记，谈谈发现，然后开始写日记
三	乘着想象的翅膀，游历奇妙的童话王国	编童话，写童话
四	猜测与推想的阅读之旅	续写故事
五（习作单元）	留心观察生活（动物、植物、人）	把最近观察时印象最深的一种事物或一处场景写下来
六	我爱祖国壮美的山河	围绕一个意思，把身边的美景写下来
七	发现大自然赐予我们珍贵的礼物	从自己发现或同学列举的现象中选择一个写一写
八	一件简单而美好的事，彰显美好的品质	把平时玩得最开心的一件事的过程写下来

（3）训练形式。作为阅读课文单元的组成部分，习作板块的习作训练应该与单元的其他板块构成一个训练整体，跟阅读课一起完成单元的任务。

新课程标准中，义务教育语文课程内容主要以学习任务群组织与呈现，所以从教材本身的安排来看，习作内容与阅读课文紧密相关，单元导读页也约定以语文要素之一作为习作要素，所以教师授课时不妨以任务群的形式，以新课程标准要求的学业质量来设计训练方式，把阅读教学与习作训练结合起来。从新课程标准中学段“学业质量”关于阅读与写作要求的两段表述，可以看到，阅读、口语训练与书面训练是紧密结合在一起的。

除此之外，教材的习作板块也体现了一些新的训练特色。下面以四年级上册第四单元为例，分析其特色。这个单元围绕人文主题“神话，永久的魅力，人类童年时代飞腾的幻想”展开，提示的语文要素是：“了解故事的起因、经过、结果，学习把握文章的主要内容”“感受神话中神奇的想象和鲜明的人物形象”“展开想象，写一个故事”。本单元的习作训练如下：

我和______过一天

我们看过很多神话和童话，里面的人物有的本领高强、爱憎分明，如哪吒、葫芦娃；有的机智聪明、惩恶扬善，如神笔马良；有的美丽纯洁、温柔善良，如白雪公主。你了解他们吗？喜欢他们吗？你还喜欢哪些人物呢？

如果有机会和他们中的某一位过上一天，你会选择谁？你们会一起去哪里？会做些什么？会发生什么故事呢？

把自己的想法和小组同学说一说，再写下来。写完后，听听同学的意见，认真修改，最后誊写清楚。

这个单元的习作训练呈现以下特点：

（1）以神话这一体裁作为阅读与习作的主线。单元安排了三篇教读课文，分别是古代神话故事《盘古开天地》（改编成现代文）、《精卫填海》（文言文）、外国神话故事《普罗米修斯》，一篇自读课文《女娲补天》（改编成现代文），和习作训练中的阅读要求是对应关系。神话作为故事的一种，它的要素包括人物和故事发展过程（起因—经过—结果）。教材这个单元中的课文，充分体现了神话这一体裁的特点。

（2）从阅读的要求来看，单元课文是中国古代神话和外国神话中的经典作品，家喻户晓。教材以此为契机，在习作中做了阅读延伸提示："我们看过很多神话和童话，里面的人物有的本领高强、爱憎分明，如哪吒、葫芦娃；有的机智聪明、惩恶扬善，如神笔马良；有的美丽纯洁、温柔善良，如白雪公主。你了解他们吗？喜欢他们吗？你还喜欢哪些人物呢？"从而保持神话阅读的整体性。

（3）从习作训练的要求来看，要求定位主人公、地点和事件，并要求展示过程。这几个要求和单元导读页上的语文要素及课文内容是对应的。

（4）再从教读课的课后练习来看，三篇课文后的练习都涉及了故事主人公、故事发生的过程、按什么顺序以及精彩的情节等，跟单元语文要素、课文重难点互为推进，双向并行。

（5）从思维能力的培养来看，重点放在想象能力和故事推进的顺序两个方面，课文阅读和习作训练充分体现了这一重点。

2. 习作单元

部编教材从三年级开始每册编排一个习作单元，三、四年级全部放在第五单元。习作作为一个独立单元，在教材中具有相对独立的地位，为习作自成体系提供了保障。习作不再紧紧依附于阅读课文单元，不再受制于单元主题和文体，同时又与单元课文内容相辅相成，从而不断提升小学生的习作能力。

习作单元是部编小学语文教材中以培养学生习作能力和素养为主线的特殊单元，突出习作兴趣、策略、方法等的全方位激发和教学。习作选取的例文贴近儿童的生活，便于学生仿写。每个习作单元包括六个部分的内容，即单元导语、教读课文和“交流平台”“初试身手”“习作例文”“习作”。

单元导语介绍本单元的学习目标，鲜明地体现了双线结构，每个单元都贯穿人文主题和语文要素两条线索。

教读课文让学生学习表达的方法，聚焦部分，深入内部。课文在理解内容、积累语言方面不作更多要求，而是注重引导学生体会课文在表达上的特点，从阅读中学习习作方法；课文选材范围较广，但都指向本单元的习作要素，重在让学生学习表达方法。

“交流平台”是对习作单元表达方法的归纳和总结，可以说是习作单元的灵魂，起着承前启后的重要作用。

“初试身手”是让学生在初步尝试中学会运用表达方式。这个部分主要通过口头训练、小练笔等形式开展，给学生提供语言实践的机会，引导学生把在课文中学到的表达方法运用到具体情境中，以此为最后的成篇习作做铺垫。

“习作例文”是小学生进行习作的范例，可供学生学习和模仿。例文与教读课文有联系也有区别，联系在于两者都指向单元习作要素，但要素指向又有侧重，习作例文篇幅较短，语言贴近儿童，类似小学生佳作；而教读课文则侧重于深层次的表达方法呈现与探究。习作例文可以放在习作讲评前或讲评后学习。学习本单元之初，要让学生明白，本单元的学习主要是写一篇习作，单元中的各项内容都是围绕此次习作编排的，各项内容之间环环相扣，体现出整体性和综合性。

“习作”是本单元学习成果的展示，在这个环节，学生形成完整的习作，完成单元教学目标，展示作文成果。

以上这六个部分层层递进，从单元习作要素出发，形成“单元导语明确要素目标—教读课文学习表达方法—初试身手尝试运用—习作例文巩固方法—习作独立运用方法”的培养路径。

3. 多元化辅助训练

除了上面两种习作方式外，教材还从多方面巩固和加强习作训练，如设计了小练笔，三年级上、下册各十次左右。小练笔多位于课后，也有部分位于语文园地的“词句段运用”。

一部分小练笔直接依托课文的语言材料。比如，三年级上册《秋天的雨》课后习题：“想象一下，秋天的雨还会把颜色分给谁呢？照样子写一写。”这个题目以课文中的句子作为支架，要求学生发挥想象，模仿例子写几句话。题目提供了形式和素材，降低了学生学习的难度。还有一部分小练笔没有给出直接模仿的语段，而是提示学生模仿课文进行表达。比如，三年级下册课文《美丽的小兴安岭》描写了小兴安岭的四季，为学生如何描写家乡的四季打开了思路，可以作为学生练笔的范例。课后练习题即为“你的家乡哪个季节最美？为什么？写一段话和同学交流”。另有少部分小练笔，没有提供模仿的对象。比如，三年级上册第六单元语文园地“词句段运用”第二道练习题，要求以

“车站的人可真多……”“我喜欢夏天的夜晚……”开头，试着说段话。这个单元的习作训练重点是“试着围绕一个意思写”，这道练习题就是为落实单元习作要求而设置的。

除了单元习作、小练笔外，教材中还有一些习作单项练习，内容涵盖标点符号的用法、习作修改、语言积累等多个方面，是部编教材习作训练的有机组成部分。比如，三年级上册第三单元语文园地中的“关注修改符号的使用”、第四单元语文园地中的“关注引号的用法”。

部编教材中习作单元、单元习作、小练笔、单项练习相互配合，形成一个训练、提升学生习作能力的网络。

三、习作类型

根据新课程标准对中学段习作的总要求“观察周围世界，能不拘形式地写下自己的见闻、感受和想象，注意把自己觉得新奇有趣或印象最深、最受感动的内容写清楚。能用便条、简短的书信等进行交流”，可以把第二学段的习作类型分为文学类和应用文类两种。具体见表 8－9。

表 8－9　第二学段的习作类型及其习作要素

年级	文学类	习作要素	应用文类	习作要素
三上	单元一：猜猜他是谁	观察；片段（几句话或一段话）	单元二：写日记	日记内容；日记格式
	单元三：我来编童话	想象；完整（按故事要素编写完整的故事）	单元七：我有一个想法	思考与关注；片段（写出自己的想法和建议）
	单元四：续写故事	预测；片段（续编）		
	单元五（习作单元）：我们眼中的缤纷世界	观察；片段（一种事物或一处场景）		
	单元六：这儿真美	观察；片段（围绕一个意思写）		
	单元八：那次玩得真高兴	把握过程；片段（一次玩得开心的过程）		
三下	单元二：看图画，写一写	观察；片段（按图片内容要求写）	单元一：记录卡（我的植物朋友）	观察；感受
	单元五：写一个想象故事	想象；完整（一个想象故事）		
	单元六：选一个人写一写	观察；运用一些词语；取题目	单元四：借助图表整理小实验主要信息	实验步骤；图表格式；采集主要信息
	单元八：编写一个童话故事	假设；想象；完整（编写童话故事）		
			单元七：介绍大熊猫	制作图表；分类查资料

续表

年级	文学类	习作要素	应用文类	习作要素
四上	单元一：推荐一个好地方	列出推荐理由；片段（描写、陈述）	单元三：观察日记	观察；整理
	单元二：把自己的家想象成“动物园”	想象；片段（给家里的每一个人都写上一段话）	单元七：写一封信	内容；格式
	单元四：我和（神话或童话故事里的人物）过一天	想象；写一个故事		
	单元五：按顺序写一件事	所见所闻；按顺序（起因、经过、结果）		
	单元六：写一次游戏的过程	真实感受；按一定顺序（前、中、后）		
	单元八：写一件事	真实感受；事情的经过		
四下	单元一：我的乐园（写一个自己喜欢的地方）	散文写作初步训练：时间、地点、人物、事件及思想感情的表达	单元二：把自己的奇思妙想写下来	想象；学会分类介绍说明
	单元四：我的动物朋友（向别人介绍你的动物朋友）	学会从几个方面分别介绍，并抓住特点		
	单元五：把一次印象最深的游览写下来	注意写好游览的顺序和景物的特点		
	单元六：写一件最有成就感的事情	注意把经历、体会写好，并修改		
	单元七：我的“自画像”	学习从多个方面写人		
	单元八：故事新编	先设想故事结局，再想象故事情节		

1. **文学类**

在小学语文教材所选素材里，教读课文、自读课文及习作例文以文学作品为主，即使是以说明介绍为主的说明文和小品文，也都采用生动活泼的语言，增强文章的形象性和可读性。三、四年级的习作以文学类文章的训练为主，主要类型是写一件事、编故事、写一个人等，这类习作以培养观察能力为基础，采用片段习作的形式，叙述和描写所见所闻所感。

2. **应用文类**

小学阶段的应用文，主要是学习日常生活和人际交往中必不可少的文种，如通知、日记、书信、解说词、演讲稿、倡议书、简单的研究性报告。全套教材对常见的应用文进行了统筹安排，体量较大的日记、书信等安排在单元习作中，而通知这类体量较小的应用文以小练笔的形式呈现，如三年级下册第二单元语文园地中的“学写通知”、第七单元语文园地中的“学写寻物启事”等。跟文学类作品的写作不同，应用文类注重书写格式，语言要简练。

四、具体化的习作指导

1. 习作内容生活化

部编教材遵从了叶圣陶的教诲，编制习作题目时十分注意，不是来自学生经验的题目，一律不要；习作题材一定要覆盖绝大多数学生的生活经验，让他们一看这个题目就能唤醒已有的生活经验，从而达到“我手写我心”的效果。翻看三年级的单元习作，“猜猜他是谁”“我们眼中的缤纷世界”“我有一个想法”“身边那些有特点的人”等，都是基于学生生活经验出的题目。还有一部分题目，让学生先做再写，如“我的植物朋友”“我做了一项小实验”。还有一小部分题目，距离学生略远，如“国宝大熊猫”，为此教材中提供了有关熊猫的一些基本资料。如果学生没有机会和能力去查找更多资料，把书上的资料整合一下，也可以完成本次习作。

2. 进阶性的习作能力培养

针对学生的学龄特点，部编教材在能力培养上讲究进阶性。习作涉及的观察、想象、修改等基本能力，以课程标准为主要依据，结合多年来的教学成果，安排好能力培养序列。比如，观察能力是习作的根本能力之一，对观察能力的培养贯穿习作训练始终。为了培养这种能力，三年级上册第五单元，即教材中的第一个习作单元，就让学生“体会作者是怎样留心观察周围事物的”，并要求“仔细观察，把观察所得写下来”。除此之外，三年级的多次习作都以“观察”为训练重点，如上册的“猜猜他是谁”“这儿真美”，下册的“我的植物朋友”“看图画，写一写”“我做了一项小实验”“身边那些有特点的人”，之后的教材也多有涉及。全套教材希望通过反复的训练，帮助学生打好观察的底子。

3. 习作指导具体化

部编教材每次习作都力争提供一定的写法上的支持。有的是直接提供例文，更多的是进行写作思路的指导。比如，三年级上册第一次习作“猜猜他是谁”，习作的重点是写出“印象深刻”的地方，可以从哪些方面来写。教材给出了一个例子，用泡泡的形式从外表、习惯、爱好、典型事例四个方面描述一个人，给学生思路上的启发，同时提示写的时候不必面面俱到，“选择一两点写下来”就可以。

部编教材中的习作单元，更是习作指导具体化思想的集中体现。比如，三年级上册的习作单元，为了帮助学生学会观察，先安排了两篇教读课文《搭船的鸟》《金色的草地》，为学生展示作者是如何观察的。接下来是两个小栏目：“交流平台”“初试身手”。“交流平台”借助之前学过的两篇文章，对如何观察进行小结，指出要留心观察和细致观察。“初试身手”是一个练习环节，要求学生把平时观察到的写一写，片段即可。再是两篇习作例文《我家的小狗》《我爱故乡的杨梅》。习作例文比较短小，旁边有批注，引导学生进一步体会如何把观察到的事物写下来。最后是单元习作练习，写作的范围很广，写一个事物或者一个场景都可以，可以说是对整个单元学习成果的应用和检验。整个单元围绕训练学生的观察能力组织，步步深入，帮助学生提高观察能力，养成观察习惯。

五、三年级上册习作单元课文分析

（一）主题与题材

本单元围绕“留心观察周围的事物”这一主题，安排了《搭船的鸟》《金色的草地》两篇教读课文，《我家的小狗》《我爱故乡的杨梅》两篇习作例文以及“我们眼中的缤纷世界”习作训练。单元导读页上部分引用法国雕塑家罗丹“生活中不缺少美，只是缺少发现美的眼睛”的话语，点明单元主题即“善于发现生活中的美”；下部分文字则提示了单元的语文要素——体会作者留心观察周围事物的方法，写下自己的观察所得。具体内容如下表 8 – 10 所示。

表 8 – 10　三年级上册习作单元的课文内容

课文	体裁	主题	题材
《搭船的小鸟》	叙事散文	赞扬“我”热爱自然的情怀，同时揭示了大自然是我们学习知识的途径的道理。	写“我”乘船去乡下的外祖父家的途中，运用善于观察的眼睛捕捉到了船头站立的小鸟捕鱼的情景。先描写小翠鸟的外在特点，接着描写小鸟捕鱼时的动态，最后通过妈妈的介绍，“我”知道了那只小鸟叫“翠鸟”。
《金色的草地》	叙事散文	抒发作者对蒲公英的喜爱之情，表达对自然、对生命的尊重。	先写兄弟俩在窗前一大片草地上自由自在嬉戏的情形，再重点写“我”在草地上玩耍时发现蒲公英张开、合拢的变化，最后写草地和蒲公英给我们带来探索发现的喜悦。
《我家的小狗》*	叙事散文	赞扬“我”善于留心观察及对动物的尊重。	写“我”经过细致观察，发现了小狗“王子”淘气又可爱的特点，学念“狗”时，叫得最欢，还能用叫声表示不同意思，最喜欢同火车赛跑等事情。
《我爱故乡的杨梅》*	叙事散文	抒发“我”对故乡杨梅、对故乡的热爱之情。	作者先用拟人手法描述了故乡的杨梅树，接着杨梅果的形状、颜色、味道。

2. 语文要素和训练要求

围绕本单元“体会作者是怎样留心观察周围事物的”“仔细观察，把观察所得写下来”的习作要求，两篇教读课文和两篇习作例文的语文要素，可用表 8 – 11 来展示。

表 8－11　三年级上册习作单元的语文要素和训练要求

课文	认读与书写	朗读背诵	词语积累组词造句	口语训练	思维培养	阅读训练
《搭船的鸟》	认读 5 个生字；掌握 1 个多音字；书写 13 个生字	朗读	学习表现连续性动作的动词	说说自己从哪里看出作者对哪些事物作了仔细观察	观察能力 想象能力	知道作者对哪些事物作了仔细观察
《金色的草地》	认读 6 个生字；书写 13 个生字	朗读	学习观察后用哪些词语来表现	和同学们交流你都留意过哪些事物的变化	观察能力 想象能力	把握课文的层次，知道观察的角度是早上、中午、傍晚
《我家的小狗》*		默读 略读	学习观察后用哪些词语来表现	说说作者从哪几方面观察小狗的，把课文中描写小狗淘气可爱的部分找出来，和同学交流	观察能力	知道作者是从哪几个方面仔细观察和描写小狗的
《我爱故乡的杨梅》*		朗读	学习观察后用哪些词语来表现	说说作者是怎样介绍家乡的杨梅的	观察能力	知道作者是从哪几个方面仔细观察并描写杨梅的

3. 单元核心素养目标

语言运用：学习生字，学习和掌握课文中描写事物的重点词语，在阅读中把握作者如何运用不同的内容和方式表现自己的观察所得；有感情地朗读课文和默读课文；能用口语说说课文内容；把握课文描绘动植物时使用的精彩语言，并运用到习作中。

思维能力：学习和掌握观察的多种方法，了解留心观察和仔细观察的重要性，体会恰当的观察对习作的重要性。

审美创造：感受作者笔下的动物和植物，体会其中蕴含的感情，并在习作中表现这种审美倾向。

文化自信：通过阅读文本，了解创作文学作品和用心观察的关系，帮助自己在生活中做一个有心人，并积累阅读与写作经验。

六、三年级下册习作单元课文分析

1. 主题与题材

本单元围绕“想象”这一习作主线，安排了两篇教读课文《宇宙的另一边》和《我变成了一棵树》，两篇习作例文《一支铅笔的梦想》和《尾巴它有一只猫》。本单元导读页由上部分引用了爱因斯坦的话“想象力比知识更重要”，点明了本单元的人文主题。

本单元两篇教读课文的题材都与儿童世界里的想象有关。两篇习作例文简短有趣，丰富的想象展现了儿童世界的奇妙。学习这几篇课文的目的是引导学生学会想象，感受想象的神奇，推动儿童展开丰富与神奇的想象。课文为学生的习作提供了借鉴和模仿的范例。具体内容如表 8－12 所示。

表 8－12　三年级下册习作单元的课文内容

课文	体裁	主题	题材
《宇宙的另一边》	童话	表达了儿童们对神奇而美好的事物无限热爱与向往的感情。	讲述了一个可爱、聪明的小男孩，对宇宙的神秘产生浓厚兴趣的故事。晚上趴在窗台上，浩瀚的星空引发了“我”无限遐想，“我”想象宇宙的另一边是这一边的倒影；白天上学时“我”始终沉浸在美好的想象中，想象宇宙另一边神奇的数学课堂；“我”向大家分享“我”的美好想象，大家都被宇宙另一边的世界迷住了。
《我变成了一棵树》	童话故事	表现“我”率真可爱、富有奇思妙想的性格，表达对童年生活和母亲的怀念。	课文写“我”想象自己变成了一棵树，树上长出了很多形态各异的鸟窝，鸟窝上住着很多动物朋友。“我”的妈妈背着装满食物的大包也来到树上，和小动物们一起分享美食。后来“我”肚子饿了，开始想念温馨的家，回到了现实。
《一支铅笔的梦想》	童话故事	表现儿童丰富有趣的想象力，感受大胆连续想象的乐趣。	文章采用第一人称，以“梦想”为线索，按照“总一分一总”的结构，讲述了一支老憋在抽屉里的铅笔的五个梦想，山坡上、荷塘里、菜园里、小溪边、运动场上，铅笔的梦想在不断变化。
《尾巴它有一只猫》	童话故事	表现儿童新鲜的想象力，感受反向想象的乐趣。	一条尾巴提出“自己拥有一只猫”的观点，接着通过跟跳蚤的对话，论证“爸爸妈妈有小孩子，小孩子也有爸爸妈妈”，所以“尾巴也有一只猫”的说法的正确性。最后由反向想象的方法得出“尾巴拥有一只狗，狗拥有一个人”的有趣说法。

2. 语文要素和训练要求

单元导读页下面部分文字“走进想象的世界，感受想象的神奇。发挥想象写故事，创造自己的想象世界”提示了本单元的阅读和习作语文要素。

本单元所选四篇文章从不同的角度，用不一样的方式讲述了神奇有趣的想象故事，这些故事想象大胆奇特，语言生动形象，能充分激发学生的阅读兴趣，让学生感受到想象的神奇与魅力。《宇宙的另一边》想象宇宙另一边的样子，《我变成了一棵树》则是想象自己变成另外的物种，两则例文分别运用了连续性的想象和反向的想象，有趣又新颖。教师要引导学生通过阅读习作例文，结合例文中的批注，进一步熟悉想象的方法，训练想象的思维能力。具体内容如表 8 – 13 所示。

表 8 – 13　三年级下册习作单元的语文要素和训练要求

课文	认读与书写	朗读背诵	词语积累组词造句	口语训练	思维培养	阅读训练
《宇宙的另一边》	认读 6 个生字；书写 12 个生字	朗读	把握关键词句	说说“宇宙另一边”的秘密，并和同学交流	想象能力	感受教读课文和习作例文里展示的想象世界，体会不同的想象内容，发挥想象写神奇的想象故事
《我变成了一棵树》	认读 7 个生字；书写 12 个生字	默读	把握关键词句	说说哪些想象有意思	想象能力	
《一支铅笔的梦想》		精读	把握关键词句	仿照课文说一说	想象能力	
《尾巴它有一只猫 》		精读	把握关键词句	展开想象说一说自己想到的新鲜有趣的说法	想象能力	

3. 单元核心素养目标

语言运用：学习生字，学习和掌握课文中描写想象世界的重点词语，在阅读中把握作者运用不同的内容和方式表现想象世界的方法；有感情地朗读课文和默读课文；能用口语说说课文内容；把握课文展现想象世界时精彩的语言表达，并运用到习作中。

思维能力：大胆想象，丰富和创造自己的想象世界。

审美创造：感受作者笔下的想象世界，体会想象的合理性与独特作用，并在习作中表现这种审美倾向。

文化自信：通过阅读文本，了解想象类的童话故事的内容，帮助自己提高此类文章的篇章安排能力；积累阅读与写作经验。

七、四年级上册习作单元课文分析

1. 主题与题材

本单元围绕“童年生活”这一主线，以“我手写我心，彩笔绘生活”为人文主题，安排了两篇教读课文《麻雀》《爬天都峰》，习作例文《我家的杏熟了》《小木船》，以及“习作：生活万花筒”。本单元围绕单元主题选择了描写童年生活的记事类文章，着重描写童年生活中令人难忘的事情。《麻雀》一文是 19 世纪俄国著名作家屠格涅夫的作品，新颖的构思展示了动物世界里母爱的伟大。《爬天都峰》在叙事中融入情感，一老一小互相鼓励，一起爬上天都峰的情景既表现了童趣，也抒发作者希望人们能在人生路上互相温暖、互相扶持的美好愿望。两篇习作例文都选择童年生活中美好的事情来写，一篇写孩子眼中老一辈人的善良品格，一篇写儿时玩伴的友谊。多样的题材，美好的思想感情的渗透都能给小学生的习作起到示范作用。具体内容如表 8－14 所示。

表 8－14　四年级上册习作单元的课文内容

课文	体裁	主题	题材
《麻雀》	叙事散文	赞扬老麻雀奋不顾身保护小麻雀的举动，歌颂伟大而高尚的母爱。	课文写一只老麻雀面对猎狗奋不顾身地保护小麻雀的事。文章按事件发生的先后顺序，先写猎狗跑在“我”前面，突然放慢了脚步，接着写一只小麻雀从树巢上掉落到地上，猎狗想要伤害它，老麻雀奋不顾身地飞下来奋力保护自己的孩子，猎狗被老麻雀的勇气震慑住了，“我”唤回了猎狗。
《爬天都峰》	叙事散文	揭示了在困难面前要善于从别人身上汲取力量，相互激励、共同解决困难的道理。	课文写“我”和爸爸去爬天都峰，路遇一位素不相识的老大爷，“我们”互相鼓励，克服山高路陡的困难，终于一起爬上了天都峰。
《我家的杏熟了》	叙事散文	歌颂奶奶的美好心灵，表达了淳朴的乡情。	作者回忆自己小时候与杏儿相关的两件事，重点记叙了第二件事。作者按事情发展的顺序，先交代事情的起因，接着重点刻画奶奶“打杏”“分杏”的动作和语言，结尾交代这件事对“我”的影响。
《小木船》	叙事散文	告诉我们朋友之间不要斤斤计较，要互相谅解，多进行自我反省，这样才能增进友谊的道理。	课文写“我”由眼前的小木船展开回忆，重温了和陈明友谊破裂及和好如初的经过。

2. 语文要素和训练要求

单元导读页下部分文字“了解作者是怎样把事情写清楚的。写一件事，把事情写清楚”提示了本单元的语文要素。《麻雀》的记叙按常见的“开端—发展—高潮—结局”顺序逐一展开；《爬天都峰》按“去爬天都峰遇见老爷爷，互相鼓励，一起爬上天都峰”这一发展顺序叙述。习作例文《我家的杏熟了》《小木船》紧紧扣住本单元语文要素，呼应教读课文的学习要点，重在引导学生有序地叙述整件事情、描述片段场景。具体内容如表 8－15 所示。

表 8－15　四年级上册习作单元的语文要素和训练要求

课文	认读与书写	朗读 背诵	词语积累 组词造句	口语训练	思维培养	阅读训练
《麻雀》	认读 6 个生字；书写 13 个生字	朗读	学习表现老麻雀和猎狗动作的词句	说说课文围绕麻雀写了一件什么事	观察和想象能力	感受教读课文和习作例文如何按事情发生发展的先后顺序写一件事，并把事情写得清楚的
《爬天都峰》	认读 6 个生字；掌握 1 个多音字；书写 8 个生字	朗读	学习作者叙述和描写“我”和“老爷爷”爬山的语句	和同学们交流课文怎样把“我”爬山的过程写清楚的	观察和想象能力	
《我家的杏熟了》		精读	学习作者在叙事中刻画奶奶动作和神态的语句	和同学交流课文如何按照事情发展的顺序写奶奶“分杏”的	观察和想象能力	
《小木船》		精读	学习作者在叙事中刻画“我”和陈明语言、动作和神态的语句	和同学交流作者如何详细描述“破裂”和“和好”两个场面的	思考记事过程中的详写和略写	

3. 单元核心素养目标

语言运用：学习生字，学习和掌握课文中写人记事的重点词语，在阅读中把握作者按事情发生发展的先后顺序写一件事，并把事情写清楚采用的方法；有感情地朗读课文和默读课文；能用口语说说课文内容；把握课文写人记事中精彩的语言表达，并运用到习作中。

思维能力：留心观察，把握一件事的发生发展过程；思考按照事情发展的顺序来写事件的好处。

审美创造：感受作者笔下的事件，学习在记事记人中体现美好的价值观，并在习作中表现这种审美倾向。

文化自信：通过阅读文本，把握写人记事经常采用的方法，提高此类文章的篇章安排能力；积累阅读与写作经验。

八、四年级下册习作单元课文分析

1. 主题与题材

本单元围绕“自然景观”这一主线，以“妙笔写美景，巧手著奇观”为人文主题，安排了《海上日出》《记金华的双龙洞》两篇精读课文，《颐和园》《七月的天山》两篇习作例文。本单元两篇教读课文选用文学大师巴金和叶圣陶所创作的以写景为主的叙事散文，作者用生动优美的语言，独特的感受，描绘了大自然令人神往的景观。课文按一定的顺序写景物，有条理地描绘景色。作者运用准确、鲜明、生动的语言，把读者带入文中描绘的美好景色中，产生身临其境的效果。选材角度多样，对景物的赞美自然融入叙事与写景中，景中有情、情以景兴。这些都能对小学生的习作起到很好的示范作用。具体内容如表 8－16 所示。

表 8－16　四年级下册习作单元的课文内容

课文	体裁	主题	题材
《海上日出》	写景抒情散文	表达作者对海上日出这一壮观景象的赞美之情。	作者先按早晨太阳变化的顺序，抓住颜色、光亮、位置的变化，描绘了太阳在海面下、露小半边脸、跳出海面、发出光芒四个画面，写出了不同时刻太阳的变化过程。之后依次描写晴朗天气的日出及天边有云情况下的日出景象。
《记金华的双龙洞》	叙事写景散文（游记）	表达作者热爱祖国秀丽山河的思想感情和品赏大自然的情趣，激发学生对祖国锦绣河山的热爱。	该文按游览双龙洞的顺序，记叙了游览金华双龙洞的情景和感受，先写沿途所见的美景，接着描写外洞的洞口、外洞及孔隙，然后写内洞，最后写出洞。
《颐和园》	叙事写景散文（游记）	表达作者对颐和园的赞美之情。	课文采用移步换景的方法，描绘了北京颐和园的美丽景观。开头总写颐和园的美丽，接着介绍了长廊的景色，再按山脚、上山、下山的顺序写了万寿山脚下及登上万寿山所看到的景色。之后移步昆明湖，描绘了昆明湖及十七孔桥的景物。最后赞美颐和园的景色之美。
《七月的天山》	叙事写景散文	表达作者对祖国边陲天山风景的喜爱之情。	作者用抒情的笔调，浓墨重彩地描绘了天山夏天的奇异风光。作者采用移步换景的方法，先依次写天山的雪峰、雪水、溪流，再写天山密林幽静的美景，最后描绘天山深处的美景。

2. 语文要素和训练要求

单元导读页下面部分文字“了解课文按一定顺序写景物的方法。学习按游览的顺序写景物”，提示了本单元的阅读和习作语文要素。上册的习作单元重点训练“按顺序写好一件事”，本单元侧重训练“按一定顺序写好景物”。从单元所选的文本来看，作者叙写游览景物的顺序有时以时间来安排，如《海上日出》按照早晨太阳变化的顺序来写，从日出前写到日出后，另外三篇都以空间移动为顺序，并采用移步换景的方式来展示景物的特点。具体内容如表 8－17 所示。

表 8－17　四年级下册习作单元的语文要素和训练要求

课文	认读与书写	朗读背诵	词语积累组词造句	口语训练	思维培养	阅读训练
《海上日出》	认读 4 个生字；掌握 1 个多音字；书写 9 个生字	默读	学习描写景物时所使用的拟人句	说说海上日出的景象，并结合自己的体会说说课文描写日出的精彩之处	观察和想象能力	感受文章是如何按游览的顺序写景物和感受，并把景物写得让人身临其境的
《记金华的双龙洞》	认读 6 个生字；书写 15 个生字	默读	学习作者描写景物时使用的词句	说说作者怎样把孔隙的狭小和自己的感受写清楚的	理清并画出作者游览双龙洞的线路	
《颐和园》		精读默读	画出文中的过渡句	和同学交流作者如何移步换景	画出作者游览的线路图	
《七月的天山》		精读默读	体会文中表现顺序的语句，感受作者精彩的语言表达	说说作者按怎样的顺序写天山的	观察和想象能力	

3. **单元核心素养目标**

语言运用：学习生字，学习和掌握课文中描写景物的重点词语，在阅读中把握作者描绘景物所采用的方法；有感情地朗读课文和默读课文；能用口语说说课文内容；把握课文描绘景物所用的方法，并运用到习作中。

思维能力：留心观察，把握景物特点；思考按照游览的顺序来写景物的好处。

审美创造：欣赏作者笔下的美景美物，生发对祖国河山的热爱之情，并在习作中表现这种审美倾向。

文化自信：通过阅读文本，把握写游记经常采用的方法，提高此类文章的篇章安排能力；积累阅读与写作经验。

第四节 第二学段语文园地综合分析

语文园地是部编教材单元整体教学中的重要板块，集综合性与实践性于一体，置于每个单元的最后，对单元知识进行梳理总结，是对单元内容的概括和延伸，与单元内容构成了完整的教学训练体系，把语文知识向生活实践延伸、向课外阅读延伸，以提高学生的综合能力，对培养学生的语文素养有着重要作用。

小学中学段，除三年级起的习作单元外，部编教材在每个主题单元后面的语文园地板块设置了“交流平台”“词句段运用”“日积月累”三个基本的栏目，继续沿用低学段“识字加油站”“书写提示”等栏目。其中，语言文字运用的练习，一、二年级用“字词句运用”，三至六年级改用“词句段运用”；鼓励学生自主发现、自主梳理语文学习方法、规律的栏目，一、二年级用“我的发现”，三至六年级改用“交流平台”。

一、教学任务

语文园地是学生学习、检测的重要平台，极大地丰富了语文学习的内容，是学生提升语文素养的重要阵地。语文园地中，每一栏目所承载的目标任务既有所侧重，又不能截然割裂。

1. 梳理和整合

作为一个单元“终点站”的语文园地，起着对本单元的语文要素进行知识、方法的梳理、巩固与提升的作用，帮助学生查缺补漏，充分调动学生的兴趣，拓展及丰富学生的语言材料，提高学生的综合应用能力。

特别是三年级新设的“交流平台”栏目，归纳、梳理是它重要的使命。例如，三年级下册第八单元是“故事单元”，语文要素是“了解故事的主要内容，复述故事”。为了落实“复述”这一要素，教材以“教读+自读”的形式，安排了两组共四篇文章，介绍复述的两种方法。在这一单元的“交流平台”中，教师就要及时引导学生回忆四篇文章的复述体验，归纳、梳理“表格复述法”“示意图复述法”，让“复述”这一要素清晰地存储在学生脑中。

2. 巩固和积累

语文园地呈现的知识与单元的人文主题、语文要素、阅读文本都会产生或直接或间接的联系。语文园地的任务之一就是巩固课堂所学知识，增加积累。语文园地的各个栏目，以不同的形式引导学生在自主发现的基础上写字、说句子，是对知识、技能举一反三的拓展性训练。“交流平台”栏目一般会有单元文本的“影子”。三年级下册第六单元的语文要素是“运用多种方法理解难懂的句子”，语文园地的“交流平台”做了如下设计：

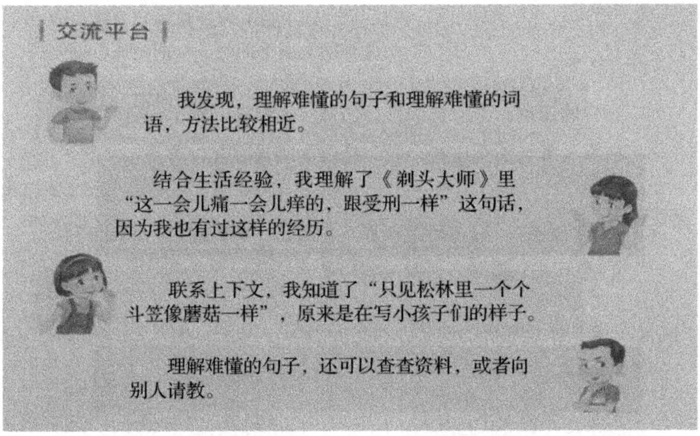

这一“交流平台”围绕单元语文要素，帮助学生梳理了“理解难懂的句子”的三种方法：结合生活经验；联系上下文；查阅资料或请教他人。因为有了“理解难懂的词语”的前经验，学生对这样的方法没有陌生感。

3. 自主和合作学习

语文园地是语文“双基”训练的重要园地，为学生提供自主学习的平台，因而自主学习应是学习语文园地的主要方式。

例如“识字加油站”栏目。这个栏目从一年级开始就安排在语文园地里，成为学生识字的重要渠道。教材中的识字系统包括三个部分，分别是单元集中识字、随文识字以及“识字加油站”。其中，“识字加油站”是部编教材的一大创新，对学生语文学习影响深远。作为识字的第三条路径，“识字加油站”以丰富的形式、灵活的安排，引导学生认识更多的生字，弥补教材容量有限的不足。“识字加油站”在低学段教材中的编排次数较多，到了中学段减至每学期四次，一方面是因为需要认识的字数减少了，另一方面是因为教学重点改变了，逐渐弱化识字，强化字词句的运用。活动形式更多指向实践活动，如读、比、认、查、记、说、想、分等。

4. 提高和应用

字词句的掌握是语文学习的基础，词语教学的最终目标应该是会运用。在课文学习的基础上，语文园地的相关栏目会增加一些实践性比较强的栏目，引导学生更好地理解词语，感悟词语在不同语境下的运用。如四年级下册第三单元语文园地“词句段运用”中安排了如下内容：

词句段运用

读一读，注意加点的部分。你还知道其他描写颜色的句子吗？和同学交流。

◇ 在我的窗前，有一棵白桦，仿佛涂上银霜，披了一身雪花。

◇ 白雾与远天晴空连在一起，晶白中透着淡蓝、青苍，一碧万顷。

◇ 那草滩的绿，绿得娇嫩；那菜花的黄，黄得蓬勃；而那湖水的蓝，又是蓝得多么醉人啊！

读一读，注意加点的部分，再仿照着写一写。

这些事——
是永不漫灭的回忆：
月明的园中，
藤萝的叶下，
母亲的膝上。

春天的早晨，
怎样的可爱呢！
融洽的风，
飘扬的衣袖，
静悄的心情。

这一单元是诗歌单元，语文要素是“初步了解现代诗的一些特点，体会诗歌表达的情感”。围绕人文主题，安排了冰心的《短诗三首》、艾青的《绿》、叶赛宁（苏联）的《白桦》和戴望舒的《在天晴了的时候》等几首现代诗。从语文园地的栏目训练内容来看，主要引导学生在诵读中感受描写颜色的诗句传达的意蕴，在想象中感受颜色之美；引导学生读出“月明的园中/藤萝的叶下/母亲的膝上”“融洽的风/飘扬的衣袖/静悄的心情”这两组诗行的节奏之美、形式之美。在此基础上让学生自由交流“描写颜色的句子之妙”，仿照诗句提笔成诗。这样安排综合学习，课堂所学内容就有了更明确的目标和方向，方便学生自学和合作学习。

5. **跨学科拓展**

新课程标准拓展型任务群对“跨学科学习”给出了相关的建议：“本学习任务群旨在引导学生在语文实践活动中，联结课堂内外、学校内外，拓宽语文学习和运用领域；围绕学科学习、社会生活中有意义的话题，开展阅读、梳理、探究、交流等活动，在综合运用多学科知识发现问题、分析问题、解决问题的过程中，提高语言文字运用能力。”

教材在语文园地的栏目设计上，出现异彩纷呈的图片和形式多样的竞技题，引导学生打开思路，发散思维，拓宽知识面。同时注重各学科之间的整合，把“做、唱、画”等引入语文教学之中，以此来“激发”“领悟”“延伸”“拓展”，培养学生的语文素养。

二、栏目安排

小学三、四年级每册教材都安排了八个主题单元，每个主题单元后面除了写作单元外，都安排了语文园地，设计的栏目非常丰富。顺应中年级学生认知思维发展的规律，教材有序编排了各类教学栏目，把单元所学的语文知识、语文能力、学习策略分成若干个知识或能力训练的“点”，由浅入深，由易及难，分布并体现在每个单元的练习系统之中，有层次、有梯度地为学生语文素养的培养和提升奠定坚实的基础。每个语文园地都安排三个固定的训练栏目，即“交流平台”“词句段运用”和“日积月累”。继续保留一、二年级的“识字加油站”“书写提示”这两项训练，“识字加油站”一个学期四次，“书写提示”一个学期两次，交叉编排，落实单元所学字词，一方面巩固所学，一方面提高运用能力。

三、栏目特点

部编教材对语文园地每个栏目的目标定位非常明确。

1.“交流平台”

（1）编排特点

“交流平台”栏目编排在三至六年级的语文园地中，每个单元编排一次，共编排 52 次。该栏目主要有三个方面的作用：一是发现语言现象，渗透语文知识，使学生初步感受语言规律，培养阅读习惯；二是对本单元的学习重点、学习方法进行梳理、总结、提升，加深学生对本单元学习重点的理解和学习方法的掌握，把语文要素具体化、清晰化；三是交流与展示学生学习成果。

（2）课程标准要求

① 能联系上下文，理解词句的意思，体会课文中关键词句表达情意的作用。

② 能初步把握文章的主要内容，体会文章表达的思想感情。

③ 学习圈点、批注等阅读方法。

④ 能对课文中不理解的地方提出疑问，乐于与他人讨论交流。

⑤ 能复述叙事性作品的大意，初步感受作品中生动的形象和优美的语言，关心作品中人物的命运和喜怒哀乐，与他人交流自己的阅读感受。

（3）训练内容与方式

“交流平台”在整个单元中具有承前启后的作用，是对本单元学习方法的梳理总结，往往是打通阅读与表达的桥梁，非常关键。例如，四年级下册第八单元的“交流平台”，采用读写例话的形式呈现，旨在引导学生联系课文回顾、交流童话的特点，在读童话时注意体会奇妙的想象，感受人物的形象。这一要求与该单元的语文要素“感受童话的奇妙，体会人物真善美的形象”紧密联系。

“交流平台”重视学生的自主发现，展示自主发现的学习成果。栏目通过多种多样的方式呈现训练内容，有对话交流式、读写例话式、示例归类发现规律式、成果展示交流式、总结交流式、“我的发现”式等，积极引导学生自主学习。

例如，三年级下册第二单元是寓言故事单元，语文园地安排的“交流平台”呈现了三个词条，分别指向寓言故事教学的三个关键要素：读懂故事内容、理解蕴含寓意、链接现实生活。学生依据这三个词条循序推进寓言故事的阅读，把“交流平台”的内容无痕化地融入阅读过程之中。

2.“词句段运用”

语文园地中设置的“字词句运用”栏目，采用灵活多样的方式，集中学习有关联的一组或几组常用汉字。这些训练点从字词到句子，从说话到写话，构成了一个有机的整体，是对本单元突出的、有价值的语言知识点和能力点的集中反馈与练习。

（1）编排特点

“词句段运用”低年级以“字词句运用”为栏目名称，共编排30次，突出识字、学词、学句；中、高年级以“词句段运用”为栏目名称，共编排52次，体现从词句到段落的学习顺序。栏目名称中“运用”的意思是“根据事物的特性加以利用”，重视引导学生发现有价值的语言现象，以本单元课文为出发点，加强字、词、句、段的综合练习，努力将语文学习引向实践运用，让学生在语言实践中提高语言运用的能力。

（2）课程标准要求

① 能联系上下文，理解词句的意思，体会课文中关键词句表达情意的作用。

② 能借助字典、词典和生活积累，理解生词的意义。

③ 在理解语句的过程中，体会句号与逗号的不同用法，了解冒号、引号的一般用法。

④ 积累课文中的优美词语、精彩句段，以及在课外阅读和生活中获得的语言材料。

（3）内容安排

此栏目的内容有的是以本单元课文为出发点，在进行字、词、句、段运用时，与单元学习内容相关联。部编教材从三年级上册开始，在每个单元的首页点明人文主题和语文要素，通过3—4篇课文的导学和课后思考练习题落实语文要素并贯穿方法指导，在“交流平台”中梳理总结，进一步提炼方法，最后在“词句段运用”中加以实践运用。例如，三年级上册第六单元“词句段运用”第二道题要求用给出的句子开头试着说一段话，与该单元语文要素“借助关键语句理解一段话的意思”紧密相关。

此栏目还有些内容遵循自身编排体系独立编排。例如，三年级上册第一单元“词句段运用”的三道题：第一道题能说出“摇头晃脑”“面红耳赤”等成语的特点，第二道题能根据语义表达的需要，读出恰当的重音，第三道题能根据兴趣小组的特点，使用有个性的词语为其取名字。这三道题的内容与单元语文要素和课文无关，遵循其自身的编排体系。

3.“日积月累”

“日积月累”栏目的任务是丰富积累，拓展运用。新课程标准提倡让学生多读多写，日积月累，在大量语文实践中体会和把握语文的运用规律，最终促成学生养成日积月累的好习惯。

（1）课程标准要求

① 诵读、积累成语典故、中华文化名言、短小的古诗词和新鲜词语、精彩句段等，丰富自己的语汇。

② 分类整理、交流，初步认识中华优秀传统文化蕴含的思想。

③ 在语言积累和运用过程中，体会同义词、反义词等词语的作用，发现、感受语言的表现力和创造力。

（2）内容安排

该栏目蕴含着丰富的语文教学内容和资源，以古诗词、古文经典等为重点，又兼顾语文多样性特点，涉及谚语、成语、对仗句、名言、儿歌、童谣等内容，体现了语文的丰富人文内涵和时代活力，具有很强的增补性和现实价值。

表 8－18 以四年级上册语文园地里的“日积月累”为例，了解这个栏目的内容安排。

表 8－18　四年级上册语文园地的“日积月累”栏目内容

单元	内容	文体形式
一	王维《鹿柴》	唐代四言绝句
二	做学问的道理	古代名家名言
三	四季的气候特征	古代农家谚语
四	李商隐《嫦娥》	唐代七言绝句
六	人生经验	俗语、成语
七	高适《别董大》	唐代七言绝句
八	与人的外貌相关的语言描绘	成语

通过对相关内容的拓展，在“我会读”“我会写”“读读背背”中激励学生满怀自信地进行自主的语文实践活动，为学生的自主学习、自主参与、自主实践、自主探究、合作交流、互助共进、自主发展提供广阔的空间。

4.“识字加油站”

识字、写字教学贯穿整个小学阶段，它是阅读与写作的基础，是学生终身学习的前提。

（1）编排特点

部编教材遵循“识写分流、多识少写”的原则，科学安排识字、写字的顺序。语文园地在 1—4 年级每册均设有“识字加油站”栏目。识字形式丰富多样，有事物归类识字、生活识字、韵语识字等，既充分激发学生的识字兴趣，拓宽学生的识字渠道，又能使学生习得识字规律，引导学生主动认识更多的字。该栏目贴近儿童现实生活，符合低年级学生的认知规律，是学生识字的主要阵地。

遵循由易到难、由浅入深、先打基础再综合运用等原则，“识字加油站”在低学段编排次数较多，进入中学段，减至每学期四次，那是因为一方面需要认识的字减少了，另一方面教学重点改变了，逐渐弱化识字，强化字词句的运用。

（2）课程标准要求

① 对学习汉字有浓厚的兴趣，养成主动识字的习惯。

② 累计认识常用汉字2500个左右，其中1600个左右会写。

③ 有初步的独立识字能力。

④ 能用音序检字法和部首检字法查字典、词典。

⑤ 能感知常用汉字形、音、义之间的联系，初步建立汉字与生活中事物、行为的联系，初步感受汉字的文化内涵。

（3）内容安排

① 倡导生活识字，树立生活中处处可以识字的理念。“识字加油站”作为一种补充教学，识字内容大多结合学生本身和生活实际，旨在引导学生联系生活，识字学词，激发学生在生活中识字的兴趣，为学生指出一些在生活中识字的途径。例如，三年级下册第三单元的识字栏目，直接提示“生活中，你见过这些标牌吗?”，把“税务局”“档案馆”“咖啡馆”“阅览室”“废品收购站”“农贸市场”这六个招牌罗列出来，引导学生在生活中识字，提示注意归类这些词组的共同特点。

② 场景归类识字。栏目安排了不少归类编排的内容，如事物归类识字。围绕一定主题设置词语并认识相关汉字，由生活中常见的词语入手，不仅加深了学生对生活的认识，也让学生在潜移默化中通过情境认识生字，积累词语，让学生增加识字量，提高识字的兴趣和积极性。三年级下册第三单元的识字栏目就属于一种归类识字，把跟场馆有关的词组罗列出来，学生通过观察和思考就会发现这些词组的共同特点，理解和把握“局”“馆”“室”“站”“市场”的不同运用。

③ 利用“字族文”识字。其意图是让学生初步了解形声字“形旁表义，声旁表音”的构字规律，引导学生利用形声字的构字规律了解字义、识记字形。例如，三年级上册第三单元的“识字加油站”，通过读一读、比一比、认一认的方式，让学生发现偏旁的来历，观察独体字变成偏旁时字体的变化。四年级上册第二单元的“识字加油站”，认识12个生字，教材把生字分成两组：一组是不同形旁相同声旁的字，让学生观察，引导他们发现汉字形声字的构造特点；另一组是相同形旁的字，同样用泡泡的提示方式，积极引导学生自我发现和探究。

④ 识字和认识事物相结合。“识字加油站”作为课文识字的辅助平台，任务是采用灵活多样的方式，集中学习有关联的一组或几组常用汉字，在增加识字趣味性的过程中，感受汉字的文化意蕴与生活气息。例如，四年级上册第六单元的“识字加油站”要求认识8个生字，教材设置了逛菜市场的情境，一旁还配备对应的图片，让学生在情境中学习了一组跟蔬菜有关的字和词汇，同时认识了这些蔬菜的样子。

⑤ 配备助学提示。“识字加油站”里的助学方式有三种，分别是学习要求、泡泡提

示和插图。泡泡提示绝大多数具有启发功能。一是启发学生实践，引导学生进行猜、看、说等活动。二是启发学生拓展。不过，这一提示一般通过插图中的“泡泡”进行呈现。教师要引导学生充分关注这些“泡泡”中蕴含的识字方法，逐步提高识字能力。这样编排不仅能激发学生的识字兴趣，而且提示学生学习识字的方法和观察视角，由此实现由易到难，由音到形，发现识字规律，并学以致用。

低年级学生以形象思维为主，借助图画可以提高识字效率。“识字加油站”中的插图主要集中在一、二年级，中学段以后依然配有插图，只是画面简单很多。这些插图主要描绘实物，有局部图和背景图，为学生识字提供直观可感的形象。

⑥ 倡导以用促识。四年级下册第三单元语文园地的“识字加油站”列举了屈原、陶渊明等 8 位古代文人，学习要求是“你了解下面这些古代文人吗？和同学交流”。学生在介绍中使用，在了解后交流，与词语见面的机会多了，自然也就认识了其中包含的生字。

5.“书写提示”

部编教材在语文园地中新推出了“书写提示”这个栏目，主要是让学生掌握汉字的笔顺规则，打好写字基础，感悟汉字的美。通过“学习伙伴的发现”这一生动活泼的方式，逐步展示汉字起始阶段非常重要的汉字书写姿势、笔顺规则和汉字的框架结构。

（1）编排特点

部编教材依据学生的年龄特点，分别从笔顺、结构、美观、书法欣赏、书写习惯等方面系统编排“书写提示”栏目。每个年级各有侧重点：一年级着重指导汉字的基本笔顺、书写姿势；二年级着重指导汉字的基本结构，培养先看再写的习惯；三年级开始使用钢笔，着重指导单字的书写，要写得美观；四年级着重指导句子、段落的书写，学习欣赏书法作品；五年级着重指导古诗、短文等篇章作品的书写；六年级要写得行款整齐，以及学习如何提高书写速度。

“书写提示”栏目在三、四年级共编排了 8 次，每册安排 2 次，体现了教材对书写的重视，目的在于通过示范、提示，引导学生养成良好的书写习惯。

（2）课程标准要求

① 写字姿势正确，养成良好的书写习惯。

② 能用硬笔熟练地书写正楷字，做到规范、端正、整洁。

③ 用毛笔临摹正楷字帖，感受汉字的书写特点和形体美。

（3）训练内容和方式

以下以列表的形式来说明第二学段“书写提示”栏目的训练内容和方式。

表 8－19　第二学段语文园地中“书写提示”栏目的训练内容和方式

年级	单元	内容	训练项（笔顺、笔画、速度）	写字姿势、用笔
三上	二	书写 8 个字	横画平稳、竖笔端正、横平竖直	正确执笔、钢笔
	七	书写 8 个字	撇和捺要写得舒展	正确执笔、钢笔
三下	二	书写 8 个字	横画或竖画较多的字，书写时需要考虑好这些笔画的长短比例和距离	正确执笔、钢笔
	七	书写 8 个字	书写笔画多的字要把笔画写得短小一些，缩小笔画间距；书写笔画少的字，要把笔画写得开一些	正确执笔、钢笔
四上	一	书写一段文字	字的中心要在横格的中线上；字距要差不多；标点符号和字之间也要保持一定的距离	正确执笔、钢笔
	八	书写一段文字	提高书写速度的方法：集中注意力、掌握正确的运笔方式、一句话要连贯写出来；书写速度要均匀	正确执笔、钢笔
四下	四	书写一段文字	字距要比行距小；字的大小基本一致；两边留的空白大致相等	正确执笔、钢笔
	八	做几个有趣的书签	竖写时要自右向左书写；字距要均匀；上下字要对齐；注意作家名字的位置	正确执笔、钢笔

语文园地是部编教材编排体系中的重要板块，作为教材的实施者，教师要准确理解编者意图，站在发展学生语文能力、提升学生语文素养的高度，明确定位，翻转教学行为，为学生的学习增添生趣。

第五节　第二学段快乐读书吧综合分析

快乐读书吧板块的设置是部编教材的一大特色，把课外阅读引入语文课堂体系里，解决课外阅读边缘化的问题，其目的是引导学生开展课外阅读活动，培养阅读兴趣，扩大阅读量，逐步形成良好的阅读习惯。

阅读在一个人的成长中起重要作用。苏霍姆林斯基曾经说过：“应该让孩子生活在书籍的世界里。”《朗读手册》的作者吉姆·崔利斯更是秉持这样的观点：“教育的深远目标是让孩子爱上阅读。孩子们一旦喜欢上阅读，就会自然而然地主动学习。”叶圣陶曾说过：“单凭一本国文教材是远远不够的，必须在国文教材以外多看一些书，越多越好。”北大教授钱理群也说过：“学好语文有很多要素，但最核心最根本的方式就是阅读。”

一、板块目标

快乐读书吧以引导学生了解课外阅读的方法，掌握课外阅读技巧，阅读推荐书目，开展课外阅读活动，培养阅读兴趣，扩大阅读量，逐步养成良好的阅读习惯为目的。

1. 拓展阅读，增加阅读量

部编教材三至六年级每册的课文由原来的三十几篇减少到二十几篇，但是阅读量却增加了，其增加的地方就在课外阅读上，具体说就在语文园地中的“和大人一起读”和快乐读书吧等栏目和板块的设置上。快乐读书吧板块围绕主题又分成两个小栏目，其任务各不相同。

例如，三年级上册的快乐读书吧以阅读童话故事为主题，第一个小栏目“你读过吗”引出丹麦作家安徒生的《安徒生童话》以及童话集里卖火柴的小女孩、拇指姑娘、坚定的锡兵、丑小鸭等各种形象，引发关注，再节选《拇指姑娘》的一个片段，然后以读书笔记的形式提示和引导阅读童话的方法。第二个小栏目“相信你可以读更多”，重在童话阅读拓展推介，介绍了国内国外的著名童话大师及他们的作品，引导学生明白阅读这些作品对个人成长的意义和作用。

第二学段的快乐读书吧都是这样编排的，即以某种体裁阅读为导向，一个栏目介绍国内外与此相关的作家和作品，并积极引导阅读方法，一个栏目巧妙容纳体裁、作家、作品、国内外名著介绍等诸多内容。

2. 自主阅读，形成经验

快乐读书吧放在单元的最后，对整个单元起总结和拓展的作用。从三年级开始，教学体系和辅教体系就由教读课文、自读课文及口语交际、习作、语文园地和快乐读书吧构成。对于学生来说，阅读的基础、方法及经验已在前面的教学环节和训练环节获得，此时学生可以根据板块的内容安排及阅读提示，自主来完成阅读的拓展。因此，这个板块可以课内由老师点拨来完成，也可以课外由学生自行完成。通过四册教材的相同训练，学生最终掌握课外阅读的方法。在板块的积极引导下，学生学会如何感受和体验读书的快乐，乐于与大家分享课外阅读的成果。

3. 引导整本书阅读

以往各个语文教材版本里的阅读，都只有单篇课文的阅读，缺乏对课外阅读和整本书阅读的引领。新课程标准坚持问题导向，注重对实际问题的有效回应：鼓励自主阅读、自由表达；倡导少做题、多读书、好读书、读好书、读整本书，注重阅读引导，培养读书兴趣，提高读书品位。2022 年版课程标准中第二学段的“阅读与鉴赏”明确了“阅读整本书，初步理解主要内容，主动和同学分享自己的阅读感受”的阅读要求，并把整本书阅读放到拓展型学习任务群里，其中第二学段的任务如下：

（1）阅读表现英雄模范事迹的图书，如《小英雄雨来》《雷锋的故事》等，讲述英雄模范的动人故事。

（2）阅读儿童文学名著，如《稻草人》《爱的教育》等，感受作品传达的真善美，用自己喜欢的方式讲述故事大意。

（3）阅读中国古今寓言、中国神话传说等，学习其中蕴含的中华智慧，口头或书面分享自己获得的启示。

快乐读书吧板块正是按照课程标准的要求，安排小栏目，并引导学习自主阅读，逐渐养成良好的阅读习惯。

4. 掌握方法，重视体验

快乐读书吧重在引导学生了解课外阅读的方法，掌握课外阅读技巧。

关于阅读的学业质量，课程标准是这样描述的：喜爱阅读童话、寓言、神话等，在阅读过程中能提取主要信息，借助阅读经验和生活经验预测情节发展；能结合关键词句解释作品中人物的行为，从某个角度分析和评价人物；能发现作品中的优美词语、精彩句段，并根据需要进行摘录；能借助上下文语境，说出关键语句、标点符号、图表在表达中的作用；能复述读过的故事，概括文本内容，根据自己的阅读理解提出问题并与他人交流；乐于和他人分享阅读所得，关注有新鲜感的词句，并有意识地在口头和书面表达中运用。

板块中，这些要求没有具体体现，需要教师熟悉课程标准，适当引导学生按照课程标准的要求去做，达到提高语文素养的目标。

二、内容安排

第二学段的快乐读书吧每册安排一次，作为课外阅读与课内阅读的引领，强调把课外阅读引入语文课堂教学，使之成为语文课程的一个有机组成部分。

快乐读书吧的每一个主题设置都不同，充分体现了其多样化的特点。快乐读书吧的主题是根据课程标准中第二学段的阅读要求来安排的，考虑到学生的生活体验、学习兴趣、特定的社会文化等因素，通过设置学习情境来进入书吧，“主题”与“情境”互为表里，相互融入，是一种以学生兴趣为导向，符合语文学习规律和知识沉淀的学习过程。这主要体现在板块的首段文字里。如三年级上册的快乐读书吧围绕板块主题“在那奇妙的王国里”，特设了一段情境文字：“在童话王国里，小蝌蚪四处寻找自己的妈妈，小壁虎着急地向别的动物借尾巴，雪孩子和小白兔在一起嬉戏玩耍，王子和公主过上了幸福的生活……在那里，一切都有可能发生，一切都妙不可言。”

与此同时，这个板块还关注更多的语文要素。进入三年级后，快乐读书吧调整了第一学段以图画为主的学情特色，全部改用文字，并且不再推荐单篇文章或较少文章的合集，而是国内外名篇名著同时推荐，展示了拓展阅读的高姿态。具体见表 8－20。

表 8－19　第二学段快乐读书吧中的语文要素

年级	主题	小栏目	书籍、作家	阅读素养
三上	在那奇妙的王国里（童话）	A. 你读过吗	安徒生《安徒生童话》	发挥想象，领略童话的魅力；把自己想象成童话中的主人公，感悟童话故事里的爱与美
		B. 相信你可以读更多	叶圣陶《稻草人》 格林兄弟《格林童话选》	
三下	小故事大道理（寓言）	A. 你读过吗	中国古代寓言《叶公好龙》	先读懂故事内容，再体会故事中的道理；联系生活中的人和事，更深入地理解故事中的道理
		B. 相信你可以读更多	国外寓言伊索寓言、克雷洛夫寓言	打开世界寓言宝库，体会老故事中的新道理
四上	很久很久以前（神话）	A. 你读过吗	中国古代神话《神农尝百草》	神话需要在严肃的仪式上说出来；读神话要发挥想象，感受其中的神奇
		B. 相信你可以读更多	世界各地的神话传说中有各种神祇和英雄：赫拉克勒斯、俄耳甫斯、巴德尔、洛基、辛格比	读神话，了解其中蕴藏的无穷无尽的奥秘
四下	十万个为什么（科普作品）	A. 你读过吗	苏联作家米·伊林《十万个为什么》	运用学过的方法理解科技术语；读完后查一查书中谈到的科学问题
		B. 相信你可以读更多	中国《十万个为什么》丛书；李四光《看看我们的地球》；高士其《灰尘的旅行》；贾兰坡《人类起源的演化过程》	了解科学世界里的奥秘，试着找答案

三、训练形式

部编语文教材的主编曾言："语文教学，最重要的是培养读书的种子。"如何培养好这读书的种子，编写者们费尽了心思，做法之一就是通过设置快乐读书吧板块，使课外阅读课程化。把课外阅读纳入语文课程体系，学生可以在课堂上学习，也可以在课外阅读，让阅读活动变成有目的、有步骤、有安排、有方法、有评价的整本书阅读。

1. 分阶段阅读

依据课程标准的理念，快乐读书吧分课内阅读、课外阅读、交流分享三个阶段开展读书活动。

教师引导阅读很关键。教师要立足文本提供的阅读要素，指导学生掌握基本的阅读方法，并能灵活运用到阅读其他书籍的过程中，以扩大学生的阅读视野，促进课外阅读课程化。这个板块统一由"你读过吗""相信你可以读更多"两个部分构成，教师要积极引导学生熟悉这样的训练模式，由点到面，扩大阅读面，掌握方法，可以利用课前"三分钟演讲"等形式检查阅读情况。学生演讲可以以每天的阅读内容为主题，也可以是读后感、词句赏析以及优美句段的背诵等。

学会看一本书的构成。教师要积极引导学生把握整体阅读的关键要素。例如，如何通过由外到内，由观赏封面到看出版社、了解作家、浏览目录，最后阅读内容等步骤掌握基本的阅读文学作品的方法。对于各种体裁的特点及阅读方法，板块都有一定的提示。例如，阅读寓言故事，第一要先读懂故事内容，再体会故事中的道理。第二要联系生活中的人和事，帮助我们更深入地理解故事中的道理。这两个阅读目标，是需要学生明确的，不管是学习课文还是阅读课外寓言故事，都要通过这两个方法去阅读和理解。

勇于分享。学生根据自己的情况开展课外阅读，在课堂上与同学交流分享课外阅读的快乐。可以分享有趣的片段，分享喜欢的词句，分享自己喜欢的作家等，从而享受阅读的快乐，激发阅读的兴趣。

2. 以小组合作阅读形式共读一本书

小组共读。共读的优势就是把书本从“读厚”变成“读薄”。每个学习小组以表演、朗读、摄影、习作、闯关等各种方式来完成整本书的阅读。通过生生共读，学生一起读完了整个作品，不仅收获了一个个有趣的童年故事，更在一次次活动体验中领悟到童年的美好与友情的珍贵，让书本的深层思想内化于学生的心灵，课内阅读、课外阅读完成了自然衔接。

共读的方式很多：可以借助画思维导图、故事比赛、评书比赛等方式来表达自己独特的阅读体验和感受；也可以定时召开由学生自行准备的美文展示课、自主分享课，让学生尝试以自制课件的方式展示自己的阅读笔记，从而带动全班阅读；还可以年级为单位建立文学社团，适时召开视听欣赏课；用情景剧的方式表演某一章节的内容，感受作者笔下的人物形象，感知人物内心，理解作品的文学意义，这也是一种寓教于乐的好方式。

3. 同步书目推荐

书籍是屹立在知识海洋中的灯塔，书籍是人类进步的阶梯，书籍是开启心灵智慧之门的钥匙，而阅读让我们获得书籍的力量。每个学期的快乐读书吧都有一个阅读主题，并向同学们推荐3—5本世界名著，从低年级的《神笔马良》到中年级的《安徒生童话》《十万个为什么》，再到高年级的《西游记》《鲁滨逊漂流记》等。教材编写者们精心遴选了古今中外的名家名著，并且兼顾了各种体裁、各种主题的经典文学作品。

这个板块最大的特色就是选择了和课文一致的阅读主题，推荐的书目是本单元的拓展和延伸，产生“一篇带多篇，一篇带一本，一本带一类”的效果，让学生能把课堂上所学运用到自主阅读中。这样能有效指导小学生提高自主阅读、独立阅读的能力，养成良好的阅读习惯，解决这个年龄段的孩子应该读什么书、怎么读好书、为什么读书等长期困扰家长的难题。中、高学段每册教材在快乐读书吧板块推荐不同种类的图书给学生，以开阔学生的视野。推荐时编者考虑到了作品的难易度，如内容较简单的童话、寓言等安排在中学段，小说之类的文学作品安排在高学段。在“你读过吗”栏目中，对推荐的作品进行简单的介绍，同时节选精彩片段，激发学生的阅读兴趣，并以小贴士的方式对如何阅读该类作品做出提示；在“相信你可以读更多”栏目中，则引导、鼓励学生关注并阅读更多的同类作品。

第六节 第二学段综合性学习综合分析

小学语文教材中的综合性学习是指在教师的指导下，立足于小学生的生活和经验，以实践活动为主要形式，有意识地综合开发和利用学生生活、社会生活以及其他学科等课程资源，运用合作、探究等学习方式，在自主活动中发展、提高学生语文素养的一种语文学习方式。

综合性学习充分体现了在分科视野下对课程综合化的追求，成为语文课程创新的一大特色和改革的亮点。

一、设置综合性学习板块的意义

从课程论的角度来说，语文综合性学习是一种综合课程；从活动论的角度来说，语文综合性学习是一种学习活动；从方式论的角度来说，语文综合性学习是一种学习方式。也就是说，综合性学习既是一门综合课程，也是一种学习活动、学习方法。

紧跟时代要求，2022 年版《义务教育语文课程标准》与过去的课程标准相比有了很大的改变。在优化课程内容结构方面，设立跨学科主题学习活动，加强学科间的相互关联，带动课程综合化实施，强化实践性要求。体现在教材上，即将综合性学习同识字、阅读、习作、口语交际、语文园地、快乐读书吧并列，共同组成语文学习内容的板块。这样安排有利于教师在语文教学中强化学生在生活实践中学语文、用语文的理念，让学生在语文实践活动中学语文，全面提高学生的语文素养。

二、总目标和学段目标

综合性学习活动的总目标是：立足于小学生的生活和经验，以实践活动为主要形式；综合开发和利用课程资源，能以合作、探究等学习方式，主动进行探究性学习，在实践中学习、运用语文，全面提高语文素养。

第二学段综合性学习活动的学段目标：能提出学习和生活中的问题，有目的地搜集资料，共同讨论；结合语文学习，观察大自然，观察社会，用书面或口头方式表达自己的观察所得；能在教师的指导下组织有趣味的语文活动，在活动中学习语文，学会合作；在家庭生活、学校生活中，尝试运用语文知识和能力解决简单问题。

三、第二学段综合性学习的编排特点

第二学段的综合性学习板块有三年级下册第三单元的“中华传统节日”和四年级下册第三单元的“轻叩诗歌大门”。

1. 围绕一定主题展开

第二学段的两次综合性学习都沿着一定的主题来展开，其综合的特点体现在哪里呢？

新课程标准关于拓展型学习任务群之“跨学科学习”的内容，有如下阐释：“本学习任务群旨在引导学生在语文实践活动中，联结课堂内外、学校内外，拓宽语文学习和运用领域；围绕学科学习、社会生活中有意义的话题，开展阅读、梳理、探究、交流等活动，在综合运用多学科知识发现问题、分析问题、解决问题的过程中，提高语言文字运用能力。”这段文字中有“综合运用多学科知识”这一核心指导。

以四年级下册的综合性学习为例。主题“轻叩诗歌大门”，围绕诗歌这种体裁进行综合性学习。从第一学段到第二学段，教材安排了不少诗歌，有古诗、现代诗、儿歌、儿童诗等诸多形式。学生对各种诗歌形式有一定的了解，但还停留在单篇的认知上面。本次的综合性学习就是打开孩子们的视野，知道诗歌这种体裁包含很多种类，按内容分有送别诗、边塞诗、山水田园诗、怀古诗、咏物诗、悼亡诗、行旅诗、闺怨诗、战争诗、抒情诗、叙事诗等；按形式分有古体诗（古诗、楚辞、乐府诗、杂言、四言、五言、七言等）、近体诗、词、曲、新诗等。同时以诗歌为主题的活动有很多，可以合作编一本小诗集，内容是自己写的诗或是收集的诗，也可以是与诗歌有关的故事。在编诗集的过程中，学习制作封面和目录，可以用书法的形式展示喜欢的诗，也可以给诗歌配上插图。这样的综合性学习，拓宽了视野，促进了诗歌知识的学习，也提升了各种综合能力。

2. 梳理和汇总前面所学知识

综合性学习是在已有知识上进行的活动。第二学段安排的两次综合性学习，在板块主题下面的导言里明确了这一点。

如四年级下册“轻叩诗歌大门”中的导言：“在本次综合性学习中，我们已经收集、创作了诗歌。让我们继续开展活动，进一步了解诗歌，感受诗歌的魅力。”

“梳理与探究”是2022年新课程标准中的一个新板块。

何谓“梳理与探究”？“梳理”是将已经学习的零散知识和积累的语言材料结构化，将言语经验转化为学习方法和策略，经历回顾、辨析、整理和归类，由散到整、由点到类、由孤立到联系的过程。“探究”则重在发现生活、学习中的语言文字运用问题，通过观察、比较、预测、推理、判断、合作等语文或跨学科学习手段，寻找原因，查找资料，寻求对策，最终解决问题。

“梳理与探究”的实践方式是“学习组织有趣味的语文实践活动，在活动中学习语文，学会合作。结合语文学习，观察大自然，观察社会，积极思考，运用书面或口头方式，并可尝试用表格、图像、音频等多种媒介，呈现自己的观察与探究所得”。

以三年级下册为例。本次综合性学习放在第三单元之后。这个单元以“深厚的传统文化，中国人的根”为人文主线，单元语文要素之一为“收集传统节日的资料，交流节日的风俗习惯，写一写过节的过程”。单元第一篇教读课安排了《古诗三首》，包括宋代王安石的《元日》、唐代杜牧的《清明》和唐代王维的《九月九日忆山东兄弟》，三首诗歌涉及了三个民族节日，元旦、清明节和登高节，都描绘了节日的情形。后面三篇课文《纸的发明》《赵州桥》《一幅名扬中外的画》，内容紧扣中国传统文化来安排，让学生了解中国传统文化在日常生活中的存在形式，落实了新课程标准里关于“主题与载体形式”的对应关系，更好地培养孩子们的语文核心素养。本次综合性学习巧妙地与单元内容构成一体，开阔视野的同时让学生学会梳理与探究。

3. 跨学科综合训练

综合是把分析过的对象或现象的各个部分、各种属性联合成一个统一的整体的过程。综合的过程就是由部分到整体、从抽象到具体的过程。综合的任务就是把事物的各个方面、部分、属性、关系在思维中结合起来，探求各种单纯规则间的复杂联系，把事物作为多样性统一的整体再呈现出来，真正深入事物的本质，把握事物发展的规律。

对于小学生来说，综合能力还处在早期阶段，抽象能力还不足，因此综合性训练不能过多，训练方式也不能太复杂。分析这两次综合性学习，可以看到所选内容跟课文紧密关联，训练的方式以听、说、读、写为主，辅以各种合作性实践活动，如合编、小组讨论、共同制作、作品展示等，让学生在团队合作中发挥自身作用，培养良好的合作意识和团队精神。

4. 详细的可操作性引导

学什么？怎样学？对于小学生来说，学习更重在指导，需要老师积极到位的引导。从单元学习的任务来说，教辅系统不能像教学系统一样在课堂上由老师细致教学，要主要以学生自学和小组活动的形式完成。从这个角度来说，教辅系统给出的内容必须是指导性的，给出细化的操作提示。

如四年级下册的综合性学习“轻叩诗歌大门”由两个小任务组成。任务一“合作编小诗集”有明显的指导性步骤：先考虑编排的内容，再想想怎么编排，最后给诗集取好听的名字，制作封面和目录，装订后在班里展示。任务二“举办诗歌朗诵会”一样有非常详细的步骤指导：先进行小组讨论，再全班一起商量怎样开好班级诗歌朗诵会，并提示分组合作以及请教老师，等等。

第九章

教材分析——第三学段（上）

部编教材依据“六三”学制设定学段要求。《义务教育语文课程标准》（2022 年版）将义务阶段划分为四个学段。小学阶段分为三个学段，一、二年级为第一学段，属于小学低学段；三、四年级为第二学段，属于小学中学段；五、六年级为第三学段，属于小学高学段。每个学段有不同的教学目标。

第三学段总共四册教材，每册安排八个单元，每个单元主要由阅读课文、口语交际、习作和语文园地等板块构成。为引导学生获得必要的阅读策略，能成长为积极的阅读者，教材分别在五年级上册和六年级上册各安排以阅读策略为主线的阅读策略单元，任务分别是“阅读要有一定的速度”和“有目的地阅读”。同时，为了加大习作在小学语文教学中的分量，使习作教学更具系统性、针对性和可操作性，除了在阅读单元有序安排习作训练外，教材还按照学生习作能力发展的规律，在中、高学段每册教材安排了一个习作单元，使学生的阅读能力与表达能力均衡发展。除此之外，每册还安排有一个快乐读书吧板块，下册各安排一至两个综合性学习板块。

第一节　第三学段阅读课文的教学任务

一、阅读教学的意义

阅读教学在小学高年级语文教学中占有相当大的比重，是培养学生听说读写各种能力的重要环节。在高学段的语文教学中，教学重点从基础知识的教学转向阅读能力的提高上面。针对不同年级和学生的不同水平，课文编排了多种体裁的文章，如小诗、寓言、传说、童谣、故事等，在中学段拥有一定的知识量和阅读经验的基础上，高学段的阅读教学强调引导学生能够深入理解文章内容，倡导学生自主思考能力和知识提炼能力的训练，培养和拓展学生的语文视野，强化学生的语言综合应用能力。

二、第三学段阅读与鉴赏的教学目标

（1）熟练地用普通话正确、流利、有感情地朗读课文。默读有一定的速度，默读一般读物每分钟不少于300字。学习浏览，扩大知识面，根据需要搜集信息。

（2）能联系上下文和自己的积累，推想课文中有关词句的意思，辨别词语的感情色彩，体会其表达效果。在理解课文的过程中体会顿号与逗号、分号与句号的不同用法。

（3）在阅读中了解文章的表达顺序，体会作者的思想感情，初步领悟文章的基本表达方法。在交流和讨论中，敢于提出看法，作出自己的判断。

（4）阅读叙事性作品，了解事件梗概，能简单描述印象最深的场景、人物、细节，说出自己的喜爱、憎恶、崇敬、向往、同情等感受；阅读诗歌，大体把握诗意，想象诗歌描述的情境，体会作品的情感。受到优秀作品的感染和激励，向往和追求美好的理想。

（5）阅读说明性文章，能抓住要点，了解文章的基本说明方法。阅读简单的非连续性文本，能从图文等组合材料中找出有价值的信息。尝试使用多种媒介阅读。

（6）阅读整本书，把握文本的主要内容，积极向同学推荐并说明理由。

（7）背诵优秀诗文60篇（段），注意通过语调、韵律、节奏等体味作品的内容和情感。扩展阅读面，课外阅读总量不少于100万字。

三、第三学段的语文阅读学习任务群

1. 实用性阅读

（1）观察、思考日常生活，阅读记人叙事的优秀文本，学习通过口头表达、书面叙写，与他人交流身边令人感动、难忘的人和事。

（2）走进大自然，走进科学世界，走进社会，阅读参观访问记、考察报告、科技说明文、科学家小传等文本；学习记笔记、列大纲、写脚本、画思维导图等整理和呈现信息的方法；学习通过口头表述和多种形式的书面表达，分享观察自然、探索科学世界的所见所闻、所思所感。

2. 文学阅读

（1）阅读、欣赏革命领袖、革命先烈创作的文学作品，以及表现他们事迹的诗歌、小说、影视作品等，感受革命领袖、革命先烈伟大的精神世界和人格力量，认识生命的价值；运用讲述、评析等方式，交流自己的情感体验。

（2）阅读表现人与自然的诗歌、散文等优秀文学作品，感受大自然的奇妙，体会人与自然和谐相处的意义；用口头或者书面的方式表达对自然的观察与体验，抒发自己的情感。

（3）阅读表现人与社会的优秀文学作品，走进广阔的文学艺术世界，学习品味作品语言、欣赏艺术形象，复述印象深刻的故事情节，积累多样的情感体验，学习联想与想象，尝试富有创意地表达。

（4）阅读反映少年成长的故事、小说、传记等，交流自己获得的启示；学习运用细节描写等文学表现手法，描述自己成长中的故事。

3. 思辨性阅读

（1）阅读关于中华传统美德、社会公德等方面的短论、简评，结合校园或社会生活中的实际事例，学习有理有据地口头或书面表达自己的观点。

（2）在日常生活和学习中，发现并思考成语、对联、谚语、绕口令等多种语言现象的特点，体会不同的表达效果。

（3）阅读有关科学发现、技术发明的故事，用画思维导图等方式辅助，简洁清楚地表述科学家发现、发明的过程，学习科学家的创造精神，体会猜想、验证、推理等思维方法。

（4）阅读哲人故事、寓言故事、成语故事等，感受其中的智慧，学习其中的思维方法。

4. 整本书阅读

（1）阅读反映革命传统的作品，如《可爱的中国》《小兵张嘎》《闪闪的红星》等，讲述自己感受到的家国情怀和爱国精神。

（2）阅读文学、科普、科幻等方面的优秀作品，如《寄小读者》《十万个为什么》《海底两万里》等，学习梳理作品的基本内容，针对作品中感兴趣的话题展开交流。

（3）梳理、反思小学阶段的阅读生活，运用口头或书面方式，与同学分享自己整本书阅读的经历、体会和阅读方法。

四、第三学段阅读质量描述

独立阅读散文、小说、诗歌等文学作品，在阅读过程中能获取主要内容，用朗读、复述等自己擅长的方式呈现对作品内容的理解；能用文字、结构图等方式梳理作品的行文思路；能品味作品中重要的语句和富有表现力的语言，注意词语的感情色彩，通过圈点、批注等多种方法记录自己的阅读感受和体验，并主动与他人分享；能通过诵读、改写、表演等方式，表达自己对感人情境和形象的理解与审美体验；能借助与文本相关的材料，结合作品关键语句评价文本中的主要事件和人物，提出自己的观点或看法；能发现不同类型文本的结构方式和语言特点，感受作品内容、表现形式上的不同，积极向他人推荐，并有条理地说明推荐理由。在文学体验活动中涵养健康向上的审美情趣。

第二节　第三学段阅读课文单元的编排特点

部编小学语文第三学段的阅读课文，继续实行双线性单元主题，在每个单元的开始部分展现人文主题与语文要素两个主题：人文主题往往不直接说明单元的主题，而是通过一段概述、一首诗、一句名言等进行展现；语文要素包含多方面的内容，如需要掌握的基础知识、必备的语言文字能力、良好的学习习惯等。

一、板块组成

部编小学语文教材以发展核心素养为理念，遵循着由易到难、螺旋上升的原则，合理安排五、六年级高学段的阅读课文，从随文识字、课内外阅读、口语交际、习作等多个方面稳步促进学生语文素养的提升。

五、六年级部编教材的编排依然遵循教读、自读、课外阅读三位一体的阅读体系，除了阅读策略单元，每个阅读课文单元均安排有单元导读页，引导教学和自学沿着人文主题线和语文要素两个方面开展。课文不再标注拼音。

辅教系统口语交际、习作、语文园地和快乐读书吧等合理分布在各单元，由字、词、句的认识依次提升到段、章、篇的学习，让学生在阅读中随文识字，构建初步的语感，掌握一定的阅读方法，完成学段任务。

除此之外，在五年级上册和六年级上册各安排一个阅读策略单元，结构体例与一般阅读单元基本相似，但不以双线结构的方式编排，完全以阅读策略为主线进行编排。

第三学段阅读单元的构成如表 9－1 所列。

表 9－1　第三学段阅读单元的构成

年级	单元总数/个	教读课文/篇	自读课文/篇	策略单元/个	口语交际/次	习作/次	习作单元/个	语文园地/个	综合性学习/次	快乐读书吧/个
五上	8	21	6	1	4	7	1	7		1
五下	8	15	7		4	7	1	7	1	1
六上	8	18	10	1	4	7	1	7		1
六下	6	12	5		4	7	1	7	1	1

从表 9－1 可以看出：

（1）每册安排 8 个单元，但六年级下册只安排 6 个单元。每个单元的教学系统由教读课文和自读课文组成，辅教系统由口语交际、习作、语文园地、快乐读书吧和综合性学习等板块构成。

（2）阅读课文每个单元安排 3—4 篇，教读课文 4 篇占 3 篇或 3 篇占 2 篇。

（3）五级上册和六年级上册各安排 1 个阅读策略单元。

（4）每个单元基本上都设置语文园地板块；口语交际每册安排 4 次，基本出现在一册的头尾单元；快乐读书吧每册安排 1 个。

（5）每册安排 1 个习作单元。

（6）五年级下册和六年级下册各安排 1 次综合性学习。

二、选文内容

部编教材根据不同学段特点，统筹安排各类主题的相关学习内容，彰显语文学习的价值导向。

1. 保留大量经典课文，加强中国传统文化教育

这些经典的传统文化篇目主要以古诗、散文、革命故事、民间故事、说明文、名家名著为载体，注重弘扬爱国爱民、守诚信、崇正义、尚和合等核心思想理念，弘扬有利于促进社会和谐、鼓励人们向上向善的中华人文精神，弘扬自强不息、敬业乐群、扶危济困、见义勇为、孝老爱亲等中华传统美德。

小学语文一共编排了 129 篇古诗文，约占总篇目数的 30%。五、六年级每册都安排两个单元的古诗，共六首，大多为保卫边疆、尊老爱幼、家国情怀等方面的内容。如五年级下册第一单元的古诗三首，《四时田园杂兴（其三十一）》《稚子弄冰》《村晚》以童年生活为题材，表现乡间儿童有趣又淳朴的特点，揭示“每一个人都有他自己的童年往事，快乐也好，辛酸也好，对于他都是心动神移的最深刻的记忆”的主题。第四单元的三首古诗《从军行》《秋夜将晓出篱门迎凉有感》《闻官军收河南河北》，都表现诗人誓死保卫国土的壮志豪情，吻合“苟利国家生死以，岂因祸福避趋之”的单元主题。

五、六年级共安排八则文言文，内容都是人们耳熟能详的寓言故事和历史故事，如《自相矛盾》《两小儿辩日》《伯牙鼓琴》等，让学生从小打下文言文基础。这些经典的篇目里都蕴含着中国传统文化的人文思想和哲理，对小学生积累学习文言文的经验，启发智慧，丰富人文情怀起着重要的作用。

2. 围绕伟大建党精神，弘扬革命文化

与中学段相比，高学段增加了不少弘扬革命文化的篇章，重温革命岁月，展现革命年代的英雄人物和事迹，再现争取民族独立和人民解放斗争中涌现的革命英雄事迹，让孩子们牢记革命历史，继承光荣传统，培养正确的人生观和价值观，创造美好的未来。六年级上册第二单元和下册第四单元还各安排了一个革命文学单元。五、六年级教材中有关革命文化的具体篇目见表 9－2 所列。

表 9－2　五、六年级上下册教材中的革命文化内容

年级	篇目	背景	体裁
五上	《冀中的地道战》	抗日战争时期	说明文
五下	《青山处处埋忠骨》	抗美援朝时期	散文
	《军神》	反对袁世凯称帝的护国战争期间	故事
	《清贫》＊	革命战争时期	散文
六上	《七律·长征》	红军长征时期	律诗
	《狼牙山五壮士》	抗日战争时期	故事
	《开国大典》	新中国成立时	散文
	《灯光》＊	解放战争时期	回忆录
	《我的战友邱少云》＊	抗美援朝时期	回忆录
六下	《十六年前的回忆》	民主革命时期	回忆录
	《为人民服务》	抗日战争时期	议论文
	《董存瑞舍身炸暗堡》＊	解放战争时期	故事

3. 围绕社会主义核心价值观，培养家国情怀

教材选编了不少爱国爱家乡的作品，如五年级上册的第四单元，选编爱国诗篇《示儿》《题临安邸》《己亥杂诗》、梁启超的《少年中国说（节选）》、说明文《圆明园的毁灭》和小说《小岛》，突出不同年代的人们内心对祖国的热爱之情，诉说了中国人的强国梦想。孩子们通过感受作品中蕴含的家国情怀激发为国家富强而奋斗的情感。

4. 精选表现人类美好情感的现当代作品，丰富世界观和人生观

高学段的小学生，记忆力增强，智力有很大的发展，逻辑思维开始在思维中占优势，创造性思维有了很大的发展，情感体验不再是被动接受，而是开始独立思考，思辨能力有一定的发展。部编教材针对小学生的特点，安排了不少表现人类美好情感的现当代作品，如宗璞的《丁香结》、萧红的《祖父的园子》、朱自清的《匆匆》、梁晓声的《慈母情深》、郭沫若的《白鹭》等，在写人记事及情感的表达上都有一定的特色，意在引导小学生感受作者对社会和人生的思考，丰富自己的人生体验。

5. 认识民间文学，了解和体会劳动人民的勤劳与智慧

民间文学是劳动人民的口头创作。它在广大人民群众中产生，在广大人民群众当中流传，主要反映人民大众的生活和思想感情，表现他们的审美观念和艺术情趣。从文类上来说，包括神话、史诗、民间传说、民间故事、民间歌谣、民间叙事、民间小戏、说唱文学、谚语、谜语、曲艺等。五年级上册第三单元选择了国内流传广泛的《猎人海力布》和《牛郎织女》两篇民间故事，让学生了解民间故事生动的情节、平实的语言，体会普通老百姓的勤劳与智慧。

6. 表现中华民俗文化的小品文占有一席之地

民俗文化是民间民众的风俗生活文化的统称，也泛指一个国家、民族、地区中集居

的民众所创造、共享、传承的风俗生活习惯。为更好地传承这些文化遗产，国家采取了一系列保护民俗文化的政策，中小学教材有选择地编选了反映各地风俗文化的小品文。比如六年级下册第一单元以“民风民俗”为主题，编排了《北京的春节》《腊八粥》《古诗三首》《藏戏》四篇课文，不仅为我们展示了传统节日中各地不同的民风民俗，还向我们介绍了各地独特的艺术形式，让孩子们能够了解不同地方的风俗与特色。这些课文充满了浓郁的民族风情，有着深厚的文化内涵，能让学生充分体会民族文化的博大精深，感受中华传统习俗中蕴含的人情美、文化美。

7. 反映科技进步，培养科学精神

科学教育离不开科学阅读。在语文教材中，常见的科学题材主要以科学小品文和说明文作为载体。在低学段，这类文章以通俗易懂、形象生动的科学小品文为主，到了高学段则为相对严谨的说明文。科普文章是小学语文教材内容的重要组成部分，承载着普及科学知识、说明科学知识的任务，对激发学生热爱科学、探索科学奥秘的兴趣起重要作用。

8. 贴近儿童生活，关注儿童成长

小学语文教材中的选文，在认真研究儿童心理特点的基础上，从培养未来一代创新型人才这一教育目的出发，精心选编适合儿童阅读的课文。五、六年级四册教材中，跟儿童生活有关的文章共有十几篇，内容包含儿童成长的快乐与困惑、学校生活的回忆以及来自父母的爱等。

五年级上册第六单元以“舐犊之情，流淌在血液里的爱和温暖”为主题，选择了当代作家梁晓声的小说《慈母情深》和吴冠中的散文《父爱之舟》，以及美国作家巴德·舒尔伯格的小说《“精彩极了”和“糟糕透了”》三篇课文。这几篇课文都运用了场景描写和细节描写，其中蕴含着深厚的情感。如《慈母情深》中对母亲工作环境的场景描写以及对母亲工作状态的细节描写，蕴含着母亲对家的爱、对孩子的爱，也蕴含着儿子对母亲的爱。

9. 把名家名著纳入每一册中，树立文化自信

经典名著的学习一贯设置在高年级的语文教材中，包括中国古典文学作品、现当代文学作品和外国文学作品，引导学生学习名家名著，初步掌握阅读古今名著的方法。如五年级下册中设置了“古典名著之旅”单元，从四大名著中改编或节选精彩内容，集中编排，同时精心设计开放、活泼的助学系统，逐步引导学生走进古典名著。

三、阅读课文的语文要素

语文要素是对课程标准学段目标的分解和细化，指向课程标准学段目标的达成。按照“学什么”“怎么学”的教学思路，主要包括语言知识、能力、学习方法和习惯等，这些与课文的教学目标和内容相对应，指向具体，具有可操作性和可检测性。

五、六年级阅读单元的语文要素如表9-3所列。

表 9-3　五、六年级阅读单元的语文要素

单元	五上	五下	六上	六下
一	初步了解课文借助具体事物抒发感情的方法	体会课文表达的思想感情	阅读时能从所读的内容想开去	分清内容的主次，体会作者是如何详写主要部分的
二	（阅读策略单元）学习提高阅读速度的方法	初步学习阅读古典名著的方法	了解文章是怎样点面结合写场面的	借助作品梗概，了解名著的主要内容。就印象深刻的人物和情节交流感受
三	了解课文内容，创造性地复述故事	（综合性学习）感受汉字的趣味，了解汉字文化。学习搜集资料的基本方法	（阅读策略单元）根据阅读目的，选用恰当的阅读方法	（习作单元）体会文章是怎样表达情感的。选择适当的内容写出真情实感
四	结合资料，体会课文表达的思想感情	通过课文中动作、语言、神态的描写，体会人物的内心	读小说，关注情节、环境，感受人物形象	关注外貌、神态、言行的描写，体会人物品质。查阅相关资料，加深对课文的理解
五	（习作单元）阅读简单的说明性文章，了解基本的说明方法。搜集资料，用恰当的说明方法，把某一种事物介绍清楚	（习作单元）学习描写人物的基本方法，初步运用描写人物的基本方法，具体地表现一个人的特点	（习作单元）体会文章是怎样围绕中心意思来写的。从不同方面或选取不同事例，表达中心思想	体会文章是怎样用具体事例说明观点的
六	体会作者描写的场景、细节中蕴含的感情	了解人物的思维过程，加深对课文内容的理解	抓住关键句，把握文章的主要观点	运用学过的方法整理资料
七	初步体会课文中的静态描写和动态描写	体会静态描写和动态描写的表达效果	借助语言文字展开想象，体会艺术之美	
八	根据要求梳理信息，把握内容要点	感受课文风趣的语言	借助相关资料，理解课文主要内容	

综合表 9-3 内容，结合课程标准的学段目标，概括五、六年级的语文要素如下。

字词掌握方面：有较强的独立识字能力；积累优美生动的词语，学会抓住关键词句理解一段话，把握文章的主要观点。

阅读能力提高方面：掌握朗读、默读等阅读方法，学习常用的阅读策略，提高默读的速度；学习用圈点、批注的方法阅读课文。

内容理解方面：体会文章是怎样围绕中心意思来写的；关注主要人物和事件，理解人物刻画方法，体会作者表达的思想感情。

掌握课文思路方面：在阅读中了解文章的表达顺序，了解事件的起因、经过和结果，了解课文是从哪几个方面把事情写清楚的。

体裁特点把握方面：增强文体意识，重点掌握叙事性作品、说明性文章和诗歌的特征。

思维能力提升方面：学会梳理信息，把握内容要点；提高观察能力和想象能力。

文章写作手法方面：体会课文中的静态描写和动态描写；关注外貌、神态、言行的描写，体会人物品质。

四、体裁选择特点

小学高学段的课文主要是叙事性作品、诗歌和说明文。

新课程标准关于小学高学段阅读体裁是这样表述的：“阅读叙事性作品，了解事件梗概，能简单描述印象最深的场景、人物、细节，说出自己的喜爱、憎恶、崇敬、向往、同情等感受；阅读诗歌，大体把握诗意，想象诗歌描述的情境，体会作品的情感。受到优秀作品的感染和激励，向往和追求美好的理想。”“阅读说明性文章，能抓住要点，了解文章的基本说明方法。阅读简单的非连续性文本，能从图文等组合材料中找出有价值的信息。尝试使用多种媒介阅读。”五、六年级四册教材中课文的体裁分布情况如表 9－4 所列。

表 9－4　小学高学段教材中阅读课文的体裁分布

年级	叙事散文/篇	抒情散文/篇	议论散文/篇	故事/篇	古诗词/首	说明文/篇	小说/篇	文言文/篇	现代诗/篇
五上	9	3	1	4	6	5	2	1	
五下	12	0	1	3	6	1	4	2	
六上	11	1	0	2	7	2	4	2	2
六下	3	1	2	5	6	3	4	2	

从表 9－4 可以看出：

（1）高学段阅读课文的体裁以叙事性作品为主，包括叙事散文、故事、小说、故事等。

（2）浅显易懂、内容接近儿童生活的叙事散文占的比例最高。

（3）跟中学段一样，每册收入 6 或 7 首古诗词。

（4）增加了知识性、抽象性比较强的课文，如科学小品文和抽象的说明文。

（5）开始安排虚构性的小说。

（6）增加简短的文言文篇目。

（7）开始涉及有议论性色彩的散文。

五、课后练习的设计

课后练习的设计体现了编者的意图，是单元目标的体现，也是课堂教学目标的细化呈现，能帮助学生去理解、巩固和深化课文。部编教材的课后练习在编排上由浅入深、由易到难，呈有梯度的螺旋上升，尽量符合学生的认知水平和学习能力发展。五、六年级的课后练习配合单元主题和语文要素要求，依据课文的特点，合理设置，教读课文后面除生字认读及生字书写外，一般还有 3—4 道练习题。第一道基本是朗读方面的练习题；第二、第三道多是阅读理解和语言积累方面的习题，也有的是关于阅读链接方面的练习题，指向课外拓展；小练笔基本安排在最后一道，指向学生各种表达能力的训练。

1. 朗读和背诵

新课程标准中第三学段语文实践活动项“阅读与鉴赏”的首要要求是：“熟练地用普通话正确、流利、有感情地朗读课文。默读有一定的速度，默读一般读物每分钟不少于 300 字。学习浏览，扩大知识面。”对应和落实这一要求，五、六年级的课后所设置的 3—4 道练习题中，第一道基本是对各种阅读课文方式的要求。如在课文朗读上，要求学生能够带着问题去默读，边默读边思考，提高阅读的质量；同时提示用朗读、复述等自己擅长的方式呈现对作品内容的理解。跟第二学段相比，第三学段强调阅读的速度，特别是阅读策略单元，要求默读和阅读速度互相配合，完成课程标准中的阅读指标。另外，第三学段对背诵的要求也有加强，因为学语文需要积累，优美的段落、句子要能背诵。

表 9－5 以五年级上册为例，展示阅读课文的各种方式和要求。

表 9－5　五年级上册阅读课文的方式和要求

单元	课文	朗读	默读	快速阅读	分角色朗读	配合技能	背诵
一	《白鹭》	√				说一说	√
	《落花生》	√			√	说一说	
	《桂花雨》	√				有感情地朗读;说一说	
	《珍珠鸟》*		√			思考	
二	《搭石》			√		和同学交流	
	《将相和》		√			和同学交流	
	《什么比猎豹的速度更快》		√	√		记下时间	
	《冀中的地道战》		√	√		记下时间	
三	《猎人海力布》		√			说一说	
	《牛郎织女(一)》		√			说一说	
	《牛郎织女(二)》		√	√		阅读方法迁移	
四	《古诗三首》	√				有感情地朗读	√
	《少年中国说(节选)》	√				朗读连贯且有气势	√
	《圆明园的毁灭》	√	√			思考	
	《小岛》*		√			用主人公的口吻讲故事	
五	《太阳》		√			思考	
	《松鼠》		√			分条写下有关信息	
六	《慈母情深》		√			想象;说一说	
	《父爱之舟》		√			说一说	
	《“精彩极了”和“糟糕透了”》		√			思考	

续表

单元	课文	朗读	默读	快速阅读	分角色朗读	配合技能	背诵
七	《古诗词三首》	√				想象和体会	√
	《四季之美》	√				反复朗读并体会	√
	《鸟的天堂》	√				说一说	
	《月迹》*		√			说一说	
八	《古人谈读书》	√				正确、流利地说	√
	《忆读书》		√		√	说一说	
	《我的“长生果”》*		√	√		说一说	

2. 字词句逗

经过前面两个阶段的学习，高学段学生的识字与写字能力以独立识字为主，累计认识常用字3000个左右。要求感受汉字的构字、组词特点。课后练习设计相关的词语训练，帮助学生理解字词所要表达的情感，掌握字词的正确运用，提高学生的语言能力。

在阅读与鉴赏中，词句逗的训练要求，课程标准是这样表述的：“能联系上下文和自己的积累，推想课文中有关词句的意思，辨别词语的感情色彩，体会其表达效果。在理解课文的过程中体会顿号与逗号、分号与句号的不同用法。”

教材课后有“读一读，记一记”“阅读字词、语句”等练习题，这些练习题聚集了文本中好的字词和句子，学生可以完成与主题相关的练习，更好地理解课文，增加自己的知识储备。每一课对学生掌握知识点的要求会有差别，但都对学生积累词汇量有很大的帮助。这方面的练习题一般设置1—2道，占的比重比较大。

表9-6以五年级下册为例，了解课后练习如何围绕单元语文要素设置字词句逗方面的训练内容和方式。

表9-6　五年级下册课后练习中关于字词句逗的训练内容和方式

课文	字词句逗训练内容和方式
《古诗三首》	练习2：读下面的诗句，说说你眼前浮现出怎样的画面，体会其中的乐趣。
《祖父的园子》	练习2：读下面的句子，体会“我”的内心感受，再从课文中找出类似的句子，和同学交流。
《景阳冈》	练习1：默读课文，遇到不懂的词语，如“梢棒”“筛酒”，可以猜一猜意思。
《古诗三首》	练习2：借助注释，说说下面诗句的意思，再想想它们表达了诗人怎样的感情。
《青山处处埋忠骨》	练习2：从课文中找出描写毛泽东动作、语言、神态的语句，体会他的内心世界。
《人物描写一组》	练习1：默读课文，说说三个片段中的人物分别给你留下了什么印象，你是从哪些语句体会到的。
《刷子李》	练习2：画出描写刷子李和曹小三的语句，体会课文是怎么写出刷子李的特点的。

续表

课文	字词句逗训练内容和方式
《自相矛盾》	练习 2：联系上下文，猜测加点字的意思。
《田忌赛马》	练习 2：默读课文，用自己的话讲讲田忌赛马的故事。
《威尼斯的小艇》	练习 3：读下面这段话，说说小艇有哪些特点，再体会加点部分的表达效果。
《牧场之国》	练习 3：作者笔下的牛、马、羊等动物都别有一番情趣，如，“牛犊的模样像贵妇人，仪态端庄”。找出这样的句子，读一读，再把它们抄下来。
《杨氏之子》	练习 1：正确、流利地朗读课文，读好下面的句子。
《手指》	练习 2：课文的语言很风趣，如，“他永远不受外物冲撞，所以曲线优美，处处显示着养尊处优的幸福”。找出类似的语句体会一下，再抄写下来。

3. **篇章阅读**

篇章阅读是阅读的最终目标，要求学生通过阅读把握课文的题材和主题，以及语言运用特色，并通过一定的训练方式完成阅读目标。新课程标准将高学段的阅读作品分为叙事性作品、诗歌及说明性文章两大类，要求是：“阅读叙事性作品，了解事件梗概，能简单描述印象最深的场景、人物、细节，说出自己的喜爱、憎恶、崇敬、向往、同情等感受；阅读诗歌，大体把握诗意，想象诗歌描述的情境，体会作品的情感，受到优秀作品的感染和激励，向往和追求美好的理想。”“阅读说明性文章，能抓住要点，了解文章的基本说明方法。阅读简单的非连续性文本，能从图文等组合材料中找出有价值的信息。尝试使用多种媒介阅读。”整本书的阅读要求是：“阅读整本书，把握文本的主要内容，积极向同学推荐并说明理由。”

五、六年级的课文阅读篇幅普遍变长，不再是一两段话的小短文。课后练习及语文园地的训练难度比中学段有了很大的提升，很少能直接在文中找到答案。这一阶段的篇章阅读，既要求孩子提高语言理解和表达能力，也要求孩子学会梳理所学的阅读方法，从中找到一些规律，积累自己的阅读经验。

表 9－7 以五年级上册为例，了解小学语文五、六年级篇章阅读训练的内容和方式。

表 9－7　五年级上册关于篇章阅读训练的内容和方式

课文	体裁	内容	形式
《白鹭》	散文诗	练习 1：你从哪些地方感受到“白鹭是一首精巧的诗”？	说一说
《落花生》	叙事散文	练习 1：课文围绕“落花生”写了哪些内容？ 练习 2：父亲想借助花生告诉“我们”什么道理？	说一说 思考
《桂花雨》	叙事散文	练习 1：桂花给“我”带来了哪些美好的回忆？	说一说
《珍珠鸟》 *	叙事散文	阅读提示：“我”是怎样逐渐得到珍珠鸟的信赖的？	思考（想想）

续表

课文	体裁	内容	形式
《搭石》	抒情散文	练习 1：阅读课文了解了哪些内容？	和同学交流
《将相和》	故事	练习 1：阅读课文了解了哪些内容？ 练习 3：根据提示说说课文的内容。	和同学交流 说一说
《什么比猎豹的速度更快》	说明文	练习 1：通过阅读了解了哪些内容？ 练习 2：根据课文内容，按运动速度的快慢给事物排序。	和同学交流 排序
《冀中的地道战》	说明文	练习 1：通过阅读了解了哪些内容？ 练习 2：地道战取得成功的关键是什么？	和同学交流 结合课文说一说
《猎人海力布》	民间故事	练习 1：课文写了海力布的哪几件事？	说说
《牛郎织女（一）》	民间故事	练习 1：牛郎和织女是怎么相处的？他和织女是怎么认识的？	说说
《牛郎织女（二）》*	民间故事	牛郎织女故事的结局。	用上一单元学到的方法
《古诗三首》	七言绝句	练习 3：结合注释和相关资料，说说诗句的意思，再想想它们表达了诗人怎样的情感。	说说
《少年中国说（节选）》	议论散文	练习 2：结合注释和相关资料说说课文的意思。	说说
《圆明园的毁灭》	说明文	练习 1：课文表达了怎样的情感？ 练习 2：课文题目是“圆明园的毁灭”，作者为什么用那么多笔墨写圆明园昔日的辉煌？	思考 交流
《小岛》*	小说	① 讲述登上小岛后发生的故事。	用将军的口吻
《太阳》	说明文	练习 1：课文从哪些方面介绍了太阳？太阳对人类有哪些作用？	思考
《松鼠》	说明文	练习 1：将从课文中获得的有关松鼠的信息分条写下来。	把阅读获得信息分条
《慈母情深》	小说	练习 1：边读边想象课文中的场景，说说哪些地方让你感受到了“慈母情深”。	阅读与思考，并说说
《父爱之舟》	散文	练习 1：“我”的梦中出现了哪些难忘的场景，哪个场景给你的印象最深？	说说
《“精彩极了”和“糟糕透了”》*	散文	阅读提示：父亲和母亲对巴迪的诗为什么会有不同的看法？巴迪长大后又是如何看待这件事的？	思考
《古诗词三首》	绝句、词	练习 2：想象诗句描绘的景象。	读与想象
《四季之美》	抒情散文	练习 1：体会作者笔下四季之美的独特韵味。	反复朗读

续表

课文	体裁	内容	形式
《鸟的天堂》	散文	练习 2：课文分别描写了傍晚和早晨两次看到“鸟的天堂”的情景，说说它们有哪些不同的特点。	说说
《月迹》 *	散文	阅读提示：月亮的足迹都出现在哪里？	说说
《古人谈读书》	议论性文言文	用自己的话说说课文的大意。	借助注释，说说
《忆读书》	散文	作者回忆了自己读书的哪些经历？她认为什么样的书才是好书？	说说
《我的“长生果”》*	散文	作者读过哪些类型的书？	说说

4. 语言运用

（1）口语训练。在小学语文教学中，学生口语交际能力的培养一直是教学的重点。课后口语交际活动的要求主要是学生通过阅读课文，说出他们感兴趣的内容或情节、复述课文内容等。一些练习要求学生根据词语来讲故事，或者根据上下文顺序来描述一件事。教师充分把握这一特点，可以有效地锻炼学生的复述能力，加深学生对所学知识的理解，培养学生的思维能力。此类训练一般和阅读训练连在一起。如五年级上册《忆读书》的课后练习：“用较快的速度默读课文，说说作者回忆了自己读书的哪些经历，她认为什么样的书才是好书。”“结合自己的读书经历，谈谈你对‘我永远感到读书是我生命中最大的快乐’这句话的体会。”从这两道练习题可以看出，对课文内容的理解及联系生活谈感受是通过口语训练的方式来完成的，这样既锻炼了学生的思考能力，又培养了他们的口语表达能力。

（2）小练笔。部编教材倡导“读写并重”的理念，将习作提到了与阅读同样重要的地位，教材中编排了相对完整的习作教学内容，构建了表达能力训练的三条途径，即独特的习作单元、一般单元中的习作练习（含一、二年级的写话练习）以及部分教读课文后的小练笔。教材中的小练笔是一种介于造句练习和习作之间的随文表达训练，它具有篇幅小、形式活、出手快、效果好的特点，能有效促进学生深入领悟文本、培养习作兴趣、提高表达能力。这一类练习在理解和分析的基础上深入一步，要求学生推敲遣词造句、谋篇布局的精妙所在，通过语言表达练习把知识变为能力。这类练习主要有讨论、比较、找类似的词句、仿写、续写、缩写等。

一部分小练笔直接依托课文的语言材料。比如，五年级上册《猎人海力布》的课后小练笔：“根据课文内容，给那块叫‘海力布’的石头写一段话，简要介绍它的来历。”这个练习以课文中的内容作为支架，要求学生在理解课文内容的基础上，依照人物的性格特点，发挥想象，写几句话。练习题提供了形式和素材，降低了学生学习的难度。

部分小练笔主要是仿写训练，包括句子仿写、段落仿写、表现手法仿写等。如六年级下册《真理诞生于一百个问号之后》课后的小练笔，要求按照课文的写法，用具体事例说明一个观点。

5. 思维能力的培养

教材中的每篇课文都蕴含着作者谋篇布局的匠心，从阅读的角度来说，学生在学习过程中需要明确作者的写作思路，以正确把握文章的主题。不少课后练习都有意识地引导学生掌握文章的整体结构，积极思考课文内容。这方面课程标准是怎样表述的："在阅读中了解文章的表达顺序，体会作者的思想感情，初步领悟文章的基本表达方法。"

在教学过程中，教师应引导学生积极思考，理清文章内容，感悟文章语境，帮助学生快速理解和掌握文章，为后续阅读打下坚实的基础。通过有效的练习，学生可以在阅读过程中思考解决问题的方法，理解作者想要表达的思想，对课文进行深入的分析，从而感知课文的整体。

例如六年级上册《狼牙山五壮士》的课后练习就是让学生把握故事发展脉络，结合单元语文要素"了解文章是怎样点面结合写场面的"来了解故事发展的每一个阶段，体会作者是如何抓住个别人物来刻画五个英雄战士的群像的。

6. 帮助提前预习

课后练习能对课前预习起到关键作用，不仅能够体现对课文内容的解读，而且可以作为预习的准备，有助于学生更好地把握课文内容，深入了解文章的意思，提高自主阅读能力。进入第三学段，小学生的阅读能力有了一定的提高，教师可以提示学生根据课后练习来提前预习。

例如，六年级上册《草原》课后练习的前两道题："朗读课文，想象草原迷人的景色，读出自己的感受。背诵第 1 自然段。""读下面的句子，回答括号里的问题。再从课文中找出其他类似的句子，读一读，抄写下来。"根据练习题的提示，可以提取预习的相关信息：第 1 自然段以写景为主，句子后面的提示语"哪句是直接写草原景色的？哪句写了作者的感受？在写景中融入感受有什么好处？"提示学生可以从这三方面展开预习。

第三节 五年级上册阅读单元课文综合分析

第三学段的阅读单元由课文、口语交际、习作和语文园地等共同构成，每个单元设置单元导读，以人文主线和语文要素训练提示为导向，以阅读课为载体，在阅读中随文识字，由低学段的字、词、句逐渐上升到段、章、篇的学习，提升学生的阅读能力，实现阅读目标。

五年级上册共设有 8 个单元，每个单元安排 3—4 篇教读课文，1—2 篇自读课文，每篇课文只在生字部位标注汉语拼音，课后设有认读生字和书写生字部分，安排 2—3 道练习题，有的课文最后附有阅读链接。其中，单元二为阅读策略单元，单元五为习作单元，单独列节讲解。

一、单元一课文

1. 主题与题材

本单元围绕着“一花一鸟总关情”这一主题，安排了《白鹭》《落花生》《桂花雨》三篇教读课文和《珍珠鸟》一篇自读课文。本单元所选四篇散文都是名家名篇，借助自然界的花鸟、花生来表达自己对事物的感受。课文篇幅短小精悍，结构精巧，语言优美，内蕴丰富，能引导学生留心观察生活，关注身边的事物，学习借助具体事物抒发感情的方法，是学生学习的好范文。具体内容如表 9－8 所示。

表 9－8　五年级上册单元一的课文内容

课文	体裁	主题	题材
《白鹭》	抒情散文	作者寄情于景，寓情于物，表达自己对白鹭的喜爱和赞美之情。	课文先从颜色、身段生动地描写了白鹭的外形美，再借助“水田钓鱼”“枝头独立”“空中低飞”三幅画面，写白鹭在不同场景中的美，最后表达对白鹭的赞美。
《落花生》	叙事散文	赞扬花生朴实无华、不图虚名、默默奉献的品格，点明人要像花生一样，做一个有用的人。	课文围绕“种花生—收花生—尝花生—议花生”的顺序，着重讲了一家人过花生收获节的情况，通过谈论花生的好处，借物喻人，揭示了我们要学习花生不图虚名、默默奉献的品格的道理。
《桂花雨》	叙事散文	表现作者的思乡之情和对童年美好生活的怀念。	课文以“桂花”为主线，先写自己最喜欢桂花，喜欢它迷人的香气，接着回忆家乡桂花盛开时摇桂花的情形，最后写离开家乡后赏桂花，给母亲带桂花，却时时想起故乡童年时的摇花乐。
《珍珠鸟》*	叙事散文	引导学生思考人与动物的关系，激发学生关爱动物、善待生命的情感。	课文以珍珠鸟从怕人到信赖人的情感变化为线索，先写“我”为刚来家的一对珍珠鸟精心布置了一个幽静安全的住处，接着写小珍珠鸟与“我”由疏远到亲近的情感变化过程，最后点明文章主题。

2. 语文要素和训练要求

单元导读页中的“初步了解课文借助具体事物抒发感情的方法”“写一种事物，表达自己的感情”，提示了本单元的语文要素。

结合课文所附的生字认读、书写和课后练习及语文园地的内容分析，本单元的训练重点在朗读课文，理解课文内容，学习作者借助事物抒发感情的方法，并在阅读中发展自己的想象能力等方面。具体内容如表 9－9 所示。

表 9-9　五年级上册单元一的语文要素和训练要求

课文	认读与书写	朗读背诵	词语积累组词造句	口语训练	思维培养	阅读训练
《白鹭》	认读 6 个生字；书写 10 个生字	朗读背诵	给每幅图画起一个名字	说说从什么地方感受到“白鹭是一首精巧的诗”	概括和想象能力	在阅读中了解文章的表达顺序，体会作者的思想感情，初步领悟文章的基本表达方法
《落花生》	认读 5 个生字；书写 10 个生字	分角色朗读	把握人物的对话	说一说	想象能力	
《桂花雨》	认读 2 个生字；书写 10 个生字	有感情地朗读	读句子，体会思想感情	说一说	想象能力	
《珍珠鸟》 *	认读 12 个生字；掌握 1 个多音字	默读	体会文中描写珍珠鸟可爱的句子	跟同学交流	思考能力	用前面所教的方法阅读

3. 单元核心素养目标

语言运用：认读课文生字，掌握常用的多音字；学习和积累文中描写景物的词句；用普通话正确、流利、有感情地朗读课文；在阅读中随文识字，结合上下文理解词句的意思，体会作者的思想感情；能用恰当的口语和同学交流课文内容。

思维能力：学习作者借助具体事物抒发感情的方法，阅读中能展开联想和想象。

审美创造：欣赏作者笔下的一花一草，体验情景交融的艺术感受。

文化自信：熟悉和掌握借景抒情的表现手法，并用在同类作品的阅读与鉴赏中。

二、单元三课文

1. 主题与题材

本单元以“民间故事”为主题，安排了两篇精读课文《猎人海力布》《牛郎织女(一)》和一篇自读课文《牛郎织女（二)》。单元导读页中的“民间故事，口耳相传的经典，老百姓智慧的结晶”，点明了本单元的主题，提示民间故事具有口耳相传的特点。民间故事是一种口头创作的文学形式，由群众集体口头创作、流传并不断修改。它的特点是故事性强，情节生动，想象奇特丰富，充满神奇色彩，常用拟人、比喻的修辞手法，艺术感染力强。这类作品主要反映劳动人民的理想、愿望和要求。具体内容如表 9-10 所示。

表 9-10　五年级上册单元三的课文内容

课文	体裁	主题	题材
《猎人海力布》	民间故事	赞美了猎人海力布热心助人、舍己救人的高贵品质。	猎人海力布打猎时救了龙王的女儿，得到一块宝石，使他听得懂动物的语言。小龙女告诫他，不能把自己从动物那里听到的话告诉人类，要不就会变成石头。有一次，他利用宝石听到了大山要崩塌、洪水要淹没村子的可怕消息，忍不住告诉了乡亲们，乡亲们得救了，而他自己却变成了石头。
《牛郎织女（一）》	民间故事	反映了善良的人们对美好生活的向往和追求。	牛郎从小遭到哥嫂虐待，和老牛相依为命，在老牛的帮助下，和织女相识并结为一家人，过上了幸福的生活。
《牛郎织女（二）》*	民间故事	歌颂了劳动人民反对压迫、争取自由和幸福的精神。	牛郎织女结婚后，过上了幸福美满的生活，而织女却被王母娘娘无情地抓回天宫。牛郎披牛皮携孩子紧追织女，王母娘娘用天河分开他们，从此天各一方。但牛郎织女不忍离别，隔河相望，化作星辰，王母娘娘拗不过他们，允许他们每年七夕相会。

2. 语文要素和训练要求

本单元的语文要素是“了解课文内容，创造性地复述故事。提取主要信息，缩写故事”，提示我们民间文学的教学要让学生在了解课文内容的基础上，抓住民间故事的要素进行复述，并学会提取主要信息进行缩写。

结合课文所附的生字认读、书写和课后练习及语文园地的内容分析，三篇课文重点训练学生对民间故事的理解，把握故事的结构特点，体会民间故事中所蕴含的思想感情，同时在阅读中提取主要信息，对故事中的情节发挥想象进行扩写或者缩写。具体要求如表 9-11 所示。

表 9-11　五年级上册单元三的语文要素和训练要求

课文	生字	朗读背诵	词语积累组词造句	口语训练	思维培养	阅读训练
《猎人海力布》	认读 4 个生字；书写 11 个生字	默读	积累文中关键词句	试着以海力布或者乡亲们的口吻，讲一讲海力布劝乡亲们搬家的部分	分析能力（课文写了哪几件事）	在阅读中了解文章的表达顺序，体会作者的思想感情，初步领悟文章的基本表达方法
《牛郎识女（一）》	认读 12 个生字；掌握 1 个多音字；书写 14 个生字	默读	积累文中关键词句	说说牛郎和老牛是怎么相处的	想象能力	

续表

课文	生字	朗读背诵	词语积累组词造句	口语训练	思维培养	阅读训练
《牛郎织女（二）》*	认读9个生字	默读	积累文中关键词句	说说如果给《牛郎织女》绘制连环画，可以画哪些内容，每幅图配什么文字	思考：把故事变成连环画，该画什么，配什么文字	在阅读中了解文章的表达顺序，体会作者的思想感情，初步领悟文章的基本表达方法

3. **单元核心素养目标**

语言运用：认读课文生字，掌握常用的多音字；能用多种阅读方法阅读课文；在阅读中随文识字，提取关键信息；了解文章的表达顺序，体会作者的思想感情；能复述故事，并对主要的情节展开想象进行扩写或者缩写。

思维能力：思考和分析课文是从哪几个方面来安排篇章的；培养想象能力。

审美创造：阅读民间故事，感受劳动人民的善良和勤劳。

文化自信：了解民间文学的独特价值，了解民间文学的特点。

三、单元四课文

1. **主题与题材**

本单元以“爱国情怀”作为学习主线，安排了《古诗三首》《少年中国说》《圆明园的毁灭》三篇教读课文和《小岛》一篇自读课文。本单元以艾青的诗句“为什么我的眼里常含泪水？因为我对这土地爱得深沉……”为主题，提示本单元的内容跟爱国有关系。

《古诗三首》的作者分别是宋代的陆游、林升与清代的龚自珍，虽然他们所处的年代不同，写作背景不同，但爱国情怀的内涵是相似的。《少年中国说》是梁启超流亡日本时，为了驳斥帝国主义分子的无耻谰言，唤起人民的爱国热情，激起民族的自尊心和自信心所写的。《圆明园的毁灭》回顾了圆明园辉煌的过去，诉说圆明园被毁灭的痛彻心扉之情。《小岛》以将军的视角，讲述他登上无名岛后发生的事。通过本单元课文的学习，让学生浸润在一个个感人的故事当中，培育学生的爱国情怀。具体内容如表9－12所示。

表 9－12　五年级上册单元四的课文内容

课文	体裁	主题	题材
《古诗三首》	绝句	感受诗人强烈而真挚的爱国情怀，激发学生“天下兴亡，匹夫有责”的责任感和使命感。	《示儿》是陆游写给儿子的绝笔诗。诗中写到诗人临终的遗憾，就是没能亲眼看到祖国的统一，所以让儿子在大宋军队收复中原失地的那一天，把这好消息告诉他。
			《题临安邸》这首诗针对北宋统治阶级苟且偏安，对外屈膝投降，对内残酷迫害爱国人士等黑暗现实所作。先抓住临安城的特征，描绘重重叠叠的青山、鳞次栉比的楼台和无休止的轻歌曼舞，写出当年虚假的繁荣太平景象。接着进一步抒发感慨，指出“暖风”把人们的头脑吹得如醉如迷，像喝醉了酒似的。它表达了郁结在广大人民心头的义愤，也表达了诗人对国家和民族命运的深切忧虑。
			《己亥杂诗》以祈祷天神的口吻，呼唤着风雷般的变革，以打破清王朝束缚思想、扼杀人才造成的死气沉沉的局面，表达了诗人解放人才、变革社会、振兴国家的愿望。
《少年中国说》	政论文	表达作者盼望祖国繁荣富强的强烈愿望和积极进取的精神。	作者认为中国是“少年中国”，是有潜力、充满朝气的中国。文中用初升的太阳、奔腾的黄河、腾跃的蛟龙、啸鸣的乳虎、展翅试飞的鹰隼、珍奇的花蕾、刚磨好的宝剑来赞美少年中国。
《圆明园的毁灭》	说明文	表达了作者对祖国灿烂文化的无比热爱，对侵略者野蛮行径的仇恨，警示人们勿忘国耻，增强振兴中华的责任感和使命感。	课文描述了圆明园昔日辉煌的景观和惨遭侵略者肆意践踏而毁灭的经过。
《小岛》＊	小说	表达海防战士的爱岛、爱国之情，激发我们的爱国之情、报国之志。	本文写将军上小岛发现菜地，与战士们共享蔬菜的事情。课文先介绍小岛的样子和特点，接着写将军刚上岛时发生的事情：发现菜地，最后决定留下来吃晚饭，并住一晚。当晚将军看到菜地全貌，之后到饭堂给战士们分蔬菜汤。最后写将军离开后又绕回小岛南边，并行了一个军礼。

2. **语文要素和训练要求**

单元导读页中的“结合资料，体会课文表达的思想情感。学习列提纲，分段叙述”，提示教师在教学时要引导学生借助资料了解创作背景，利用资料创设情境，释疑解难，深入体会作者的爱国情怀。

从课文所附的生字认读、书写训练和课后练习及语文园地的内容分析，三篇课文集中训练学习生字，强化朗读和背诵课文，同时要求课前搜集资料帮助自己理解课文内容，把握作者的思想感情等。具体要求如表9-13所示。

表9-13　五年级上册单元四的语文要素和训练要求

课文	认读与书写	朗读背诵	词语积累组词造句	口语训练	思维培养	阅读训练
《古诗三首》	认读5个生字；书写8个生字	有感情地朗读、背诵、默写	结合注释和相关资料理解诗句	说一说	思考和对比三首诗在思想感情上的差异	在阅读中了解文章的表达顺序，体会作者的思想感情，初步领悟文章的基本表达方法
《少年中国说》	认读8个生字	正确、流利、有感情地朗读课文	积累关键词句	结合注释和相关资料，说说课文的意思	理解课文采用比喻和拟人手法产生的效果	
《圆明园的毁灭》	认读9个生字；书写15个字	默读课文反复朗读	句子仿写	和同学交流作者为何用那么多的笔墨写圆明园昔日的辉煌	思考课文的构思特色	
《小岛》*	认读11个生字；掌握1个多音字	默读课文	积累词句	说说课文讲了一件什么事情	理解最后一个自然段	

3. **核心素养目标**

语言运用：认读课文生字，掌握常用的多音字；学习和积累关键词句；用普通话正确、流利、有感情地朗读课文；在阅读中随文识字，结合上下文理解词句的意思，体会文中关键词句表达情意的作用；能用口语表达课文的内容。

思维能力：借助注释和相关资料理解课文内容。

审美创造：体验作者的爱国情怀。

文化自信：感受不同体裁在表达情意上的特色，丰富自己的人文积淀。

四、单元六课文

1. **主题与题材**

本单元围绕“亲情”这一主题，安排了教读课文《慈母情深》《父爱之舟》《“精彩极了”和“糟糕透了”》三篇课文。单元导读页呈现了一幅温馨的画面：在一片依山傍水的草地上，一头老牛正在深情地舔着小牛。这幅图跟“舐犊之情，流淌在血液里的爱和温暖”的单元主题相互对应，文图结合，引导学生发现生活中父母对自己爱的不同表达方式，感受来自父母的爱。具体内容如表9-14所示。

表 9－14　五年级上册单元五的课文内容

课文	体裁	主题	题材
《慈母情深》	小说	歌颂了伟大而无私的母爱，表现母子之间深似海的情愁。	课文讲述的是贫穷辛劳的母亲不顾同事的劝阻，毫不犹豫地给“我”钱买《青年近卫军》的事。“我”迫切希望得到一本《青年近卫军》，跑到车间找母亲要钱，目睹母亲在环境恶劣的车间艰辛劳作，于心不忍，用母亲给“我”的钱给她买了一听罐头，母亲数落“我”一顿，又给了“我”书钱。于是“我”有了第一本长篇小说。
《父爱之舟》	叙事散文	表现出父爱的伟大与深沉，以及“我”对父亲的怀念和深深的感激。	全文以“舟”为线索，按照时间顺序，从梦中醒来开始，以泪湿枕边结束，回忆了父亲在卖茧子、住店、看庙会、送上学、凑钱缴学费、坐小船缝棉被等日常生活中和求学路上疼爱“我”的故事。
《“精彩极了”和“糟糕透了”》	叙事散文	通过巴迪父母两个极端的评价角度，说明批评教育对一个人成长的重要影响。	讲述了作者小时候写第一首诗的故事。母亲对他第一首诗的评价是“精彩极了”，而父亲的评价则是“糟糕透了”，每次作者有了新的作品，父母的评价也每每如此。作者后来明白，无论哪种评价都是对他的关爱。

2. 语文要素和训练要求

单元导读页中的“体会作者描写的场景、细节中蕴含的感情。用恰当的语言表达自己的看法和感受”，提示了本单元的语文要素。本单元的三篇文章都运用了具体的事件来表达父母对孩子的爱，在叙述事件中，善于用场景和细节描写，产生以小见大的效果。如《慈母情深》中母亲的工作环境的描写及肖像和动作描写都非常细致。《父爱之舟》写了父亲和“我”住店、带“我”逛庙会、背“我”上学、送“我”上学等事情，都是小事，却产生了“以小见大”的效果。《“精彩极了”和“糟糕透了”》中，通过两个场景的对比，表现父亲和母亲对孩子的不同评价方式。教师要积极引导学生掌握这几篇课文是如何用恰当的语言表达作者自己的看法和感受的。

本单元的常规训练包括掌握生字词，通过关键词句理解课文内容，强化朗读和背诵课文以及口语表达。训练的重点是引导学生在阅读中关注作者是如何通过具体的场景和细节描写渗透思想感情的，思考产生了怎样的效果。具体要求如表 9－15 所示。

表 9－15　五年级上册单元五的语文要素和训练要求

课文	认读与书写	朗读背诵	词语积累组词造句	口语训练	思维培养	阅读训练
《慈母情深》	认读 10 个生字；书写 15 个生字	默读背诵默写	理解文中的排比句	说一说哪些地方让你感受到了“慈母情深”	想象场景，思考文中反复出现部分的效果	在阅读中了解文章的表达顺序，体会作者的思想感情，初步领悟文章的基本表达方法。
《父爱之舟》	认读 16 个生字；书写 12 个生字	默读	理解重点句子，体会思想感情	说一说哪个场景给你留下了深刻印象	思考为何以“父爱之舟”为题目	
《“精彩极了”和“糟糕透了”》	认读 6 个生字	默读	在文中找出关键句子	联系实际说一说	思考爸爸和妈妈为何会有不同的看法	

3. 单元核心素养目标

语言运用：学习生字；用多种方法阅读课文；把握关键词句理解课文内容。

思维能力：梳理课文出现的场景、细节，理解其作用；分析和思考课文如何表现父爱和母爱，和同学交流。

审美创造：感受来自亲人的爱，学会感恩。

文化自信：体会不同体裁、不同内容的作品对亲情的叙述和描写，体会其中蕴含的思想感情，丰富情感世界。

五、单元七课文

1. 主题与题材

本单元围绕“四时景物”这一主题，安排了《古诗词三首》《四季之美》《鸟的天堂》三篇教读课文和《月迹》一篇自读课文。单元导读页中的“四时景物皆成趣”，点明了本单元的主题是通过描写不同时间、不同地点四季景物的变化，体现不同景物的不同的美，启发、激励学生去观察自然、探索自然、发现自然。本单元选篇涉及古今中外，都是名家名篇，文化内涵丰富。具体内容如表 9－16 所示。

表 9－16　五年级上册单元七的课文内容

课文	体裁	主题	题材
《古诗词三首》	律诗	《山居秋暝》表现了诗人寄情山水田园并对隐居生活怡然自得的满足心情。	诗歌描写初秋时节山居所见雨后黄昏的景色，将空山雨后的秋凉、松间明月的光照、石上清泉的声音、浣女归来竹林中的喧笑声及渔船穿过荷花的动态结合在一起，把景物和诗人心情融合在一起。

续表

课文	体裁	主题	题材
《古诗词三首》	绝句	《枫桥夜泊》抒发作者的羁旅之思、家国之忧。	《枫桥夜泊》是安史之乱后，唐朝诗人张继途经寒山寺时所写的羁旅诗。诗中写道，月亮已落下，乌鸦啼叫，寒气满天，对着江边枫树和渔火忧愁而眠。姑苏城外那寂寞清静的寒山古寺，半夜里敲钟的声音传到了客船上。
	词	《长相思》抒写将士对故乡的思念，体现了情思深苦的绵长心情。	这首词上片描写跋涉行军与途中驻扎的情形，夹杂着颇多无奈情绪；下片叙述夜来风雪交加，搅碎了乡梦，倍觉惆怅。作者用山、水、千帐灯、风、雪等大的物象，来寄托细腻的情感思绪。
《四季之美》	抒情散文	表达作者热爱大自然、热爱四季的感情。	作者用独特的视角咏唱了一年四季中最美的四个时刻：黎明、夜晚、黄昏、早晨。对春天的柔和、夏天的有趣、秋天的温暖和冬天的和谐，作了细腻的描写。
《鸟的天堂》	叙事散文	表达作者对大自然生命力的热爱和赞美。	作者记叙了他和朋友两次经过“鸟的天堂”的所见所闻，具体描写了傍晚静态的大榕树和第二天早晨群鸟活动的景象。先写作者和朋友们划船出去游玩，第一次经过“鸟的天堂”时看到的情景，接着写第二天又一次经过“鸟的天堂”时看到的情景，最后写作者对“鸟的天堂”的留恋和赞美。
《月迹》*	叙事散文	表现人们对月亮的喜爱，说明月亮属于每一个人。只有努力追求，才能得到它。	通过对孩子们寻找月亮的一些活动的描写，体现了秋月的美好，赞美了儿童的心灵美。作者先写孩子们的“盼月”和“赏月”，接着写孩子们追逐月亮的踪迹，在院子里、在辕门外的小河里、在沙滩上，最终悟出了月亮的奥妙。

2. 语文要素和训练要求

单元导读页中的“初步体会课文中的静态捕写和动态描写。学习描写景物的变化”，既明确了阅读教学的重点，又指明了学习表现手法的重点，可以看出这是对学生进行专门的文学品鉴能力的培养。静态美，顾名思义指物体静止时所呈现的美，景物的宁静和恬静带给人的美感。动态美指物体在动态过程中所呈现的美。

审美鉴赏与创造是学生语文核心素养的重要组成部分，培养学生的审美意识和审美能力是重要的教学目标之一。本单元的选文通过细腻优美、生动活泼的语言详细描写了不同景物的变化，体现了景物的美，学生需要细细地品味其语言，理解其中的“趣”，丰富语言积累，慢慢形成健康向上的审美情趣和鉴赏品位。

结合课文所附的生字认读、书写训练和课后练习及语文园地的内容分析，本单元的常规训练包括学习生字词，强化朗读和背诵课文以及口语表达。训练的重点是引导学生体会课文描写景物时的动静结合，提高自己阅读和欣赏文学作品的能力。具体要求如表9－17所列。

表 9-17 五年级上册单元七的语文要素和训练要求

课文	认读与书写	朗读背诵	词语积累组词造句	口语训练	思维培养	阅读训练
《古诗词三首》	认读4个生字；掌握1多音字；书写5个生字	朗读 背诵 默写	积累优美诗句	和同学交流	想象诗句描绘的景象	在阅读中了解文章的表达顺序，体会作者的思想感情，初步领悟文章的基本表达方法
《四季之美》	认读5个生字；书写10个生字	反复朗读 背诵	积累动态描写的语句	仿写	联系上下文，体会动态描写	
《鸟的天堂》	认读3个生字；书写11个生字	朗读 用不同语气读一读	理解课文最后一句话	说一说	思考和分析作者为何分两次写看到鸟的天堂的情景	
《月迹》＊	认读7个生字；掌握2个多音字	默读	积累有趣的语句	说一说	梳理课文，找出月亮的足迹都呈现在什么地方	

3. 单元核心素养目标

语言运用：认读课文生字，掌握多音字；用多种方法阅读课文；能说一说课文主要内容，提高口头表达能力；在阅读中随文识字，积累优美词语，特别是描写景物的语句，了解一些修辞句的运用，结合上下文和生活实际了解关键词句的意思。

思维能力：把握课文层次，体会动态描写和静态描写的好处，培养想象能力。

审美创造：观察和体验大自然的丰富和美好，敬畏自然，热爱自然。

文化自信：培养人与自然和谐、相生相长的情怀。

六、单元八课文

1. 主题与题材

本单元以苏轼诗句“旧书不厌百回读，熟读深思子自知”为主题，安排了《古人谈读书》《忆读书》《我的“长生果”》三篇课文。本单元旨在引导学生了解他人的读书方法和读书故事，并愿意开展有益于身心健康的读书活动，立志成为能够传承中华优秀传统文化、发展当代民族文化、吸收世界多样文化精华的新时代读书人。“不厌百回读”，常读常新的“旧书”，指的是古往今来凝聚着人类璀璨文明的无数经典之作，我们既要多读好书，又要海纳百川，博览群书，更要持之以恒，这样方能品尝读书之乐，成为读书之族。具体内容如表 9-18 所示。

表 9 – 18　五年级上册单元八的课文内容

课文	体裁	主题	题材
《古人谈读书》	文言散文	其一：读书除了勤奋努力、专心致志外，还要不耻下问。	天资聪明而又好学的人，不以向地位比自己低、学识比自己差的人请教为耻。知道就是知道，不知道就是不知道，这才是真正的智慧。默默地记住所学的知识，学习不觉得满足，教人不知道疲倦。
		其二：说明专心致志在读书中的重要性，只有一心一意，读书才会事半功倍。	我曾经说：读书讲究“三到”，即读书时要专心，要认真，要诵读。心思不在书本上，那么眼就不会仔细看；心和眼既然没有专注统一，却只是随随便便地读，那么一定不会记住，就算记住了，也记不长久。这“三到”中，心到最重要。若心神集中了，眼和口还会不集中吗？
《忆读书》	叙事散文	表达了热爱读书、以读书为乐的情感以及对读书的认识，勉励青少年“多读书，读好书”。	作者按时间顺序，回忆自己童年时期的读书经历、多年的读书经验、选书的标准以及读书的方法。先引出读书的话题，接着写自己的读书经历，说明择善而读的重要性，最后写读书感悟。
《我的“长生果”》	叙事散文	表达了作者对书的那份浓厚情感和对阅读的热爱，说明了书是人类的精神食粮，是人类文明的“长生果”。	作者主要回忆了少年时代的读书经历，表明了自己读书的特有感受以及读书对自己生活和写作的影响。开篇以比喻点题，形象地说明书对人类发展的重要性，接着介绍“我”少年时代的读书经历以及读书给“我”带来的丰厚回报，最后写“我”回忆了两次成功习作的经历。

2. 语文要素和训练要求

单元导读页中的“根据要求梳理信息，把握内容要点。根据表达的需要，分段表述，突出重点”点明了本单元的语文要素。这个要求从阅读和表达两个维度出发，引导学生掌握梳理信息的方法，从而把握要点，并根据要点分段表述，达到突出重点的目的。

结合课文所附的生字认读、书写训练和课后练习及语文园地的内容分析，本单元常规的训练包括学习生字词，积累好词好句，强化朗读和背诵课文以及口语表达。训练的重点是引导学生在阅读中梳理信息，把握内容要点，从阅读中得到启发。具体要求如表 9 – 19 所示。

表 9－19　五年级上册单元八的语文要素和训练要求

课文	认读与书写	朗读背诵	词语积累组词造句	口语训练	思维培养	阅读训练
《古人谈读书》	认读5个生字；掌握1个多音字；书写5个生字	朗读背诵	注意古文词句的特点	说说课文大意	联系读书体会谈启发	在阅读中了解文章的表达顺序，体会作者的思想感情，初步领悟文章的基本表达方法
《忆读书》	认读19个生字；掌握2个多音字；书写13个字	快速默读	理解重点句段	谈谈对“我永远感到读书是我生命中最大的快乐”这句话的体会	梳理课文层次，了解作者回忆自己读书的哪些经历	
《我的“长生果”》	认读15个生字；掌握2个多音字	默读	理解重点句段	说说作者读过哪些类型的书	思考读书得到的启发	

3. 单元核心素养目标

语言运用：学习课文生字词，掌握多音字；用普通话正确、流利、有感情地朗读课文，注意文言文朗读时的停顿；带着问题默读课文；提高口头表达能力；在阅读中随文识字，积累优美词句。

思维能力：梳理信息，把握内容要点。

审美创造：读好书，陶冶情操，提高审美情趣。

文化自信：阅读名家名著，丰富积淀。

第四节　五年级下册阅读单元课文综合分析

五年级下册共设有8个单元，每个单元安排3—4篇教读课文，1—2篇自读课文，每篇课文只在生字部位标注汉语拼音，课后设有生字认读和生字书写，另安排2—3道练习题，有的课文最后附有阅读链接。其中，单元五为习作单元，单元七为综合性学习，单独列节讲解。

一、单元一课文

1. 主题与题材

本单元以“童年往事”为主线，以冰心的话“每一个人都有他自己的童年往事，快乐也好，辛酸也好，对于他都是心动神移的最深刻的记忆”点明本单元的主题是回忆充满乐趣的童年生活，让大家珍惜自己的童年岁月，留下自己成长的足迹。围绕这一主题，本单元安排了《古诗三首》《祖父的园子》两篇教读课文，《月是故乡明》《梅花魂》两篇自读课文，多角度地展现童年生活的多姿多彩。具体内容如表 9－20 所示。

表 9－20　五年级下册单元一的课文内容

课文	体裁	主题	题材
《古诗三首》	绝句	《四时田园杂兴（其三十一）》：表现了农村儿童的天真情趣。	描写农村夏日生活中的一个场景。夏日，人们白天耕地，夜晚搓麻，小孩子不懂得种田织布之事，却也学着大人在桑树阴下种瓜。
		《稚子弄冰》：表现儿童以冰为钲、自得其乐的盎然意趣。	这首诗写冬天孩子们的一场嬉戏：一块大冰被穿上彩线，当作锣来敲打，声音倒也清越嘹亮。忽然冰锣敲碎落地，发出打破玻璃的声音。
		《村晚》：表现对悠然恬静的乡村生活的向往之情。	这首诗展示的是一幅牧童骑牛晚归图。绿草长满了池塘，池塘里的水几乎溢出了塘岸。远远的青山，衔着彤红的落日，一起把影子倒映在水中，闪动着粼粼波光。那小牧童横骑在牛背上，缓缓地把家还；他拿着一支短笛，随口吹着，也没有固定的声腔。
《祖父的园子》	叙事散文	展现了作者快乐、自由、幸福的童年生活，体现了祖孙之间浓浓的亲情。	作者以纯粹的儿童视角，自然、真诚的儿童化语言，记叙了“我”在祖父的园子里自由快乐的童年生活。先描写祖父的园子是一幅明丽漂亮且富有童话色彩的画，接着重点写了“我”在园中自由自在的童年生活。
《月是故乡明》	叙事散文	借月亮来寄托离乡后对家乡的思念。	文章先写作者小时候在家乡玩耍所见的美景，接着写外出到过济南、北京等地区，到过欧洲，看到过近三十个国家的月亮，然而所见之月都逊色于家乡之月。
《梅花魂》*	叙事散文	通过赞美梅花来颂扬像梅花一样有气节的中国人，寄托了老人对祖国深深的眷恋之情。	这篇课文写的是一位老华侨十分珍爱墨梅图，在回国之际把墨梅图和绣着血色梅花的手绢郑重地交给外孙女让她好好保存的故事。课文一共写了老华侨的五件小事：教“我”读唐诗宋词时，读到思乡诗时会落泪；因为“我”弄脏墨梅图而发脾气；因年龄大不能回国时，竟像小孩子一样呜呜地哭；送“我”墨梅图；送“我”带着梅花的手绢。

2. 语文要素和训练要求

单元导读页指明本单元的核心学习目标一是“体会课文表达的思想感情”，二是“把一件事的重点部分写具体”。这两个学习目标揭示了本单元的语文学习要素，两个目标互为因果，密不可分。到了第三学段，学生积累了一定的阅读经验，阅读教学目标更多地从篇章结构走向文章整体，提升高学段学生的阅读能力。四篇课文题材不同，所采用的表达思想感情的方法也各不相同，需要引导学生有重点地训练某种体会感情的方法。

结合课文所附的生字认读、书写训练和课后练习及语文园地的内容分析，四篇课文集中常规训练认读生字和书写生字，掌握多音字，积累生动优美的语句，强化有感情地朗读课文并梳理文章脉络，想象画面美，重点是体会如何把一件事的重点部分写清楚，体会作者的思想感情。具体内容如表 9－21 所示。

表 9－21　五年级下册单元一的语文要素和训练要求

课文	认读与书写	朗读背诵	词语积累组词造句	口语训练	思维培养	阅读训练
《古诗三首》	认读 5 个生字；掌握 1 个多音字；书写 4 个生字	有感情地朗读 背诵 默写	积累诗句	说说	想象画面	在阅读中了解文章的表达顺序，体会作者的思想感情，初步领悟文章的基本表达方法
《祖父的园子》	认读 10 个生字；书写 15 个生字	默读	把握关键句，体会"我"的内心感受	说说；和同学交流	想象画面	
《月色故乡明》*	认读 16 个生字；掌握 1 个多音字	默读	积累优美词语	和同学交流	梳理课文所列举的事	
《梅花魂》*	认读 11 个生字	默读	积累优美词语	说说	梳理课文所列举的事	

3. 单元核心素养目标

语言运用：学习课文生字词，掌握常用的多音字；有感情地朗读课文；学会默读；在阅读中随文识字，结合上下文理解词句的意思，体会文中关键词句表达情意的作用；能用口语跟同学交流课文的内容。

思维能力：梳理课文篇章；思考作者如何把一件事情写具体；培养想象能力。

审美创造：体验和感受作者的内心世界。

文化自信：体会作者笔下的童年往事，珍惜当下的生活，培养家国情怀。

二、单元二课文

1. 主题与题材

本单元以"古典名著阅读"为主题，安排了《草船借箭》《景阳冈》两篇精读课文和《猴王出世》《红楼春趣》两篇自读课文。"观三国烽烟，识梁山好汉，叹取经艰难，惜红楼梦断"四个短语分别对应了我国四大古典名著，概括了其精彩情节。学习时，要初步掌握阅读古典名著的方法，充分感受古典名著的魅力，激发阅读更多名著的兴趣。具体内容如表 9－22 所示。

表 9 – 22　五年级下册单元二的课文内容

课文	体裁	主题	题材
《草船借箭》	小说	赞扬了诸葛亮的足智多谋、神机妙算。	孙、刘联合抗曹期间，周瑜心胸狭窄，妒忌诸葛亮的才干，要诸葛亮在十天内造好十万支箭，以此陷害他。诸葛亮同周瑜斗智斗勇，用妙计向曹操“借箭”成功，使周瑜的暗算落空。
《景阳冈》	小说	刻画武松武艺超群、机智敏捷的英雄性格。	课文按照事情发展的顺序讲述故事。先讲武松进店饮酒，不听劝告，执意过冈；接着讲武松上冈，见了官府榜文，才知真的有虎，但决定继续上冈；然后讲述武松赤手空拳与猛虎搏斗，终于打死了老虎；最后写武松一步步走下山冈。
《猴王出世》*	小说	突出石猴无所畏惧、敢于冒险的精神。	课文按时间顺序，先写石猴出世及其生活情况，接着写石猴与群猴玩耍时看到了水帘洞，其他猴都不敢跳，石猴因敢于第一个跳进水帘洞，被群猴拜为猴王。
《红楼春趣》*	小说	描绘放风筝时的自由快乐，表现了大观园儿女的童真童趣和充满青春朝气的活力。	课文讲述的是宝玉、黛玉等在大观园里放风筝的故事。先写大观园外飘来一只风筝，引起了大家的兴趣，大家决定放风筝。接着写众人放风筝的经过。

2. 语文要素和训练要求

单元导读页中的“初步学习阅读古典名著的方法”和“学习写读后感”，提示了本单元学习的目标。从语文要素看，“初步学习”表明阅读达到较浅的层次水平，“古典名著”是指中国四大古典名著的四个片段。“方法”明确在阅读活动中习得古典名著阅读的基本方法，为后续的古典名著阅读打下基础。本单元四篇课文聚焦四大名著中的四个情节，在情节发展中塑造了鲜活饱满的人物形象，如《草船借箭》中有胆有识、才智超群的诸葛亮，《景阳冈》中勇猛智慧、粗中有细的武松，《猴王出世》中活泼好动、敢作敢为的美猴王等。

结合课文所附的生字认读、书写训练和课后练习及语文园地的内容分析，本单元的基础训练点是默读课文，遇到不懂的词语猜猜大致意思或者跳读，能用自己的话复述故事情节，梳理课文情节发展的脉络，把握人物刻画的特点等。训练重点是学习阅读古典名著的方法。具体内容如表 9 – 23 所示。

表 9-23　五年级下册单元二的语文要素和训练要求

课文	认读与书写	朗读背诵	词语积累组词造句	口语训练	思维培养	阅读训练
《草船借箭》	认读 9 个生字；书写 11 个生字	默读	体会课文中刻画人物的语句	复述故事内容	梳理故事情节发展脉络	在阅读中了解文章的表达顺序，体会作者的思想感情，初步领悟文章的基本表达方法
《景阳冈》	读 19 个生字；掌握 3 个多音字；书写 15 个生字	默读	积累优美词句	复述故事内容，细讲武松打虎部分	梳理故事情节发展脉络；评价武松形象	
《猴王出世》*	认读 16 个生字；掌握 1 个多音字	默读	猜读不明白的语句	说一说石猴的出世	梳理故事情节脉络	
《红楼春趣》*	认读 12 个生字；掌握 1 个多音字	默读	猜读不明白的语句	和同学交流	梳理故事情节脉络	

3. 单元核心素养目标

语言运用：学习生字词，掌握常用的多音字；猜读或跳读不懂的词句；用默读的方式来读名著；能用自己的话复述故事情节。

思维能力：梳理故事情节发展的脉络；正确评价书中的人物形象。

审美创造：欣赏名著故事，了解作者借助小说传达的审美取向。

文化自信：阅读四大名著，传承优秀文化，树立文化自信。

三、单元四课文

1. 主题与题材

本单元以“民族担当”为主线，安排了《古诗三首》《青山处处埋忠骨》《军神》三篇教读课文和《清贫》一篇自读课文。单元导读页以清代林则徐的话“苟利国家生死以，岂因祸福避趋之”点明本单元忧国爱国的人文主题。

本单元的选文重在表现作品人物高度的爱国之情和不屈精神。《古诗三首》中，王昌龄的边塞诗《从军行》表现了戍边将士的豪情壮志，爱国诗人陆游的《秋夜将晓出篱门迎凉有感》表达了盼望收复失地的强烈愿望，杜甫的《闻官军收河南河北》表达了诗人听闻捷报的狂喜之情和迫切想返乡的欢快之情。另外三则故事则通过对毛泽东、刘伯承、方志敏等人物形象的刻画，表现了革命英雄人物为了国家和人民的利益，宁愿牺牲自己的奉献精神和坚强意志。阅读这些作品，可给予学生精神的鼓励与教育。具体内容如表 9-24 所示。

表 9－24　五年级下册单元四的课文内容

课文	体裁	主题	题材
《古诗三首》	绝句	《从军行》抒写戍边将士的豪情壮志。	青海上空的阴云遮暗了雪山，站在孤城遥望着远方的玉门关。塞外身经百战磨穿了盔和甲，不打败西域的敌人誓不回还。
	绝句	《秋夜将晓出篱门迎凉有感》热情讴歌祖国大好河山，对沦陷区百姓的痛苦予以极大的同情，对南宋统治者不收复失地的行为表示无比的愤慨。	三万里长的黄河奔腾向东流入大海，五千仞高的华山耸入云霄上摩青天。中原人民在金人压迫下眼泪已流尽，他们盼望王师北伐盼了一年又一年。
	律诗	《闻官军收河南河北》表现了诗人博大的爱国胸怀和高尚的精神境界。	诗的前半部分写初闻喜讯的惊喜，后半部分写诗人手舞足蹈做返乡的准备，凸显了急于返回故乡的欢快之情。
《青山处处埋忠骨》	故事	体现了毛泽东主席不徇私情的伟人胸怀。	第一部分写毛主席看到爱子岸英在朝鲜牺牲的电报后，心情无比悲痛。第二部分写毛主席经过艰难选择，最后决定把岸英遗体安葬在朝鲜。
《军神》	故事	表现了刘伯承钢铁般的意志，表达了作者对刘伯承的敬佩和赞扬之情。	课文按事情发展的顺序先写沃克医生给刘伯承检查眼睛伤势，发现这个“邮局职员”是个军人；接着写沃克给刘伯承做手术，刘伯承拒绝用麻药；最后写手术后沃克对刘伯承的钦佩。
《清贫》＊	散文	展现了共产党人坚定的革命信念和舍己为公的崇高精神。	本文是方志敏 1935 年在狱中写的。文章以第一人称叙述了他被俘后被两个国民党士兵搜身、逼问的经历，指出清贫、洁白、朴素是革命者战无不胜的力量源泉。

2. 语文要素和训练要求

单元导读页中的“通过课文中动作、语言、神态的描写，体会人物的内心”“尝试运用动作、语言、神态描写，表现人物的内心”提示了本单元学习的语文要素。《青山处处埋忠骨》这则故事通过毛泽东主席动作、语言、神态的描写，表现他内心情感的波动。《军神》通过刘伯承在手术中的表现，以及沃克医生术前、术中、术后的动作、语言、神态的变化，从正面和侧面刻画了刘伯承的刚毅性格。《清贫》一文要求学生通过对士兵动作、语言、神态的描写，体会方志敏清正廉洁、矜持不苟、舍己为公的品质。

结合课文所附的生字认读、书写训练和课后练习及语文园地的内容分析，本单元的基础训练点在朗读和默读课文，借助注释理解诗句，能用自己的语言说说故事内容等方面。训练的重点是体会作者如何通过动作、语言、神态描写表现人物的内心世界。具体内容如表 9－25 所示。

表 9－25　五年级下册单元四的语文要素和训练要求

课文	认读与书写	朗读背诵	词语积累组词造句	口语训练	思维培养	阅读训练
《古诗三首》	认读6个生字；掌握1个多音字；书写6个生字	朗读背诵默写	借助注释读懂诗句	说说诗句的意思	想象能力	在阅读中了解文章的表达顺序，体会作者的思想感情，初步领悟文章的基本表达方法
《青山处处埋忠骨》	认读9个生字；书写14个生字	默读，分角色朗读	体会文中描写毛泽东动作、语言、神态的句子	说说课文内容	查找资料，加深对课文的理解	
《军神》	认读5个生字；书写15个生字	朗读并读出人物说话的语气	读句子体会刘伯承的内心	以刘伯承的口吻讲讲这个故事	分析沃克医生是怎么发现刘伯承是个军人的	
《清贫》＊	认读10个生字；掌握1个多音字	默读	体会关键句子的意思	和同学交流对清贫的理解	体会自述性文章的特点	

3. 单元核心素养目标

语言运用：学习生字，掌握常用的多音字；把握关键词句理解作者思想感情；学会默读、分角色朗读；能复述故事，和同学交流课文内容。

思维能力：体会作者如何通过动作、语言、神态描写来表现人物内心世界。

审美创造：以文中的人物为榜样，做一个有担当的人。

文化自信：阅读革命文学，传承革命传统，树立文化自信。

四、单元六课文

1. 主题与题材

本单元以“思维的火花跨越时空，照亮昨天、今天和明天”为主题，点明了单元的人文主题，用形象生动的语言强调了人的思维在人类发展史上的重要作用。本单元安排了三篇教读课文，文言文《自相矛盾》、由司马迁《史记·孙子吴起列传》中的相关内容改编的故事《田忌赛马》和托尔斯泰的小说《跳水》，内容曲折生动，展现了人物的思维过程，折射着灿烂的思维火花。具体内容如表 9－26 所示。

表 9－26　五年级下册单元六的课文内容

课文	体裁	主题	题材
《自相矛盾》	寓言	要说实话，办实事，不能违背事物的客观规律。	课文由两个层次构成。先写一个楚国人在卖盾和矛时，先夸耀自己的盾坚不可摧，又夸耀自己的矛无坚不摧，有个围观的人问他，假如用自己的矛去刺自己的盾会怎么样，他无言以对。接着点明了由这件事引发的议论，说明坚不可摧的盾和无坚不摧的矛是不可能同时存在的。
《田忌赛马》	故事	赞扬孙膑善于观察，知己知彼，善用策略。	文章讲述了田忌和齐威王赛马，在孙膑的帮助下，田忌在比赛中调换马的出场顺序，最终获胜的故事。
《跳水》	小说	赞扬船长在危急中能果断判断，正确处理问题。	在一艘轮船上，一个孩子为了追抢了自己帽子的猴子，爬到了桅杆顶端，把自己陷入了进退两难的境地，在场的所有人都为孩子的处境担忧。可是孩子的父亲——船长却十分镇定，用枪“逼”着孩子跳水。最后，孩子得救了。

2. **语文要素与训练要求**

“思维能力”是语文核心素养的主要内容，对此新课程标准是这样表述的：“思维能力是指学生在语文学习过程中的联想想象、分析比较、归纳判断等认知表现，主要包括直觉思维、形象思维、逻辑思维、辩证思维和创造思维。”本单元的语文要素是“了解人物的思维过程，加深对课文内容的理解”。从语文要素的要求来看，三篇课文都堪称经典篇目。《自相矛盾》中的主人公既夸盾坚不可摧，又夸矛无坚不摧，很显然违背了自然规律。《田忌赛马》中的孙膑善于观察和思考，最终帮助田忌获胜。《跳水》中的船长在突发事件面前判断准确，方法得当。

结合课文所附的生字认读、书写训练和课后练习及语文园地的内容分析，本单元的基础训练点放在朗读和默读课文、掌握关键词句、发展观察能力以及口语表达能力的培养等几个方面。重点训练梳理课文情节发展的脉络，把握人物的思维过程。具体内容如表 9－27 所示。

表 9－27　五年级下册单元六的语文要素和训练要求

课文	认读与书写	朗读背诵	词语积累组词造句	口语训练	思维培养	阅读训练
《自相矛盾》	认读 3 个生字；掌握 1 个多音字；书写 4 个生字	朗读背诵	联系上下文猜测加点字的意思	讲这个故事	分析思考“其人弗能应”的原因	梳理课文段落安排的逻辑性，把握人物的思维过程
《田忌赛马》	认读 2 个生字；书写 5 个生字	默读	掌握关键语句	讲这个故事	分析孙膑为何让田忌安排出马顺序	

续表

课文	认读与书写	朗读背诵	词语积累组词造句	口语训练	思维培养	阅读训练
《跳水》	认读7个生字；书写14个生字	默读	把水手多次“笑”的句子找出来	讲这个故事	思考文中水手几次“笑”与故事情节的联系	梳理课文段落安排的逻辑性，把握人物的思维过程

3. 单元核心素养目标

语言运用：学习生字词，掌握常用的多音字；在阅读中把握关键句子；有感情地朗读课文和默读课文；能用口语复述课文内容。

思维能力：分析和思考课文情节的相互关联；梳理课文结构，把握人物思维过程。

审美创造：留心观察生活，善于思考，激发思维。

文化自信：从古今中外的优秀文章中吸取智慧，提高自己的思维能力。

五、单元七课文

1. 主题与题材

本单元围绕着“异域风情”这一主题，安排了两篇教读课文《威尼斯的小艇》《牧场之国》和一篇自读课文《金字塔》。单元导读页中的“足下万里，移步换景，寰宇纷呈万花筒”点明了本单元的主题是放眼世界，感受异域风情，课文题材和异国文化有关。具体内容如表9-28所示。

表9-28　五年级下册单元七的课文内容

课文	体裁	主题	题材
《威尼斯小艇》	叙事散文	展示威尼斯这座水上名城特有的风光。	文章借威尼斯城独有的标志——小艇，把水上名城的风光韵味十足地表现了出来。描写了小艇独特的外形、小艇在水面上灵活穿梭的样子、日常生活中游客和居民乘坐小艇的情形、半夜戏院散场小艇散去后水城沉沉睡去后的寂静。
《牧场之国》	叙事散文	赞美荷兰宁静悠闲的情趣和意境。	文章开篇“荷兰，是水之国，花之国，也是牧场之国”总领全文，然后分写白天牧场的牛、马、羊等动物，接着写傍晚牧场工人挤牛奶的情形，最后写牧场的夜景。全文四次强调“这就是真正的荷兰”，循环呼应，使人印象深刻。
《金字塔》 *	散文、说明文	抒发了作者对金字塔的喜爱与赞叹之情。	《金字塔夕照》用生动的笔触描写了夕阳下金字塔的雄浑之美。《不可思议的金字塔》用图表和文字相结合的形式，介绍了埃及金字塔的形状及其建筑历史，写出其外观宏伟、结构精巧的特点以及建造金字塔所采用的办法，还介绍了古埃及文明。

2. 语文要素和训练要求

单元导读页中的“体会静态描写和动态描写的表达效果”“搜集资料，介绍一个地方”，提示了本单元学习的语文要素。这是继五年级上册第七单元“初步体会课文中的静态描写和动态描写”后的进一步学习，充分体现了“分步呈现，由扶到放，先实践后梳理”的教材编排理念。

结合课文所附的生字认读、书写训练和课后练习及语文园地的内容分析，本单元的基础训练点在朗读和默读课文、感受关键词句在写景抒情方面的作用、发展想象能力以及口语表达能力的培养等几个方面。训练重点是体会课文静态描写和动态描写的表达效果，并借助查资料帮助自己理解课文内容。具体内容如表 9－29 所示。

表 9－29　五年级下册单元七的语文要素和训练要求

课文	认读与书写	朗读背诵	词语积累组词造句	口语训练	思维培养	阅读训练
《威尼斯的小艇》	认读 7 个生字；掌握 1 个多音字；书写 13 个生字	朗读默读	把握重点段落，体会加点字词的表达效果	说说小艇的特点	思考课文的结构特点	体会作者笔下威尼斯的动静之美，感受其表达效果
《牧场之国》	认读 10 个生字；书写 14 个生字	朗读	找出作者笔下描写牛、羊等动物的句子	说说荷兰的特点	想象课文描写的景色；思考作者为何四次强调“真正的荷兰”	体会作者在描写人物、动物和景物时如何合理运用动态描写和静态描写，有时直接描绘动态和静态，有时以动衬静
《金字塔》＊	认读 10 个生字	默读	把握关键词句	说说自己对金字塔的了解	对比两篇课文	体会同样表现一个物体，散文和说明文不同的表达方式及效果

3. 单元核心素养目标

语言运用：学习生字词，掌握常用的多音字；感受和理解课文中的关键词句；朗读和默读课文；能用口语说一说课文的内容。

思维能力：梳理课文脉络；对比不同体裁在表达上的效果。

审美创造：体会作者笔下景物的动静之美。

文化自信：阅读叙述和描写异国风光的文章，开阔视野，丰富人文积淀。

六、单元八课文

1. 主题与题材

本单元以“风趣和幽默是智慧的闪现”为主题，提示单元题材是关于幽默的话题。本单元安排了《杨氏之子》《手指》两篇教读课文和《童年的发现》一篇自读课文。这些课文的语言风趣幽默，是智慧的闪现，充满了文字的魅力，能激发学生学习语言的热情和兴趣，进一步提升学生的语言鉴赏能力。具体内容如表9－30所示。

表9－30　五年级下册单元八的课文内容

课文	体裁	主题	题材
《杨氏之子》	文言小说	赞扬杨氏子的聪慧。	课文描写了孩童与客人围绕姓氏展开的一场巧妙对话，以精练的笔触勾勒出一个机敏善对的九岁男孩形象。
《手指》	散文	表达了“团结就是力量”的人生道理。	课文具体描绘了五根手指的不同姿态和不同作用，刻画出了性格迥然不同的五根手指，最后以五根手指比喻人的全体，强调团结的重要性。
《童年的发现》*	散文	反映了儿童惊人的想象力与强烈的求知欲。	课文通过三个相互联系的阶段讲述了作者童年时发现胚胎发育规律的有趣过程：先是梦中飞行；由梦中飞行引出了为什么会在梦中飞行及老师对此所作的解释；由老师的解释引出了人究竟是怎么来的这一疑问以及对这个疑问的大胆猜想，这个猜想就是作者的童年发现。

2. 语文要素和训练要求

单元导读页中的“感受课文风趣的语言”“看漫画，写出自己的想法”，提示了本单元的语文要素，要求学生在阅读和写作时，关注风趣的语言并运用。此前在三年级上册已经提出过“关注有新鲜感的词语和句子”“感受课文生动的语言”等语文要素，本单元再次聚焦语言，让学生感受语言的风趣，提高语言的感受力。

《杨氏之子》语言高度凝练，五句话就把故事讲完了，情节出人意料，形象惟妙惟肖，让我们感受到了语言的魅力。《手指》中的五根手指各有特点，形象突出，语言幽默，可读性强。《童年的发现》叙述自己童年的“重大的发明与发现”，有趣有启发。

结合课文所附的生字认读、书写训练和课后练习及语文园地的内容分析，本单元的基础训练点在朗读与默读课文、掌握有趣的词句、口语表达能力的培养等几个方面。训练重点是感受文章风趣的语言。具体内容如表9－31所示。

表 9－31　五年级下册单元八的语文要素和训练要求

课文	认读与书写	朗读背诵	词语积累组词造句	口语训练	思维培养	阅读训练
《杨氏之子》	认读 2 个生字；书写 3 个生字	朗读背诵	把握主客双方风趣的对话	说说从哪里可以看出杨氏之子的机智	形象思维 想象能力	借助注释理解课文的意思，感受课文风趣的语言
《手指》	认读 13 个生字；书写 15 个生字	默读	把握课文关键句子	和同学交流作者笔下的手指有什么作用，分别让你想到了什么	想象手指的形象	理解课文的内容，感受课文风趣的语言
《童年的发现》*	认读 10 个生字	默读	把握课文关键句子	和同学交流自己的发现	培养丰富的想象能力	梳理课文结构，感受课文风趣的语言

3. 单元核心素养目标

语言运用：学习生字词；学习和积累风趣幽默的语句；朗读和默读课文；把握文中关键词句表达情意的作用；能用口语讲一讲课文内容；感受课文风趣的语言，提升自己的语言感受能力。

思维能力：梳理课文脉络，发展想象能力。

审美创造：阅读课文，培养探索自然奥秘的精神。

文化自信：学习语言，运用语言，丰富语言积淀。

第五节　六年级上册阅读单元课文综合分析

六年级上册共设有 8 个单元，每个单元安排 3—4 篇教读课文，1—2 篇自读课文，课文后有认读、书写生字训练。每篇课文后安排 2—3 道练习题，有的课文最后还附有阅读链接。其中，单元三为阅读策略单元，单元五为习作单元，单独列节讲解。

一、单元一课文

1. 主题与题材

单元导读页中的“背起行装出发吧，去触摸山川湖海的心跳”，点明了本单元的内容是置身于山川湖海，和花草虫鱼为伍，领略自然风光。围绕主题本单元安排了《草原》《丁香结》《古诗词三首》三篇教读课文和《花之歌》一篇自读课文。本单元主要引导学生把握课文的主要内容，感受大自然的奇妙与美丽，培养学生观察和想象的能力，激发学生热爱大自然、热爱祖国的情感。具体内容如表 9－32 所示。

表 9－32　六年级上册单元一的课文内容

课文	体裁	主题	题材
《草原》	叙事散文	赞美了草原的美丽风光，表现了蒙古族同胞的淳朴、热情好客和蒙汉人民之间互帮互助的深厚情谊。	作者按照事情发展的顺序，先描写草原秀美的景色，再描写草原迎客的场面和草原联欢的情形，最后以简明有力、含义丰富的诗句结束。
《丁香结》	抒情散文	表达了作者对世事的洞明和对人生的洒脱态度。	文章先写城里的丁香花以及城外的丁香花，再写斗室外的三棵白丁香。然后从古人“丁香结”的诗句开始，写了微雨中的丁香，写到人生的愁怨和不顺心的事，得到了生命需要“结”，否则人生平淡无味的认识。
《古诗词三首》	绝句、词	《宿建德江》通过写暮宿建德江畔所见之景，抒发自己的孤寂情怀。	诗歌第一句点题，为下面的写景抒情做准备；第二句“日暮”是“客愁新”的原因；最后两句说因为“野旷”所以天低于树，因为“江清”所以月能近人，天和树，人和月的关系，写得恰切逼真。
		《六月二十七日望湖楼醉书》赞美西湖山雨欲来时和雨过天晴后的美丽景色。	诗人先在船中，后在楼头，捕捉住湖上急剧变化的自然景观。暴雨来临前，其景象是天上黑云翻滚，就像浓浓的墨汁翻倒在天边，远处的山巅在翻腾的乌云中依稀可辨，此时，如注的骤雨已经来到。句中用“黑云”和“白雨”映衬，用“卷地风”和“水如天”对照，用“未遮山”和“乱入船”比较，显示出作者构思的巧妙和用心。
		《西江月·夜行黄沙道中》流露出词人对丰收之年的喜悦和对农村生活的热爱。	词人着意描写黄沙岭的夜景：明月清风，惊鹊鸣蝉，稻香蛙声，溪流小桥，从视觉、听觉和嗅觉三方面描绘了江南山乡夏夜优美动人的景色。本词是宋词中以农村生活为题材的佳作。
《花之歌》 *	散文体诗歌	抒发了作者独特的人生感悟：无论境遇如何，我们都要像花一样不卑不亢，永远追求光明。	诗歌由三部分组成。第一部分，“我”是什么？是大自然的话语，是星星，是诸元素之女。第二部分，“我”能干什么？亲友交往的礼品，婚礼的冠冕，赠予死者的祭奠，迎送光明的使者，让原野增色添彩的景物，星星与太阳的守望者。第三部分，“我”的心志是什么？向往光明，绝不自怜自赏。

2. **语文要素和训练要求**

单元导读页中的“阅读时能从所读的内容想开去”“习作时发挥想象，把重点部分写得详细一些”是本单元的语文要素，主要是告诉我们本单元的阅读方法和习作要点。“阅读时能从所读的内容想开去”是提高阅读能力的重要方法。教学时，要引导学生借助想象去理解和感受文中对景色、事物的描述。

结合课文所附的生字认读、书写训练和课后练习及语文园地的内容分析，本单元的基础训练点在朗读课文，边读边想象画面，揣摩优美的语句，学习作者抒发情感的方法以及口语表达能力的培养等几个方面。训练重点是“感受”和“想象”：感受想象的美妙与奇特；在想象中深入理解课文内容，品味作者抒发的内心感受。具体要求内容如表9-33所示。

表9-33 六年级上册单元一的语文要素和训练要求

课文	认读与书写	朗读背诵	词语积累组词造句	口语训练	思维培养	阅读训练
《草原》	认读并正确书写8个生字	朗读，背诵第1自然段	积累优美词句	和同学交流生活中与人惜别的经历	边读边结合文中的语句想象画面的内容	感受课文丰富的想象，深入理解内容；阅读时揣摩文章的表达顺序
《丁香结》	认读并正确书写11个生字	朗读	积累优美词句	结合生活实际，谈谈文中的“丁香结”引发了作者怎样的人生思考	根据课文内容想象画面；把握课文结构	感受课文丰富的想象，深入理解内容；抓住关键句段体会句子的含义
《古诗词三首》	认读并正确书写3个生字	有感情地朗读背诵	积累古诗词	说说在诗中“看”到了怎样的画面	分析景物构成了什么画面	边阅读边想象，感受作者的内心世界，借助注释理解诗意、词义
《花之歌》*		朗读	积累优美词句	说说作者为什么这样写	想象人格化的花的特征	感受课文丰富的想象，深入理解内容

3. **单元核心素养目标**

语言运用：掌握本单元要求会认、会写的字，背诵或默写诗文片段，体会排比句的特点及好处，掌握分号的用法。通过有感情地朗读、比较阅读等多种读法，唤醒生活经验，提高语言运用能力。

思维能力：通过图书馆、网络等信息渠道，尝试进行资料的搜集整理和探究阅读。

审美创造：通过阅读课文，体会诗词意境，感受祖国语言文字的优美。陶冶情操，激发对大自然美好风光的热爱。

文化自信：体会诗词与散文在传情达意上的差异，感受文学作品在描写和抒情方面的多元性。

二、单元二课文

1. 主题与题材

本单元以“继承革命传统教育”为人文主题，安排了《七律·长征》《狼牙山五壮士》《开国大典》三篇教读课文和《灯光》一篇自读课文。本单元的课文内容与“革命传统教育”联系密切，目的是让学生在学习的过程中精神得到熏陶，受到爱国主义教育，进而明白今天的幸福生活来之不易，从而好好珍惜现在的生活，并努力学习、建设祖国。具体内容如表 9－34 所示。

表 9－34　六年级上册单元二的课文内容

课文	体裁	主题	题材
《七律·长征》	律诗	热情洋溢地赞扬了红军不畏艰险、英勇顽强的革命英雄主义和革命乐观主义精神。	全诗是典型的总分结构。先总写“红军不怕远征难，万水千山只等闲”，从颔联开始，构造了两个时空域：一个是客观的、现实的五岭、乌蒙山、金沙江、大渡河、岷山，分别论述了“万水千山”之多之险；一个是主观的、心理的不怕难、只等闲、腾细浪、走泥丸、暖、寒、喜、尽开颜。
《狼牙山五壮士》	记叙文	表现了五壮士热爱祖国、热爱人民、仇恨敌人、勇于牺牲的革命精神和英雄气概。	课文按事情发展的顺序叙述了五壮士接受任务，诱敌上山，痛击敌人，把敌人引上绝路，在顶峰歼敌，最后英勇跳崖的故事。五个部分主次分明，详略得当。
《开国大典》	记叙文	表现了中国人民对中华人民共和国的成立感到无比自豪、激动的心情。	课文按开国大典进行的顺序叙述，先讲大会开始前会场上的情况，再讲典礼上的主题部分——毛主席宣布中华人民共和国和中央人民政府成立，升国旗，宣读中央人民政府公告，然后再讲阅兵式的盛况，最后讲群众游行。
《灯光》*	记叙文	赞颂了郝副营长及很多革命志士为了全国的解放，为了让后代过上安宁生活，不惜牺牲自己生命的大无畏精神。	课文主体部分是对往事的回忆，先写在一场激烈的围歼战前夕，郝副营长对未来美好生活的憧憬；再写战斗打响以后，为了帮助后续部队找到突破口，郝副营长毅然点燃了书，结果暴露了自己，被敌人的机枪打中；最后写这场围歼战获得了彻底的胜利，而那位“为了让孩子们能够在电灯底下学习”而献身的郝副营长却没有来得及见一见电灯。

2. 语文要素和训练要求

单元导读页中的“了解文章是怎样点面结合写场面的”“尝试运用点面结合的写法记一次活动”点明了本单元的语文要素。第一条主要侧重在阅读方面，第二条关注的是表达。这两条与高年级其他单元的读写目标互为照应。用点面结合的方法写场面，这是写事件、活动或者场景的常用方法。毛泽东的《七律·长征》浓缩了红军二万五千里长征的主要事件。前两句高度概括了红军长征途中的艰难险阻和大无畏的革命精神，后六句选了六个长征中的关键事件，歌颂了红军的这种精神。这是一种总分的写法，也可以把它理解为先是“面”上的概述，然后是“点”上的铺陈。《狼牙山五壮士》点面结合的写法主要体现在两处：途中歼敌，顶峰杀敌。《开国大典》主要是按照时间的顺序叙写中华人民共和国成立大典上的一系列场面，有许多点面结合的段落，特别是写阅兵式部分。

结合课文所附的生字认读、书写训练和课后练习及语文园地的内容分析，本单元的基础训练点在朗读课文，理清事情发展的顺序，讲述故事，发展观察能力、想象能力以及培养口语表达能力等几个方面。训练重点是在相关历史背景的基础上，通过查阅课外资料了解人物和事件，感受革命先烈的献身精神，还要了解运用点面结合写场面这一写作方法。具体内容如表 9 – 35 所示。

表 9 – 35　六年级上册单元二的语文要素和训练要求

课文	认读与书写	朗读背诵	词语积累组词造句	口语训练	思维培养	阅读训练
《七律 · 长征》	认读并正确书写 4 个生字	有感情地朗读、背诵课文	积累诗句，重点理解“红军不怕远征难，万水千山只等闲”	说说诗句的意思和表达的感情	通过读、写、悟，理解诗意	通过搜集资料，理解诗意，体会诗情
《狼牙山五壮士》	认读并正确书写 15 个生字	朗读课文	积累优美词句	根据课文内容讲故事	比较五壮士的群体描写和个体描写	在阅读中关注对人物的具体描写
《开国大典》	认读并正确书写 14 个生字	默读课文	积累优美词句，理解文中“伟大的工程”一词的意思	说说开国大典的过程	掌握重点突出、有详有略地记叙的方法	关注文中记叙从群众入场到举行游行时点面结合和场面描写的方法
《灯光》＊		较快默读课文	积累优美词语	和同学交流讨论	理清课文的表达顺序	抓住“文眼”研读课文

3. 单元核心素养目标

语言运用：会写本单元所有生字；理解并掌握“日寇”“奋战”“险要”等词语；能快速默读课文，把握文中点面结合的方法；复述课文，和同学交流课文内容。

思维能力：通过理解重点词语意思的方式理解重点句子，从而把握住文章的中心意思，理解课文内容，理清课文的表达顺序。

审美创造：感受革命志士的崇高品质，体会中国人民为新中国的诞生而激动、自豪的思想感情。

文化自信：阅读革命文学，重温革命岁月，牢记历史，传承革命先烈遗志。

三、单元四课文

1. 主题与题材

本单元以“美好品质”为主题，安排了《桥》《穷人》两篇教读课文和《金色的鱼钩》一篇自读课文。这个单元以小说这一体裁来组织单元课文，包括两篇中国小说和一篇外国小说，目的是引导学生把握课文的主要内容，关注情节、环境，感受人物形象。具体内容如表9-36所示。

表9-36　六年级上册单元四的课文内容

课文	体裁	主题	题材
《桥》	小小说	赞扬了以老支书为代表的优秀共产党员在危难时刻无私无畏、不徇私情、英勇献身的崇高精神。	课文叙述了在洪水面前，老支书镇定自若地指挥村民排队过桥的事件。故事高潮集中在一对矛盾上：一是当发现是党员的小伙子没有排到队伍后面时，老支书揪出小伙子，凶得像豹子；二是当只剩下老支书和小伙子未过桥时，两人都希望对方先走，老支书把小伙子推上了木桥，但两个人最后都被洪水冲走了。小说的结尾是家人来河边祭奠他们。
《穷人》	短篇小说	表现了桑娜及其丈夫等生活在社会底层的人民在贫苦的生活中仍保持淳朴善良、克己待人的美好心灵。	课文按事情的发展顺序先写寒风呼啸的夜晚，桑娜焦急地等待着出海打鱼的丈夫回来，接着讲述桑娜发现邻居西蒙死了，便把西蒙的孩子抱回家，最后与渔夫出海归来，听说西蒙死了，主动提出收养西蒙的孩子。
《金色的鱼钩》*	微型小说	表现了红军战士忠于革命、舍己为人的崇高品格。	课文按事情发展顺序先写指导员派老班长照顾三个病号过草地，再写老班长想尽办法钓鱼煮野菜汤给三个病号吃，最后写老班长牺牲了，“我”把老班长留下的鱼钩保存起来，以教育后代。

2. 语文要素和训练要求

本单元的语文要素是“读小说，关注情节、环境，感受人物形象”“发挥想象，创编生活故事”，前者是阅读训练要素，后者是习作要素。“读小说，关注情节、环境，感受人物形象”的要求，是五年级下册古典名著小说单元“初步学习古典名著的方法”阅读能力点训练的延续，要求学生在阅读小说时关注小说的三要素：情节、环境、人物。《桥》开头对环境的描写，侧面烘托了老支书镇定果敢、无私奉献的人物形象，课文中还有许多正面描写老支书动作、语言、神态的句子，为推动小说情节做好了铺垫。《穷人》中有大段关于桑娜心理活动的描写，刻画了以桑娜一家为代表的穷人勤劳、善良的形象。

结合课文所附的生字认读、书写训练和课后练习及语文园地的内容分析，本单元的基础训练点在朗读课文，关注情节、环境，感受人物形象，以及培养口语表达能力等几个方面。训练重点是留意人物的动作、语言、心理活动，深入理解人物形象，把握文章的主要内容。具体内容如表 9－37 所示。

表 9－37　六年级上册单元四的语文要素和训练要求

课文	认读与书写	朗读背诵	词语积累组词造句	口语训练	思维培养	阅读训练
《桥》	认读并正确书写 8 个生字	有感情地朗读	积累优美词句	说说 和同学交流	借助思维导图梳理小说的结构	借助主要人物、关键情节，整体把握小说的主要内容
《穷人》	认读并正确书写 14 个生字	快速默读课文	积累优美词句	说说	梳理小说的结构	通过研读感悟，明白心理描写中特殊符号起到的画龙点睛作用
《金色的鱼钩》*		朗读	积累优美词句	说说	梳理小说的结构	联系上下文，感悟出乎意料的小说结尾的震撼人心

3. 单元核心素养目标

语言运用：认读课文生字；快速默读课文，积累优美词句；复述课文，和同学交流课文内容和人物形象。

思维能力：关注小说的三要素，分析作者是如何刻画人物形象的。

审美创造：体会小说的语言魅力和人物形象的鲜明性，学习文中人物高贵的品质。

文化自信：阅读中外小说，提高文学素养，丰富精神世界。

四、单元六课文

1. 主题与题材

本单元以美国印第安酋长西雅图的著名演说辞“我们是大地的一部分，大地也是我们的一部分”为人文主题，精心安排了《古诗三首》《只有一个地球》两篇教读课文和《青山不老》《三黑和土地》两篇自读课文。本单元课文题材是关于人和自然的，内容贴近生活，明确人与土地、人与自然相互依存的关系。在教学中应引导学生把握课文的主要内容，增强学生热爱土地、保护环境的意识。具体内容如表 9－38 所示。

表 9－38　六年级上册单元六的课文内容

课文	体裁	主题	题材
《古诗三首》	绝句	《浪淘沙（其一）》表达作者对牛郎织女般美好田园生活的向往之情，体现了诗人豪迈的气概和浪漫的情怀。	前两句写弯弯曲曲的黄河夹带着泥沙，浪涛汹涌，如巨风颠簸，来自天涯。描绘了奔腾千里的九曲黄河壮丽图景。后两句的意思是黄河如今好像要飞上高高的银河，带着“我”一同去寻访牛郎织女的家。
		《江南春》抒发了诗人忧国忧民的思想感情。	诗人描写了千里江南的无边春景，千里莺啼，水村山郭，绿树掩映，姹紫嫣红。可南朝统治者迷信佛教，广建佛寺，企图依靠神灵的庇护来永保江山稳固，可时移世易，当年许许多多的寺庙已掩映在苍茫的烟雨之中了，这不免让人感慨。
		《书湖阴先生壁》表现了诗人对大自然的赞美，还赞美了湖阴先生朴实勤劳、热爱生活的高洁品质。	描写湖阴先生庭院内居室简朴，异常洁净，院外的山水农田，青绿有情。庭院干干净净的，感觉舒适，花木整整齐齐的，赏心悦目。诗的后两句说门前的景物是一条河流，一片农田，两座青山，在诗人眼里，山水对这位志趣高洁的主人也有情谊。弯弯的河流环绕碧绿的农田，正像母亲用双手护着孩子一样。
《只有一个地球》	说明文	认清“只有一个地球”的事实，呼吁人类积极行动，保护地球。	课文从地球“美丽又渺小”“资源有限”“不能移居”三方面介绍了地球的有关知识，教育我们要精心保护这唯一可以赖以生存的美丽星球。
《青山不老》*	散文	由衷地赞美老人崇高的精神境界和不朽的生命意义。	叙述了一位山野老农，面对自然条件的恶劣和生活条件的艰辛，义无反顾地用十五年的时间在晋西北沙漠，奇迹般地创造了块绿洲的感人故事。开篇先展示了一幅满眼绿色的宜人画卷，再写这条山沟所处的“大”背景和院子里的“小”环境，衬托出改造山林的难度之大。接着用一连串的数据及村干部的讲述写出了不起的奇迹。最后写“我”的感悟：青山是不会老的，点出文章中心意旨。
《三黑和土地》*	现代诗歌	诗歌表现了以三黑为代表的农民们对土地失而复得的喜悦心情，抒发了农民对土地的热爱和对未来美好生活的憧憬。	诗歌主要写农民三黑得到土地后，爱不释手，认真侍弄土地，种上荞麦，等待丰收。诗歌分为十五节，先总写热爱土地。拥有土地的农民无比喜悦，将土地视为生命的一部分。接着写精耕细作，三黑极其高兴地在土地上精耕细作，突出了三黑的勤劳。之后写美好憧憬，三黑对明天的美好生活充满希望。最后写三黑心如蜜甜，高兴地耙地。

2. 语文要素和训练要求

本单元的语文要素是“抓住关键句，把握文章的主要观点”。文章的主要观点往往从一些重点句子或关键句子中体现出来，如果能抓住这些关键句，就像是牵住了“牛鼻子”，就能很轻松地把握文章的主要观点。本单元的每篇课文中，作者都有意安排了一些关键性的句子，如《古诗三首》中的“一水护田将绿绕，两山排闼送青来”，给山水赋予人的情感，化静为动。《只有一个地球》中“我们这个地球太可爱了，同时又太容易破碎了”这句话，明确表达了作者的观点。《青山不老》中以“这位普通老人让我领悟到：青山是不会老的”一句点题，让我们感受到老人的精神像青山一样万古长青。《三黑和土地》中“把整个生命投入了土地”一句贯穿全文，使读者从心底里体会到翻身农民爱土地胜过爱生命的真实感受。我们平时说话、写文章，也要学会利用关键的句子来表达自己的观点。

结合课文所附的生字认读、书写训练和课后练习及语文园地的内容分析，本单元的基础训练点在朗读课文、联系上下文揣摩句子意思、分析作者怎样抓住关键句子来表达自己的观点以及培养口语表达能力等几个方面。训练重点是边阅读边做批注，理解文字背后蕴藏的深刻含义。具体内容如表 9－39 所示。

表 9－39　六年级上册单元六的语文要素和训练要求

课文	认读与书写	朗读背诵	词语积累组词造句	口语训练	思维培养	阅读训练
《古诗三首》	认读并书写 2 个生字	有感情地朗读，背诵课文	积累经典诗句	说说	理解与体会古诗中关键词句的表现力	借助注释，查资料，理解古诗；抓住关键词句，借景抒情，体会古诗的主旨
《只有一个地球》	认读并书写 12 个生字	默读	积累优美词句	说说，并和同学交流	借助结构图，逐步得出结论，深入感悟“只有一个地球”的事实	理清说明文脉络，借助小标题概括课文主要内容；阅读时做批注
《青山不老》＊		默读	积累优美词句	说说	对比，揣摩文中环境描写的语句，体会其烘托作用	阅读时做批注；联系上下文揣摩句子背后的含义
《三黑和土地》＊		有感情地朗读	积累优美诗句	说说	了解长诗如何恰当处理、组织内容，有序推进	阅读时做批注；结合上下文理解词句的意思，体会其表达情意的作用

3. **单元核心素养目标**

语言运用：掌握本单元要求会认、会写的字，背诵或默写诗文片段，让学生通过有感情地朗读感受具有新鲜感的词句；能够全面、准确地理解别人的观点，尊重不同意见；掌握课文内容，学习借助关键词句理解作者表达观点的方法，并和同学交流。

思维能力：梳理文章脉络，分析和思考作者是如何表达自己观点的。

审美创造：感悟祖国河山的美丽，激发保护环境的意识。

文化自信：阅读优秀儿童文学作品，关注自己的成长，借助文学的力量开阔视野，丰富底蕴。

五、单元七课文

1. **主题与题材**

本单元以“艺术之旅”为主题，精心安排了《文言文二则》《月光曲》两篇教读课文和《京剧趣谈》一篇自读课文。本单元选编的文学作品，文体不一，有文言文、传说故事和当代散文等，包含着对音乐、美术、戏曲等不同艺术形式的赞美与称道。具体内容如表 9－40 所示。

表 9－40　六年级上册单元七的课文内容

课文	体裁	主题	题材
《文言文二则》	故事	《伯牙鼓琴》表现伯牙、子期之间令人动容的真挚情谊，歌颂友情的珍贵。	故事以“听琴—赞琴—破琴”为故事线索，完整地呈现了“高山流水遇知音”这个民间故事的来龙去脉。
		《书戴嵩画牛》传递的是艺术创作要根植生活，坚持实事求是、不耻下问的思想。	文章用简单的手法叙述了一件事情，以戴嵩《牛》图为线索，呈现了杜处士曝《牛》、一牧童笑《牛》和杜处士“然之”三个情景。最后点明观点：要认真仔细观察事物，不能凭空想象；不能迷信权威，要从客观实际出发；要因事求人，每个人都有自己的特长。
《月光曲》	叙述散文	赞扬了贝多芬在音乐艺术上的精深造诣，以及他热爱劳苦大众的高尚人格。	课文采用了传说故事的典型结构——“先概述大意，后具体叙事”，先概述时间、任务、时间，激发阅读欲望，接着详细叙述事件经过：听到兄妹交谈—走进茅屋弹琴—借月再弹一曲—奔回记录乐曲。
《京剧趣谈》*	说明文	表达了作者对京剧艺术的喜爱，对传统文化的自豪感。	文章由“马鞭”和“亮相”两部分内容并列组成。“马鞭”部分分别介绍了“实在的道具”和“虚拟的道具”，“亮相”部分分别介绍了“静态亮相”和“动态亮相”。

2. **语文要素和训练要求**

本单元的语文要素是“借助语言文字展开想象，体会艺术之美”。本单元每篇课文都给我们留下了充分想象的空间。《伯牙鼓琴》中俞伯牙的琴声让钟子期想到了高山流水，我们的耳边仿佛也响起了那优美的琴声；《月光曲》中贝多芬在月光下弹奏的第二首曲子让穷兄妹俩看到了异常美丽逼真的景象；《京剧趣谈》中马鞭的运用和双方战斗时的突然静止与要杂技场面带给观众无限的想象空间。这一切都是各种艺术形式带给大家的美感。

结合课文所附的生字认读、书写训练和课后练习及语文园地的内容分析，本单元的基础训练点在朗读课文，掌握新鲜的词语、词组和句子，展开联想和想象，以及培养口语表达能力等几个方面。训练重点是借助课文中的语言文字展开联想与想象，体会艺术之美。具体内容如表9－41所示。

表9－41　六年级上册单元七的语文要素和训练要求

课文	认读与书写	朗读背诵	词语积累组词造句	口语训练	思维培养	阅读训练
《文言文二则》	认读并正确书写6个生字	朗读和背诵	解释诗句，收藏名句	和同学交流感受；用自己的话讲讲故事	辨析《书戴嵩画牛》文末最后两句的讽刺意味	掌握阅读注释、联系上下文等学习文言文的基本方法
《月光曲》	认读并正确书写8个生字	朗读，背诵第9自然段	积累优美词句	用自己的话讲讲《月光曲》的传说	想象描绘的画面，感受乐曲的美妙	借助课文中的语言文字展开联想与想象
《京剧趣谈》*		默读	积累优美词句	说说并相互交流	用比较的方法感受语言特色	借助课文中的语言文字展开联想与想象

3. 单元核心素养目标

语言运用：掌握本单元要求会读、会写的字，背诵或默写诗文片段，让学生有感情地朗读，体会课文表达的感情，积累课文中的优美语言。理解课文内容，并和同学交流。体会作者展开联想和想象的写作方法。

思维能力：引导学生借助语言文字展开想象，体会艺术之美。

审美创造：借助课文欣赏音乐、绘画、戏剧等各种艺术形式的美，受到美的熏陶，培养热爱艺术的情操。

文化自信：激发学生对中国优秀传统文化的深度热爱，传承文化传统。

六、单元八课文

1. 主题与题材

单元导读页上的文字节选自臧克家《有的人》中的诗句“有的人活着，他已经死了；有的人死了，他还活着”，点明了本单元的内容是关于鲁迅先生的。围绕“走进鲁迅”这一主题，单元精心安排了《少年闰土》《好的故事》两篇教读课文和《我的伯父鲁迅先生》《有的人——纪念鲁迅有感》两篇自读课文。

本单元选文文体多样，有小说、散文和诗歌等，目的是引导学生感受鲁迅先生作为一位伟大文学家的成就及其高尚人格。前两篇文章是鲁迅先生的文学作品，展现了其文学作品的特色，表达了作者对美好新生活、新世界的憧憬。后两篇是其他人为纪念鲁迅先生而写。这样的编排方式使得鲁迅这一人物形象更加真实、丰满、生动，更利于表达对鲁迅先生伟大精神的敬仰与赞颂。具体内容如表 9－42 所示。

表 9－42　六年级上册单元八的课文内容

课文	体裁	主题	题材
《少年闰土》	小说	赞扬了见识丰富、活泼可爱、聪明能干的农村少年闰土，表达了“我”对童年伙伴的怀念之情。	文章以记忆中的画面开始，以两人离别、互赠礼物为终，讲述了闰土给“我”讲雪地捕鸟、海边拾贝、看瓜刺猹和看跳鱼儿四件事，刻画出农村少年闰土的形象。
《好的故事》	散文	表达了作者对美好生活的憧憬和对故乡的怀念之情。	《好的故事》发生在一个昏沉的夜。故事其实是一个梦境，美丽、优雅、有趣，有美的景、“美的人和美的事”。整个作品既描写了梦境的美好，也表现出对现实生活的无奈；既表现出现实与理想的对抗，也揭示出作者内心的向善追求。
《我的伯父鲁迅先生》*	散文	赞扬了鲁迅的崇高品质，表达了作者对鲁迅的无比怀念、热爱与敬仰之情。	文章先概述了众人哀悼鲁迅的场景，再分述“趣谈《水浒》”“笑谈碰壁”“燃放花筒”“救助车夫”“关心女佣”等几件事，最后总结“伯父就是这样的一个人，他为自己想得少，为别人想得多”。
《有的人——纪念鲁迅有感》*	诗歌	讴歌了鲁迅先生甘为孺子牛的一生，抒发了对那些为人民而活的人们由衷的赞美之情。	诗歌可分为三个部分，第一部分（第 1 节）开门见山，以两种阶级对立的人为代表，提出对生与死的不同观点；第二部分（第 2—4 节）以两种人对待人民的不同态度，赞颂鲁迅的伟大精神；第三部分（第 5—7 节）以人民对两种人的不同态度，抒发了永远怀念鲁迅的深厚感情。

2. 语文要素和训练要求

单元导读页中的“借助相关资料，理解课文主要内容”，提示了本单元的语文要素，要求学习借助相关资料来理解课文主要内容，感悟课文借事写人、表达情感的方法。本单元的文章，有的写于现代文学初创时期，语言表达与现在有所不同；有的涉及当时的社会背景，在理解上有一定的难度，需要学生借助相关资料来理解主要内容。本单元习作要素是“通过事情写一个人，表达出自己的情感”，要求学生学习通过记叙事情刻画人物形象的写作方法。《少年闰土》《我的伯父鲁迅先生》都是“通过事情写一个人”的范例，值得学生学习和借鉴。

结合课文所附的生字认读、书写训练和课后练习及语文园地的内容分析，本单元的基础训练点在朗读课文，掌握新鲜的词语、词组和句子，研读重点语段，感悟课文刻画人物形象的方法，以及培养口语表达能力等几个方面。训练重点是借助相关资料理解课文主要内容。具体内容如表 9－73 所示。

表 9－43　六年级上册单元八的语文要素与训练要求

课文	认读与书写	朗读背诵	词语积累组词造句	口语训练	思维培养	阅读训练
《少年闰土》	认读并正确书写 12 个生字	有感情地朗读和背诵	积累优美词句	说说闰土是一位怎样的少年	比较并理解课文中含义深刻的语句	借助相关资料了解写作背景，理解课文内容
《好的故事》	认读并正确书写 13 个生字	默读	积累优美词句	说说这故事	比较并理解课文最后两个自然段的含义	借助相关资料理解课文主要内容
《我的伯父鲁迅先生》＊		速度默读	品读课文中关于人物语言、动作、神态等描写的语段	结合资料和同学交流	梳理课文写了几件事，给每件事加个小标题	结合相关资料，联系上下文，理解课文内容
《有的人——纪念鲁迅有感》＊		有感情地朗读		结合资料和同学交流	把握诗歌层次	结合相关资料，联系上下文，理解课文内容

3. **单元核心素养目标**

语言运用：会读、会写本单元的生字，能正确读写“郑重”“盼望”等词语，积累名言警句，并通过背诵、练笔等形式不断丰富语言；阅读课文，理清文章的思路，体会含义深刻的句子；把握课文关键语句，理解课文内容并和同学交流。

思维能力：学会通过查阅资料帮助自己理解课文，把握思想感情。

审美创造：感受鲁迅先生的崇高精神，提高自己的审美意识。

文化自信：阅读鲁迅名著，感受深沉的乡土情怀，丰富自己的人文积淀。

第六节　六年级下册阅读单元课文综合分析

六年级下册共设有 6 个单元，每个单元安排 3—4 篇教读课文，1—2 篇自读课文，每篇课文只在生字部位标注汉语拼音，课文后不再设置认读生字训练，只有书写生字部分，另安排 2—3 道练习题，有的还附有阅读链接。其中，单元三为习作单元，单元六为综合性学习单元，另节讲解。

一、单元一课文

1. 主题与题材

本单元以“中华民风民俗”为主线，以“百里不同风，千里不同俗”为单元主题，点明本单元主要表现了中华民族丰富的传统节日习俗。围绕这一主题，单元安排了《北京的春节》《腊八粥》《古诗三首》三篇教读课文和《藏戏》一篇自读课文，多角度地展现我国各地多姿多彩的节日民俗。学生阅读这几篇课文，能够了解不同地方的特色与风俗，感受不同地方的民风，体会作者对中国传统文化的认同和喜爱之情。具体内容如表9－44所示。

表9－44　六年级下册单元一的课文内容

课文	体裁	主题	题材
《北京的春节》	小品文	表现了老北京春节的隆重和热闹，展现了中国节日习俗的温馨美好，表达了作者对传统文化的喜爱之情。	主要介绍了北京从腊月初旬开始直到正月十九才结束的春节期间的种种风俗习惯。
《腊八粥》	叙事散文	表现出作者对普通百姓生活的热爱和对家庭亲情的眷念。	讲述了腊八那天，八儿等不及要吃粥的嘴馋、对粥的猜想以及看到粥的惊异。课文围绕腊八粥主要写“等粥”“喝粥”两件事。其中，“等粥”的过程写得比较详细，“喝粥”写得比较简略。“等粥”部分又包括盼粥、分粥、看粥、猜粥四个场景。
《古诗三首》	七言绝句、五言古诗	《寒食》是一首讽刺诗，讽刺权贵们的腐败作风。	全诗描绘了一幅富于浓郁情味的长安城风俗画。诗歌描写了晚春时节长安城在白昼与夜晚时分的不同景象，白昼里的长安城飘满暮春时节的柳絮与落花，皇城的柳叶也在随着春风飘摇；夜晚时分的皇城则走马传烛，轻烟缭绕。
		《迢迢牵牛星》借牛郎与织女的爱情故事，表现相思而不可得的情感。	诗先描写织女隔着银河怅望对岸的牛郎，接着刻画织女的形象。写她正摆动柔长洁白的双手在织布，机杼札札地响个不停。一整天也没织成一段布，哭泣的眼泪如同雨点般零落。感叹虽然只相隔了一条银河，但也只能含情脉脉地无言相视。
		《十五夜望月》表达了诗人对故乡的思念之情。	这是一首以中秋月夜为内容的七绝。全诗每两句为一层意思，分别写中秋月色和望月怀人的心情，展现了一幅寂寥、冷清、沉静的中秋之夜的图画。

续表

课文	体裁	主题	题材
《藏戏》＊	小品文	表现藏戏强烈、鲜明的民族特点和不可抗拒的艺术魅力。	介绍了藏戏的形成和藏戏独具特色的艺术形式。文章先用三个排比句概括介绍藏戏的主要特点，接下来详细写开山鼻祖唐东杰布开创藏戏的传奇故事，紧接着介绍藏戏的重要特征——“面具”的特点及作用，然后简略地说明其他特色，最后用一句话总结全文，点明藏戏这一民族戏剧艺术靠师传身授传承和发展。

2. 语文要素和训练要求

单元导读页中的“分清内容的主次，体会作者是如何详写主要部分的”提示本单元的语文要素。“分清内容的主次”要求阅读时把握篇章结构特点，理解作者安排篇章的用意。“体会作者如何详写主要部分”则进一步理解作者如何组织材料，抓住重点，写出特点，并运用合适的语言进行准确详细表达的。这是在上册“如何把握文章的主要内容”“怎样围绕中心意思来写”等要素基础上的延伸训练。

结合课文所附的生字词学习和课后练习及语文园地分析，四篇课文集中常规训练认读生字词，积累课文中描写细腻的语句，体会作者富有本地语言特点的语句，强化有感情地朗读课文并梳理文章脉络，想象画面美。训练重点是体会作者如何合理安排篇章，如何详写主要内容的。具体内容如表 9－45 所示。

表 9－45　六年级下册单元一的语文要素和训练要求

课文	认读与书写	朗读背诵	词语积累组词造句	口语训练	思维培养	阅读训练
《北京的春节》	书写 15 个生字	默读	体会老舍的“京味”语言	说说讨论	想象画面；思考课文是按照怎样的顺序写的	在阅读中了解文章的表达顺序，体会作者的思想感情，初步领悟文章的基本表达方法
《腊八粥》	书写 13 个生字	朗读	把握文中描写细腻的句子	说说	想象画面；思考哪部分详写，哪部分略写，有什么好处	
《古诗三首》	书写 8 个生字	朗读	理解诗句中蕴含的思想感情	说说	查资料说明几首诗都写了什么节日	
《藏戏》＊		默读	积累优美词语	说说	梳理课文脉络	

3. 单元核心素养目标

语言运用：学习和书写课文生字词；有感情地朗读课文；学会默读；理解描写细腻的句子；体会文中关键词句表达情意的作用；能用口语跟同学交流课文内容。

思维能力：了解课文篇章安排的详略；分析和思考作者是怎样详略得当地合理安排篇章的，如何详写主要内容的；发展想象能力。

审美创造：体验和感受各地不同的民风民俗。

文化自信：了解中国传统节日的特殊含义，继承和弘扬中华文化传统。

二、单元二课文

1. 主题与题材

本单元是古典名著单元，以“外国文学名著之旅”为主线，安排了教读课文《鲁滨逊漂流记》梗概和节选，自读课文《骑鹅旅行记（节选)》《汤姆·索亚历险记（节选)》。本单元的主题是学习外国文学名著，引导学生了解作品梗概，了解名著的主要内容，了解外国民众的生活、宗教信仰、个性特征、文化差异，去发现更广阔的世界。同时体会人物的心态变化，感知人物的形象，培养阅读和想象能力，加深对作品的理解，激发阅读外国名著的兴趣。具体内容如表 9－46 所示。

表 9－46　六年级下册单元二的课文内容

课文	体裁	主题	题材
《鲁滨逊漂流记（节选)》	小说	展现了鲁滨逊在荒岛上的生存历程，赞扬他坚韧不拔的精神和不屈不挠的毅力。	第一部分是梗概，概括地介绍了《鲁滨逊漂流记》这部小说的内容。梗概按照鲁滨逊历险的时间，记叙了鲁滨逊“流落荒岛”“建房定居”“驯养培育”“救星期五”，最终“回到英国”的故事。第二部分是节选，描写了鲁滨逊刚刚流落到岛上时的生活状态和对现实的思考。
《骑鹅旅行记(节选)》 *	小说	展现了尼尔斯通过奇异的旅行，在种种困难和危险中得到的锻炼。	节选部分描述的是尼尔斯变成小人儿去牛棚找小狐仙后遇到的一系列麻烦。又后悔又害怕的尼尔斯意识到院子里没人愿意帮他找小狐仙，于是他爬上围墙，恰逢看到自己家的雄鹅要和大雁一起飞走，为了让家里不受损失，他跳上鹅背，开启了此次旅行。
《汤姆·索亚历险记(节选)》*	小说	小说通过主人公的冒险经历，对美国虚伪庸俗的社会习俗、伪善的宗教仪式和刻板陈腐的学校教育进行了讽刺和批判，以欢快的笔调描写了少年儿童自由活泼的心灵。	节选部分讲述的是小说主人公汤姆·索亚和好朋友贝琪从迷路的山洞返回家后的故事。先写汤姆和贝琪失踪后，贝琪的妈妈和汤姆的姨妈陷入悲痛绝望，整个小镇也为他们担忧；接着写随着汤姆和贝琪的回归，小镇又恢复了欢乐，汤姆给大家讲述了他和贝琪在洞中的历险经过；最后写汤姆去看望伙伴哈克和贝琪，从法官口中意外得知山洞已被封上，乔埃被困洞中。

2. 语文要素和训练要求

单元导读页中的“借助作品梗概，了解名著的主要内容”“就印象深刻的人物和情节交流感受”“学习写作品梗概”，从读、说、写三方面提出了学习要求。本单元三篇课文都是长篇小说节选，需要引导学生阅读作品时学会把握小说的人物、情节和环境这三要素，理解小说内容和人物形象。梗概是作品内容的浓缩和概括，是掌握名著主要内容的方法之一。本单元《鲁滨逊漂流记（节选）》一课中，教师要引导学生通过阅读梗概，把握整部小说的主要内容。“就印象深刻的人物和情节交流感受”，旨在引导学生阅读时通过把握故事情节感受和体会人物形象的刻画。

结合课文所附的生字认读、书写训练和课后练习及语文园地的内容分析，本单元的基础训练点是默读课文，遇到不懂的词语猜猜大致意思或者跳读，能用自己的话复述故事情节，梳理课文情节发展的脉络，把握人物刻画的特点。训练重点是学习阅读古典名著的方法。具体内容如表 9－47 所示。

表 9－47　六年级上册单元二的语文要素和训练要求

课文	认读与书写	朗读背诵	词语积累组词造句	口语训练	思维培养	阅读训练
《鲁滨逊漂流记（节选）》	认读并书写 15 个生字	默读	体会课文中的关键语句	说一说交流	用小标题的方式列出鲁滨逊流落荒岛经历的事	在阅读中了解文章的表达顺序，理解名著的主要内容，就印象深刻的人物和情节交流感受
《骑鹅旅行记（节选）》＊		默读	体会课文中的关键语句	说说	根据故事内容猜猜其他情节	
《汤姆·索亚历险记（节选）》＊		默读	体会课文中的关键语句	说一说哪些情节特别吸引人	分析汤姆是一个怎样的孩子	

3. 单元核心素养目标

语言运用：学习生字词，积累关键语句；用默读的方式读名著；能用自己的话复述故事情节并和同学交流；体会人物的心态变化，感知人物的形象。

思维能力：用梗概的方法掌握名著内容；正确评价书中的人物形象。

审美创造：培养阅读和想象能力；欣赏名著，感受作者在作品中体现的审美取向。

文化自信：阅读国外名著，了解国外民众的生活、宗教信仰、个性特征和文化差异，丰富自己的人生积淀。

三、单元四课文

1. 主题与题材

本单元以“理想与信念”为主线，以宋代文天祥《过零丁洋》中的诗句“人生自古谁无死？留取丹心照汗青”定位本单元的人文主题，这句诗既是作者对自身命运的一种毫不犹豫的选择，又表现了他慷慨激昂的爱国热情和舍生取义的人生观，彰显本单元忧民爱国的人文主题。语文课程标准“总目标”第一条要求：“在语文学习的过程中，培养爱国主义、集体主义、社会主义思想道德，逐步形成正确的世界观、人生观、价值观。”革命文化是部编教材内容的重要主题，要求围绕伟大建党精神，确定革命文化内容主题，注重反映理想信念、爱国情怀、艰苦奋斗、无私奉献、顽强斗争和英勇无畏等革命传统。本单元共安排了《古诗三首》《十六年前的回忆》《为人民服务》三篇教读课文和《董存瑞舍身炸暗堡》一篇自读课文，从题材和主题上落实了课程标准的要求。具体内容如表 9－48 所示。

表 9－48 六年级下册单元四的课文内容

课文	体裁	主题	题材
《古诗三首》	绝句	《马诗》：借马抒发自己怀才不遇、渴望为国建功立业的思想感情。	诗的前两句写大漠平沙如雪，新月似钩，展现出一派宁静旷远的场景；后两句想象跨马奔驰，表现企盼建功立业却不被赏识之意。
		《石灰吟》：借石灰来表达诗人坚强不屈、洁身自好的品质。	石灰石只有经过千万次锤打才能从深山里开采出来，它把熊熊烈火的焚烧当作很平常的一件事。即使粉身碎骨它也毫不惧怕，要把一身清白留在人世间。
		《竹石》：含蓄地表达了诗人绝不随波逐流的高尚情操。	这屹立于岩石中的竹子，历经风霜磨难，却不为其所折，岁寒不凋，具有顽强的生命力和正直的气节。
《十六年前的回忆》	散文	展示了革命先烈忠于革命事业的伟大精神和面对敌人坚贞不屈的高贵品质，表达了作者对父亲的敬仰和深切的怀念。	课文按时间顺序回忆了李大钊同志被捕前、被捕时、被审时、被害后的情形。先讲父亲被捕前在局势越来越严重的情况下仍坚持革命工作，接着叙述讲父亲被捕的经过，之后写父亲在敌人的法庭上非常坚定、沉着，最后写全家人得知父亲被害的消息后无比悲痛的情形。
《为人民服务》	议论文	号召大家学习张思德不怕牺牲、全心全意为人民服务的精神。	文章开头就鲜明地提出了中国共产党及其领导的八路军、新四军的宗旨——完全、彻底地为人民服务；然后结合当前的实际，从三个方面说明怎样才能完全、彻底地为人民服务。
《董存瑞舍身炸暗堡》＊	故事	赞扬董存瑞舍身为国的高尚品质。	叙述了 1948 年 5 月 25 日，东北解放军班长董存瑞在热河隆化战斗中舍身炸暗堡的伟大事迹。

2. 语文要素和训练要求

本单元的语文要素是“关注外貌、神态、言行的描写，体会人物品质”“查阅相关资料，加深对课文的理解”“习作时选择适合的方式进行表达”。本单元课文体裁多样，有古诗，有回忆录，有议论文。《十六年前的回忆》通过对李大钊同志被捕前后神态、言行的描述，表现了李大钊忠于革命、大义凛然的崇高品质。《董存瑞舍身炸暗堡》通过对人物神态、言行的描写，刻画了一个信念坚定、舍己为人的革命战士的光辉形象。《为人民服务》是篇演讲稿，观点鲜明，赞扬张思德为人民而死，死得其所，重于泰山。无论是古诗还是三篇现代文，学生都需要了解时代背景才能深刻理解内容，感受人物的品格。

结合课文所附的字词书写和课后练习及语文园地的内容分析，本单元的基础训练点是朗读和背诵课文，借助注释理解诗句，能用自己的语言说说故事内容。训练的重点是体会作者如何通过动作、语言、神态描写来表现人物的内心世界，并能自行查阅资料，了解课文背景，加深对课文中人物形象的理解。具体内容如表 9－49 所示。

表 9－49　六年级下册单元四的语文要素和训练要求

课文	认读与书写	朗读背诵	词语积累组词造句	口语训练	思维培养	阅读训练
《古诗三首》	认读并书写 4 个生字	朗读背诵默写	借助注释读懂诗句	说说诗句的意思	区别三首绝句在表达志向上的差异	体会作者如何通过动作、语言、神态描写，表现人物的内心世界，初步领悟诗歌和文章的基本表达方法
《十六年前的回忆》	认读并书写 15 个生字	朗读默读	体会文中描写李大钊动作、语言、神态的句子	说说课文内容	思考课文最后两个自然段与开头的联系	
《为人民服务》	认读并书写 9 个生字	朗读背诵	学习论证过程中句子与句子的连接	说说	思考“人固有一死，或重于泰山，或轻于鸿毛”的意思	在阅读中了解文章的论证思路，初步领悟文章的基本表达方法
《董存瑞舍身炸暗堡》＊		默读	把握文中描写人物神态、言行的句子	说说董存瑞是一个怎样的战士	感悟英雄人物的崇高品质	体会作者如何通过人物的动作、语言、神态来表现人物的内心世界

3. 单元核心素养目标

语言运用：学习生字；把握课文描写人物神态、言行的句子，体会作者蕴含的思想感情；学会默读，能复述故事。

思维能力：体会作者如何通过文中动作、语言、神态的描写来表现人物的内心世界。

审美创造：以文中的人物为榜样，做一个有理想、有信念的人。

文化自信：阅读革命文学，传承革命传统，树立文化自信。

四、单元五课文

1. 主题与题材

本单元以“科学发现的机遇，总是等着好奇而又爱思考的人”为人文主题，用明确的话语强调了乐于好奇、勤于思考才会有科学的发现。教材安排了《文言文二则》《真理诞生于一百个问号之后》《表里的生物》三篇教读课文和《他们那时候多有趣啊》一篇自读课文。

本单元安排两则文言故事，侧重让学生感受古人思想，《学弈》主要让学生懂得学习要专心致志的道理，《两小儿辩日》则教导学生要善于观察，懂得表达观点要有理有据，并学习孔子实事求是的科学态度。议论文《真理诞生于一百个问号之后》要让学生懂得科学的进步和成就的取得，离不开善于思考、勤于探究、勇于尝试的科学精神。散文《表里的生物》要让学生感悟好奇心和探究精神。科幻小说《他们那时候多有趣啊》则让学生在科幻小说里进行科学的想象，感悟科学日新月异的进步给人类学习、生活带来的巨大变化。具体内容如表 9－50 所示。

表 9－50　六年级下册单元五的课文内容

课文	体裁	主题	题材
《文言文二则》	故事	《学弈》告诉我们做事要专心致志的道理。	写弈秋教学生下棋的故事。其中一个人专心致志，一心只听弈秋的教导；而另一个人虽然也在听讲，可总想着天上有天鹅要飞过，想拿弓箭去射它。这两个人虽一样随老师学习，但所得并不一样。
		《两小儿辩日》赞扬两小儿独立思考、大胆质疑、追求真理的可贵精神。	课文写两小儿争辩太阳在早晨和中午距离人们远近的问题，孔子也不能判断谁是谁非的故事。
《真理诞生于一百个问号之后》	议论文	用事实论证只要善于观察，不断发问，不断解决疑问，锲而不舍地追根求源，寻找答案，就能发现真理。	课文记叙三个生动有趣的科学故事。一是英国著名的化学家波义耳发现紫罗兰在溅上盐酸后变红了，二是俄裔美国睡眠研究专家阿瑟林斯基发现儿子睡觉时眼珠在转动，三是德国气象学家魏格纳偶然发现南美洲东海岸的凸出部分和非洲西海岸的凹陷部分竟然是互相吻合的。
《表里的生物》	散文	表现了童年的“我”对事物有着强烈的好奇心，激发学生从小培养善于观察、勤于思考的习惯。	写了小时候的“我”认为能发出声音的都是活的生物，所以对父亲的表极为好奇，并相信了父亲说的表里有个小蝎子在里面这一趣事。
《他们那时候多有趣啊》＊	科幻小说	表现了作者对于教育、学习等问题的独特思考。	本文以古老的纸质课本为线索，通过描写玛琪和托米的讨论展开故事，写出机器学校和老式学校两种学校的不同之处，表现了玛琪对自己的学习生活和学校的憎恶，对充满快乐的老式学校的向往。

2. 语文要素和训练要求

单元导读页中的“体会文章是怎样用具体事例说明观点的”是本单元的阅读要素，“展开想象，写科幻故事”是本单元的习作要素。阅读要素主要在教读课文《文言文二则》《真理诞生于一百个问号之后》《表里的生物》中学习，在自读课文《他们那时候多有趣啊》中尝试运用，着眼于提高学生的想象能力，锻炼学生的思维能力，逐渐培养学生思维的丰富性、敏捷性、严密性和创造性。

“思维能力”是语文核心素养的重要内容，新课程标准“总目标”的第六和第七对此作了详细的指导：要求积极观察、感知生活，发展联想和想象，激发创造潜能；乐于探索，勤于思考，初步掌握比较、分析、概括、推理等思维方法，辩证地思考问题，有理有据、负责任地表达自己的观点，养成实事求是、崇尚真知的态度。本单元和上册的第六单元共同构成了这一素养的培养平台。

结合课文所附的生字认读、书写和课后练习及语文园地的内容分析，本单元的基础训练点放在朗读和默读课文、掌握关键词句、发展观察和想象能力以及培养口语表达能力等几个方面。重点训练体会文章是怎样用具体事例说明观点的。具体内容如表 9－51 所示。

表 9－51　六年级下册单元五的语文要素和训练要求

课文	认读与书写	朗读背诵	词语积累组词造句	口语训练	思维培养	阅读训练
《文言文二则》	认读并书写 4 个生字	朗读背诵	联系上下文理解加点字的意思	说说故事的内容	对照注释，思考每句话的意思	梳理课文段落安排的逻辑性，体会文章是怎样用具体事例说明观点的
《真理诞生于一百个问号之后》	认读并书写 12 个生字	默读	掌握关键语句	说说自己得到的启发	思考“真理诞生于一百个问号之后”这句话的含义	
《表里的生物》	认读并书写 6 个生字	默读	掌握关键语句	说说；和同学交流	思考主人公的发现给我们带来的启发	
《他们那时候多有趣啊》		默读	掌握关键语句	说说未来的学习生活	激发想象能力；思考未来的上学方式和今天有什么不同	

3. 单元核心素养目标

语言运用：学习生字词，理解课文中重点的词语，在阅读中把握关键句子；有感情地朗读课文和默读课文；能用口语说说课文内容；把握课文描写人物的重点语句，并用到习作中。

思维能力：留心观察，把握人物特点；善于用多种方法来表现人物的特点。

审美创造：能够分析与评判课文中人物的真善与美丑，提高审美能力，并在习作中体现这种审美倾向。

文化自信：通过阅读文本，把握中国传统小说刻画人物的方法，积累阅读经验。

第十章

教材分析——第三学段（下）

第一节 第三学段阅读策略单元综合分析

一、第三学段阅读策略单元的编排

在编排类型上，阅读策略单元属于阅读单元，与普通阅读单元结构体例基本相似，由2—3篇教读课文和1—2篇自读课文以及习作、语文园地等板块组成一个单元。课文后附有识字写字训练和思考练习题。跟一般阅读单元不同的是，阅读策略单元中的课文是作为一个整体呈现的，突出训练目标的递进性与发展性。前一至二篇课文进行策略的示范与指导，导语和课后思考练习题紧密围绕本单元的阅读策略展开，采用旁批、泡泡的形式，给学生阅读提供帮助，帮助他们了解、梳理、掌握阅读策略，并在课后思考练习题中进行落实。后一至二篇课文则有实践性质，让学生用前面所学的阅读策略进行总结、综合和运用。第三学段教材中的阅读策略单元安排如表10－1所示。

表10－1　第三学段教材中的阅读策略单元

年级	单元	载体形式	阅读策略	训练方式
五上	二	《搭石》《将相和》《什么比猎豹的速度更快》《冀中的地道战》、习作、语文园地	学习提高阅读速度的方法	1. 用分钟测试阅读一篇课文的速度，以了解哪些内容为衡量的标准 2. 尽量连词成句地读；借助关键词句读；带着问题读；边读边想 3. 和同学交流阅读体会

续表

年级	单元	载体形式	阅读策略	训练方式
六上	三	《竹节人》《宇宙生命之谜》《故宫博物院》、习作、语文园地	根据阅读目的选用恰当的阅读方法	1. 同一篇文章，为完成不同的阅读任务，可以先设定任务，在阅读中关注相关的内容，采用恰当的阅读方法 2. 尝试从质疑的角度去阅读，善于从不同角度提出问题，涉及问题的地方多阅读几遍，还可以查阅相关的资料 3. 与阅读目的关联性不强的内容，不需要逐字逐句地读

二、第三学段阅读策略单元的特点

1. 融入普通单元，凸显单元的核心目标

阅读策略单元的结构与一般阅读单元类似，属于阅读单元。不同的是，部编教材以单元的形式独立编排了阅读策略的教学内容，并设计了一系列相关的实践活动，使之成为一个有机的整体。阅读策略单元以阅读策略为主线，以阅读策略的学习和训练为核心语文要素，单元内的三至四篇课文联系紧密，围绕本单元的阅读策略在正文前和旁边用红字做阅读思考提示。整个单元以单元导读导入，教读课文学方法，自读课文用方法，交流平台梳理方法，构成一个完整的阅读链，促进学生积累阅读经验，并形成方法。这样的设计使教学内容更加集中，课程目标更加突出明确。

例如，五年级上册第二单元的单元导读页提示了单元阅读主题是“阅读要有一定的速度”，要求掌握“学习提高阅读速度的方法”的阅读策略。单元课文由一篇散文、一则故事、两篇说明文组成，四篇课文皆为教读课文，聚焦“提高阅读速度”这一阅读策略内容，每篇课文分别学习一种提高阅读速度的方法，引导学生通过阅读不同文体的文章经历“学习→应用”的过程，赋予课文不同的教学价值。

2. 从学生视角出发，以学业质量为标准

五、六年级设置的两个阅读策略单元，遵循高学段学生的学情，紧扣学段课程目标关于“阅读与鉴赏”的要求。按照学业质量的描述的，五、六年级的“阅读与鉴赏”要“独立阅读散文、小说、诗歌等文学作品，在阅读过程中能获取主要内容，用朗读、复述等自己擅长的方式呈现对作品内容的理解；能用文字、结构图等方式梳理作品的行文思路”。这种独立性的阅读，要求在字词句段的基础上，基本了解各种文体的特点，运用恰当的阅读方法，提高自己的阅读速度，从阅读短篇文章向阅读长篇文章过渡。同时突出语文核心要素，体现阅读学习的要件，使知识能力要求更加清晰，使学生运用阅读策略的能力得以螺旋上升。学生学习任何一种阅读策略，也遵循着从模仿到发现的过程，策略运用也从单一走向综合，通过学习逐渐内化。

3. 立足单元整体，发挥两类课文及“交流平台”的一体化作用

一是用好教读课文，充分发挥“例子”功能，初步学习单元阅读策略。二是用好自读课文，让学生充分运用方法，扎实练习单元阅读策略，最后在综合园地里做一个汇总。

以六年级上册第二单元为例。第一篇教读课文的阅读策略引导由阅读提示、课文和课后练习构成，三者紧紧围绕同一篇课文不同的阅读任务而采用不同的阅读方法来进行阅读展示和引导。第二篇教读课文则采用阅读提示、旁批及课后练习三者结合的方式，具体展示如何学会通过质疑来提高自己的阅读质量。第三篇为自读课文，阅读提示提供两个任务，让学生联系前面所学的两种阅读方法，解决如何根据不同的任务阅读给定材料的问题。语文园地的“交流平台”栏目对本单元的训练做了汇总，直接给出了阅读策略。

4. 拓宽阅读视野，强化实践运用

学习阅读策略一方面学习、掌握阅读策略的相关知识，另一方面学会运用策略，最终达成养成良好的阅读习惯和积淀的目标，并形成自己独有的阅读方法。然而，阅读能力的提升不可能立竿见影，学生也不可能短时间内就能自由运用这些方法和策略，而是需要在大量的阅读练习中不断积累。教材只是提供少量的课例，一定阅读量加上阅读策略的熟练运用，才能培养出积极卓越的阅读者。

部编教材将课外阅读纳入了教材体系，教学时，建议采取“1 + X”的办法，重视学生的自主阅读实践，结合快乐读书吧板块和教材中其他书目节选，将课外阅读纳入教学计划，开展个性化阅读，力争达到“多读书、读好书、好读书、读整本书”的课程标准要求，拓宽阅读广度。

三、第三学段阅读策略单元课文分析

1. 学习提高阅读速度的方法

部编教材阅读策略单元突出学生的主体性，旨在培养学生的学习能力。第三个阅读策略单元放在了五年级上册第二单元，阅读策略项为“阅读速度”。“阅读要有一定的速度”中的“阅读”，主要是指默读。默读的一般要求是不出声，不指读。“一定的”在课程标准中有明确规定：“默读要有一定的速度，默读一般读物每分钟不少于300字。学习浏览，扩大知识面，根据需要搜集信息。”每分钟不少于300字是评价高年级学生阅读速度的主要指标。这一阅读策略单元的课文主题和题材及阅读策略目标见表10－2、表10－3。

表10－2　五年级上册阅读策略单元的课文内容

课文	体裁	主题	题材
《搭石》	抒情散文	赞扬乡亲们无私奉献的精神和一心为他人着想的传统美德。	课文描写了家乡人摆搭石、走搭石等几个生活中的平凡场景。先总写搭石构成家乡的一道风景，接着描绘了人们在小溪里摆放搭石、走搭石、协调有序走搭石、谦让过搭石的画面，最后赞美搭石无私奉献的精神。

续表

课文	体裁	主题	题材
《将相和》	故事	赞扬了蔺相如勇敢机智、不畏强暴的斗争精神和以国家利益为重，顾大局、识大体的可贵品质及政治远见，也赞扬了廉颇勇于改过的精神，揭示了“和为贵”的传统思想。	以战国时期秦赵两国的矛盾为背景，记叙“完璧归赵”“渑池之会”“负荆请罪”三个相对独立而又紧密联系的小故事，写出了将相之间由不和到和的经过，刻画了足智多谋、智勇双全的蔺相如和骁勇善战、勇于改过的廉颇形象，再现了战国时期国家纷争的历史。
《什么比猎豹的速度更快》	说明文	让人们在比较中获得科学知识，提高科学素养。	课文运用列数字、作比较等说明方法，为我们介绍了比猎豹的速度更快的事物，由动物到飞机、火箭、流星体再到光，速度一个比一个快，最终得出结论：科学家认为光的传播速度是最快的。
《冀中的地道战》	说明文	说明冀中人民利用地道有效地保护了自己，有力地打击了敌人，反映出人民群众的智慧是无穷无尽的。	课文从冀中地道战出现的缘故和作用及地道的样式、结构、特点等方面进行了介绍，说明了地道战在我国抗日战争史上的地位。

表 10－3 五年级上册阅读策略单元的阅读策略目标

总目标	课文	具体目标
学习提高阅读策略的方法：你读这篇课文用了多少分钟？了解多少内容？和同学交流自己的阅读体会。	《搭石》	用比较快的速度默读课文，记下所用的时间； 集中注意力； 遇到不懂的词语不要停下来； 不要回读。
	《将相和》	用比较快的速度默读课文，记下所用的时间； 尽量连词连句地读； 不要一个字一个字地读； 读一段文字一眼可以看到多少内容。
	《什么比猎豹的速度更快》	用较快的速度默读课文，记下所用时间； 借助关键词句； 阅读课文后按运动速度的快慢进行排序。
	《冀中的地道战》	用较快的速度默读课文，记下所用时间； 带着问题读。

2. 根据阅读目的，选用恰当的阅读方法

部编教材把第四次阅读策略放在六年级上册第三单元，阅读策略项为“有目的地阅读”，训练重点是“根据阅读目的，选用恰当的阅读方法”。有目的地阅读，就是根据阅读目的、学习任务或生活需要选择合适的阅读材料，用恰当的阅读方法展开阅读活动，来达到阅读目的，包括获得作者表达的信息，筛选重要的信息，区分重要的和非重要的信息。

怎样有目的地阅读？首先要明确阅读任务，然后快速读全文，找到相关内容，并针对相关内容开展细读，提取关键信息或者感受体会，最后还要根据任务对相关内容进行梳理，理清层次。不同的阅读目的，所关注的内容应该有所不同，所采取的阅读方法也不一样。

这一阅读策略单元的课文主题和题材及阅读策略目标见表10－4、表10－5。

表10－4　六年级上册阅读策略单元的课文内容

课文	体裁	主题	题材
《竹节人》	叙事散文	表现了童年游戏的乐趣，表达了作者对美好童年的深切怀念。	课文回忆了作者小时候和小伙伴迷上斗竹节人游戏的情形，描绘了迷竹节人、做竹节人、玩竹节人以及老师没收竹节人自己偷偷玩竹节人的情景。
《宇宙生命之谜》	说明文	激发学生的探索精神，关注自身以及自身与这个世界的关系。	课文介绍了科学家探索地球之外是否有生命存在的艰难历程。文章按提出问题—分析问题—得出结论的顺序来进行说明。先写从古至今地球之外有没有生命一直是一个吸引人的问题，接着概括地说明，从理论上猜测，地球绝不是有生命存在的唯一天体，然后具体介绍科学家探索的历程，最后写人们至今没有在地球之外找到生命，但是仍然相信宇宙中有其他生命存在，一直在探索宇宙生命之谜。
《故宫博物院》*	说明文	读者既从中获得了对故宫的一般性了解，又对祖国的传统建筑艺术产生自豪感。	本篇课文由四则材料构成。材料一介绍了故宫的建筑位置、布局及功用；材料二介绍了太和门历史上的一场火灾；材料三介绍了故宫的历史、地位及参观顺序；材料四介绍了故宫的平面图及开放区域。

表10－5　六年级上册阅读策略单元的阅读策略目标

总目标	课文	阅读目标	阅读策略
根据阅读目标，选用恰当的阅读方法。	《竹节人》	写玩具制作指南，并教别人玩这种玩具； 体会传统玩具给人们带来的乐趣； 讲一个有关老师的故事。	可以先快速读全文，找到相关内容，再仔细读； 读的时候特别注意文章中写的“我们”投入地做玩具、玩玩具的部分； 关注老师没收玩具、玩玩具的内容，重点梳理故事的起因、经过和结果。
	《宇宙生命之谜》	阅读这篇课文，解决这个疑惑：宇宙中，除了地球外，其他星球上是否也有生命存在？	筛选有用的材料； 注意找出有提示主要意思的语句； 画出关键词，提取关键信息； 细读与问题相关的内容； 有的信息可能不准确，需要再查查相关资料。
	《故宫博物院》*	为家人计划故宫一日游，画一张故宫参观路线图； 选择一两个景点，游故宫的时候为家人作讲解	参考材料一、三和四，把材料一的景点方位介绍和材料四的平面图中的景点位置做好对应，再依照材料三的参观规定画出路线图。可通过筛选、细读、抓关键词等方法。 在材料一中筛选出说明比较详细的景点，也可以材料三为重点，再结合材料一介绍太和门的段落，形成讲解内容。需要在阅读中提取有用信息并对材料进行整合。

四、阅读策略形成的信息获取

五、六年级学生在阅读中已经能够主动地调动已有的阅读经验、知识经验来加深对文本的理解，阅读能力相比以前有明显的提高。第二学段的教材中已提供两次阅读策略学习的经验，但大多数同学的阅读能力更多地来自课堂上教师的引导，依赖现有的信息提示。部编教材在这方面做了比较灵活的安排，如五年级围绕“阅读速度”，单元内四篇课文安排的内容各不相同，策略各有侧重，很具体地提示了阅读的策略。

单元课文提供的阅读策略信息可以通过以下几条途径获得：

（1）题目。每一篇的课文标题都跟课文内容有直接关系。例如《搭石》一课，课文标题可以提取“什么是搭石”“谁来搭”“谁来走”“怎样走”等信息。

（2）阅读提示。每篇课文的标题之下都有很具体的阅读策略提示。

（3）旁批。例如《宇宙生命之谜》这篇课文作了阅读旁批，提示阅读策略。

（4）课后练习。课后练习题的设置都围绕本课的阅读任务作了提示。

（5）课文内容。策略单元的篇目一般依据阅读策略的目标来挑选，课文结构比较适合阅读目标的达成。在教师的引导下，学生沿着作者写作的思路去阅读，再结合阅读目标，基本上可以把握好阅读方法。

第二节　第三学段口语交际综合分析

小学阶段是学生语言发展的重要时期，是训练和提高学生语言表达能力的最好时期，应培养学生倾听、表达和应对的能力，使学生具有文明和谐的人际交流的素养。部编小学语文教材十分注重口语交际教学，每个学段都设计不同的训练目标。跟低、中学段相比，高学段的口语交际板块着重人际交往能力的培养和口语能力的提升。

一、核心素养目标

1. 学段目标

（1）听人说话认真、耐心，能抓住要点，并能简要转述。乐于表达，与人交流能尊重和理解对方。注意语言美，抵制不文明的语言。阅读活动中，能复述读过的故事，概括文本内容，根据自己的阅读理解提出问题并与他人交流；乐于和他人分享阅读所得，关注有新鲜感的词句，并有意识地在口头表达中运用。

（2）表达有条理，语气、语调适当。参与讨论，敢于发表自己的意见，说清自己的观点。能根据对象和场合，稍作准备，作简单的发言。

2. 学业质量描述

（1）乐于参与讨论，敢于发表自己的意见。

（2）能认真、耐心倾听，抓住要点，并作简要转述。

（3）能根据对象和场合，作简单的发言。

二、口语交际的要素

明确对象。口语交际要面向一定对象，以完成一定的交际任务为目的，所以必须关注特定的人物身份、特定的交际场景。

重在“交际”。口语交际有别于听说训练，它更强调“双向”“互动”，只是单方面的说，或者单方面的听是不行的。口语交际一个重要的内容就是教会小学生一定的交际礼仪，如需要考虑相对正规的交际场所，遵循一定的流程，使用相对规范的交际用语等，最终服务于个人口语表达能力的提高，掌握正确和规范的文明交际礼仪。

营造语境。语境适合是判断口语交际成功与否的最高标准。口语交际就是要在对的场合，向对的人，说对的话。

语言能力。口语交际的外在表现是口语表达，实际上体现的是人的综合素养。通过口语交际，让学生感受语言的魅力，增强学生注重平时积累的意识，培养学生的观察力、合作力和表现力，同时也培养学生倾听与表达的习惯。

善于合作。教材里安排的口语交际场景基本定位为“和同学交流”“分小组”“和同学练一练”“全班汇报”，明确了口语交际的群体性，在群体中锻炼小学生的自信心，使之敢于在大众面前有条不紊地说话，表达自己的观点。学会团队协作，共同进步。

需要面对面对话。产生交流的人数最少也需要两个，口语的表达需要有听众，才能完成口语训练的“倾听”“表达”“应对”等训练要求。

自主发挥。教材把口语交际活动与综合性学习、习作活动结合起来，遵守“用教科书教”而不是“教教科书”的新教材观，为学生学习留出了选择的自主权，如设计多个交际话题，允许同学自选其一练习，满足学生各自的爱好和共性化需求等。

三、编排特点

1. 安排次数

口语交际以听说活动为主，是语文教学内容的重要组成部分。部编小学语文教材设计的口语交际内容联系学生实际，根据学生年龄特点和生活实际选择学生感兴趣的话题组织教学活动，让学生在真实的情境中提高口语交际的水平和能力。五、六年级共安排了15次口语交际，每册安排4次，六年级下册安排3次。其中1次以功能交际为主，涵盖了倾听、表达和应对等口语交际目标。大部分话题内容与本单元主题有一定的关联。

2. 内容呈现

五、六年级的口语交际内容跟低学段有一些区别，舍去了情境对话框，一般由三个部分构成。

首先是话题的引出。教材用两三行文字来引出话题。例如五年级下册第一单元的口语练习话题是“走进他们的童年岁月”。教材是这样引出话题的：“童年是纯真、难忘的岁月，每个人都有自己的童年。你知道大人们的童年是什么样的吗？让我们走进他们的童年岁月，了解他们小时候的故事。”自然地承接单元导读页的人文主题“难忘的童年”，提示这是一个值得关注的话题。第二单元的交际话题是“怎么表演课本剧”。话题如此引入：“漫长悠久的岁月，大千世界的风景，性格迥异的人物，各具特色的故事，都可以浓缩在课本剧中。在那里，我们可以尽情展示自己，重现课文中精彩的情节。”

其次是交际方法、方式的提示。教材很详细地引导了交际的形式、内容及步骤，对交流前、交流时、交流后三个环节都有具体的指导，有时还以泡泡的方式温馨提示。由此可见部编教材对口语交际的重视程度。

最后是口语交际的策略。教材先是用文字说明，然后以小贴士的形式概括出要点，清晰呈现教学目标和训练要点，使学生明确口语交际的方法和策略。

3. 紧扣单元主题和语文要素设计口语交际的话题

高学段大多数的口语交际话题站在学生的角度呈现单元主题及语文要素的要求，交际内容和本单元的课文内容及体裁有一定的关联。如五年级上册第三单元的语文要素之一是“了解课文内容，创造性地复述故事”，三篇课文都为经典的民间故事。每一篇课文的课后练习题中都有与语文要素相关的练习，如《猎人海力布》的课后练习题之一是要求学生变换角色讲述海力布劝说乡亲们赶快搬家的部分，这是紧扣语文要素为学生搭建提升创造性复述能力的支架。随后的口语交际“讲民间故事”，要求讲故事的时候，可以适当丰富故事的细节，可以配上相应的动作和表情。

4. 综合性

部编教材中的口语交际是作为一个单独板块进行编排的，1—6 年级建构了清晰的目标体系，更加突出了“交际”的功能，更重视学生交际能力与交际习惯的养成。口语交际教学不仅要让学生会听、会说、会交流，同时也要通过听、说、交流的训练增进学生的思维能力，培养学生的合作意识与协作能力等。如六年级下册第二单元的口语交际是“同读一本书”，要求围绕同一本书交流读书心得，分享阅读的收获。这次口语交际话题内容紧密联系本单元“阅读外国文学名著”这一主题，在学习了本单元三篇外国文学名著节选课文的基础上，选择大家感兴趣的、值得讨论的话题展开深入交流，激活学生的语言和思维，鼓励他们勇于表达自己的真实想法，同时认真听别人的发言，准确理解别人的想法。将倾听、思考、表达融为一体，使学生乐说会说，既能有效培养学生的口语交际能力，又能提高学生的阅读力，并激发学生阅读的兴趣。

四、话题设计

高学段的话题选择更关注口语交际对现实生活的指导意义，方法和策略上强调有依据、有条理地表达。通过对五、六年级安排的口语交际内容的分析研究，发现在话题的设计上，有独立于单元内容之外的内容，但更多的是跟单元内容紧密联系，跟单元教学内容构成一个整体。部编教材巧妙地从单元课文的主题、题材和体裁中选择口语交际的角度，既联系生活，联系学生实际，根据学生年龄特点和生活实际选择学生感兴趣的话题组织教学活动，又通过口语训练的形式对单元的知识适当做了拓展延伸，更兼有跨学科的设计。具体见表 10－6。

表 10－6　五、六年级口语交际板块的话题设计

年级	单元	话题	与单元内容的联系	拓展及跨学科训练
五上	一	制定班级公约	无	能力拓展：学习通过班级、分组等讨论形式最终形成班级公约
	三	讲民间故事	民间文学的课文为开好民间故事会打下基础	知识应用：学习讲好民间故事的方法及故事会的开展形式
	六	父母之爱	相关父母之爱的课文为分享会打下基础	生活拓展：理解父母表达爱的方式不尽相同
	八	我最喜欢的人物形象	关于读书的课文为交流会打好基础	分类整理：学会对自己读过的文学作品做整理，突出人物形象特点，并用语言表现出来
五下	一	走进他们的童年岁月	童年往事是大人们的难忘记忆，阅读这些作品能帮助我们走进他们的世界	列问题清单：学习从什么角度去了解大人们的童年
	二	怎么表演课本剧	阅读古典名著，把握故事情节，分析人物性格特征	跨学科学习：讨论如何把文学作品改编成课文剧
	七	我是小小讲解员	学习三篇表现异国他乡名胜的作品，了解表现名胜佳景的方法	练习讲解：选择自己熟悉的环境或情境，在班上介绍给同学们
	八	我们都来讲笑话	感受课文风趣的语言，体现自己的智慧	组织笑话大会：先收集，在家里试讲、改进，再在大会上讲给同学听
六上	二	演讲	重温革命岁月，继承革命传统，让这些故事成为演讲的素材	提升写作能力：学习写演讲稿并学习演讲
	四	请你支持我	学习单元中几篇小说，掌握人物之间说服和沟通的方法	提高人际沟通能力：先模拟，再选好任务，尝试说服不同的人
	六	意见不同怎么办	无	提高人际沟通能力：学会协商，换位思考并积极沟通
	七	聊聊书法	艺术之旅，丰厚我们的艺术积淀	知识延伸：收集资料，聊一聊书法

续表

年级	单元	话题	与单元内容的联系	拓展及跨学科训练
六下	一	即兴发言	无	语言能力表达提升：在时间紧迫，事先没有准备的情况下，临场发挥
	二	同读一本书	读名著，一千个读者有一千个哈姆雷特	掌握阅读分享的方法：思考该围绕哪些话题展开交流
	五	辩论	学习单元课文，对万事万物保持一颗好奇之心	思维能力提升：展开辩论，通过摆事实讲道理来丰富认知

第三节　第三学段习作综合分析

习作是语文综合能力运用的体现，是小学生语文素养的重要体现。小学生的习作，指通过课内外的阅读学习，练习相应的写作方法，以提高写作技巧的训练手段。部编小学语文教材以一种全新的编写体例编排了习作板块，主要有两种呈现方式：一是安排在阅读单元中的单元习作训练，记实作文和想象作文相互配合，加强应用文的练习，让关键能力成系列；二是每册独立编排一个以培养习作能力为主线的习作单元，聚焦关键能力。两条线同步推进，共同提升小学生的习作素养和习作能力。

一、教学目标

1. 学段要求

（1）懂得写作是为了自我表达和与人交流。养成留心观察周围事物的习惯，有意识地丰富自己的见闻，珍视个人的独特感受，积累习作素材。

（2）能写简单的记实作文和想象作文，内容具体，感情真实。能根据内容表达的需要，分段表述。学写读书笔记，学写常见应用文。

（3）修改自己的习作，并主动与他人交换修改，做到语句通顺，行款正确，书写规范、整洁。根据表达需要，正确使用常用的标点符号。习作要有一定速度。课内习作每学年 16 次左右。

2. 学业质量描述

（1）能与他人分享阅读作品获得的有益启示，有意识地运用积累的语言进行口头或书面表达。

（2）能用多种方式记录、分享阅读、参观、访问的经历、见闻和心得体会。

（3）参加文学体验活动，能够围绕发现的问题，搜集资料、整理相关的观点与看法，结合学习积累和经验，初步形成自己的理解和认识。

（4）能主动梳理、记录可供借鉴的语言运用实例，比较其异同，积极运用于不同类型的写作实践中。

（5）在活动中积累素材，写简单的记实作文，内容具体、感情真实。

（6）写想象作文，想象丰富、生动有趣。

（7）能写读书笔记、常见应用文。

二、编排特点

部编教材在习作教学上，努力尝试构建相对独立的作文教学体系，所以采用了“读写分编，兼顾读写结合”的编排方式，加大习作在小学语文教学中的分量，使习作教学更具系统性、针对性和可操作性。除了在阅读单元有序地安排习作训练外，教材还按照学生习作能力发展的规律，在中、高年段每册教材安排了一个习作单元，使学生的阅读与表达能力均衡发展。

1. 单元习作

（1）双重任务。从三年级开始，每个单元都安排了习作训练栏目，跟阅读课文共同构成完整的阅读写作链，避免了以往教材阅读与写作分开的局面，也让教师教学授课时有了明确的目标。阅读是感悟，写作是表达，二者相辅相成。阅读教学是培养学生在理解课文的过程中感悟语言文字，作文教学是培养学生在写作的过程中运用语言文字表达事物及自己的思想。

细心的教师会发现，单元导读页用“双线结构”明确了单元教学的核心素养任务，语文要素线又包含了“阅读要素”“习作表达要素”，以此提示教学任务。以五年级上册第一单元为例，单元导读页中有两个语文要素，前一个是阅读课文的阅读任务“初步了解课文借助具体事物抒发感情的方法”，后一个针对习作“写一种事物，表达自己的感情”而设置，也告诉教师，阅读课文的授课应该积极引导学生把阅读和习作联系起来。

（2）单元习作的栏目构成。单元习作板块一般排在口语交际板块之后，其页面安排有如下特点：引出习作的内容；列举内容的相关素材；构思，提示习作的写作思路；习作后再修改和润色。

（3）单元习作要素与习作内容。五、六年级的习作是中学段习作的进一步发展，为顺利进入初中阶段的写作做好铺垫。常规单元内的习作内容和目标，不一定与阅读内容和目标存在对应关系。大多数单元习作的内容都把阅读课文和习作联系了起来，学生可以学习课文的谋篇布局，掌握观察的方法，在写作时还可以以课文为范文加以模仿，产生了比较好的效果。

表 10－7 以五年级上册为例，考察阅读课文内容和习作内容的关联性。

表 10－7　五年级上册阅读课文和习作的内容联系

单元	阅读课文内容	习作要素	习作内容
一	一花一鸟总关情	写一种事物，表达自己的感情	我的心爱之物
二（阅读策略单元）	阅读要有一定的速度	结合具体的事例写出人物的特点	“漫画老师”
三	民间故事	提取主要信息，缩写故事	缩写故事
四	家国情怀	学习列提纲，分段叙述	二十年后的家乡
五（习作单元）	说明文以“说明白了”为成功	收集资料，用恰当的说明方法把某一种事物介绍清楚	介绍一种事物
六	舐犊之情	用恰当的语言表达自己的看法和感受	我想对您说
七	四时景物皆成趣	学习描写景物的变化	______即景
八	读书	根据表达的需要，分段表达，突出重点	推荐一本书

（4）单元习作的训练形式。作为阅读单元的组成部分，习作板块的训练应该与单元的其他板块构成一个训练整体，与阅读课文一起完成习作的任务。部编教材对于学生习作的指导性更强，操作性也更强。通过对 3—6 年级教材单元习作的分析，可以看出这个板块的训练方式包含五个步骤。下面以五年级下册第一单元的单元习作为例，了解其训练形式。这个单元习作的主题是“那一刻，我长大了”。

步骤一，学会选材。教材首先引出话题“翻阅影集、日记……回忆自己成长的历程，有没有某一个时刻、某一件事情让你突然觉得自己长大了?”然后用三个素材进一步提示：

今年我过生日，妈妈给我切蛋糕的时候，我发现她的眼角出现了浅浅的皱纹……

今天爷爷走了很远的路，给我买了一双心爱的球鞋。接过爷爷递来的球鞋，我感觉手上沉甸甸的……

三年级的时候，第一次在全校开学典礼上发言，我很紧张。看到同学们鼓励的目光，我又有了信心……

这样处理能避免学生习作时无从下手的情况发生，帮助学生打开思路。

步骤二，确定主题。这次习作的主题在引出话题就定好了调：“突然觉得自己长大了”，在列出三个素材时又突出“我”的感受，“我发现”“我感觉”“我又有了信心”，字里行间蕴含着“我长大了”的内容。

步骤三，构思并列好大纲。对于小学生来说，习作的篇章安排是个难点。在课文的讲解中，梳理出课文的思路是阅读的重点。教师一般会作积极的引导，并通过板书来明确。在习作训练中，教材又详细安排了提示，帮助同学们顺利完成习作，并慢慢形成先构思再撰写的好习惯。如：

这次习作，写一件自己成长过程中印象最深的事情，要把事情的经过写清楚，还要把感到自己长大了的“那一刻”的情形写具体，记录当时的真实感受。题目自拟。

步骤四，撰写。

步骤五，写好后跟同学交流，再修改。

2. 习作单元

部编教材从三年级开始每册编排一个习作单元，五、六年级教材除了六年级下册放在第三单元外，其他全部放在第五单元。作为一个独立单元，习作单元整合了习作教学内容，不要求习作紧紧依附于阅读单元，不再受制于单元主题和文体，同时又与各单元课文内容相辅相成，从而不断提升小学生的习作能力。

习作单元是部编版小学语文教材中一个以培养习作能力和素养为主线的特殊单元，突出习作兴趣、策略、方法等的全方位培养。习作例文选取的课文贴近儿童的生活，便于学生仿写。新设置的习作单元区别于一般的阅读课文单元，是一个全新的序列体系，包括六个部分的内容，即单元导语、阅读课文和“交流平台”“初试身手”“习作例文”“习作”。这些部分循序渐进地形成一个读写融合的训练体例。

（1）单元导语介绍本单元的学习目标，鲜明地体现了双线结构，每个单元都贯穿人文主题和语文要素两条线索。如果说语文要素是一切教学板块的核心，那么习作单元就是围绕语文要素开展语言运用的平台。

（2）阅读课文与习作的语文要素是高度一致的。课文让学生学习表达的方法，聚焦部分，深入内部。教读课文在理解内容、积累语言方面不作更多要求，而是注重引导学生体会课文在表达上的特点，从阅读中学习习作方法；从教读课文的选材来看，范围较广，但选文都指向本单元习作要素，重在让学生学习表达方法。

（3）“交流平台”是对习作单元表达方法的归纳和总结，可以说是习作单元的灵魂，起着承前启后的重要作用。

（4）“初试身手”是让学生在初步尝试中学会运用表达方式。这个部分主要通过口头训练、小练笔等形式开展，给学生提供语言实践的机会，引导学生把在教读课文中学到的表达方法运用到具体情境中，以此为最后的成篇习作做铺垫。

（5）“习作例文”是学生进行习作的范例，可供学生模仿和借鉴。例文与教读课文有联系也有区别，联系在于两者都指向单元习作要素，但要素指向又各有侧重点，习作例文篇幅较短，语言贴近儿童的特点，类似小学生佳作；而教读课文则侧重于深层次的表达方法呈现与探究。

（6）“习作”是本单元学习成果的展示，在这个环节，学生形成完整的习作，完成单元教学目标，展示作文成果，不断提升写作能力。

五、六年级的习作单元训练体系见表10－8。

表 10－8　五、六年级的习作单元训练体系

年级	单元习作要素	课文	交流平台	初试身手	例文	习作策略
五上	搜集资料，用恰当的说明方法，把某一种事物介绍清楚	说明文《太阳》《松鼠》	说明文的相关知识	选择身边的一种事物，试着运用多种方法来说明它的特征	说明文《鲸》	介绍一种事物（动物、植物、物品、美食等）： 1. 写清楚事物的主要特点 2. 试着用上恰当的说明方法 3. 可以分段介绍事物的不同方面
五下	初步运用描写人物的基本方法，具体地表现一个人的特点	小说节选《人物描写一组》和小说《刷子李》	三种刻画人物的方法	课间十分钟观察一位同学，试着用学过的方法写一写他	学习和模仿两篇以记人为主的叙事散文	真实地描写一个人（形形色色）： 1. 运用本单元学过的描写人物的方法，具体地表现人物的特点 2. 记得要选取典型的事例
六上	从不同方面或选取不同的事例，表达中心意思	1. 《夏天里的成长》怎样围绕中心句来写 2. 《盼》围绕“盼”写了“我”哪些变化	围绕中心，从不同的方面选取不同的事例	判断一位同学围绕“戏迷爷爷”这个题目选的材料	学习和模仿两篇例文如何选取典型的事例突出中心	选择一个感受最深的汉字，围绕中心意思写一篇习作： 1. 可以写生活中发生过的事情，也可以写想象故事 2. 围绕中心意思，从不同的方面或选择不同的事例来写 3. 可以先拟提纲
六下	选择合适的内容写出真情实感	1. 抒情散文《匆匆》通过对比和联系大自然反思自我 2. 叙事散文《那个星期天》在细致的叙事中真实自然表达内心感受	把情感融入具体的人、事或景物中，也可以直接写出来	心情不同时，对身边事物的感受也会有所不同。就这两种状态，练一练	学习和模仿例文，如叙事散文《别了，语文课》借助具体的事例和独白书写自己的内心感受	选择一种印象最深的感受写一篇文章，让真情自然流露： 1. 先回顾事情的经过 2. 回忆当时的心情 3. 把真情实感自然地表达出来

五、六年级教材所安排的四次专项习作训练，层层递进，从单元习作要素出发，形成“单元导语明确要素目标—教读课文学习表达方法—初试身手尝试运用—习作例文巩固方法—习作独立运用方法”的培养路径。

3. 多元化辅助训练

部编教材倡导“读写并重”的理念，将习作提到了与阅读同样重要的地位，教材中编排了相对完整的习作教学内容，构建了表达能力训练的三条途径，即独特的习作单元、一般单元中的习作练习以及部分教读课文后的“小练笔”等为习作服务的栏目。

（1）“小练笔”。教材中的“小练笔”栏目是一种介于造句练习和习作之间的随文表达训练，重在读写结合、以读促写，能有效促进学生深入领悟文本，培养习作兴趣，提高表达能力。“小练笔”多位于课后，也有部分位于语文园地板块的“词句段运用”栏目。

五、六年级的“小练笔”一般以课文内容或主题的延伸和拓展为主。如五年级上册《落花生》的课后题：花生会让我们想到那些默默无闻作贡献的人。看到竹子、梅花、蜜蜂、路灯等事物，你会想到哪些人？选择其中一个，试着写一段话。

这个题目是对课文内容的延伸，让学生能联系生活谈谈做人的品格。

六年级上册第四单元《穷人》的课后“小练笔”：

“是啊，是啊，”丈夫喃喃地说，“这天气真是活见鬼！可是有什么办法呢！”两人沉默了一阵。

沉默中，桑娜会想些什么呢？联系课文内容，写一写桑娜的心理活动。

这个训练要求在熟读课文的基础上，正确把握桑娜的品格特征，推测她的内心活动。

除了单元习作、小练笔外，教材中还有一些习作单项练习，内容涵盖标点符号的用法、习作修改、语言积累等多个方面，是部编教材习作训练的有机组成部分。

（2）“选做”。“选做”是部编小学语文教材的一大特色，附在课文练习的最后，3—6年级共安排了22次。“选做”内容与课文高度相关，主要是对课文内容的改编、拓展或创造；形式也丰富多彩，有写一写、说一说、讲一讲、演一演、读一读、抄一抄等，都指向学生写作能力的发展与提升。例如，读故事、摘抄、查阅资料等就是在积累语言，为写作打基础；将课文改编成剧本并演出来，就是在内化对话、表情等对刻画人物形象的作用，基本上也是为单元习作服务的。

部编教材中，习作单元、单元习作、小练笔、单项练习相互配合，形成一个训练、提升学生习作能力的网络。

三、习作类型

从上表可以看出，单元习作和四个习作单元的主题内容涉及课程标准指出的“记实作文”“想象作文”“应用文”三大类，训练项目由写物、写人、写物到表达真情实感，既巩固了所学知识，又提高了写作能力。

1. 文学类

教材中，教读课文、自读课文及习作例文以文学作品为主，即使是以说明介绍为主的说明文和小品文，也是采用生动活泼的语言，以增强文章的形象性。五、六年级的习作以文学类文章的训练为主，主要类型是写一件事、编故事、写一个人等，这类习作以培养观察能力为基础，采用全文构思写作的形式。

（1）记实作文。主要是记人记事，提供和提示的素材在学生的身边都可以找到。如五年级上册第一单元习作“我的心爱之物”，可以从自己身边来选材，沿着“是什么”“如何得到”“为什么是我的心爱之物”的思路来构思。

（2）想象作文。想象作文就是以想象出来的人、事、物、景为背景而写的作文。这类作文有利于学生想象力、创造力的培养，能让学生体会到自由、创意地表达带来的成就感。想象作文在五、六年级安排了四次。例如六年级上册第一单元，以自读课文《花之歌》为依托，假设“你有这样一个机会，把自己变成另一种事物，会发生什么呢?”让学生发挥想象，把自己“变形”后的经历写下来。

2. 应用文类

小学阶段的应用文，主要是学习日常生活和人际交往中必不可少的文种，如说明文、通知、日记、书信、解说词、演讲稿、倡议书、简单的研究性报告。第三学段的应用文以说明文为主，还有列提纲、写倡议书、推荐一本书等。

第三学段的习作类型见表 10－9。

表 10－9　第三学段的习作类型

单元	五上	五下	六上	六下
一	记实作文:我的心爱之物(样子、如何得到、为何成为心爱之物)	记实作文:那一刻,我长大了(写一件自己成长过程中印象最深的事情)	想象作文:变形记(自选一个题目,发挥想象,把自己“变形”后的经历写下来)	说明文:家乡的风俗(介绍家乡的一种风俗或写一写你参加风俗活动的经历)
二	记实作文:“漫画老师”(外貌、性格、喜好及一两件能突出其特点的事情)	记实作文:写读后感(先简单介绍内容,再选择感触最深的内容,写出自己的感想)	记实作文:多彩的活动(选一次活动写下来)	片段习作:写作品梗概(选择读过的一本书写梗概)
三	片段习作:缩写故事(摘录、删减、概括、改写)	(综合性学习)	半命题记实作文:______让生活更美好(自选一个话题,思考它是怎样影响你的生活的,为何让你觉得生活更美好)	记实作文:选择一种印象最深的感受写一篇文章,让真情自然流露
四	应用文:列提纲(题目、开头、中间、结尾)	半命题记实作文:他______了(把题目补充完整,把事情的前因后果完整写下来)	记实作文:笔尖流出的故事(自选一组环境和人物,展开丰富的想象,创编故事)	想象作文:插上科学的翅膀飞(写一个科幻故事,将头脑中的想象记录下来)
五	应用文:介绍一种事物(动物、植物、物品、美食等)	记实作文:真实地描写一个人(形形色色的人)。	记实作文:选择一个感受最深的汉字,围绕中心意思写一篇习作	

续表

单元	五上	五下	六上	六下
六	记实作文:我想对您说(写一封信:对谁说、说什么)	想象作文:神奇的探险之旅(编一个惊险刺激的探险故事)	应用文:学写倡议书(仿照例文,就你关心的问题写一份倡议书)	
七	记实作文:______即景(写下观察所得:按顺序、抓变化)	说明文:中国的世界文化遗产(从中国的世界文化遗产中选择一处你感兴趣的介绍给别人)	说明文:我的拿手好戏(列一个提纲,点明拿手好戏,先简单介绍,然后具体些介绍)	
八	应用文:推荐一本书(介绍图书信息,重点写推荐理由)	议论文:漫画的启示(选一幅漫画,借助漫画标题或者简单的文字提示,联系生活中的人,思考漫画的含义、获得的启示)	记实作文:有你,真好!(确定好对象、缘由、事件、场景)	

四、具体化的习作指导

1. 习作内容生活化

习作题材来源于学生的生活，一方面是重视学生对生活的发现，另一方面是让学生能够有话可写。五年级的单元习作“我的心爱之物”，六年级的单元习作“多彩的活动”等，都是基于学生生活经验设置的题目。从学生的生活经验出发，容易激发学生的写作兴趣。与此同时，教材还注意突出学生的主体性，如五年级的单元习作“我想对您说”“推荐一本书”“那一刻，我长大了”等，六年级的单元习作“我的拿手好戏”“让真情自然流露”等，都从学生自身出发，让学生写自己感受最深、印象深刻的事物。

2. 注重思维能力的培养

新课程标准立足学生核心素养发展，充分发挥语文课程的育人功能，注重发展思维能力，提升思维品质。注重培养学生在语文学习过程中的联想想象、分析比较、归纳判断等认知表现，主要包括直觉思维、形象思维、逻辑思维、辩证思维和创造思维。如五年级的习作单元“介绍一种事物”，第七单元的单元习作“______即景”，要求观察自然现象或者一处自然景观的变化，写下观察所得。培养观察能力，能改变学生无话可写、习作内容单一的状况。

3. 书面和口语表达双向并行

习作单元注重学生的交流性与分享性。教材中，大部分习作单元都要求学生完成之后进行分享与交流，重视学生发展的全面性，也让学生学会在分享过程中懂得借鉴，获得启发。

4. 习作指导具体化

教材中的每次习作都力争提供一定的写法上的支持。有的是直接提供例文，更多的是进行写作思路的指导，每一次训练的指导从习作内容开始，具体到选材、构思、注意事项，极尽细致到位，让学生能轻松下笔，逐渐掌握方法。习作单元的教读课文大多选取名家名篇，无论是语言还是表达结构都堪称经典，非常适合学生消化吸收、模仿运用。

五、五年级上册习作单元课文分析

1. 主题与题材

本单元围绕说明文写作这一写作任务，安排了《太阳》《松鼠》两篇教读课文，《鲸》《风向袋的制作》两篇习作例文以及“交流平台”“初试身手”“习作例文”和“习作：介绍一种事物”的习作训练。单元导读页中叶圣陶的话“说明文以‘说明白了’为成功”，点明本单元习作任务是学会用一定的说明方法把所介绍的事物说清楚；单元导读页还提示了本单元的语文要素是“阅读简单的说明性文章，了解基本的说明方法。搜集资料，用恰当的说明方法，把某一种事物介绍清楚”。从单元提示到课后习题，各个部分都力求从内容和形式上凸显这一语文要素，使整个单元成为互相联系的有机整体。

说明性文章对第三学段的学生来说并不陌生，他们在中、低年级就学过《蟋蟀的住宅》《纳米技术就在我们身边》等课文，在日常生活中也会阅读科普读物、说明书等，为这个单元的习作打下基础。

《太阳》是一篇常识性课文。《松鼠》是一篇集知识性、科学性、趣味性为一体的文艺性说明文。从说明重点来看，《太阳》侧重于介绍太阳的特点和作用，《松鼠》侧重于介绍松鼠的外貌、性格和行动；从表达方法来看，《太阳》运用了列数字、举例子、打比方等说明方法，而《松鼠》主要是采用比喻、拟人手法生动形象地说明事物；从语言风格上来看，《太阳》的语言精练平实，而《松鼠》的语言生动传神，极具文学色彩。具体内容如表 10－10 所示。

表 10－10　五年级上册习作单元的课文内容

课文	体裁	主题	题材
《太阳》	平实说明文	帮助我们了解太阳的有关知识，激发科学探究精神。	课文介绍了有关太阳的知识，说明了太阳与人类的关系。主要内容由两部分构成：先从“远”“大”“热”三个方面介绍了太阳的有关知识；再说明太阳对人类的作用，包括对动植物、资源的影响，在杀菌、治疗疾病等方面的作用。
《松鼠》	文艺性说明文	帮助我们了解松鼠的习性，表达出作者对松鼠的喜爱之情。	全文共 5 个自然段，围绕“松鼠是一种漂亮的小动物，乖巧，驯良，很讨人喜欢”，介绍了松鼠的外形、活动范围、活动时间、行动特征、搭窝过程及生育情况。

2. **语文要素和训练要求**

围绕“体会作者是怎样留心观察周围事物的”“仔细观察，把观察所得写下来”的习作要求，本单元两篇教读课文的语文要素和训练要求可用表 10－11 来表示。

表 10－11　五年级上册习作单元课文的语文要素和训练要求

课文	认读与书写	阅读	说明方法	口语训练	思维培养	阅读训练
《太阳》	认读 4 个生字；书写 9 个生字	默读	掌握作者运用的说明方法	说说作者运用了哪些方法介绍太阳，体会运用这些方法的好处	概括课文是从哪几方面来介绍太阳的	抓住要点，了解文章的基本说明方法。阅读简单的非连续性文本，能从图文等组合材料中找出有价值的信息
《松鼠》	认读 8 个生字；书写 11 个生字	默读	找出课文中相关的句子，体会列数字说明和生动形象地说明的差别	和同学们交流松鼠的特点	把从课文中获得的有关松鼠的信息分条写下来	

3. **单元语文核心素养**

语言运用：学习课文生字词，掌握常用的多音字；学习和积累表达准确的词句；把默读和做批注结合起来；在阅读中随文识字，结合上下文理解一些难句，体会准确、生动、形象的表达；学习和体会课文用恰当的说明方法说明事物特点的句子的特色。

思维能力：归纳和梳理本单元两篇说明文所运用的说明方法，并能体会其不同之处，培养抽象思维能力。

审美创造：感受作者运用恰当的说明方法说明事物所产生的魅力。

文化自信：阅读科普作品，增厚自己的科学素养。

六、五年级下册习作单元课文分析

1. **主题与题材**

本单元围绕着“刻画人物形象”这一习作主线，安排了两篇教读课文《人物描写一组》和《刷子李》，“交流平台”和“初试身手”栏目，以及两篇习作例文《我的朋友容容》《小守门员和他的观众们》。单元导读页中的“字里行间众生相，大千世界你我他”，点明了本单元的人文主题；“学习描写人物的基本方法。初步运用描写人物的基本方法，具体地表现一个人的特点”，提示了本单元学习的语文要素。两篇教读课文的主要内容见表 10－12。

表 10－12　五年级下册习作单元的课文内容

课文	体裁	主题	题材
《人物描写一组》	人物描写片段	《摔跤》刻画嘎子顽皮、机灵的形象。	描写了小嘎子和胖墩儿比赛摔跤的情景。
		《他像一棵挺拔的树》生动形象地刻画了一个健壮、自信、乐观的车夫形象。	写骆驼祥子刚进城时身强体壮，精神劲头十足，健壮，朴实，充满生机。
		《两茎灯芯》刻画严监生吝啬的形象。	讲述了严监生临终前因灯盏点了两茎灯草，不肯断气，直到赵氏挑掉了一茎才咽气的故事。
《刷子李》	小说	告诉我们手艺人必须有真本事，而真本事是精益求精、勤学苦练得来的，表达了作者对奇人刷子李的肯定和由衷的赞叹。	通过描写曹小三观察师傅刷墙的细节，体现其从崇敬到质疑再到崇敬的心理变化过程，侧面反映刷子李的高超技艺。借一件极富戏剧性的小事窥见人物的大本领、大智慧。

2. 语文要素和训练要求

围绕本单元"学习描写人物的基本方法""初步运用描写人物的基本方法，具体地表现一个人的特点"的习作要求，让学生交流、明确课文描写人物的基本方法，学习并模仿课文所运用的人物描写方法，把一个人的特点写得具体生动。具体内容如表 10－13 所示。

表 10－13　五年级下册习作单元的语文要素和训练要求

课文	认读与书写	阅读	写作方法	口语训练	思维培养	阅读训练
《人物描写一组》	认读 12 个生字；掌握 1 个多音字；书写 15 个生字	默读	三个片段分别用了哪些描写人物的方法	说一说哪些语句用了描写人物的方法	思考不同的人物描写方法有什么好处	阅读叙事性作品，了解事件梗概，能简单描述印象最深的场景、人物、细节，说出自己的喜爱、憎恶、崇敬、向往、同情等感受
《刷子李》	认读 7 个生字；书写 14 个生字	默读	体会作者如何通过徒弟曹小三的反应，间接（侧面）写出刷子李的高超技艺	和同学们交流刷子李这个人物的特点	画出描写刷子李和曹小三的语句，体会课文是怎么写出刷子李的特点的	

3. 单元语文核心素养

语言运用：学习课文生字词，掌握常用的多音字；学习和积累表达准确的词句；把默读和做批注结合起来；在阅读中随文识字，结合上下文理解一些难句，体会准确生动的表达；把握文章和片段刻画人物的方法。

思维能力：归纳和梳理本单元课文描写人物的方法，体会其不同之处；阅读课文时想象课文的画面。

审美创造：感受作者笔下人物的性格特征，体会作者家思想感情，提高自己的审美情趣。

文化自信：学习描写人物的方法，感受经典作品的魅力，激发阅读中外名著的兴趣。

七、六年级上册习作单元课文分析

1. 主题与题材

本单元围绕着“围绕中心意思来写”这一习作主线，安排了两篇教读课文《夏天里的成长》和《盼》，“交流平台”和“初试身手”栏目及两篇习作例文《爸爸的计划》《小站》。单元导读页中的“以立意为宗，不以能文为本”，点明了本单元的人文主题。教师教学时要引导学生把握课文的主要内容，体会文章是怎样围绕中心意思来写的，学会从不同方面或选取不同事例，表达中心意思。

本单元的两篇课文语言浅显易懂。《夏天里的成长》围绕中心句，从生物、事物和人的成长三方面来感受“夏天是万物迅速生长的季节”，起到很好的例文示范作用。《盼》重在为了让学生理解“如何选取不同的事例，突出表现中心意思”，让学生学习如何“把重要的事例写具体”。具体内容见表 10－14。

表 10－14　六年级上册习作单元的课文内容

课文	体裁	主题	题材
《夏天里的成长》	散文	感悟青少年时期的重要性，启迪我们要珍惜时光。	围绕“夏天是万物迅速生长的季节”这个中心意思，选取了绿蔓、竹林、高粱、稻秧、甘蔗等生物的生长情况和水、瀑布、河、铁轨等没有生命体征的物质的生长情况，最后写到人的成长。文章最后点明了“人要赶时候，赶热天，尽量地用力地长”的道理。
《盼》	散文	表现女孩子成长过程中天真可爱的天性，盼着穿上雨衣在雨中行走的快乐。	课文以小女孩的视角叙述妈妈为“我”买了一件绿色的新雨衣，“我”爱不释手，从此日日夜夜盼望着天阴下雨，好有机会穿上它。好不容易有一天真的下雨，“我”多次找借口想穿雨衣外出，但都被妈妈拒绝。令人惊喜的是，第二天一早又下起了雨，“我”终于得偿所愿。

2. 语文要素和训练要求

单元导读页中的“体会文章是怎样围绕中心意思来写的。从不同方面或选取不同事例，表达中心意思”，提示了本单元学习的语文要素。具体内容如表 10－15 所示。

表 10－15　六年级上册习作单元的语文要素和训练要求

课文	认读与书写	阅读	写作方法	口语训练	思维培养	阅读训练
《夏天里的成长》	认读并书写 9 个生字	默读	围绕中心句来写	说一说	思考作者围绕中心句从什么角度来写；能发现不同类型文本的结构方式和语言特点，感受作品内容、表现形式上的不同	独立阅读散文，在阅读过程中能获取主要内容，能用文字、结构图等方式梳理作品的行文思路
《盼》	认读并书写 13 个生字	默读	语言、心理活动刻画	和同学交流课文中写得生动的句子	围绕“盼”写了“我”的哪些表现	

3. 单元语文核心素养

语言运用：学习课文生字词，掌握常用的多音字；学习和积累表达准确、生动、形象的词句；把默读和做批注结合起来；在阅读中随文识字，结合上下文理解一些难句，体会准确生动的表达；学习围绕中心意思合理选材的写作方法。

思维能力：归纳和梳理本单元课文围绕中心意思选取不同方面或不同事例描写的方法，体会其不同之处；阅读课文时想象课文的画面，发展形象思维能力。

审美创造：走进广阔的文学艺术世界，品味作品语言，欣赏艺术形象。

文化自信：阅读表现人与自然、人与社会的优秀文学作品，体会人类美好的情感，珍惜时光，热爱生活。

八、六年级下册习作单元课文分析

1. 主题与题材

本单元围绕着“表达真情实感”这一习作主线，安排了两篇教读课文《匆匆》《那个星期天》，“交流平台”和“初试身手”栏目及两篇习作例文《别了，语文课》《阳光的两种用法》。单元导读页中的“让真情在笔尖流露”，点明了本单元的人文主题，教师教学时要引导学生体验和感受生活，把握散文这种体裁是如何表现作者的所见所闻和所感的。

本单元两篇文章都以第一人称视角叙述发生在自己身上的事，在情感上都有对时光易逝的无奈、惋惜、惆怅。两篇课文表达情感的方式各不相同。《匆匆》通过运用设问、排比、比喻、拟人等修辞手法表达对时光飞逝的惋惜和感叹，侧重把情感直接表达出来。而《那个星期天》既通过动作描写，也通过对内心的刻画，融情于具体的人、事和景物中，在叙述中自然而然地流露情感。具体内容如表 10－16 所示。

表 10－16 六年级下册习作单元的课文内容

课文	体裁	主题	题材
《匆匆》	散文	抒发了时不我待的遗憾和感慨。	本文围绕“匆匆”展开叙述，先由景及人，写人类日子一去不复返的特点；接着由面到点，通过一天的日子展示自己八千多个日子的来去匆匆和稍纵即逝，面对时光的无情流逝，思绪万千，叹息不已。
《那个星期天》	小说	表现了孩子期待已久而又落空失望的心理过程，也表现了母亲从早到晚操劳家务的辛劳。	课文写了一个小男孩在一个星期天里等候母亲带他出去玩的经历。一开始他既兴奋又满怀期待，后来因为母亲一拖再拖而焦急万分，最后因母亲没有兑现承诺而失望、委屈乃至绝望。课文通过大量的细节描写，细腻而生动地表现了小男孩的心理变化过程，展示了“我”细腻、敏感、丰富的情感世界。

2. **语文要素和训练要求**

单元导读页中的“体会文章是怎样表达情感的。选择合适的内容写出真情实感”，提示了本单元学习的语文要素。具体内容见表 10－17。

表 10－17 六年级下册习作单元的语文要素和训练要求

课文	认读与书写	阅读	写作方法	口语训练	思维培养	阅读训练
《匆匆》	认读并书写 6 个生字	朗读	问句的使用；比喻、拟人及对比手法	说一说课文一连串的问句表达了作者怎样的内心感受	思考作者是怎样表达思想感情的	阅读叙事性作品，了解事件梗概，能简单描述印象最深的场景、人物、细节，说出自己的喜爱、憎恶、崇敬、向往、同情等感受
《那个星期天》	认读并书写 13 个生字	默读	动作、语言、心理活动刻画	说说在这一天里“我”的心情经历了什么样的变化	思考作者是怎样表达思想感情的，跟《匆匆》有何区别	

3. **单元语文核心素养**

语言运用：学习课文生字词，掌握常用的多音字；学习和积累表达准确、生动、形象的词句；把默读和做批注结合起来；有感情地朗读课文；在阅读中结合上下文理解作者表达思想感情的语句，体会准确生动的表达，并用在习作中。

思维能力：阅读课文时展开想象，发展形象思维能力；能感受和区分两篇课文不同的情感表达方法。

审美创造：走进广阔的文学艺术世界，欣赏艺术形象，品味作者细腻的思想感情。

文化自信：阅读表现人与自然、人与社会的优秀文学作品，体会人类美好的情感，珍惜时光，热爱生活。

第四节　第三学段语文园地综合分析

语文园地是部编教材单元整体教学中的重要板块，集实践性与综合性于一体，是单元知识的梳理和总结，是单元内容的概括和延伸，与单元内容构成完整的教学训练体系，把语文知识向生活实践延伸、向课外阅读延伸，和其他板块一起，形成了语文学习和能力训练的单元体系，对培养学生的语文素养具有重要作用。小学五、六年级，除了每册一次的习作单元、下册的一次综合性学习不安排语文园地之外，每个主题单元后面都安排了该板块，设置了“交流平台”“词句段运用”“日积月累”“书写提示”等栏目。

一、教学任务

语文园地是学生学习检测的重要平台，极大地丰富了语文学习的内容，是学生提升语文素养的重要阵地。语文园地中，每一栏目所承载的目标任务既有所侧重，又不能截然割裂。

1. 梳理和整合

作为一个单元“终点站”的语文园地，起着对本单元的语文要素进行知识与方法的梳理、巩固、提升，帮助学生查缺补漏，充分调动学生的兴趣，拓展及丰富学生的语言材料，提高学生的综合应用能力等作用。

例如五年级上册第六单元的语文园地共安排了三个栏目的内容。围绕本单元的语文要素“体会作者描写的场景、细节中蕴含的感情”，“交流平台”先提出问题“怎样才能更好地体会作者表达的感情呢?”之后针对课文《父爱之舟》《慈母情深》展开分析，详细引导学生在阅读的时候注意品味印象深刻的场景、细节，更好地体会作者表达的思想感情。“词句段运用”安排了三项内容：一是联系课文内容，体会不同形式结尾的特点；二是体会本单元教读课文中的两个场景描写在课文中的作用；三是从例句中学习思考，写出自己成长中新的认识和感受。这三项都是对课文的梳理和运用。“日积月累”安排了一组古代圣贤提倡勤俭节约的名句，让学生通过朗读了解其中蕴含的道理，理解父母的不易，养成勤俭节约的习惯。

2. 巩固、积累和提高

语文园地是一个单元教学的归宿，其中呈现的知识与单元的人文主题、语文要素、阅读课文都会产生直接或间接的联系。其中一个任务就是巩固课堂所学知识，增加积累。这些内容分布在各个栏目里，以不同的形式出现，引导学生在自主发现的基础上写字、说句子，是对知识、技能的拓展性训练。

例如五年级上册第三单元是民间故事单元，语文园地中的“交流平台”围绕故事的分享、小创作告诉同学们，可以把自己设想成故事中的人物，以他的口吻讲故事，可以大胆想象，为故事增添合理的情节，还可以变更情节的顺序等，来讲好故事。“词句段运用”栏目的设计很巧妙，用一组俗语和一组成语让学生体会民间文学的语言运用和一般文章的区别。

字词句的掌握是语文学习的基础，词语教学的最终目标是会运用。在课文学习的基础上，语文园地的相关栏目会增加一些实践性比较强的栏目，引导学生更好地理解词语，感悟词语在不同语境下的运用。

3. 自主和合作学习

语文园地是语文“双基”训练的重要园地，为学生提供自主学习的平台。自主学习应是学习语文园地的主要学习方式。在语文园地的教学中，常常有许多识记巩固类的练习，此时可以发挥小组的团队精神，让学生更有效地自习。例如六年级下册第四单元的语文园地“交流平台”栏目：“一个好的开头，可以激发读者阅读的兴趣；一个好的结尾，可以增强文章的感染力，令人回味无穷。回顾下面的这些开头和结尾，你有什么发现？再找一些你认为写得好的文章，把开头和结尾列出来，和同学一起分析这样写的好处。”交流的形式是“和同学一起分析”，注重合作与交流。

4. 承担实践活动的任务

课程标准关于“课程实施”的教学建议里，有一条很重要，即“创设真实而富有意义的学习情境，凸显语文学习的实践性”，语文园地成了学生提升语文素养的重要阵地。

创设学习情境，教师应利用无时不有、无处不在的语文学习资源与实践机会，引导学生关注家庭生活、校园生活、社会生活等相关经验，增强在各种场合学语文、用语文的意识，建设开放的语文学习空间，激发学生探究问题、解决问题的兴趣和热情，引导学生在多样的日常生活场景和社会实践活动中学习语言文字运用。

五年级下册第二单元是名著单元，要求初步学习古典名著的方法并学习写读后感。如何引导阅读呢？语文园地中的“交流平台”先给出了三种方法：联系上下文；遇到一些较难理解的语句，不用反复琢磨，只要知道大概就可以了；借助资料。最后提了一个生活化的建议：“我结合看过的电影、电视剧，加深了对课文的理解，得到了更多阅读的乐趣。”这样的提示容易让学生找到阅读的思路，也培养了形象思维的能力。

5. 跨学科拓展

新课程标准拓展型任务群关于“跨学科学习”给出了相关的建议：“本学习任务群旨在引导学生在语文实践活动中，联结课堂内外、学校内外，拓宽语文学习和运用领域；围绕学科学习、社会生活中有意义的话题，开展阅读、梳理、探究、交流等活动，在综合运用多学科知识发现问题、分析问题、解决问题的过程中，提高语言文字运用能力。”

教材在语文园地栏目的设计上，以精彩纷呈的图片和形式多样的竞技题，引导学生打开思路，发散思维，拓展知识。同时注重各科之间的整合，把“做、唱、画”等引入语文教学，以此来“激发”“领悟”“延伸”“拓展”，培养学生的语文素养，这是一种行之有效的教学方法。如五年级上册第七单元“词句段运用”的训练设计：“元旦快到了，为元旦联欢会设计一张海报吧。要有打动人的宣传语，还可以配上好看的图画，看看谁制作的海报吸引人。”艺术本来就是一家，语言艺术是各种艺术的基础，设计海报，既是语言的运用和美术技能的展示，更是审美能力的综合体现，很好地落实了核心素养的理念。

二、栏目构成

五、六年级教材中的语文园地共有 13 个。为顺应高年级学生认知思维发展的规律，每个单元的语文园地跟中、低学段有很大不同，栏目减少了，以“交流平台”“词句段运用”和“日积月累”三个栏目为主，每册保留两个“书写指导”栏目，注重学生综合能力的提升，体现小学语文教学中低年级向高年级的过渡。

1.“交流平台”

（1）训练任务。“交流平台”旨在帮助学生总结方法，梳理单元学习重点，鼓励学生自主发现，展示自主发现的学习成果。该栏目主要有三个方面的作用：一是发现语言现象，渗透语文知识，使学生初步感受语言规律，培养阅读习惯；二是对本单元的学习重点、学习方法进行梳理、总结、提升，加深学生对本单元学习重点的理解和学习方法的掌握，把语文要素具体化、清晰化；三是学生学习成果的交流与展示。

例如，五年级上册第二单元的语文要素是“学习提高阅读速度的方法”，该单元语文园地中的“交流平台”属于“对话式”，内容是提高阅读速度的四种基本方法。教师可以把这些方法融入单元课文的教学中，到了“交流平台”的教学时，学生已有丰富的实践感受，再通过这个栏目的梳理和归纳，视野就会打开，方法也就掌握了。

（2）训练内容与方式。“交流平台”在整个单元中具有承前启后的作用，是对本单元学习方法的梳理总结，是打通阅读与表达的桥梁，非常关键。通过对阅读单元和习作单元的汇总，发现普通单元的“交流平台”重在梳理和归纳单元所学内容，往往通过分点的形式给出明确的指导，侧重阅读能力的提升，习作单元则重在对起例文作用的课文进行归纳和梳理，提示习作的方法，侧重习作能力的提高。

例如五年级上册第二单元语文园地的“交流平台”以对话的形式归纳了四种提高阅读速度的方法，直接对应单元导读中的语文要素。

“交流平台”还重视学生的自主发现，展示自主发现的学习成果，通过多种方式呈现训练内容，有对话交流式、读写例话式、示例归类发现规律式、成果展示交流式、总结交流式等，积极引导学生自主学习。

2.“词句段运用”

字、词、句、段、章的学习是语文课最基础的环节，以培养学生规范恰当地运用书面语言的能力。从三年级上册开始，教材在每个单元的导读页点明人文主题和语文要素，通过 3—4 篇课文的导学系统和课后思考练习题落实语文要素并贯穿方法指导，在“交流平台”中梳理总结，进一步提炼方法，最后在“词句段运用”或“习作”中加以实践运用。

（1）编排特点。“词句段运用”是语文园地中一个重要的栏目，旨在通过实际教学和练习进行语言文字的实践运用。“词句段运用”在教材中分为两个梯度，低年级以“字词句运用”为栏目名称，中、高年级以“词句段运用”为栏目名称，五、六年级共编排25次，体现从词句到段落的学习顺序。每个单元的“词句段运用”紧紧围绕该单元的主题和语文要素设计，栏目名称中“运用”的意思是“根据事物的特性加以利用”，重在引导学生发现有价值的语言现象，以本单元课文为出发点，加强字、词、句、段的综合练习，努力将语文学习引向实践运用，让学生在语言实践中提高语言运用的能力。

例如，五年级下册第四单元的主题是“爱国情怀”，共选编了《古诗三首》《青山处处埋忠骨》《军神》《清贫》四篇课文；语文要素是“通过课文中动作、语言、神态的描写，体会人物的内心”。这一单元的“词句段运用”中就设置了相应的练习：“读下面的句子，体会人物的内心，再选择一种情景，照样子写一写”，练习题中的三组句子从动作、语言、神态等描写中表现人物的内心，让学生体会这样的描写方法并选择一种情景写一写。练习题将人物平时的表现与此刻不同寻常的表现作对比，突出人物的内心，让学生进行仿写。

再如五年级下册第七单元“词句段运用”第一道题的要求与单元语文要素“体会静态描写和动态描写的表达效果”密切相关，列举的两个句子分别来自单元中的课文《威尼斯的小艇》和《牧场之国》。

（2）体现课程标准的要求。课程标准指出，语文课程是实践性课程，应着重培养学生的语文实践能力，而培养这种能力的主要途径也是语文实践，在大量的语文实践中体会、把握运用语文的规律。“词句段运用”中包含了大量语言文字运用的训练点，目的正是提升学生的语文实践能力，所以说这一栏目的设置正是对课程标准要求的体现。

（3）训练内容与形式。按照课程标准的要求，此栏目的内容以本单元课文为出发点，以课程标准中关于词句段的要求为规范，训练的内容与单元学习内容相关联。

词语训练。按照课程标准的要求，词语的训练目标主要是能联系上下文和自己的积累，推想课文中有关词句的意思，辨别词语的感情色彩；能独立识字，能借助工具书准确理解不同语境中汉字的意思；辨识同音字、形近字等，体会其表达效果；有自觉识字的意识，在社会生活中发现自己不认识的字，能根据字形推断字音字义，并借助语境和工具书验证自己的推断。

句子训练。在理解课文的过程中体会顿号与逗号、分号与句号的不同用法。

段落训练。在学习中，能发现富有表现力的词句和段落，自觉记录、整理，乐于与他人分享积累的经验，并尝试在自己的表达交流中运用。

表10－18以五年级上册为例分析词句段训练的内容与形式及达成的目标。

表 10－18　五年级上册语文园地中“语句段运用”栏目的训练内容与形式及达成目标

单元	训练内容	训练方式	达成目标
一	体会不同句子在描写事物的方法上的相似之处	读一读；体会与区分	同样是描写事情，使用对比手法，语言运用不同，产生的效果也不同
二	快速阅读三个长句，理解意思	读一读；写出主要意思	概括语句的意思，能够帮助我们提高阅读的速度
三	体会两组词语在表达效果上的不同	读一读；体会	能区分俗语和成语
四	学习四组反义的成语	区分；运用一个词语写一段话	区分反义成语
六	学习课文结尾的特点	联系课文内容；体会	学习课文结尾的方式
七	为元旦联欢设计一张海报。	写动人的宣传语；配上好看的图画	制作的海报吸引人
八	1. 从不同的角度、用不同词句来形容书籍的力量 2. 给5个句子排序	读一读；说一说；抄一抄	1. 学会用不同的比喻句式 2. 根据句子的内容和语境推想5个句子之间的关系

3. “日积月累”

“日积月累”栏目以传统文化为主线，有层次地选编了古诗词、成语、名言警句、楹联、谚语、歇后语、蒙学读物等，这些内容与栏目所在单元的课文有一定联系，又自成体系，让学生在积累语言材料的同时，受到中国传统文化的熏陶。

对中、高年级学生而言，该栏目倡导在语境中运用，从而促进理解。高年级共编排了25次“日积月累”。

（1）课程标准关于阅读积累的基础型学习任务群要求如下：诵读、积累成语典故、中华文化名言、短小的古诗词和新鲜词语、精彩句段等，丰富自己的语汇；分类整理、交流，初步认识中华优秀传统文化蕴含的思想；在语言积累和运用过程中，体会同义词、反义词等词语的作用，发现、感受语言的表现力和创造力。

（2）栏目的内容安排。栏目蕴含着丰富的语文教学内容和资源，以古诗词、古文经典等为重点，又兼顾语文多样性特点，涉及谚语、成语、对仗句、名言、儿歌童谣等内容，体现了语文的丰富人文内涵和时代活力，具有很强的增补性和现实价值。

表10－19以五年级下册语文园地里的“日积月累”为例，了解这个栏目的内容安排。

表 10－19　五年级下册语文园地“日积月累”栏目的内容安排

单元	内容	文体形式	达成目标
一	孟郊《游子吟》	唐五言古诗	理解诗歌，体会诗人将孩子喻为小草、将母爱喻为春天的阳光，寄托孩子对父母发自肺腑的爱的写法
二	王维《鸟鸣涧》	唐五言律诗	感受诗中描绘的田园景色

续表

单元	内容	文体形式	达成目标
四	王之涣《凉州词》 李白《黄鹤楼送孟浩然之广陵》	唐七言绝句	深入解读诗歌，引领学生领悟诗人独特的内心情感
六	古代人年龄称谓的词语	词语	了解古代年龄称谓的含义及来历，传承中华文化
七	翁卷《乡村四月》	宋诗	学习诗人如何用白描手法描写江南农村初夏时节的田野风光和农忙景象，感受诗人对乡村生活的热爱之情
八	理解四句名言的意思	名言	树立乐观向上的积极人生观，懂得人生的最大乐趣不在于索取，而在于奉献

4. “书写提示”

部编教材在语文园地中新推出了“书写提示”这个栏目，主要是让学生掌握汉字的笔顺规则，打好写字基础，感悟汉字的美。该栏目旨在从书写习惯、技法、审美等不同方面细化写字的具体要求，提高学生的书写能力，切实提高小学生的审美能力和人文素养，弘扬中华民族特有的书法美育精神。

（1）编排特点。教材依据学生的年龄特点，分别从笔顺、结构、美观、书法欣赏、书写习惯等方面系统编排书写指导，教材中共安排了28次“书写提示”，由浅入深、层次渐进地落实写字教学的基础训练。每个年级各有侧重点，其中五年级着重指导古诗、短文等篇章作品的书写，六年级要求写得行款整齐，学习如何提高书写速度。

（2）课程标准对第三学段写字的要求如下：写字姿势正确，有良好的书写习惯；硬笔书写楷书，行款整齐，力求美观，有一定的速度；用毛笔书写正楷，在书写中感受汉字优美；能用硬笔规范、端正、整洁地书写2500个左右常用汉字。

（3）训练的内容和方式。“书写提示”栏目在五、六年级中每册安排两次，主要分为两种形式：一是古诗、书信、段落等篇目的书写示范，边上列有需要注意的内容，鼓励学生进行临摹；二是安排了欧阳询、颜真卿等楷书大家的简介和作品，附有书法家的代表作图片和临帖作品。前者规范学生的书写，后者开阔学生的眼界。

这个学段的“书写提示”还有一个明显的变化，即展示了不同格式排版的古诗、信件等书写作品，这样的编排是希望学生可以拓宽关于书法的眼界，提高对书法的认识，能欣赏书法之美，激发其进一步追寻书法艺术的兴趣。下面以列表（表10－20）的形式来说明。

表 10－20 第三学段语文园地“书写提示”栏目的内容安排

年级	单元	内容	训练项（笔顺、笔画、速度）	写字姿势、用笔
五上	四	书写两首古诗	每一行诗句都居中，注意上下、左右文字要对齐，注意笔画、结构等方面的细节	正确执笔、钢笔
	八	了解和书写初唐书法家欧阳询的《九成宫醴泉铭》	观摩学习欧阳询的楷书，了解他用笔方整，笔力刚劲，点画的起、收及转折处一丝不苟的特点	正确执笔、软笔
五下	四	书写一篇散文	标题和作者要写在醒目的位置；段落要分明	正确执笔、钢笔
	八	了解和书写唐代书法家颜真卿作品的《颜勤礼碑》	观摩学习颜真卿的楷书，知道“颜筋柳骨”中的“颜筋”是形容他的书法筋肉丰满，浑厚有力	正确执笔、软笔
六上	二	摘抄和书写	注意行款整齐、布局合理。书写要正确，不出现错别字和不规范的字。养成自我检视的习惯，不断提高书写水平	正确执笔、钢笔
	八	了解和书写唐代书法家柳公权的《玄秘塔碑》	观摩学习柳公权的楷书，知道“颜筋柳骨”中的“柳骨”是形容他的书法硬瘦分明，结构精妙	正确执笔、软笔
六下	一	书写一段行楷	观察，再照着写一写，试着提高自己的书写速度	正确执笔、钢笔
	五	了解和书写元代书法家赵孟頫的《三门记》	观摩学习赵孟頫的楷书运笔自然，点画圆润多姿，具有行书的笔意，结构严谨端庄、平正宽绰，整体上具有秀丽柔美、稳健大方的特点	正确执笔、钢笔

从上表可以看到第三学段在要求写得工整美观的基础上，穿插章法学习和四大家书法作品的欣赏，让学生在书写中受到美的熏陶，领略古代书法家的风采。

第五节 第三学段快乐读书吧综合分析

小学语文教材每册编排一次的快乐读书吧，是课内外阅读沟通的重要桥梁，着重指向整本书的阅读和自主阅读。

一、目标定位

1. 实现课内外阅读的连接，有效促进课外阅读课程化

课程标准明确提出，小学“具有独立阅读能力，学会运用多种阅读方法。培养学生广泛的阅读兴趣，扩大阅读面，增加阅读量。提倡少做题，多读书，好读书，读好书，读整本的书；鼓励学生自主选择阅读材料”，由此可见指导学生阅读的重要意义。

部编教材在单元编排中把课内的教读、自读和课外阅读结合起来，通过阅读拓展板块的设置实现课内外的连接，其中，快乐读书吧板块起到了对语文课程中的单篇阅读、群文阅读作必要补充与提升的作用。

表 10－21 以五年级为例，说明快乐读书吧与单元语文要素之间的关系。

表 10－21　快乐读书吧与单元语文要素的关系

快乐读书吧	单元语文要素	阅读内容	阅读训练
从前有座山	了解课文内容，创造性地复述故事	阅读国内外的民间故事	领略动人的情节，认识许多精彩的人物；感受世界各地的风情
读古典名著，品百味人生	初步学习阅读古典名著的方法；学习写读后感	阅读中国古典名著，主要是四大名著	了解古典名著章回体的结构方式；学习作者生动的场面描写

由上表可以看出，快乐读书吧与单元构成一个整体，一方面是对单元语文要素的落实，另一方面又在单元阅读要求的基础做拓展，引导学生作整本书的阅读。

2. 引导整本书阅读，螺旋式提升阅读能力

传统的教学课堂以单篇教学为主，缺乏对课外阅读和整本书阅读的引领。快乐读书吧作为教学的辅助系统，发挥了引导整本书阅读的作用。新课程标准拓展型学习任务群对于整本书阅读给出了明确的任务，并对三个学段作了具体的指导。

从五、六年级四个快乐读书吧的设置来看，阅读的方向都指向整本书阅读，包括国内外的名著和民间故事等。具体内容见表 10－22。

表 10－22　第三学段快乐读书吧的设置

快乐读书吧	国内名著	国外名著	方法掌握
从前有座山（五上）	《田螺姑娘》《梁山伯与祝英台》《八仙过海》等	欧洲各国及非洲大地的民间故事	了解动人的情节,认识许多精彩的人物,感受世界各地的风情
读古典名著,品百味人生（五下）	《西游记》《红楼梦》《三国演义》《水浒传》		了解古典小说的章回结构,学习精彩的场面描写
笑与泪,经历与成长（六上）	《小英雄雨来》	高尔基《童年》米契斯《爱的教育》	理清小说中众多的人物关系,了解作品生动的故事情节和性格各异的人物
漫步世界名著花园（六下）		《鲁滨逊漂流记》《骑鹅旅行记》《爱丽丝漫游奇境》	发现和品味世界名著引人入胜的情节和丰富的内涵

课程标准关于第三学段的整本书阅读要求是“阅读整本书，把握文本的主要内容，积极向同学推荐并说明理由”。结合表 10－22，可以看出第三学段整本书的阅读要求相对

比较高，因此需要借助这些阅读栏目，推荐书目，提示方法，有序推进阅读能力的提升。

3. 渗透文体意识，渗透式了解文体特征

部编教材有意识地渗透文体意识，有的单元是以体裁来组织的，三年级以后，每册教材的单元课文有的根据主题来选篇，也有的以体裁来选篇。如五年级上册有散文单元、民间故事单元、说明文单元，下册有小说单元、故事单元等。小学语文教学曾经提倡淡薄文体意识，导致所有文章都是一样的教法，学生也没有文体意识，阅读与写作能力提升遇到了瓶颈。

新课程标准对于文体学习也有具体的要求。通过对12册教材快乐读书吧的分析，可以看到其中八次快乐读书吧的安排基本上都是沿着课程标准各学段关于体裁的要求来设置的。从三年级到六年级依次安排童谣和儿歌、短小的童话故事和简单的儿童故事、童话和寓言、神话和科学小品、民间故事和古典章回体小说、成长小说和漫游主题的世界名著，让学生慢慢了解文体之间的区别，树立文体意识。

4. 重在自主阅读，掌握方法并形成经验

快乐读书吧以引导学生了解课外阅读的方法，掌握课外阅读技巧，阅读推荐书目，开展课外阅读活动，培养阅读兴趣，扩大阅读量，逐步养成良好的阅读习惯为目的。

快乐读书吧放在单元的最后，对整个单元起总结和拓展的作用。从三年级开始，教学体系和辅教体系就由教读课文、自读课文及口语交际、习作、语文园地和快乐读书吧构成。对于学生来说，阅读的基础、方法及经验已在前面教学环节和训练环节获得，此时可以根据板块的内容安排及阅读提示，自主来完成阅读的拓展。因此，这个板块可以由教师在课内点拨来完成，也可以由学生在课外自行完成。通过四册教材的相同训练，学生最终可掌握课外阅读的方法。在板块的积极引导下，学生学会如何感受和体验读书的快乐，乐于与大家分享课外阅读的成果。

二、栏目构成

作为课外阅读与课内阅读的引领，快乐读书吧板块的设置，强调将课外阅读引入语文课堂教学，使之成为语文课程的一个有机组成部分。一个小小的快乐读书吧板块其实包含很多内容。板块围绕主题分成两个小栏目，每个小栏目的任务各不相同。

鲜明的阅读主题。考虑到学生身心发展的特点和知识储备的变化，以及不同年级的需求，主题的选定是递进的。第三学段共有四次快乐读书吧，从阅读民间故事到阅读中国古典名著，从阅读成长的故事到漫步世界名著，阅读主旨是明确的，就是通过阅读古今中外的作品，了解作品内容，增长见识，丰厚积淀。

生动的阅读导语。板块开头采用了循循诱导的导入语，如五年级下册“读古典名著，品百味人生”的导入语：“诸葛亮足智多谋，李逵鲁莽刚猛，孙悟空神通广大，林黛玉多愁善感……让我们一起漫步中国古典名著长廊，走近这些人物，品读精彩故事。”导语里有古典名著中家喻户晓的主人公，还用生动的语言体现了他们的个性特征，暗藏悬念。

细致的“你读过吗”栏目。这一栏目重点介绍一本书的主要内容和精彩章节，以激发学生的阅读兴趣，并以小贴士的方式对如何阅读该类作品做出提示，引导学生大致了解这本书的内容，并知晓阅读这本书需要的阅读方法。

丰富的“相信你可以读更多”栏目。这里推荐给学生与此相关的阅读书目，包括古今中外的著名作品，引导、鼓励学生关注并阅读更多的同类作品。

三、内容安排

快乐读书吧的每一个主题设置都不同，充分体现了其多样化的特点。快乐读书吧根据课程标准第三学段的阅读要求来安排相关内容，考虑到学生的生活体验、学习兴趣及独特的汉语表意、特定的社会文化等因素，通过设置学习情境来进入书吧。快乐读书吧中推荐的书目，与课文学习密切相关。

五年级上册要求学生阅读民间故事，快乐读书吧就推荐阅读《中国民间故事》《一千零一夜》《列那狐的故事》《非洲民间故事》等。为了帮助学生更好地了解民间故事的特点，掌握相关的阅读策略，教材在此安排的语文要素是“了解课文内容，创造性地复述故事。提取主要信息，缩写故事”，安排的课文是《猎人海力布》《牛郎织女（一）》《牛郎织女（二）》。由此，形成了课文学习“教读得法”，整本书阅读则是“自读用法”的格局。这样的编排，能够保证快乐读书吧板块的阅读活动得以有效落实。

表 10－23 分析说明了快乐读书吧的语文要素。

表 10－23　第三学段快乐读书吧的语文要素

年级	主题	小栏目	书籍、作家	阅读素养
五上	民间故事	A. 你读过吗	田螺姑娘、梁山伯与祝英台、八仙过海等中国民间故事	阅读我国的民间故事，领略动人的情节，认识精彩的人物
		B. 相信你可以读更多	欧洲各国的民间故事；非洲大地上的民间故事	通过阅读世界各国的民间故事，感受世界各地的风情
五下	中国古典名著	A. 你读过吗	品读《西游记》第六十一回，感受神通广大的孙悟空与同样变化多端的牛魔王斗法的精彩情形	了解古代长篇小说的结构特点是“章回体”，一回或若干回组成一个相对完整的小故事
		B. 相信你可以读更多	阅读更多名著	注重阅读名著里的一个个精彩的场面，把握人物命运沉浮，人情冷暖
六上	成长的故事	A. 你读过吗	苏联作家高尔基的小说《童年》	学会理清小说中众多的人物关系，把握主人公和他们之间的关系；了解小说如何在生动的故事情节中刻画人物
		B. 相信你可以读更多	阅读更多成长的故事，如《小英雄雨来》《爱的故事》等	读一读精彩的成长故事，和同学交流你的收获

续表

年级	主题	小栏目	书籍、作家	阅读素养
六下	漫步世界名著	A. 你读过吗	《鲁滨逊漂流记》	阅读名著的方法：先大致了解名著的写作背景；读的时候如果能做一些读书笔记，收获就更大了
		B. 相信你可以读更多	阅读更多世界名著	阅读名著的方法：写下自己的感触；摘抄在笔记本中；画人物图谱；写出全书的结构

四、训练形式

1.“整本”与“课本”有机整合，形成相辅互助的阅读体系

依据课程标准的理念，快乐读书吧分课内阅读、课外阅读、交流分享三个阶段开展读书活动。快乐读书吧中指定或推荐的整本书，形式多样，内容丰富，难易适度。就内容而言，兼顾古今中外优秀的文学作品，有民间故事、有小说，比如《西游记》《童年》《鲁滨逊漂流记》等。就形式而言，故事类以短篇集为主，古典名著则是长篇小说，外国名著也是长篇小说。以六年级上册的快乐读书吧为例，本次要求学生阅读《童年》《小英雄雨来》《爱的教育》三本书，都属于中长篇小说。

2. 以小组合作阅读的形式共读一本书

共读的优势就是把书本从“读厚”变成“读薄”。每个学习小组以表演、朗读、摄影、习作、闯关等各种方式来完成整本书的阅读。快乐读书吧应以师生共读的形式展开阅读活动，教师在共读课上指导阅读策略，学生分享阅读心得，展示阅读收获。这其中主要包括初始阶段的导读课、阅读过程中的交流课和阅读后的展示课。

共读的方式很多，例如，可以借助画思维导图、故事比赛、评书比赛等方式来凸显自己独特的阅读体验和感受；可以定时召开由学生自行准备的美文展示课、自主分享课，让学生尝试以自制课件的方式展示自己的阅读笔记来带动全班阅读；也可以以年级为单位建立文学社团，适时召开视听欣赏课；还可以用情景剧的方式表演某一章节的内容，感受作者笔下人物形象、感知人物内心、感受作品的文学意义，这也是一种寓教于乐的好方式。

3. 同步书目推荐

快乐读书吧的阅读书目，一般分为指定书目和推荐书目两个部分。指定书目需要教师认真指导学生阅读，完成阅读任务。推荐书目则可以依据班级情况适当地开展阅读活动，甚至可以换成相关的书目进行阅读。选文和课文有衔接性，推荐的书目是前一个单元的拓展和延伸，以产生“一篇带多篇，一篇带一本，一本带一类”的效果，让学生能把课堂上所学运用到自主阅读中。这样不仅能有效指导学生提高自主阅读、独立阅读的能力，养成良好的阅读习惯，还能解决这个年龄段的孩子应该读什么书、怎么读好书、为什么读书等长期困扰家长的难题。

第六节 第三学段综合性学习综合分析

小学语文综合性学习是指在教师的指导下，立足于小学生的生活和经验，以实践活动为主要形式，综合开发和利用课程资源，以合作、探究等学习方式，主动地进行探究性学习，在实践中学习、运用语文，全面提高语文素养。

一、新课程标准对综合性学习的界定

综合性学习是2011年课程标准的学段目标之一。2022年新的课程标准对原有的学段目标做了整合，综合性学习的内容用“梳理与探究”取代，在学习任务群之拓展群“跨学科学习”中有更明确的指向。体现在教材上，将综合性学习同识字与写字、阅读、写作、口语交际、语文园地并列，共同组成语文学习内容的板块。这样做有利于教师在语文教学中加强学生在生活实践中学语文、用语文的理念，让学生在语文实践活动中学语文，开拓学生学习语文的空间，全面提高学生的语文素养。

2022年课程标准中关于第三学段“梳理与探究”的内容与要求如下：

（1）分类整理学过的字词，发现所学汉字形、音、义和书写的特点，发展独立识字能力和写字能力。

（2）感受不同媒介的表达效果，学习跨媒介阅读与运用，初步运用多种方法整理和呈现信息。

（3）初步了解查找资料、运用资料的基本方法。利用图书馆、网络等渠道获取资料，解决与学习和生活相关的问题。尝试写简单的研究报告。

（4）策划简单的校园活动和社会活动，对所策划的主题进行讨论和分析，学写活动计划和活动总结。对自己身边的、大家共同关注的问题，或影视作品中的故事和形象，通过调查访问、讨论演讲等方式，开展专题探究活动，学习辨别是非、善恶、美丑。

2022年课程标准关于第三学段“跨学科学习”的内容与要求如下：

（1）积极参加校园文化社团，参与学校和社区举办的戏曲、书法、篆刻、绘画、刺绣、泥塑、民乐等相关文化活动，体验、感知、传承中华优秀传统文化，运用多种形式分享自己的经验与感受。

（2）综合运用语文、道德与法治、科学、劳动等多方面的知识和技能，通过小组研讨，集体策划、设计参观考察活动方案，运用跨媒介形式分享研学成果。

（3）选取衣食住行、学校、地球、太空等某个方面，设计人工智能时代的未来生活，运用多样形式丰富自己的语言表达，呈现与分享奇思妙想。

二、编排特点

教材在中年级和高年级的下册安排综合性学习的内容，具体安排在每年级的下册。第三学段有五年级下册第三单元的“遨游汉字王国”，这是一个独立的综合性单元。六年级下册安排了两次，一次是第四单元的“奋斗的历程”，是一个附在单元后的综合性学习；另一次是第六单元“难忘的小学生活”，则是一个独立单元。

1. 围绕一定主题展开

第三学段的三次综合性学习，都沿着一定的主题来展开。五年级下册以“横竖撇捺有乾坤，一点一画成文章”为主题开展综合性学习，带领学生一起遨游汉字王国，感受汉字的趣味，了解汉字文化，并为汉字的规范使用做一些力所能及的事情。六年级下册第四单元以“奋斗的历程”为主题，引导学生继承光荣传统，创造美好未来。最后一个单元则是初小衔接的单元，以“回忆往事，依依惜别”为主题。

2. 梳理和汇总前面所学知识

综合性学习是在已有知识上进行的活动。第三学段安排的三次综合性学习，在板块主题下面的导言里明确了这一点。如五年级下册“遨游汉字王国”，是在经历了低、中学段学习和积累字词句段的基础上对汉字文化的拓展延伸。

3. 跨学科综合训练

跨学科是指以语文课为基础，由课内到课外，由校园文化社团到社区，积极参与戏曲、书法、篆刻、绘画、刺绣、泥塑、民乐等相关文化活动，综合运用语文、道德与法治、科学、劳动等多方面的知识和技能，通过小组研讨、集体策划、设计参观考察活动方案，运用跨媒介形式分享研学成果。

以六年级综合性学习“奋斗的历程”为例，要求学生分成不同的小组，搜集红色诗词，开展阅读分享会，制作小诗集，之后选择一种合适的方式写一写自己的心愿，如记叙故事、写信，或者写日记、创作诗歌。五年级的综合性学习“遨游汉字王国”也要求跨越语文学科开展一系列活动，如学会搜集资料、办一次趣味汉字交流会、写一份简单的研究报告等。

对于小学生来说，综合能力还处在早期阶段，抽象能力还不足，因此综合性训练不能多过，训练方式也不能太复杂。分析这两次综合性学习，可以看到所选内容跟课文紧紧关联，训练的方式以听、说、读、写为主，辅以各种合作性实践活动，如合编、小组讨论、共同制作、作品展示等，在团队合作中发挥自身作用，使学生养成良好的合作意识和团队精神。

4. 详细的可操作性引导

学什么？怎样学？对于小学生来说，学习更重在指导，需要教师积极到位的引导。从单元学习的任务来说，教辅系统不能像教学系统一样在课堂上由教师具体地引导学习，主要以自学和小组活动的形式完成。从这个角度来说，教辅系统的内容必须是指导性的，并给出相对细化的操作提示。

例如，五年级下册的综合学习由两个小任务组成。任务一“汉字真有趣”明显可以看到指导性步骤：先自由组成小组，讨论可以从哪些方面了解汉字。然后提供两项活动计划，一是搜集字谜，开展猜谜活动，一是搜集体现汉字特点的古诗、歇后语、对联、故事等资料，办一次趣味汉字交流会。建议选择一项，制订活动计划，根据计划开展活动。教材提供了三种搜集资料的方法和五则阅读材料。任务二“我爱你，汉字”一样有非常详细的步骤指导。这个任务是写一份简单的研究报告。教材提供了两项内容和五则阅读材料。

三、五年级下册第三单元综合性学习教材分析

1. 人文主题

本次综合性学习是一个独立的单元，主题是“横竖撇捺有乾坤，一笔一画成文章”。

2. 语文要素

本单元的语文要素包括三个方面：感受汉字的趣味，了解汉字文化；学习搜集资料的基本方法；学写简单的研究报告。

3. 内容

（1）导语。先引出话题：“我们平时读书、看报、写文章，都离不开汉字。你对汉字有哪些了解?”接着切入任务：“你一定想更多地了解汉字吧！让我们开展综合性学习活动，一起遨游汉字王国，感受汉字的趣味，了解汉字文化，并为汉字的规范使用做一些力所能及的事情。”

（2）任务。包含两个任务，每个任务由“活动建议”和“阅读材料”两部分构成。

第一个任务是“汉字真有趣”。“活动建议”提示了活动的步骤，包括组建活动小组、讨论活动内容、制订活动计划和具体开展活动。“阅读材料”提示了阅读方法。《字谜七则》的阅读方法是一边默读一边猜，利用以往猜字谜的经验，发现谜面内容和字形、字义的关联。《有意思的谐音》的阅读方法是先朗读歇后语，发现谐音的特点，再理解歇后语的意思，体会其中的趣味。《有趣的形声字》的阅读方法是一边读一边画出重要信息，了解形声字的造字方法。

第二个任务是“我爱你，汉字”。“活动建议”明确本次综合性学习活动的内容及要完成的任务。“阅读材料”介绍了汉字字体的演变、甲骨文的发现、书法欣赏、制定国家通用语言文字法的必要性、关于“李”姓的历史和现状的研究报告。

4. 核心素养目标

（1）语言运用：运用所学的知识阅读材料，研究与汉字有关的内容，调查生活中用字不规范的情况；和同学们展开交流；写一份简单的研究报告。

（2）思维能力：分析和选择适合自己的材料开展活动；学习和掌握搜集资料的方法并学会筛选和整理；联系身边的生活开展简单的研究。

（3）审美创造：感受汉字的有趣；欣赏汉字的结构美。

（4）文化自信：了解汉字的悠久历史，传承中华文化。

四、六年级下册第四单元综合性学习教材分析

1. 人文主题

围绕“奋斗的历程”这个主题，与单元人文主题“人生自古谁无死？留取丹心照汗青”联系紧密，号召同学们继承光荣传统，创造美好未来。

2. 语文要素

运用所学的阅读方法阅读材料；查找资料并分享交流，制作一本诗集；写一写自己的心愿。

3. 内容构成

（1）导语。先指出中国共产党的丰功伟绩，接着提出本次综合性学习的要求。

（2）任务。由“活动建议”和“阅读材料”构成。

4. 核心素养目标

（1）语言运用：运用所学的阅读方法阅读材料，体会作者的感情，并跟同学分享交流；选用恰当的材料写一写自己的心愿。

（2）思维能力：思考并分析课文提供的和自己搜集到的红色诗词，进行整理和归类。

（3）审美创造：在阅读过程中感受革命先烈的豪情壮志，理解奋斗的意义和价值，理解奋斗背后的意志品质。

（4）文化自信：继承革命传统，创造美好未来。

五、六年级下册第六单元综合性学习教材分析

1. 人文主题

本单元的人主题是“那些种在校园里长不大的记忆，那些留在岁月中忘不掉的纯真”，让同学们记住那些留在岁月中忘不掉的纯真，向师友、向母校告别，同时这也是学生语文综合能力的一次展示，将进一步激发学生学语文、用语文的兴趣，进一步提高学生的语文素养。

2. 语文要素

回忆和分享往事，激发制作成长纪念册的兴趣；运用学过的方法搜集和整理反映小学生活的资料，学习绘制时间轴，并根据活动主题策划简单的校园活动，学写策划书。

3. 内容构成

（1）导语。这是针对即将毕业的六年级同学设计的导语，很自然地带入了任务：“不久以后，我们就要告别美丽的校园，告别朝夕相处的老师、同学，带着依依不舍的深情，跨入新的学校，开始新的学习生活。临近毕业之际，让我们围绕‘难忘小学生活’这个主题，开展一次综合性学习活动，向师友、向母校告别。”

（2）任务。包含两个任务，每个任务由“活动建议”和“阅读材料”构成。

第一个任务是“回忆往事”，要求在回忆的基础上，采用各种形式，把师生情、同学情以及对母校的感激之情表达出来，并永久珍藏。为了帮助同学们很好地完成这个任务，教材提供了三种建议和三则阅读材料供参考。

第二个任务是“依依惜别”。给出的活动建议是在毕业前开展两项活动，分别是“举办毕业联欢会”和给老师或同学写一封信，也可以给母校写一封信，提出中肯意见，期许美好的未来。为了帮助同学们很好地完成这个任务，教材提供了两种建议和四则阅读材料供参考。

4. 核心素养目标

（1）语言运用：运用所学的阅读方法阅读材料，感受作者对小学生活的怀念，对老师及对母校的感激之情，并跟同学分享交流；学习写临别赠言、简单的建议书、演讲稿、书信和策划书。

（2）思维能力：思考并分析课文提供的和自己搜集到的资料；按一定格式写策划书和书信。

（3）审美创造：学习制作精美的成长纪念册；感受师生、同学之间的美好感情。

（4）文化自信：珍惜生活，热爱生活，期许未来。